西藏文学丛书

西藏文化建设与文艺管理文集

杨世君/著
《西藏文学丛书》编委会编

中国藏学出版社

总 序

吉米平阶

“西藏文学丛书”一套七种，经过紧张的编辑整理，终于成稿出书了。这套丛书是自 1999 年西藏自治区文学艺术界联合会第三次代表大会以来，西藏本地作家藏汉文创作的小集，概略地展示了七年来西藏文学创作的脉络，可以给读者提供一个了解西藏新世纪文学发展的窗口。

1999 年以来的西藏，在“一个转折点，两个里程碑”的光辉历程中，实现了经济从加快发展到跨越式发展，社会局势从基本稳定到长治久安。从字面理解，这只是两句话，但这两句话中包含的深刻的历史学、社会学、文化学，尤其是文学的内容，是任何一个作家穷其一生也难以完美表现的。在这种巨大的社会变迁下，那些祖祖辈辈生于斯长于斯的普通民众，他们的生活变化，他们的情感历程，他们的喜怒哀乐，真是一座庞大而神秘的宝库，让人好奇，让人向往，让人激动，让人兴奋。

正是在这样的大背景下，西藏的文学家们，通过自己敏锐的艺术感受和独特的观察视角，以不同的文学形式向我们传递出西藏社会的点点滴滴、形形色色，我们看到了在西藏大地流传千年的传说被现在的讲述者赋予的新内容(《西藏民间传说集锦》藏文卷),我们体会到在改革开放英明政策的指引下,西藏广大农牧民物质、精神生活发生的巨大变化,西藏的年轻人在现代生活面前的迷茫和追求(《西藏小说评论选·时代明镜》藏文卷、《西藏小说选·夏日无痕》汉文卷),我们感受到时代发展强劲的足音(《西藏报告文学评论选·镌刻在西部的忠诚》汉文卷),我们听到了西藏儿女满怀深情的歌唱(《西藏诗歌散文选·雪山赞歌》藏文卷、《西藏诗歌散文选·西藏行吟》汉文卷),同样,我们也看到一支以藏族为主由多民族作家组成的创作队伍,秉承时代的召唤,满怀对西藏这片土地的热爱和对西藏各民族人民的忠诚,通过对生活的感悟和提炼,茁壮成长。翻阅这些文学作品,在感受西藏翻天覆地发展变化的同时,又像是在与老朋友娓娓而谈,在与新相知真诚交流,文学的力量,正是在这样的薪火相传中,积淀起来,蓄成大势。

"西藏文学丛书"的编辑出版,得到了西藏自治区党委宣传部和自治区财政的大力支持,得到了中国藏学出版社的鼎力相助,得到了《西藏文学》、《西藏文艺》、《邦锦梅朵》等编辑部门的倾力配合,使我们得以在浩繁的中国当代文学长卷里,领略西藏新时期文学的魅力和风采,同时,它也是献给第四次西藏自治区文代会暨西藏作协等十个文艺家协会全区代表大会的一份贺礼。

2007年5月6日

文化建设需要更多关注（自序）

党的十六大以来，我国文化建设事业适应社会主义市场经济的要求，遵循精神文明建设的规律，文化体制改革积极稳妥地推进，文化事业与文化产业协调发展，调动了全社会参与文化建设的积极性。文化建设事业快速发展，文艺事业日益繁荣，文化建设事业处在一个新的历史起点上。

文化建设从来没有像今天这样受到从高层到基层的普遍关注和重视。20 世纪 80 年代以前，讲建设和发展通常指的是经济建设和发展，从提出物质文明与精神文明共同建设，相互促进，到经济建设、政治建设、文化建设和党的建设相互推动共同发展，再到文化与经济、政治、社会的协调发展，反映了我们党和国家对文化建设的科学认识和科学发展观。近年来，党中央在重要会议和文件中，对文化建设的认识更是达到了新的历史高度。文化是国家和民族的灵魂，集中体现了国家和民族的品格；先进文化是一面旗帜，是前进的号角；文化的力量，深深熔铸在民族的生命力、创造力和凝聚力之中；文化与经济、政治相互交融，与科技的结合日益紧密，在综合国力竞争中的地位和作用日益突出。文化建设日益受到人们的广泛关注和热情参与，文化建设与社会发展各个方面的联系更为广泛和深入。

文化体制改革在我国已提出多年，改革经过试点，积极稳妥地推行。2005 年底，中央提出关于进一步深化文化体制改革的意见；2006 年，又制定了国家“十一五”时期文化发展规划纲要，为我国文化建设描绘了壮美蓝图，是我国政府专门部署文化建设的第一个中长期规划。《纲要》的实施，将成为文化发展的新的历史起点，将推动社会主义先进文化建设进入新的历史阶段。“国民之魂，文以化之；国家之神，文以铸之。”文化建设，涉及国家建设和社会发展的各个领域，涉及人们社会生活的方方面面。建设和谐文化、构建和谐社会，从宏观上讲，就是先进文化建设。和谐社会建设是人人参与共建、全民共享成果的社会系统工程，每个公民都应该更多地关注文化建设，积极参与到文化建设的活动中来。

编写《西藏文化建设与文艺管理文集》，正是对文化建设的一种参与，也是文艺工作者的一份责任。

作为一名文化工作者，深切感受到我国现阶段文化建设和文化发展水平与全面建设小康社会的进程和目标还不相适应，文化体制、机制与社会主义市场经济体制和改革开放的要求还不相适应，文化产品的数量、质量、品种以及服务水平与人们日益增长的精神文化需求还不相适应。这“三个不相适应”的问题带给我们诸多焦虑和困惑，也促使我们不得不面对现实去探索、去研究、去学习、去思考。

文艺管理作为文化建设方面的重要内容，体现并影响着文化建设的进程与成果。文联的工作经历使我深刻认识到文艺工作管理的重要性和必要性，也使我体会到文艺界对管理的轻视和疏忽。正如胡锦涛同志在第八次文代会上讲话指出的那样：“随着社会主义市场经济体制不断完善和对外开放不断扩大，随着科技进步日新月异，文艺观念、文艺创作方式、文艺队伍构成发生了深刻变化，文艺的生产、服务、传播、消费形式日益多样化。面对新情况新问题，各级文联、作协要努力探索适应社会主义市场经济体制、符合文艺发展规律和人民团体特点的管理体制、运行机制、组织形式、活动方式，不断加强行业服务、行业管理、行业自律，依法维护文艺工作者的权益，广泛团结各方面各领域的文艺工作者，把文联、作协办成文艺工作者之家。"《中共中央关于构建社会主义和谐社会若干重大问题的决定》指出："推进文化体制改革，形成富有活力的文化管理体制和文化产品生产经营机制。"中央的决定和胡锦涛同志所指出的核心问题，正是文艺管理和健全机制的问题。

关于文化建设与文艺管理，我有几点体会：

第一，文化建设与文艺工作的管理研究，属于管理科学范畴，而管理是科学，是解放和发展生产力的科学。在一般产业领域，讲管理是科学，管理出效益，管理出生产力，大家似乎都可以理解。而在文化建设和文艺工作中，对管理在于解放和发展文艺生产力，似乎并不为人所重视，或者容易疏忽和淡忘。

第二，文艺创作和文化产品及其服务过程十分强调按照文艺生产规律来开展组织和服务工作，十分强调尊重艺术家的个人创造性劳动而不要过多干预。因此，在文学艺术界，管理不受重视，甚至把管理与文艺生产对立起来，存在着只要服务不要管理的倾向。尤其在文联工作中，管理是容易被轻视甚至被误解的。殊不知，管理在一定程度上就是服务，管理是寓于服务之中的。

第三，就文艺生产过程及其规律来讲，是一个系统的策划、组织、协调、服务、创作的过程，每个环节无不存在着科学的管理或者管理的科学。文艺作品、文化产品本身也是科学认识、科学思维加上科学方法的结果。管理是文艺生产规律中的重要环节，管理本来就是文艺生产规律的应有之义。它和尊重文艺家个人创造性劳动都属于文艺生产规律的内容，并行不悖，并不矛盾。言下之意，管理是文化建设、文艺生产题中之意，是不可分离的，是贯穿于全过程的。

如同生产关系相对于生产力、上层建筑相对于经济基础一样，文艺管理相对于文化建设和文艺生产，存在作用和反作用的问题。当生产关系符合生产力水平，便有利于而且有力地促进和推动生产力的发展，当生产关系不符合生产力水平和状况，无论是超越实际的所谓“先进”或者是落后，都会成为桎梏而约束或阻碍生产力的发展，不然，为什么要破除不适应的生产关系从而解放和发展生产力呢？文化建设的过程也是如此，始终都存在着调整和改进生产关系（即文艺管理）、解放和发展文艺生产力的问题。如此深入的题目，本文集显然是力所不及的，只是朝着这个方向去努力探讨。

这本集子分四个部分，重点在第二、第三两个部分，即文化建设和文艺管理。第一部分理论思考，汇集我近几年学习邓小平理论，《江泽民文选》和“三个代表”重要思想，胡锦涛总书记关于文化建设、和谐社会建设的讲话学习心得和体会，是围绕西藏的文化建设、文艺管理来思考的，力戒理论与实际两张皮，尽力与文化建设和文艺工作的实践相结合，是科学理论联系西藏文化工作实践的思考，既有心得体会，也有工作思路。

第二部分文化建设，是从文化建设视角联系西藏实际，对西藏文化工作和精神文明建设的探索，涉及文化事业和文化产业两方面内容。我在学习《国家“十一五”时期文化发展规划纲要》和《江泽民文选》关于文化建设的论述时，结合西藏文化建设的任务与实践进行思考，所提出的一些思路和建议，也是多年来的工作经验和体会。我在自治区精神文明建设办公室工作期间，曾多次深入农牧区基层进行调研，对农牧区文化建设应该如何抓，谈了一些思路和建议，自以为是切合农牧区实际的，愿与大家共同探讨。

第三部分文艺管理，着重于我在西藏文联工作期间的工作思考和经验体会，从西藏文联实际和现状出发，结合文化体制改革，对文联及各文艺家协会的工作进行探索，对发展文化产业、建设文艺基础设施提出了一些看法和设想，希望能与文艺界管理层同行共同探讨。对西藏文联工作的分析，折射出我国文联系统的机构体制、工作机制、组织形式和运行方式还存在多方面的欠缺与弊端，文联在文化体制改革中显得滞后和保守，而西藏文联与各文艺家协会，亟待理清关系明确职责，建立科学合理的工作机制。这和西藏文化体制改革是互动的，期盼能引起文艺界领导的关注和更多人士的重视。

第四部分文艺随笔，是近年来我在文化考察、文艺采风时的随想和随笔，也有几篇我对文艺作品和文艺演出的观后评述。沿茶马古道考察、访问尼泊尔、赴阿里文化考察调研和沿着青藏铁路采风拍摄等，都给我留下了深刻印象和感受，我从西藏一个文化工作者的视角，记述见闻随想、畅谈亲身感受，对这些难得的经历与经验，愿与大家交流和分享。

我在西藏工作多年，一直在文化宣传系统从事文艺管理工作。我坚持写日记、采风笔记，虽有百万字以上的文字积累，成文章的并不多，我自以为长于思考却短于表达，尤其是付诸文字时注重准确与节约，却不够生动和随和。这些文章，如果能客观地反映一个历史阶段西藏文化艺术工作的发展和现实状态，真实记录文艺工作中存在的问题，思考探索改革的出路，对西藏文化建设和文艺管理工作有所参考和借鉴作用，乃是我最大的愿望。

目录

理论思考

文化建设

文艺管理

文艺随笔

理论思考

学习《讲话》精神，坚持正确方向，发展繁荣我区文艺事业

——纪念毛泽东同志《在延安文艺座谈会上的讲话》发表60周年

60年前，毛泽东同志发表了著名的《在延安文艺座谈会上的讲话》，它是中国共产党领导文艺工作的第一部经典性理论文献。它的诞生，标志着我们党所领导的革命文艺运动从此进入一个新的时期。今天，我们重温毛泽东《在延安文艺座谈会上的讲话》，就是要继续坚持《讲话》的精神，以"三个代表"重要思想为指导，紧紧围绕我区新时期实现经济社会跨越式发展和长治久安的宏伟目标，努力发展和繁荣我区社会主义文艺事业，谱写出更加辉煌的篇章。

一、西藏和平解放五十多年来我区社会主义文艺事业的发展历程，体现了毛泽东文艺思想的伟大胜利

自治区党委副书记热地同志在全区文艺理论读书班上的讲话中曾指出："近半个世纪以来，我区文艺的发展出现过两个黄金时期。一个时期是五六十年代，伴随着西藏的和平解放和民主改革，藏、汉族文艺工作者携手合作，相互学习，创作了一大批具有广泛社会影响的作品，也涌现出了许多优秀的文学家和艺术家；第二个黄金时期是十一届三中全会以后，我们党

确立了解放思想、实事求是的思想路线，把工作重点从‘以阶级斗争为纲’转移到‘以经济建设为中心’的轨道上来，促进了社会的发展和进步，也极大地解放了艺术生产力。作家、艺术家思想活跃，勇于开拓，题材不断拓展，创作方法、表现形式和艺术风格呈现出多元化格局，涌现出许多有才华的文艺家，也产生了一大批优秀的文艺作品。”“和平解放以后，我区各类文艺创作得到空前发展，文艺作品的数量、质量以及在国内外产生的影响，是西藏历史上任何时期都无法比拟的。尤其是十一届三中全会以后，全区的文艺事业得到了长足发展。”

西藏和平解放五十年，是西藏发生翻天覆地变化的五十年。回首我区社会主义文艺事业的发展历程，两个黄金时期奏响的雄壮乐章还在我们的耳畔回响。这里面，我们可以听到人民解放军进军的号角，民主改革所激发的西藏各族人民幸福的歌唱，西藏各项事业蓬勃发展的脚步，改革开放的春潮所掀起的风起云涌。可以说，我区各民族有才华的文艺工作者以不同的题材、角度和文艺形式，全方位地记录了那个不平凡的、英雄史诗般的年代，记录了西藏人民从黑暗走向光明，从落后走向进步，从贫困走向富裕，从愚昧走向文明，从专制走向民主，从封闭走向开放的伟大历史进程。

回顾我区文艺发展的历程，我们可以清楚地看到，代表中国社会先进生产力发展要求的中国共产党同时也是先进文化前进方向的代表。在我区和平解放的五十年间，实行民主改革，废除封建农奴制度，实行民族区域自治制度，实现了社会制度的历史性跨越，文学艺术同样突破了旧西藏的文化樊篱。正是有了中国共产党的领导，确立了马克思主义文艺思想和审美价值观以及毛泽东文艺思想的指导地位，西藏的现代文艺事业沿着正确的方向发展，取得的成果为世人瞩目。

西藏的进步不仅体现在西藏各族人民的奋斗历程和奋斗业绩中，也体现在西藏各族人民的精神生活和精神世界里，反映在五十年来我区所产生的众多优秀文艺作品中，反映在西藏各民族优秀的文学家、艺术家的精神创造活动中。这些优秀的文艺作品，真实地反映了社会的伟大变革和人民创造崭新生活的激情，反映了西藏各族人民的精神世界和精神生活发生的巨大变化。当文艺从旧经济和旧政治制度的束缚中解放出来，在继承和发展藏民族传统文化的基础上找到了新的生长点，西藏的文艺事业便发生了质的变化，以崭新的思想内容，成为民族精神的火炬和西藏各族人民奋进的号角，西藏各族人民都曾受到各个历史阶段中文艺精品的影响。

中央实施西部大开发战略，为西藏的经济发展和现代化建设创造了千载难逢的机遇。中央第四次西藏工作座谈会为我区制定了新世纪初促进经济从加快发展到跨越式发展、促进社会局势从基本稳定到长治久安的战略目标。各级党政组织和各族人民努力奋斗，为实现国内生产总值年增长12%以上，人均国内生产总值到2005年进入西部地区前列，到2010年达到全国中等水平的目标而努力奋斗。青藏铁路和一批重点援藏工程开工建设，产业结构进一步调整优化，经济社会发展迈出了跨越式步伐。

改革开放以来，我区的现代化建设取得空前的发展，我区各族人民满怀激情地面向未来，伴随着西藏经济社会所发生的一个又一个人间奇迹，民族振兴的宏伟蓝图越来越清晰地展现在西藏高原上。中外几千年的历史进程表明，任何一个民族的振兴与壮大，都离不开文化的强盛。缺乏文化精神的支撑，一个民族的政治经济发展就不可能持久。而文化的繁荣和发展，必将为一个民族开启新的时代。在西部大开发中实现西藏的跨越式发展正是我们西藏文学艺术事业再创辉煌的难得机遇。西藏的发展需要文学艺术事业的精神动力和智力支持，同时也为文学艺术的大发展开拓了广阔天地。

二、五十年来我区文艺事业发展的历程说明，伴随着西藏社会的深刻变革和发展进步，都会产生出那个时期的文学家、艺术家，他们的优秀作品往往成为时代进步和社会发展的重要标志

我们倡导文艺要反映时代、服务人民，与尊重文学创作的内在规律是完全统一的。倡导文艺创作贴近时代、贴近生活，就是希望我们的作家、艺术家，把大量的感性认识，提升到理性认识，从而正确把握时代的本质，并根据个人独特的发现、理性的思考、情感的感受和心灵的体验，创造出充满时代精神和个性魅力的生动的文艺形象。我们在倡导文艺创作贴近实际、贴近群众的时候，从来没有否定文艺所具有的教育、审美、娱乐等多种功能，而且倡导把文艺的教育、审美、娱乐等功能融入人民创造历史的活动之中。

我区进入了经济社会跨越式发展的历史阶段，随之产生的是在党的领导下西藏各族人民空前的历史创举，层出不穷的英雄人物和宏伟业绩，将成为文艺创作取之不尽、用之不竭的素材。文艺工作者要从加强爱国主义教育、增进民族大团结、促进社会局势稳定、普及科学文化知识、培养"四有"公民、推进社会文明进步等方面进一步丰富选题，以喜闻乐见的形式和潜移默化的艺术手法，创作一大批反映当代社会生活、唱响时代主旋律的各种题材和体裁的文艺作品，为实现我区"一加强，两促进"战略目标作出贡献。

历史上一切优秀的文艺作品，都是反映人民群众的心灵呼唤和时代前进要求的作品，都是隽永艺术魅力与现实社会进步的结晶，都是文学艺术家们思想感情与创作灵感为时代和生活深刻感召的产物。当西藏社会进入跨越式发展的新时期，社会生活呼唤着与时俱进的文艺精品的出现。文艺精品是优秀文艺家自身品格、认识能力与时代精神的结晶，是民族精神感召的产物。文艺精品虽然产生于一定历史时期，但影响力是跨时代

的。历史上一切文艺大家巨匠的作品连同他们的名字世代相传，成为历史的不朽。文艺精品是一个国家、一个民族文化发展水平的标志。优秀精神产品数量的多少，反映着文化发展的整体态势，影响着先进文化的前进方向。每一位有才华有抱负的作家、艺术家，都应关注时代风云，把握历史机遇，走出个人感知的天地，深入到波澜壮阔的社会生活中，挖掘艺术创新的丰富矿藏，奉献更多思想性、艺术性、观赏性的统一，经得起历史检验的精品力作。“实现中华民族伟大复兴的时代，是需要伟大文艺作品的时代，也是能够产生伟大文艺作品的时代。”我们期待着文艺家在西部大开发和西藏跨越式发展的新时期，创作出无愧于时代的精品力作。

江泽民总书记在第七次文代会、第六次作代会上的讲话中继承和发展了毛泽东、邓小平的文艺理论思想，深刻指出：“实现中华民族的伟大复兴，不仅需要发达的物质文明，而且需要先进的精神文明。实现这两个文明协调发展，是我国社会全面进步的必由之路。我们的文学艺术工作者，在推进两个文明特别是精神文明建设中肩负着重大的职责。”江总书记这段话，不仅思想深刻，而且语重心长。凡是有作为的艺术家的人生历程都清楚地说明，一个有作为的艺术家要想在社会历史发展过程中为人民和历史所承认，必须认清自己所处的时代的本质，把握历史发展的进程和方向，作出正确的选择，明确自己的责任，自觉地把前途与命运融入历史进步的潮流中去。历史唯物论告诉我们，作家主观世界的意志、激情、灵感，都来自一定历史阶段的社会生活和人民群众的实践。因此，一个优秀的作家、艺术家必须深刻洞悉时代的本质，把自己的文学艺术活动融入到人民创造历史的伟大实践，把自己的情感活动融入到人民的历史创造中。我区各个历史时期出现的优秀作家、艺术家莫不如此，他们都“在人民的历史创造中进行艺术的创造，在人民的进步中造就艺术的进步”。

江泽民总书记在第七次文代会、第六次作代会上的讲话，与毛泽东同志《在延安文艺座谈会上的讲话》一脉相承，突出强调了民族精神在文学艺术创作中的重要地位，深刻指出了民族精神在国家昌盛、民族振兴中的伟大作用。他指出："中华民族的精神最突出的就是团结统一、独立自主、爱好和平、自强不息的精神。"江总书记对我中华民族的民族精神进行的高度概括和凝练，使我们倍感振奋。这是中华民族几千年历史的真实写照，也是五十六个民族在长期的融合中凝聚而成的宝贵品格。民族精神的本质，就是民族品性和民族文化中那些最具活力、最有价值、最具代表性的优秀成分的积累与聚合，是中华大家庭五十六个民族经过漫长岁月的磨合交融、逐渐形成的一种价值信仰和整体意识，是一个民族之所以能屹立于世界民族之林的根本。民族精神最集中的表现是爱国主义精神，维护民族团结和祖国统一是中华民族共同景仰并顽强恪守的内在品质。这种凝聚力是战胜一切分裂祖国、破坏民族团结的根本力量。民族精神是民族文化的核心和灵魂，我们的文艺创作要弘扬光大这种民族精神，充分发挥文艺在实现我区社会长治久安目标中的积极作用。

民族精神的形成与文化的潜移默化作用是密不可分的。文艺的导向性品格，能使中华民族精神薪火相传、生生不息。文艺是维系社会意识形态和民族精神的特殊力量。在历史的长河中，各个时代产生的优秀文艺作品，是时代精神的缩影，更是传承和弘扬民族精神的载体。在传承中融合，在融合中新生，在新生中发展，文艺作品与民族精神密不可分。文艺具有整合社会主流意识的作用，在推进社会发展维护团结统一的进程中功不可没。在培育民族精神上既起到了凝聚作用，也给文艺自身的继承、创新和发展提出了要求。大力弘扬中华民族精神，在文艺创作中唱响主旋律，为西藏实现由快速发展到跨越式发展，实现社会局势的基本稳定到长治久安创造良好的社会条件和文化环境。

文学艺术创作必须坚持弘扬主旋律的创作原则。所谓主旋律作品就是指思想性、艺术性和观赏性高度统一的高质量的文艺作品。主旋律体现中华民族团结统一、独立自主、爱好和平、自强不息的精神。当前，在我区弘扬主旋律就是要唱响祖国颂、社会主义颂、改革开放颂、民族团结颂。这是西藏当代生活的主流，是文艺创作始终要关注和反映的主题，它代表着先进文化的前进方向和我区社会发展进步的历史趋势。

三、面对改革开放后的新形势新变化，建设先进文化要积极推进文化体制改革，推动文化产业发展

当今世界，科学技术迅猛发展，综合国力竞争激烈，各种文化思想相互激荡。在全球经济一体化的浪潮中，西方强权政治、强势文化正在向全球每一个角落渗透，世界各民族创造的文化多样性正面临着挑战。在新世纪，我们要建设面向现代化、面向世界、面向未来的民族的、科学的、大众的文化，任重而道远。尤其是面对我国加入世界贸易组织后不同文化和价值观的冲突，在学习、吸收、借鉴国外民族优秀文化成果的同时，弘扬和发展我国优秀民族文化，在体现文化竞争力的文化产业发展上迈出大胆的步伐。

中央十五届五中全会通过的《国民经济和社会发展“十五”计划纲要》中提出，要“深化文化体制改革，完善文化经济政策，推动有关文化产业发展”。文化产业属于第三产业，其范围非常宽泛，涵盖了文化生产和服务的整个领域。目前，文化产业在世界发达国家的经济地位日益飙升。世界发达国家的文化产业在 GDP 中一般超过 5%，美国已达到 10%，加拿大、英国、日本等国家的文化产业在 GDP 中的比重也在迅速增长，而我国还不到 1%。

加入世贸组织之后，文化产业领域的开放只是时间的问题，开放已是大势所趋。中国全面“入世”之后，引进境外图书、影视作品等文化产品的数量肯定会增多，我们面临的文化

生态环境的急剧变化，必将促使文化艺术生产者和从业人员更新观念，进行改革创新。江泽民总书记在七次文代会、六次作代会的讲话中深刻指出："当今世界激烈的综合国力竞争，不仅包括经济实力、科技实力、国防实力等方面的竞争，也包括文化方面的竞争。世界多极化、经济全球化的深入发展，引起世界各种思想文化，历史的和现实的、外来的和本土的、进步的和落后的、积极的和颓废的，它们相互激荡，有吸纳又有排斥，有融合又有斗争，有渗透又有抵御。总体上处于弱势地位的广大发展中国家，不仅在经济上面临严峻挑战，在文化发展上也面临严峻挑战。"

加入世贸组织是我国对全球化浪潮的积极应对，是面对"挑战"的"应战"。西藏文艺界的同志，至今还缺乏应战的准备，认为那还是很遥远的事情。而事实并非如此，我们已经听到了 WTO 向我们逼近的脚步声，如果我们听而不闻，继续封闭保守，将来就会手足无措、处于被动的地位。中国面对融入国际社会的大趋势，虽然不具备在资金、技术等方面的优势，但我们的文化产业背靠的是深厚的民族文化资源。只要我们植根于民族文化的沃土，充分利用本土资源，扬长避短，制作出高质量、本土化的文化产品，就能赢得并在国内外文化市场上占有一席之地。面临西部大开发的机遇和"入世"的挑战，我区文艺界既要繁荣文艺创作、发展文化产业，更要弘扬时代主旋律，坚持先进文化的前进方向，保持和发展本民族文化的优良传统，大力弘扬民族精神，积极吸取世界其他民族的优秀文化成果，实现文化的与时俱进。

面对国际国内形势发生重大而深刻的变化，毛泽东同志《在延安文艺座谈会上的讲话》的基本立场和精神仍然为我们文艺工作者所遵循。江泽民总书记以巨大的理论创新勇气，提出"三个代表"重要思想，对文艺工作作出了一系列重要论述。这些论述，与毛泽东文艺思想、邓小平文艺理论一脉相承，体现了与时俱进的鲜明特点，体现了先进生产力的发展要求和先进文化的前进方向。今天，我们隆重纪念毛泽东同志《在延安文艺座谈会上的讲话》发表六十周年，就是要以全面的、历史的、系统的、发展的眼光，学习和把握党的三代领导人关于文艺的重要论述，并将这些文艺思想和理论一以贯之，指导我区文艺实践，实现新世纪西藏文艺事业新的腾飞。

2002 年 5 月

坚持科学的发展观，建设和谐文艺社团

党的十六大和十六届三中、四中全会提出了构建社会主义和谐社会的任务和目标。党的十六届四中全会把构建社会主义和谐社会的能力作为加强党的执政能力建设的重要任务，体现了广大人民群众的根本利益和共同愿望。构建社会主义和谐社会，是我们党对改革开放和现代化建设经验的科学总结，也是在国内外新的形势下，提高党的执政能力，贯彻落实科学发展观，全面推进社会主义现代化建设的战略举措，为我们科学认识提高执政能力，加快西藏跨越式发展，抓住和用好重要战略机遇期，实现全面建设小康社会宏伟目标提供了重要的思想和理论指导。

坚持科学的发展观，是全面建设小康社会进程中始终都要坚持的重要指导思想和科学的思想方法。科学发展观属于党的思想路线方面的内容，是实事求是精神在发展中的贯彻和体现，是科学的世界观和方法论。构建社会主义和谐社会是人类社会的高级目标和美好追求，是经济和社会发展的最终目的，是我们党领导全体人民为之努力和不懈奋斗的价值判定和价值取向。坚持科学的发展观和构建和谐社会是相互促进、相辅相成、统一于发展之中的。科学发展观是指构建和谐社会的方向和根本途径，构建和谐社会是科学发展观的目标追求和必然结果。

科学发展观有其深刻的内涵和基本要求。概括来讲，坚持科学的发展观，首先要坚持以经济建设为中心，聚精会神搞建设，一心一意谋发展，紧紧抓住发展这个主题不放松；其次，坚持科学的发展观，必须坚持经济和社会的全面、协调、可持续发展，促进社会主义物质文明、政治文明、精神文明和社会和谐的全面发展；再次，坚持科学的发展观必须以人为本，以人的全面发展为根本目标，以人与人、人与自然之间的和谐相处为基本特征。

构建社会主义和谐社会也有丰富的内涵和要求。胡锦涛总书记提出，我们所要建设的社会主义和谐社会，应该是民主法治、公平正义、诚信友爱、充满活力、安定有序、人与自然和谐相处的社会。在这二十八字的总体要求之下，构建和谐社会要切实保持经济持续快速协调发展，切实发展社会主义民主和落实依法治国基本方略，加强思想道德建设，实现和维护社会公平和正义，加强社会公共建设和管理，加强生态环境建设和治理，正确处理人民内部矛盾，增强全社会的创造力，保持社会稳定和长治久安。

文化艺术界和文艺工作者在构建和谐社会中，承担着重要的职责且发挥着重要的积极作用。和谐社会是坚持先进文化的前进方向，文化事业和文化产业发展和繁荣的社会，为构建和谐社会提供价值导向和精神支持，文化艺术为社会和谐创造健康、向上、诚信友爱的社会文化氛围，提高人们的思想道德素质、文艺修养和审美素养。文联是党创建和领导下的文学艺术界联合会，是各文艺家协会组成的社会团体，是党和政府团结和联系文艺界的桥梁和纽带。文联在构建和谐社会中担负着重要的历史责任和使命。文联要以科学的发展观为指导，使自身朝着建设和谐文艺社团的方向去努力，才能为构建和谐社会作出应有的贡献。

坚持科学的发展观，要以科学发展观为指导来认识新形势下文联的性质、职能和任务。文联章程规定，文联是党和政府联系文艺界的桥梁和纽带。作为党和政府联系社会某个阶层的桥梁和纽带，是社会团体的共性。党的十六大提出了文学艺术界既要发展文化事业又要发展文化产业的双重职能，文联要适应社会主义市场经济体制的发展要求，积极联系和引导文艺家走向文化市场、发展文化产业，在充当好党和政府联系文艺界桥梁纽带的同时，还要担当好联系市场经济、发展文化产业的桥梁纽带作用。文联章程规定，文联的职能是联络、协调、服务于文艺界文艺家。面对新形势下大力加强文化建设的任务，文联及其各文艺家协会，要拓展自己的职能，还要发挥面向社会、面向社区文化和群众文艺活动的组织、指导和管理的职能。随着文化体制的改革不断深入，政府管文化与办文化的职能逐步分离，文联办文化和在一定范围的组织、指导、管理职能必然扩展和加强。通常讲，文联的任务是繁荣文艺创作，培养文艺人才，文联及其文艺家协会的各项工作最终要落实到有利于繁荣文艺创作和文艺人才成长上面来。而作为文联的最直接和最基本的任务，是要维护好文艺家的合法权益，加强行业管理和行业自律。随着市场经济的不断完善和发展，文艺工作者越来越多地由“单位人”变为“社会人”，维护文艺家的权益不受侵犯，加强行业管理和业内自律，加强培养“德艺双馨”文艺人才的任务日益繁重，文联的工作任务也要随社会发展和改革的深化及时做出调整和改进。

构建和谐社会，就要更加广泛地团结和充分调动广大文艺工作者和文艺爱好者的积极性，整合文艺人才资源和文学艺术资源，使各种文艺资源得到充分的发掘和利用，创作生产出更多的文学艺术精品，搞好文艺作品的出版、制作、展演和服务。从文联及其各文艺家协会的现状出发，文联拟面向社会建立文艺人才文艺成果数据库，在准确掌握各文艺家协会会员情况的基础上，广泛征集社会各界文艺爱好者的数据资料，通过建立文艺创作专项资金，面向社会各种文艺创作人才，实行文艺创作项目招标和创作资助的方法，调动社会文艺创作力量，加快文艺作品创作制作周期。通过建立全区文艺人才文艺成果资料数据库，借鉴和继承前人的优秀文艺成果，创作出更多更优秀的反映新时期新生活的文艺作品。社会发展到今天，群众文艺活动日益普及，群众参与文艺活动的热情高涨，广大文艺爱好者参与文艺创作和服务，紧随时代潮流，融入群众生活。火热的社会生活和人民群众广泛参与创造的活动，为文艺繁荣提供了深厚的社会基础和肥壤沃土。文联的工作不能仅限于协会会员和专业文艺工作者的范围，而要面向社会、群众，深入实际、深入生活，广泛联系、协调和服务于各类文艺人才，繁荣各类文艺创作，加快文艺人才成长的步伐。

“家和万事兴”。构建和谐社会，落实到单位，就要建立和谐的人际关系和事业环境。有两点十分重要，一是单位的领导班子要团结合作，形成坚强的领导核心。作决策抓管理要贯彻民主集中制原则，领导班子要以身作则，努力营造民主、团结、公正、和谐的氛围，为各类人才的成长创造平等竞争、公平发展的机会和条件；二是要建立和完善各项规章制度。靠制度管人管事，减少人为的主观因素造成的不公平，形成制度面前人人平等，贯彻规章一视同仁，培养职工遵章守纪的自觉性。民主、平等、公正、秩序、友善、诚信等这些重要的价值观，是人类共同追求和应该遵守的道德原则和行为准则。法治是公平和正义的基础和保障，具体到一个单位一个部门，就要落实到健全的规章制度上面。要在文艺界逐步建立和完善科学的管理制度体系和运营机制，形成同事之间相互尊重、相互支持、相互帮助、相互学习、团结共事、奋发有为的人际关系，提高人气指数。创造平等竞争、遵章守纪、积极向上、鼓励先进、安定有序、充满活力的发展事业的环境和条件。文艺界要从构建文艺社团抓起，从每个人做起，为构建和谐社会，为实现全面建设小康社会目标而共同努力。

2005 年 3 月

16

大力推进我区社会的文明与进步

党的十一届三中全会以来我区二十年的历程，是坚持实事求是、思想逐步解放、观念不断更新的二十年；是国民经济持续、快速、健康发展，各项社会事业全面进步的二十年。二十年来西藏发展进步的历程，使干部群众深刻认识到：发展与稳定是事关西藏工作全局的两件大事，坚持破立结合、治乱治愚，加强社会主义精神文明建设，是贯彻新时期西藏工作指导方针的重要举措。

一、“破立结合、治乱治愚”是以邓小平理论为指导，正确认识西藏区情的结果

西藏是一个在自然地理、社会历史、民族宗教等方面都有很大特殊性的民族自治区，正确认识西藏区情，是做好各项工作的前提。在20世纪80年代初的几年里，西藏在真理标准大讨论和“一切从西藏实际出发”大讨论的推动下，干部群众积极探索西藏发展进步的良策，在发展西藏经济的指导思想上，作过比较深入的研究论证和有益探讨。这对于正确认识区情、制定符合西藏实际的经济社会发展规划，起到了积极作用。但是，西藏的发展进步不仅仅在经济领域，在思想文化等精神领域里存在的突出问题，直接或间接地作用于经济建设，影响着社会文明建设的进程。反分裂斗争使我们清醒地认识到：西藏

的发展与稳定密切相关，精神领域的问题影响和制约着稳定与发展，分裂与反分裂斗争是长期的、复杂的，不治乱，没有局势的稳定，经济建设就无法进行。正如邓小平同志所说的那样：“没有安定的环境，什么事情都干不成。”不揭露达赖集团的本质及其“西藏独立”的阴谋，不清理、清除达赖在精神领域的影响，西藏社会的发展进步就会受到严重阻碍。西藏经济落后、发展缓慢的深层原因，既有自然的，也有社会的；既有经济领域的，也有精神领域的，尤其是达赖集团的干扰破坏、宗教的消极影响、群众科学文化知识的落后，如连环锁链，严重束缚着西藏的发展进步。实践证明，稳定和发展是西藏工作中相互联系的两件大事。没有稳定，就难以发展；没有发展，就没有长久的稳定。因此，在一定时期内，“稳定压倒一切”，治乱是当务之急，必须把反对分裂维护稳定作为首要任务。

自治区党委在对西藏的实际全面深刻认识的基础上，指出：在西藏，加强精神文明建设、保持社会稳定、加快经济发展，是三位一体、互为条件的，必须把精神文明建设和经济建设、维护社会稳定有机地结合起来。只有抓好精神文明建设，稳定才有可靠的思想基础，经济建设才有正确的方向和智力支持；抓好精神文明建设，从根本上肃清达赖集团的影响，从而为长治久安和经济社会发展打下可靠的社会基础。区党委领导同志多次指出：必须重视我区精神领域存在的突出问题，我们同达赖集团斗争的主战场在精神领域。要旗帜鲜明地从我区实际出发，治乱治愚。治乱，就是要治理达赖集团乱藏祸教和在人民群众思想上造成的混乱；治愚，就是要治我们科学文明素质比较低，很多群众受宗教束缚，不能从宗教的困惑之中解脱出来。治乱、治愚取得进展，西藏的精神文明建设才能够相应地向前发展。

区党委上述认识，是对改革开放以来西藏工作中正反两方面经验认真总结的结果，是正确认识西藏实际的结论，反映了区党委在邓小平理论指导下，在党中央的正确领导下，对西藏工作认识的新水平，这对于正确开展反分裂斗争，掌握稳定局势和加快发展的主动权有重要意义。

二、达赖集团是“乱”的根源，愚昧落后是“乱”的深层原因，“治乱治愚”必须治标又治本

达赖集团于1959年策划以“西藏独立”为目的的武装叛乱失败叛逃国外后，在破坏祖国统一、企图“西藏独立”的道路上越走越远。他们在国际上四处奔走游说，为“西藏独立”费尽心机。达赖集团变换花样攻击我中央政府，混淆视听，制造种种谎言欺骗国际舆论，企图把西藏问题国际化，为我国的对外关系设置障碍，给我国的对外开放制造种种麻烦。达赖集团打着维护藏民族利益的招牌，身披宗教外衣，利用民族问题和宗教感情，挑拨离间，制造民族隔阂和仇视，煽动一部分狭隘民族主义和分裂主义分子的情绪，制造骚乱事件。达赖集团多年来在西藏境外以所谓“讲经”和“法会”的形式，进行“西藏独立”的煽动宣传，很有欺骗性。达赖集团与我争夺寺庙、争夺群众、争夺青少年，并且把寺庙作为重点对象，插手区内寺庙活佛转世和重大宗教活动，企图把寺庙培育成分裂活动的策源地。达赖集团在策划“和平挺进”、“全民公决”、“高度自治”等活动遭到失败后，近年来又组织策划了多起爆炸、恐吓等暴力破坏活动，对西藏经济和社会发展造成直接干扰破坏，损害人民群众的生命财产和根本利益。事实证明，达赖是制造动乱、破坏西藏安定团结的总头子与总根源。

经验告诉我们，应当重视达赖对藏族群众的精神影响，其精神枷锁严重束缚着人民的思想观念。宗教的长期广泛的消极作用，对群众影响很大。在西藏，一些人轻视现世今生，把幸福寄托于虚幻的来世再生，对宗教持迷信与盲从的态度；一些人一生清贫，把创造的财富布施给寺庙神灵，不扩大生产，不计划生活，安贫知足；一些人由于长期生活于半封闭状态，缺

乏最基本的社会知识，对祖国、民族、公民、法律和科学文化观念淡薄，对外部世界和未来社会知之甚少；在农牧区，一些人对基本的自然现象、生老病死和卫生常识缺乏了解，封建迷信盛行，落后习俗世代相承；一些人虽然对党和政府有着朴素的感情，但缺少发展经济脱贫致富的思路和技能，安于生产生活现状。由于科技文化落后，文盲人口比例比较高，生产力水平低下，自然经济仍占主导地位，抗御自然灾害的能力很弱。所有这些都是达赖集团统治下的旧西藏遗留下来的沉重包袱，也是达赖集团长期欺骗宣传、乱藏祸教、进行精神奴役的结果，成为西藏经济社会发展进步、进入先进民族之列的羁绊。

愚昧落后是旧西藏"三大领主"统治和愚弄人民的结果，又是"政教合一"的封建农奴制度得以维持的社会基础。愚昧落后是分裂主义骚乱闹事和破坏活动有恃无恐的社会条件，又是西藏经济落后、发展缓慢的深层原因。愚昧最容易被人愚弄，愚昧无知必然求助于某种超人的力量，这就是达赖对藏族群众的精神影响，也是宗教——人类精神鸦片的麻醉作用。"乱"和"愚"互为条件，相互联系，相辅相成。治乱必须治愚，从某种意义上讲，治乱是治标，治愚是治本，要标本兼治，结合进行。

治乱，就要对达赖集团分裂主义的破坏活动和图谋西藏独立的阴谋彻底揭露，坚决斗争，掌握主动，对分裂主义破坏活动坚决果断地处置在预谋阶段，消灭于萌芽状态，形成人民民主专政的强大威慑力，彻底打消一部分人对达赖集团和"西藏独立"所抱的幻想。重点做好寺庙僧尼的稳定工作，把死心塌地跟随达赖集团搞分裂破坏活动的骨干分子坚决清理出寺庙。在全区范围开展揭批达赖集团的斗争，形成强有力的政治攻势，维护人民的根本利益，维护法律的尊严。

治愚，就要大力普及科学文化知识，提高群众科学文化素质，要深入、持久、有效地对群众进行马克思主义祖国观、民族观、宗教观、文化观的宣传教育，使群众树立国家观念、公民意识，正确对待兄弟民族及其文化，确立“两个离不开”的观念；客观地对待宗教信仰，削弱宗教的消极作用，把精力集中到发展经济、改善物质文化生活上来；正确对待传统文化，取其精华、弃其糟粕，继承发扬，积极大胆地借鉴和吸取一切民族的优秀文化成果；注重从青少年抓起，进行马克思主义历史唯物主义无神论的教育，用科学战胜迷信，用科学转变观念，破除达赖集团的精神束缚，为长治久安创造有利的社会条件，为精神文明建设铺平道路。

三、坚持有破有立，破立结合，加大精神文明建设力度

党的十五大之后召开的西藏自治区党委五届三次全委（扩大）会议，进一步分析和认识西藏区情，指出：西藏经济社会发展水平在全国处于落后状态，可以说处于社会主义初级阶段的低层次，又长期面临达赖集团的干扰破坏，这是我们的基本区情。自治区党委强调指出：要认真解决精神领域里的突出问题，从治乱治愚入手，破立结合，加强精神文明建设。同时指出，西藏的精神文明建设和全国许多省区、很多地方相比，有不同的特点，必须认清精神领域的实际状况，有的放矢。必须有破有立。所谓“破”，就是对陈旧的、错误的东西进行批判、斗争和淘汰；所谓“立”，就是对新的、我们所主张的优良思想道德和奋斗目标进行宣传、贯彻、实施，使它们牢固地树立起来。西藏处在社会主义初级阶段低层次的实情，说明了加强精神文明建设、加快发展的必要性和紧迫性。

近年来，西藏在全国的大力援助下，经济迅速发展，连续四年高于全国平均发展速度，说明在物质文明建设方面，西藏有可能快速、超前发展。但精神文明建设方面不可能全靠对口支援。精神文明相对于物质文明，显得更加落后，建设的任务更加繁重。精神文明建设保证经济社会发展的性质和正确方向，为经济社会发展提供良好的思想道德基础和智力支持，没

有精神文明，物质文明也上不去。西藏目前精神领域的突出问题，对物质文明的发展和社会局势稳定形成极其不利的作用和制约，这就是西藏精神文明建设的特殊性和紧迫性所在。

根据近年来反分裂斗争和精神文明建设的实践，坚持破立结合，应注重抓好以下几方面的工作：

第一，要继续做好稳定局势工作，把揭批达赖集团的斗争引向深入，在更深层次上清除达赖集团的影响。达赖集团在我周边国家设立电台，用藏语和英语对我藏区进行大功率发射覆盖，进行不间断的分裂渗透宣传，还经常利用外国游客和探亲藏胞携带宣传品，串联策划等。针对达赖集团的渗透宣传，我们要采取有效手段进行干扰覆盖，办好藏语和英语对外广播，理直气壮地宣传西藏是中国不可分割的一部分，宣传西藏在中央的关怀、重视和全国人民的援助下取得的巨大成就，宣传西藏人民的新生活，系列介绍西藏的寺庙文物、民族文化、自然环境得到妥善保护的成果，通过来藏访问、旅游的外国旅客、藏胞和知名学者客观地介绍西藏，以正视听，扩大我区在国际上的影响。对西藏区内，要进行新旧西藏对比教育、民族团结教育、社会主义建设成就教育等。

在反分裂斗争的宣传教育中，要注意以事实说话，以理服人，循序渐进，讲究斗争策略和宣传艺术，注重实际效果，力争做到入耳、入脑、入心、系统、深入、持久地做好宣传教化，从思想观念的深处清除达赖集团的影响。

第二，重点搞好寺庙爱国主义教育和建立正常秩序的工作，这是消除达赖集团影响的关键环节。藏区的各大寺庙是达赖集团渗透宣传的重点听众层面，有的寺庙僧尼在多次骚乱中充当急先锋，成为达赖集团分裂主义活动的策源地。抓好寺庙和僧尼的教育管理在稳定局势中具有关键作用。自治区党委决定用几年时间对全区寺庙进行爱国主义教育和建立正常秩序工作，是符合实际的正确决策。在进行这项工作中要客观地看到，多数僧尼对党的政策了解很少，而对达赖集团的宣传则经常领受，信以为真，对党和政府十分隔膜，政治思想基础差，需要耐心、长期地做教育转化工作。首先要在寺庙僧尼中普遍进行国家、公民、民族、宗教等基本知识的教育，进行宪法和法律知识教育，使僧尼认识到，他们首先是国家的公民，其次才是宗教职业者，要树立正确的国家观念和公民意识，宗教活动必须在法律规范内进行，寺庙必须纳入社会管理之中。对寺庙制定各种管理规章制度，定期检查监督。提倡和鼓励寺庙开展多种经营，以寺养寺，僧尼参加劳动，参加社会公益活动，为民行善造福，使寺庙走入正轨。其次，要让党和政府的声音进寺庙，为各大寺庙配置电视、广播和报刊，让僧尼了解外部世界，了解党和国家的重大决策和举措，这是进行转化教育、淡化达赖集团影响的有效手段。通过上述综合教育和治理，引导宗教与社会主义社会相适应。

第三，加快实施"科教兴藏"战略，作为治乱治愚的根本大计。科教兴藏是消除愚昧、发展经济、推动社会进步的根本性措施，也是清除达赖集团影响和宗教精神束缚的治本之举。首先，要继续加强国民基础教育，把教育放在优先发展的地位，加大投入，提高质量。适当变通全国统一设置的课程和教材，加大西藏与祖国关系的内容和马克思主义祖国观、民族观、宗教观、文化观以及唯物主义无神论的教学内容，坚决清除少数人在教学中宣传"独立"内容和宣扬宗教迷信的教学内容。对中小学生考前求神拜佛和转经活动，制定硬性管理规定，加强理想信念和科学世界观的培养。其次，继续办好并适当扩大内地省市西藏中学和西藏班，把大批优秀的藏族学生送往内地学校，从小感受祖国大家庭的温暖，接受民族团结的教育，接受现代科学的熏染，领略祖国的快速发展，使之成为具有现代科学文化知识的西藏建设中坚力量。再次，要在广大农牧区大力推广科学技术，普及科学知识，开办扫盲文化夜校，兴办现代科学文化设施，传播科学文明生活方式，转变陈旧落后观念。科学技术不仅为农牧民带来看得见摸得着的物质利益，对克服愚昧落后和封建迷信有着巨大作用。要在农牧区加快兴办广播、电视，让农牧民了解现代化发展速度，及时听到党和政府的声音。兴建文化馆站，配备藏文书报刊，组织群众开展健康向上的文娱体育活动，丰富群众的精神文化生活，淡化宗教在群众生产、生活中的消极影响。

第四，移风易俗，破除陈规陋习，建设文明村镇，推行科学、健康、文明的生活方式。西藏城乡普遍存在着旧西藏遗留下来的陈规陋习和愚昧落后现象，必须积极持久地加以改革。对待民族习俗风尚，要按照马克思主义“扬弃”的观点加以鉴别和发展，对一切科学、健康的优良习俗给予保护、继承和发扬，保护少数民族社会文化生活和习俗风尚中一切优秀的传统和特色，而对民族习俗风尚中的不科学、不健康、不文明的陈规陋习、落后现象加以引导和改革。要克服那种以“保护民族文化传统和民族习惯”为由而固守陈规陋习的狭隘、错误的思想观念，克服那种对待民族文化传统只能固守不能改革的陈旧观念，从维护西藏人民的长远利益出发，以邓小平同志提出的“关键是看怎样对西藏人民有利，怎样才能使西藏很快发展起来，在中国四个现代化建设中走进前列”为衡量标准，以改革的精神积极推进。要在文明城市、文明村镇建设中，把移风易俗、治理脏乱差作为突破口，持之以恒地进行下去。要从各级领导干部和共产党员做起，带头破除婚丧、庆贺活动中大操大办、敛财铺张和攀比之风；破除在农牧业生产中求神问卜，由喇嘛、巫师求雨防雹、诵经祛病等迷信活动；反对一妻多夫、一夫多妻、近亲婚育等落后习俗，提倡计划生育和优生优育，坚持实行结婚登记；破除封建等级观念、狭隘复仇观念和酗酒滋事、不讲卫生、生产生活无计划安排等落后现象。结合文明村镇建设，制定乡规民约，组织群众自我教育，自我管理，引导群众走向科学、健康、文明的新生活。

第五，革除不适应改革开放和发展经济的消极精神状态，加快西藏经济社会发展。十一届三中全会以来，中央进一步加强了对西藏的支援力度，特别是中央第三次西藏工作座谈会以后，部分省市对口支援西藏，带来了大批建设项目和资金，使西藏城镇面貌发生了巨大变化。但毋庸讳言，在部分干部群众中，等、靠、要的依赖思想也有所滋生发展。在长期封闭的环境中形成的封闭保守、盲目排外、安于现状、不思进取、缺乏事业心、责任感不强等消极精神状态妨碍了西藏改革开放和发展。应当在干部群众中开展区情教育，开展“全国支援西藏，我们怎么办?”的讨论，正确认识我区处在社会主义初级阶段的基本区情，增强紧迫感和危机感。弘扬江泽民同志倡导的“六十四字创业精神”，发扬艰苦奋斗的老西藏精神和孔繁森精神，引导干部群众进一步解放思想，转变观念，正视落后，改变面貌，树立自尊、自信、自强的进取精神，振兴西藏，缩小差距，追赶现代社会前进步伐。

西藏自治区党委提出“治乱治愚，破立结合”，不仅针对西藏精神领域和精神文明建设方面的问题，而且涉及西藏的稳定发展、改革开放、团结进步等全局性工作，是新时期西藏工作指导方针的重要精神和内容，也是党中央和自治区党委运用邓小平理论指导西藏工作，不断深化认识，提高工作水平的结果。实践将不断证明，西藏在邓小平理论伟大旗帜指引下，遵循党的十一届三中全会以来的各项方针政策，坚定不移地贯彻“一个中心、两件大事、三个确保”的指导方针，一定会在安定团结的局势中快速发展，建设团结、富裕、文明的社会主义新西藏的宏伟目标一定能实现。

1999 年 1 月

坚持先进文化前进方向，推进西藏跨越式发展

江泽民总书记在纪念建党八十周年讲话中指出："坚持什么样的文化方向，推动建设什么样的文化，是一个政党在思想上精神上的一面旗帜。"这是对我们党文化建设思想的创新和发展，是党作为先进文化前进方向代表的标志和体现，是对建设先进文化的根本性要求，也说明文化在建设有中国特色社会主义伟大事业中的地位和作用。中央第四次西藏工作座谈会和自治区第六次党代会对我区文化建设的方针政策，充分体现了代表先进文化前进方向的精神和要求，为我们正确认识文化建设在实现我区跨越式发展中的地位和作用起到了深化和指导作用。

一、代表先进文化前进方向的思想为我区实现跨越式发展创造了良好的思想条件和社会基础

我们党对先进文化的作用及其发展方向的认识，随着改革开放的深入而不断深化，集中体现在党的十五大报告、十一届六中全会和十四届六中全会两次做出关于加强社会主义精神文明建设的决议中。党的十五大把社会主义文化建设的任务及其方针政策作为党的纲领的重要内容。邓小平关于两个文明协调

发展的思想，关于“两手抓两手都要硬”的论述，江泽民关于文化建设、思想道德建设的一系列精深论述，为新时期我国先进文化建设确立了指导思想，指明了前进方向。

党中央三代领导集体对西藏工作倾注了巨大关怀和重视。今年召开的第四次西藏工作座谈会，进一步明确了西藏工作在全国工作大局中的重要地位和新世纪初西藏工作的指导思想，使西藏受到中央的关怀重视达到前所未有的程度，为西藏文化建设开辟了广阔前景。中央和区党委关于加强社会主义精神文明建设，为实现西藏跨越式发展和长治久安提供思想保证，打牢发展和稳定的思想政治基础的要求，关于在西部大开发中保护好生态环境的要求，关于重视保护藏民族优秀传统文化和文化生态的要求，以及对西藏文化建设和对外文化交流给予的大力扶持等，都体现了代表先进文化前进方向的精神。近年来，江泽民、朱镕基、胡锦涛、李瑞环等中央领导关于西藏工作的重要指示中，充满了对西藏文化建设的高度重视和热情关注。自治区党委、政府就文化建设制定了一系列方针政策，自治区领导就此作过多次重要讲话和指示，为我区文化建设创造了有利的政策环境。

我区的对外开放以文化艺术为窗口，面向国内，走向世界，宣传新西藏，树立新形象，全面客观地介绍西藏经济和社会发展现状，引起了国内外的广泛关注和重视，使西藏成为西部大开发的建设重点和文化旅游热点地区，为西藏实现跨越式发展创造了有利的国际国内大气候、大环境。可以说，我国的文化事业面临着新的大发展的机遇，文艺创作也进入了新的繁荣时期，江泽民总书记“三个代表”重要思想，必将推动我国新世纪生产力的大解放、大提高，推动我国文艺事业的大繁荣。文化艺术界要高举先进文化前进方向的旗帜，文艺工作者要做先进文化前进方向的旗手，积极担当起建设先进文化，繁荣文艺创作，多出作品，多出人才，壮大文艺事业的社会责任。

二、优秀传统文化和丰富的文化资源对我区实现跨越式发展具有直接而有力的推动作用

文化是一个民族、一个国家赖以生存和发展的根基，从宏观上决定着一个民族和国家的命运兴衰。文化又是综合国力的重要标志，文化在社会发展和文明进步中的作用为越来越多的国家政府和有识之士所认识。我区的民族优秀传统文化的继承和文化资源的开发建设问题，成为党委、政府的重要议题。

改革开放以来，来西藏旅游观光的国内外游客和访问考察的专家学者迅速增加，大多是奔着西藏独特而神奇的文化资源而来的。文化资源成为西藏的重要资源且具有巨大的开发潜力和明显优势。西藏的旅游业作为支柱产业的龙头，具有突出的文化旅游特色。全区众多的文化名胜、人文景观成为旅游热点热线，不仅名胜景点门票收入增长可观，民族文化艺术产业和工艺品、旅游纪念品的开发经营也备受重视。文化与旅游结合得越来越紧密，文化与自然资源的开发结合得越来越广泛，文化艺术搭台牵线，促进开放和交流的作用日显重要。

西藏的文化艺术界一直走在对外开放的前列，是对外交流、招商引资的排头兵。我区各专业文艺团体遍访欧美亚非等许多国家，展示和表演西藏古老悠久的优秀传统文化艺术，引起国际社会的极大兴趣和广泛赞赏，使国际社会客观了解和认识西藏，为我区对外开放创造有利条件，有力地回击了敌对势力和分裂主义分子攻击我国文化政策、煽动民族文化隔离、挑拨民族团结和对我实施“西化”、“分化”的图谋，为西藏社会发展不断扫清障碍，使西藏民族优秀传统文化艺术绽放异彩，成为世界文化艺术中的瑰宝，使西藏在国内外重塑新的形象，使藏民族走到区外，走向世界，融入国际社会。在开放交流中，学习借鉴各国各民族的优秀文化成果，带来观念的更新和眼界的开阔，推动着西藏社会朝着更加开放、更加文明的方向

迈进。

旅游业作为文化与经济的结合、人文与自然结合的朝阳产业，随着经济社会的发展，必然有更快更高的发展速度。西藏的人文景观和自然景观早已引起国内和国际社会的广泛兴趣和关注。近年来，来西藏旅游的国内游客成倍增长，旅游业显示出巨大潜力和广阔前景。青藏铁路的修建，将会促进西藏旅游业的大发展，西藏将成为全国乃至国际上的旅游黄金线和热点地区，可以设想，西藏旅游业及其由此对第二、三产业的带动将是多方面的、强有力的。旅游业以及整个第三产业的发展离不开文化艺术和科技教育的支撑，文化科技教育将与旅游产业紧密结合，相互促进，文化艺术工作者将面临新的广阔空间。西藏的优秀传统文化艺术将在有利的社会条件下得到继承和发展，对外开放和外来文化交流的影响，必然推动我区文化事业以新的姿态、新的风貌、新的高度提升，文化艺术事业对我区实现跨越式发展将起到持久而有力的推动作用。

三、发展先进文化为实现我区经济社会跨越式发展提供精神动力和智力支持

"科教兴藏"战略是党中央提出的科教兴国战略方针在西藏的贯彻实施，是西藏经济发展和社会进步的重大决策。从根本上讲，这一战略体现先进文化的前进方向。"科教兴藏"在很大程度上属于文化建设的任务，也是文化建设的基础性工程，加强国民教育，发展科学技术，在全民中培养和树立科学知识、科学方法、科学思想和科学精神，不仅极大地解放和发展生产力，更有利于人民群众用科学战胜愚昧，以先进战胜落后，为西藏经济社会发展提供精神动力和智力支持。

自治区第六次党代会，区党委提出了要以思路创新为先导，以科技创新为动力，以体制创新为保障，实现西藏社会长治久安和跨越式发展的任务目标，充分体现了江泽民总书记

"三个代表"的重要思想，体现了江泽民总书记关于文化建设要有时代精神和创新精神的要求。贯彻落实区党委提出的"三个创新"任务，要先从思想文化领域抓起，以思想创新为先导，适应新形势、新任务的要求，打破陈旧落后的思维定式和发展模式，积极探索实现跨越式发展的有效途径，克服自然经济的封闭保守意识，树立市场经济和对外开放的观念；克服不思进取，等、靠、要的思想，树立自力更生、艰苦创业、讲求实效的观念；克服本位主义和部门小团体的狭隘利益观念，树立全局观念、整体利益和长远利益的观念；克服教条主义、官僚主义作风，反对本本主义，树立紧密联系实际、创造性开展工作的思想。凡是符合"三个有利于"标准，符合"三个代表"总体要求，适应我区跨越式发展要求的，都应当积极支持，大力提倡和鼓励大胆开拓、大胆实验、大胆去干。区党委这些工作思路，是学习贯彻"三个代表"重要思想，结合西藏实际，正确认识西藏区情和发展道路得出的宝贵经验，对建设先进文化、文艺工作和广大文艺工作者是有力的指导和促进，文艺工作要深入领会和贯彻区党委的工作思路和工作要求。

文化建设是社会主义精神文明建设的重要任务和基础工程，思想道德建设和科学文化建设是精神文明建设的主题，先进科学技术知识的普及推广和通过国民学历教育提高公民的文化素质，是建设先进文化的根本任务，也是具体途径。中央最近发布的《公民道德建设实施纲要》将有力推动全体公民思想道德素质的普遍提高，也是我国先进文化建设的一项长期而持久的任务。文化工作要遵循中央关于加强社会主义精神文明建设决定的要求，遵循江泽民总书记关于科教兴国、加强思想道德建设、大力推进先进文化建设的一系列思想和要求，以各种文艺形式和优秀作品大力宣传唯物主义无神论，推广普及科学思想、科学精神和科技知识，大力抵制和消除唯心主义有神论，淡化宗教和封建迷信的消极影响，以科学战胜迷信和愚昧落后，完善人的文化知识结构，提高人的思想精神境界，开阔人的思路和眼界，把以人为本和重视人的全面发展落实到为实现西藏跨越式发展的各项事业中去。

2001 年 2 月

学习“三个代表”重要思想，落实“三个代表”根本要求

江泽民同志“三个代表”重要思想，是对我们党的性质、根本宗旨和根本任务的新概括，是对马克思主义建党理论的新发展，是新形势下加强党的建设和中国特色社会主义建设的新要求，为我们党面对新世纪、迎接新挑战、完成新任务、赢得新发展提供了强大的思想理论指导。党中央决定在全国县（市）部门、乡镇、村基层各级领导班子和干部中开展“三个代表”重要思想的学习教育活动，是深入贯彻党的十五大和十五届三中、五中全会精神，改革和加强党对农村工作的领导，促进农业经济发展和社会全面进步的重大举措，是加强党的自身建设，提高农牧区基层干部素质，增强基层党组织的凝聚力、战斗力和创造力的一项重大决策。在学习教育活动中，要全面准确地把握“三个代表”重要思想的科学内涵和要求，结合我区基层和干部的实际，把“三个代表”的要求落实到基层。

一、代表先进社会生产力的发展要求，解放思想，转变观念，加快发展

生产力是推动人类社会发展进步的决定性力量。人类社会不同历史阶段的变革和更替，从根本上说，都是生产力不断发展的结果。我们党的奋斗目标，从根本上讲就是通过解放生产

力，发展先进生产力，提高经济文化生活水平和质量，这既是社会主义的根本任务，也是我们党的根本目标。从人类社会历史进程来看，发展生产力是社会历史和文明进步的主要内容。社会进步是先进的生产力取代落后生产力的过程，哪个民族和国家掌握了先进生产力，它就拥有了文明进步的力量，发展得就快，就会在国际社会处于优势地位，进入先进民族和发达国家之列；哪个民族和国家忽视发展生产力，或停留在落后的生产力水平上，就会发展滞缓，落后挨打，在国际上失去机会和地位，失去民族和国家的应有尊严；哪个执政党和政府代表掌握了先进生产力，就能从根本上代表人民的利益，得到人民群众的拥护与爱戴，就有了巩固的政权和稳固的执政地位。中国共产党就是以解放发展生产力、为人民大众谋利益为宗旨的，党从成立之日起就肩负着这样的历史责任。党的宗旨必然要求解放生产力，发展先进的社会生产力，从而体现为人民大众谋利益的根本宗旨。

代表先进的社会生产力，关键在于“先进”性，生产力本身有先进与落后之分，先进生产力与落后生产力对社会进步的推动作用是大不一样的。我国的改革开放，就是为了解放生产力、发展先进生产力，通过调整和完善生产关系，改革不适应社会经济基础的上层建筑，实现生产力的解放和发展，从而推动经济发展和社会进步。因此，代表先进社会生产力，就要坚持改革开放的基本国策，就要进一步解放思想、更新观念，大胆地破除一切不利于解放和发展生产力的陈旧观念、陈规陋习，自觉改革一切有碍于发展经济的社会上层建筑。如：落后的法规制度、落后的社会管理体制和机制、落后的思想观念和意识形态等。改革既是一场深刻的社会变革，也是人们思想领域的深层革命。改革又是具体的，是寓于社会生活各个方面的具体实践之中的，不能把改革仅仅作为一种政治口号，不能把改革全部寄希望于中央政府的重大政策的变革上，而应以马克思主义的原则立场、观点和方法为指导，以党和政府一系列改革的政策精神为依据，从社会生产实践和人的思想观念做起，一步一步推动改革前进，由量变的积累到质变的飞跃，进而实现经济体制和社会生活的深层改革，发挥生产力的先进性和推动力。

邓小平同志曾经指出，我们党的任务是“解放和发展生产力”，只讲“发展”不讲“解放”不完全，“应该把解放生产力和发展生产力两个方面讲全了”，要讲“革命是解放生产力，改革也是解放生产力”。邓小平理论最核心的思想，就是要以改革为动力来促进生产力的解放和发展，以改革为动力推动和代表先进的社会生产力。代表先进的社会生产力，关键是要代表先进生产力的发展方向，站在先进生产力发展的前沿和制高点上。当今时代，科学技术突飞猛进，以知识经济和科技创新为标志的新的社会生产力正在迅速发展，先进生产力越来越体现在科学技术水平上。邓小平关于“科学技术是第一生产力”的科学论断，充分说明了科学技术在生产力各种要素中的“第一”的作用和“先进”的性质。科学技术作为第一生产力，已成为经济发展和社会进步的最具革命性、最具先进性的推动力量。谁拥有了高新技术的优势，谁就掌握了发展的主动权、竞争的优胜权。这就要求我们各级党政干部要大力推进科学进步和科技创新。为此，自治区党委提出，在“十五”计划期间，要依靠科技创新、思路创新和体制创新，推动我区经济社会实现跨越式发展。要求我们以科学理论为指导，树立科学精神，以科学态度和科学方法，大力推广先进科学技术在生产领域和社会生活领域的实施应用，发挥科学技术作为先进生产力的主力军作用。

二、代表先进文化的前进方向，破立结合，移风易俗，建设社会主义精神文明

文化是文明的核心，是一个民族和国家赖以生存发展的根

基，也是区别不同民族和国家先进与落后的重要标志，文化决定着一个民族和国家的命运兴衰。先进文化，就是代表和反映广大劳动人民根本利益、思想意志和精神志趣，有利于解放和发展生产力，积极推动社会发展和人类文明进步的文化。先进文化是人类文明进步的结晶，是推动社会进步的思想保证、精神动力、智力支持，也是综合国力的重要组成部分。

江泽民同志指出："有中国特色社会主义的文化，是凝聚和激励全国各族人民的重要力量，是综合国力的重要标志。它渊源于中华民族五千年文明史，又植根于有中国特色社会主义的实践，具有鲜明的时代特点；它反映我国社会主义经济和政治的基本特征，又对经济和政治的发展起巨大促进作用。建设有中国特色社会主义，必须着力提高全民族的思想道德素质和科学文化素质，为经济发展和社会全面进步提供强大的精神动力和智力支持，培育适应社会主义现代化要求的一代又一代有理想、有道德、有文化、有纪律的公民。这是我国文化建设长期的艰巨的任务。"当代中国的先进文化就是有中国特色社会主义文化，就是有中国特色社会主义精神文明建设。

毛泽东对马克思主义理论的发展，邓小平关于社会主义文化建设的思想，江泽民关于社会主义文化建设的论述，中共十二届六中全会和十四届六中全会，先后作出的关于加强社会主义精神文明建设的决议所提出的建设社会主义文化的一系列方针政策，以及党的十五大把文化建设作为党的基本纲领的重要内容，都说明了我们党代表着先进文化的前进方向。建设有中国特色的社会主义，"特色"主要体现在文化建设上。邓小平同志讲，广东 20 年赶上亚洲"四小龙"，不仅经济要上去，社会秩序、社会风气也要搞好，两个文明建设都要超过他们，这才是有中国特色的社会主义。邓小平同志关于"两手抓，两手都要硬"的思想和两个文明协调发展的思想，是我国新时期文化建设的重要指导思想。我国的现代化与发达国家现代化在发展经济这一点上没有大的区别，区别就在于社会主义的文化建设在发展建设中所表现的特色。有“中国特色”，最主要体现在社会主义的理想、信念、道德、价值观念等文化特点方面。我国的现代化建设不仅仅是物质文明发达，精神文化生活也是高尚的、发达的，两个文明相互协调、相互促进，社会健康发展，文明进步，就是我国社会主义建设的特色。

西藏虽然有悠久的历史文化传统，但由于社会发育层次低，是从“政教合一”的封建农奴制社会一跃跨入社会主义社会的，表现在人们思想观念、思维方法、生活习俗、民族心理素质等方面的文化形态，与现代社会有很大距离；加上宗教文化的深刻影响，使西藏传统文化中精华与糟粕掺杂糅合，民俗文化带有浓厚的宗教色彩。地域环境的相对封闭，使西藏文化具有明显的封闭性和保守性。改革开放以来，随着与内地经济文化交往日益加强，这种封闭性和保守性表现为盲目排外和思想观念上的自我与保守，对改革开放缺乏应有的热情和积极主动的态度，对新思想、新科技和现代管理态度冷漠和无动于衷。比较西藏与内地和东部地区的差距，实质上是教育、科技、知识、信息、文化和思想观念方面的差距，是现代科学文化素质方面的差距。科技文化知识作为经济增长和可持续发展的最重要因素，是一些国家和地区快速发展的秘诀，也是不发达国家和地区发展滞缓和贫困落后的根源，是对西部开发的最大最持久的制约。

落实代表先进文化前进方向的要求，要从以下方面抓好社会主义文化建设的任务：

在继承传统文化方面，坚持马克思主义“扬弃”的观点，继承民族传统文化中的优秀部分，即在思想内容上符合西藏社会经济、政治的发展方向，对经济、政治起积极促进作用，有利于社会文明，有利于团结进步，鼓舞感召人民群众为实现共同理想而奋斗的积极向上的文化艺术；具有认识、教育、审美作用，对心智有启迪作用和积极的愉悦休息作用的文化艺术。对于传统文化中落后的、反动的、不科学、不健康、消极颓废的思想观念和落后习俗等，应当坚决破除和改革。坚持有破有立，破立结合，移风易俗，倡导科学、健康、文明的新生活、新风尚。

在观念形态文化方面，要转变旧的思维方法和封闭、保守、排外的思想，跟上时代发展的脚步，以实事求是的科学态度对待新的发展趋势，积极接受新事物、新思想，积极探索，大胆实践，求真务实，开拓创新，按照党的十五大提出的“以我国改革开放和现代化建设的实际问题，以我们正在做的事情为中心，着眼于马克思主义的运用，着眼于对实际问题的理论思考，着眼于新的实践和新的发展”，以对外开放的态度和深化改革的精神，推动经济社会的发展进步。

在知识形态文化方面，要坚定不移地实施“科教兴藏”战略，把发展教育作为振兴西藏和民族进步的根本大计，确保国民教育优先发展，注重素质教育，提高教育质量，大力发展职业教育，培养农牧区实用科技人才。搞好成人教育和干部培训，提高基层干部的执政能力和管理水平。普及科技知识，推广科学技术，宣传唯物主义无神论，抵制唯心主义有神论，培养人们的科学精神，树立科学的世界观和思维方法。加大农牧业科技投入，增加农牧业科技含量，用科学战胜愚昧落后，用科学转变陈旧观念。

在组织制度文化方面，要积极推进政治体制改革，大力实施依法治国、依法行政和民主政治建设，保障人民依法行使民主权利和义务。改革机构，精简冗员，简化办事程序，提高工作效率，加强社会舆论监督和群众监督，加强制度文化建设，靠法规和制度保证党政机关工作人员清正廉洁和忠于职守。建立健全识才、爱才、育才、用才的良好机制，吸引人才，留住人才，用好人才，创造有利于人才安心稳定和成才拔尖的政策环境。

三、代表最广大人民的根本利益，关心群众，依靠群众，全心全意为群众谋福利

国以民为本，党以民为基，人民群众的根本利益是执政党的生命和力量所在。我们党是立党为公、执政为民的政党，是忠实代表最广大人民群众利益的工人阶级先锋队。我们党的领导干部没有自己的特殊利益，党的全部职责任务，就是为人民谋福利，就是团结和带领群众为实现他们的根本利益而奋斗。代表最广大人民的根本利益，是我们党一切工作和各项方针政策的出发点和落脚点，是我们观察和处理一切问题的根本原则和立场。我们党要代表先进社会生产力的发展要求，代表先进文化的前进方向，最终都要落实到代表最广大人民的根本利益上。

我们党建党 80 年的实践，始终坚持从群众中来，到群众中去，相信群众，依靠群众，想群众之所想，急群众之所急，帮群众之所需，为群众谋利益。代表最广大人民的根本利益，不仅仅是我们党的群众路线和优良作风，而且是中国革命和建设成功的法宝。党章明确规定：中国共产党是中国各族人民利益的忠实代表。党的三代中央领导集体对群体路线都有大量论述，江泽民同志讲得丰富而深刻，如警钟长鸣，提醒全党切记不忘。他指出："我们讲政治，离不开人民群众。实现、维护和发展人民群众的利益，始终是我们最大最重要的政治。马克思主义的政治观点中，第一位的是群众的观点。""人民是我们国家的主人，是决定我国前途和命运的根本力量。""党的领导地位，只有赢得人民群体的信赖和拥护，才能巩固和加强。如果失去人民的支持，我们党就会一事无成，就不能生存。"

代表最广大人民的根本利益不是抽象的，而是具体的，是同一定历史阶段党的基本路线和基本纲领相联系的。在民主革命时期，推翻帝国主义、封建主义和官僚资本主义，解放被压迫人民群众，就是全国人民的根本利益之所在。建立新中国以

后，改革土地制度，让人民群众拥有土地和财产，当家做主，带领人民群众走社会主义道路，发展经济、文化和各项事业，巩固人民政权，就是全国人民的根本利益之所在。十一届三中全会以后，实行改革开放，坚持以经济建设为中心，大力改善人民群众物质文化生活，建设有中国特色的社会主义现代化，就是全国人民的根本利益之所在。目前，我国处在社会主义初级阶段，也处在改革的关键时期和攻坚阶段，我们党的“三个代表”的作用，就是带领广大群众以经济建设为中心，建设物质文明和精神文明，为建设富强、民主、文明的现代化国家而奋斗。为此，就要坚持党的基本路线和基本纲领不动摇，坚持走社会主义道路和改革开放不动摇。在西藏，就是要坚持“一个中心、两件大事、三个确保”的方针，坚持以邓小平提出的“三个有利于”和“两个怎样”作为衡量各项工作的根本标准，带领群众脱贫致富奔小康，建设团结、富裕、文明的社会主义新西藏。

胡锦涛同志在全国农村开展“三个代表”重要思想学习教育工作会议上的讲话指出，在新疆、西藏等地，要把维护祖国统一、加强民族团结作为学习教育的重要内容。这是从我国我区实际出发提出的重要要求。在我区开展“三个代表”重要思想学习教育活动，要达到推动农牧区经济发展，增加农牧民收入要有新进展；发展农牧业各项优惠政策要落实，农牧民生活改善要切实见成效；基层干部思想作风和工作作风要有明显改进；精神文明建设和民主法制建设要进一步加强等基本要求。还要结合我区反分裂斗争，稳定局势，自觉抵制和克服狭隘民族主义思想倾向，唱响民族大团结的主旋律，坚持“三个离不开”的原则，维护团结、平等、互助、发展的新型民族关系。结合开展马克思主义“四观”教育，树立正确的祖国观、民族观、宗教观、文化观，积极引导宗教与社会主义社会相适应。基层党员领导干部要带头抵制和消除宗教消极影响，带领广大群众破除封建迷信，消除愚昧落后，牢固树立正确的世界观、人生观、价值观，提高思想政治素质和为人民服务的本领，把“三个代表”的要求落实到正确执行党的路线、方针、政策的实践中去，落实到加强党的建设各项工作中去，落实到各自的行动中去。

2001 年 3 月

要正确认识和处理我区改革、发展、稳定的关系

正确处理改革、发展与稳定三者之间的关系，是邓小平理论和治国思想的重要内容，也是建设有中国特色社会主义全局性的重大问题。党的十四届五中全会上，江泽民同志在讲话中把这个问题作为处理社会主义现代化建设若干重大关系中的首要问题。党的十五大报告又一次指出：“在社会主义初级阶段，正确处理改革、发展同稳定的关系，保持稳定的政治环境和社会秩序，具有极端重要的意义。”并指出：“必须把改革的力度、发展的速度和社会可以承受的程度统一起来，在社会政治稳定中推进改革、发展，在改革、发展中实现社会政治稳定。”改革、发展、稳定三者之间，有着不可分割的内在联系。改革是动力，发展是目的，稳定是前提，三者之间互为条件，统一于建设有中国特色社会主义宏伟事业之中。本文结合西藏的实际，论述三者之间关系及其在经济建设和社会发展中的作用，来加深理解邓小平理论及其实践意义。

一、改革是动力，改革的目的在于解放和发展生产力

改革是社会主义制度的自我完善和发展，改革是经济和社会发展的强大动力，改革将贯穿于建设有中国特色社会主义的初级阶段。这是邓小平理论中关于改革的基本思想。早在

1978年，邓小平就指出：改革开放，实现社会主义现代化，“这是一场根本改变我国经济和技术落后面貌，进一步巩固无产阶级专政的伟大革命。这场革命既要大幅度改变目前落后的生产力，就必然要多方面地改变生产关系，改变上层建筑，改变工农业企业管理方式和国家对工农业企业的管理方式，使之适应于现代化大经济的需要”。[①] 从此，改革被纳入我党在社会主义初级阶段的基本路线的内容，开创了我国社会主义事业发展的崭新局面。

改革又是我国社会主义条件下一场新的革命。邓小平同志曾明确指出：“改革是中国的第二次革命”。我们党成立八十年来，领导中国人民进行两次伟大的革命：第一次是在以毛泽东为核心的第一代领导集体的领导下，革命的目标是推翻旧制度，建设新中国，以建立中华人民共和国及其社会主义制度为标志；第二次是在以邓小平为核心的第二代领导集体的领导下，实行改革开放，在坚持社会主义基本制度的前提下，根据生产力发展水平和要求，自觉调整生产关系与生产力，上层建筑与经济基础不相适应的部分，把经济文化比较落后的社会主义中国变为富强、民主、文明的现代化社会主义中国。按照邓小平的设想和要求，我国的改革，是从根本上改变旧体制，建构新体制；是全面改革，涉及经济、政治和文化等各个领域，它对整个社会生活和人民思想观念的影响是相当深刻的；是某种程度的革命性变革，也是建设有中国特色社会主义的一场伟大革命。

解放生产力和发展生产力，是社会主义的根本任务。生产力作为经济建设和社会发展进步的根本动力，只有先解放才能有发展。解放生产力，为生产力的发展进步扫除障碍，解开束缚。发展生产力，是在社会主义生产关系的基础上，通过对生产力诸要素进行合理配置和组合，从而提高生产力水平；发展

① 《邓小平文选》第2卷，第135—136页。

生产力是以解放生产力为条件和前提的。邓小平在1982年初南方谈话中指出："只讲在社会主义条件下发展生产力，没有进还要通过改革解放生产力，不完全。应该把解放生产力和发展生产力两个讲全了。"[①] 邓小平这一论述极其深刻，意义重大，是对生产力理论的重要补充和发展，是对马克思主义生产力论的新的贡献。

改革的目的在于解放和发展生产力，改革便成为解放和发展生产力的直接动力。根据社会发展的规律和马克思主义历史唯物主义的观点，社会是在矛盾运动中不断变化和进步，社会主义社会也不是一成不变的，是在不断完善中前进的。我国的社会主义脱胎于经济文化极其落后的半殖民地半封建社会，生产力水平低下，人们的思想观念又受到封建政治文化的严重束缚，社会制度和体制的弊端和不完善的方面十分突出，只有通过改革，改变不适应生产力发展要求的体制和制度，才能解放生产力，促进生产力的发展从而推动社会进步。

改革是社会主义社会发展和前进的必然要求，我国的社会主义制度及其体制，是在特定的历史条件下建立起来的，受到社会发展水平的限制。中华人民共和国建立初期，由于缺乏建设社会主义社会的经验，我国基本上照抄照搬了前苏联的计划经济模式和政治体制的模式，脱离了基本国情和生产力水平的实际状况，又由于对马克思主义社会主义理论和生产力理论的机械、僵化的理解和片面运用，形成了一套单一的所有制经济结构和高度集中的社会管理政治权力结构。这些僵化的经济、政治和文化管理体制，导致了人民的思想僵化，妨碍了人民群众的积极性，阻碍了生产力的发展，以至于社会主义制度本应有的优越性得不到发挥而显露出种种弊端，旧的体制已严重束缚了社会主义发展进步的要求。对此，邓小平明确指出："不

① 《邓小平文选》第三卷，第370页。

改革就没有出路，旧的那一套经过几十年的实践证明是不成功的。”① 实践也充分证明，僵化的体制和保守的思想观念已成为生产力解放和发展的桎梏，改革已成为我国现代化的必由之路。

西藏面临着解放思想、改革开放的繁重任务。旧西藏的社会生产力极其低下，没有近现代意义上的教育、科技和文化，长期处在半封建半农奴制度和政教合一政权的统治之下，西藏的社会主义制度是在这种旧制度的废墟上建立起来，社会发展阶段跨越很大，虽然在政治和社会制度上进入了社会主义，但其生产力水平、教育科技文化水平、社会管理经营水平等方面与内地和邻省区相比都有很大的距离，解放和发展生产力的任务十分艰巨，故而理论界把西藏的社会发展阶段定位在社会主义初级阶段的低层次上，这是符合西藏实际的。西藏 20 世纪 60 至 70 年代，在实行民主改革和社会主义改造的过程中，逐步建立了从内地照搬的计划经济模式，这种统得过死，全由政府包办的经济体制，管得太细的体制，加上西藏经济基础薄弱，全由政府包办的经济体制，使西藏经济的依赖性十分明显，由此而形成了人民在思想观念上的“等、靠、要”和缺乏改革开放、开拓进取的意识。

西藏在解放和发展生产力方面的紧迫性是显而易见的，尤其是解放生产力的任务更加突出。自然地理、宗教和社会历史的原因，西藏人民普遍缺乏市场经济和商品意识，缺乏积极引进、学习借鉴新事物和竞争进取的意识，还由于长期的相对封闭，宗教的消极影响，使人民在思想观念和精神文化方面更趋于保守、陈旧、排外。因此，近年来，自治区党委和政府多次强调指出，要解放思想、转变观念，把它作为发展生产力，发展经济的前提，是十分正确的，也是学习贯彻邓小平解放思想、改革开放的措施。

① 《邓小平文选》第 3 卷，第 237 页。

二、发展是目的，发展才是硬道理

我国目前处在社会主义初级阶段，社会的主要矛盾是人民日益增长的物质文化需要同落后的社会生产力之间的矛盾。这个主要矛盾决定了我国的社会主义现代化建设，必须开展以经济建设为中心的社会主义现代化建设，因此，发展生产力的任务尤为突出、尤为重要。邓小平同志一再强调：贫穷不是社会主义，社会主义要消灭贫穷；我们要建设有中国特色的社会主义，是不断发展社会主义生产力的社会主义；我们确定的基本路线，是以经济建设为中心，实现社会主义现代化的发展路线。社会主义的根本任务是发展生产力，党和国家的工作重点是经济建设，这是对我国社会主义建设经验教训和社会主要矛盾进行科学分析得出的重要结论。发展是解决我国当代一切问题的关键。要增强综合国力，满足人民的物质文化需要，离不开发展；要巩固和完善社会主义制度，保护社会政治局势稳定，离不开发展；要发展社会主义民主，健全社会主义法制，离不开发展；要加强精神文明建设，提高全社会的文明程度，离不开发展；要维护世界和平，反对霸权主义和强权政治，参与国际竞争和国际事务，离不开发展；要坚持“一国两制”方针，早日实现祖国的和平统一，振兴中华民族，使我国屹立于世界先进民族之林，也离不开发展。总之，正如小平同志所指出的那样：“发展才是硬道理”，“中国解决所有问题的关键是要靠自己的发展”。

邓小平理论最强调发展，他一再提醒全党，“抓住机遇，发展自己，关键是发展经济”。他还指出，多少年来我们吃了一个大亏，社会主义改造基本完成了，还是“以阶级斗争为纲”，忽视发展生产力。在他主持起草的《关于建国以来党的若干历史问题的决议》中进一步指出：在社会主义改造基本完成以后，我国所要解决的主要矛盾，是人民日益增长的物质文化需要同落后的社会生产之间的矛盾。他在对历史经验和我国国情作了科学分析后明确指出："我们的生产力发展水平很低，远远不能满足人民和国家的需要，这就是我们目前的主要矛盾，解决这个主要矛盾就是我们的中心任务。"邓小平鼓励发展的思想符合我党的基本路线和基本纲领，党的基本路线一百年不变的思想正是发展理论的体现。在苏联东欧剧变，社会主义制度面临严峻挑战的时候，邓小平告诫全党要稳住阵脚，韬光养晦，要把自己的事情做好，也是体现了他稳定与发展的一贯思想。邓小平关于发展的思想理论中，一个重要而突出的思想是发展科学技术，靠科学技术创新来发展生产力。他在马克思一百多年前提出"生产力中也包括科学"的著名论断的基础上进一步创新发展，指出"科学技术是第一生产力"这一科学命题。他早在1978年全国科学大会上就明确指出，社会生产力的巨大发展，劳动生产率的大幅度提高，最主要的是靠科学的力量、技术的力量。后来又在南方谈话时指出："我说科学技术是第一生产力。近一二十年来，世界科学技术发展的多快啊！""我们自己这几年，离开科学技术能增长得这么快吗？要提倡科学，靠科学才有希望。"他先后提出，"中国要发展，离不开科学"，实现现代化，"关键是科学技术"，"我们要以世界先进的科学技术成果作为我们发展的起点"，"引进技术改造业，第一要学会，第二要提高创新"，"要进一步解决科技和经济结合的问题"，"中国必须在世界高科技领域占有一席之地"，"发展高科技，实现产业化"等一系列战略思想，为我国科技创新、赶上时代、赶上世界科技发展、迎接新世纪挑战指明了前进方向。

西藏的发展任务十分繁重。这不仅仅是因为西藏经济基础薄弱，科技文化落后，人民物质文化生活还比较落后，还因为西藏是我国藏族聚居的民族自治区，我国的宪法和民族区域自治法都明确规定了各民族平等、团结、共同发展。邓小平同志早就提出了"立足民族平等，加快西藏发展"的要求，并且指出："关键是看怎样对西藏人民有利，怎样才能使西藏人民很快发展起来，在中国四个现代化建设中走进前列。"自80年代以来，党中央四次召开西藏工作座谈会，专题研究关于西藏发展进步的重大问题，江泽民等中央领导集体对西藏的发展进步作了一系列重要讲话和指示，尤其是第三、第四次西藏工作座谈会，制定了新时期西藏工作"一个中心，两件大事，三个确保"的指导方针，为西藏实现经济跨越式发展和社会长治久安奠定了坚实的政治基础，是邓小平发展理论在西藏的具体贯彻和落实。

还要看到西藏地处西南边疆，处在反分裂斗争的前沿，国内外分裂主义势力和达赖集团一直未放弃分裂祖国，图谋"西藏独立"，攻击我们党和政府在西藏实行的一系列正确决策和政策，挑拨民族关系，与我争夺群众，争夺人心。发展西藏经济文化，尽快改善和提高西藏人民的物质文化生活水平，体现社会主义道路的美好前景，体现党和政府以及全国各兄弟民族对藏族人民的关心和帮助，对于增进民族团结，维护祖国统一，抵制分裂主义的渗透，维护社会稳定都有着重大而深远的意义。

三、稳定是前提，改革和发展必须要有稳定的社会环境

稳定包括国家基本经济政治制度的稳定，党和国家的政治生活的稳定，党的基本路线、方针、政策的稳定，人民群众的情绪心态的稳定和社会局势的稳定，全党和国内各族人民的团结和和睦等。没有社会局势的稳定，什么事也干不成。"文革"十年动乱之后，我们党和国家得出了一个深重的教训，就是没有哪个政党政府可以在地震中搞建设。江泽民总书记前不久讲到基层组织建设时强调指出，基础不牢地动山摇，也是讲的政治局势稳定的重要性。党的十五大报告指出，必须坚持党的领导和人民民主专政，坚持物质文明和精神文明两手抓，两手都

要硬的方针，排除一切破坏稳定的因素，警惕国际国内敌对势力的渗透、颠覆和分裂活动。我们这样一个发展中的国家，稳定的局势对于我国的改革开放，对于人民群众安居乐业，发展经济、文化各项社会事业关系重大。

邓小平同志在总结我们党和国家经历的“十年动乱”和历次坎坷曲折后得出科学结论，这就是：中国不能乱，稳定压倒一切。邓小平同志提出的要求全党全国人民都要坚持的四项基本原则，就是对党长期以来的经验所做出的科学概括，成为我国拨乱反正、国家振兴的不可动摇的立国之本。坚持四项基本原则，是我们党和国家建设和发展的根本前提和根本保证，一是保证有一个坚定正确的政治方向；二是保证有一个团结稳定的环境；三是保证有统一的意志和行动。坚持四项基本原则，保证了建设和改革开放的顺利进行。因此，邓小平强调指出：“如果动摇了这四项基本原则中的任何一项，那就动摇了整个社会主义事业，整个现代化建设事业”。邓小平多次指出，中国的问题，压倒一切的是稳定，没有稳定的环境，什么都搞不成，已经取得的成果也会失掉。这是治理国家的大道理，别的小道理都要服从这个大道理。当前我国社会制度处在转型时期，改革进入攻坚阶段，处在关键时期，社会各阶层各群体利益格局发生重大调整变化的时期，妥善处理好各种利益关系，化解各种矛盾，避免出现大的政治波动，对于保持社会政治稳定具有重大的现实意义。

稳定是大局，是压倒一切的首要任务，是一个国家和地区发展的前提，已成为国际社会和执政党和政府的共识。近年来的国际政治和军事纷争充分证明了这一点。从两伊战争到巴以中东和平进程，从伊拉克科威特到海湾战争，尤其是阿富汗塔利班组织国际恐怖主义活动给一些国家尤其是阿富汗人民造成的灾难，更让全世界爱好和平、平等、自由、民主的各国人民引为沉痛教训，再次说明了政局稳定、社会安定的极端重要性。再次让我们深深地敬佩邓小平同志的高瞻远瞩和伟大政治家的眼光。

西藏稳定局势的任务亦十分突出，这是由于西藏所处的地理位置和政治上的敏感性决定的。西藏经历了一百多年的反对外敌入侵，反对分裂和反对“西藏独立”的斗争。近十多年来达赖集团和国内外分裂主义势力相勾结，在西藏策划和发动了多次大的骚乱和恐怖活动，使西藏的改革开放和发展受到严重影响。因此，在西藏，稳定是发展和改革的前提条件，稳定是各项任务中的首要任务。

江泽民总书记在谈到西藏工作时曾强调指出：西藏的发展、稳定和安全，事关西部大开发战略的实施，事关民族团结和社会稳定，事关祖国统一和安全，也事关我们的国家形象和国际斗争。全党同志必须着眼于党和国家的工作全局，增强政治意识、忧患意识、责任意识，深刻认识做好西藏工作的极端重要性。围绕西藏地区的发展和稳定，我们与各种敌对势力在渗透与反渗透、破坏与反破坏、分裂与反分裂、颠覆与反颠覆问题上的斗争，将是长期的、复杂的，有时甚至是十分尖锐的。对此我们必须始终保持高度的警觉。坚定不移地维护祖国统一，依法严厉打击一切分裂祖国的活动。坚定不移地同达赖集团和国际反华势力分裂中国搞“西藏独立”的图谋进行斗争，维护西藏稳定和发展，维护祖国统一和安全，是西藏工作的一项重要政治任务。为此党中央对西藏工作的指导思想是：以邓小平理论和党的基本路线为指导，继续坚持以经济建设为中心，紧紧抓住发展经济和稳定局势两件大事，确保国家安全和西藏长治久安，确保西藏各族人民生活水平不断提高。中央为西藏确定的新世纪工作的指导方针，将有利地促进西藏经济和社会的发展，指导西藏经济的跨越式发展，促进西藏社会局势从基本稳定到长治久安。

从上述三个方面分析中可以得出这样的认识：改革、发展、稳定三者是互相依存、互为条件的。发展需要改革，不改革就不可能加快发展，不改革就没有出路；发展和改革必须在稳定的政治和社会环境中进行，政局不稳、社会动荡根本不可能进行改革，更不可能顺利发展；而社会和政局的稳定又必须通过深化改革和加快发展来实现；发展是目的，改革是动力，稳定是前提，最终都是为了加快发展，顺利发展，发展是硬道理、大道理，发展是改革的结果也是稳定的根本，只有加快发展，才能长治久安，只有加快发展，才能实现社会主义发展生产力的目的，体现社会主义的本质。改革、发展、稳定，统一于我们党所代表的最广大人民的根本利益之中。

2002 年 1 月

贯彻党的十六大精神，开创文艺工作新局面

学习党的十六大精神，全面领会和贯彻落实十六大精神，就是要用“三个代表”重要思想武装头脑、提高认识，指导各项工作。

党的十六大明确提出，建设小康社会的过程中，要大力建设社会主义物质文明、政治文明和精神文明。“三个代表”重要思想就是对这三个文明建设的科学指导和积极推动，既坚持了科学理论的基本原理，与马克思列宁主义一脉相承，又是对马克思列宁主义、毛泽东思想和邓小平理论的继承、创新和发展。党的十二届六中全会和十四届六中全会两次作出关于加强社会主义精神文明建设的决定，在我们党的历史上具有开创性的重要意义，表明党中央对社会主义先进文化建设，对社会主义精神文明建设的科学认识和高度重视，对于我国三个文明建设产生了强大的推动作用。

党的十三届四中全会以来的 13 年里，全党全国上下更加重视精神文明建设和先进文化建设，江泽民同志尤其重视民族精神的培养，把民族精神作为先进文化建设的根本和核心，重视中华民族优秀传统道德，把优秀传统道德作为民族精神的渊源和基础。十几年来，我国精神文明建设的成果十分显著，尤其是社会主义先进文化建设，方向正确，成就突出，文艺事业更加繁荣，呈现出百花齐放、竞相争艳的局面。各种文艺形式都得到大发展，并在发展中不断创新，不断有新的文艺形式呈现在舞台上、银屏上和各种文艺赛事活动中，文艺方向正确，

导向有力，起到了团结人民、鼓舞士气、振奋精神、增强动力的作用。达到了以高尚的精神塑造人，以优秀的作品鼓舞人的要求和文艺作品的社会功能，人民群众的物质生活不断改善和提高，精神生活也更加丰富多彩，文化消费快速增长，人民的业余时间文化生活更加充实活跃，精神生活和道德建设处处呈现出积极、健康、向上的良好态势，社会文明更加进步和发展。

党的十六大把坚持先进文化的前进方向，推进文化建设和文化体制改革的任务提到党的指导思想和全面建设小康社会的宏伟目标上来，是我们党对社会发展规律的深刻认识和历史经验的科学总结，是我们党对马克思主义文化观的新的贡献。以“三个代表”重要思想为指导，坚持先进文化的前进方向，社会主义文艺事业必定会更加繁荣，文艺界更加人才辈出，事业蒸蒸日上。

文艺界贯彻十六大精神，要落实“三个代表”重要思想的要求，遵循先进文化的前进方向。要在坚持“二为”方向和“双百”方针的同时，唱响主旋律，提倡多样化，积极发展先进文化艺术，促进各种形式的文学艺术百花齐放、繁荣发展。要按照十六大“思想上不断有新解放，理论上不断有新发展，实践上不断有新创新”的要求，全面开创文艺工作的新局面。

十六大报告提出了文化体制改革和发展文化产业的新任务和新要求，这是摆在文艺工作者和文艺管理工作者面前的新课题。我们要全面正确地把握好贯彻好十六大精神及其要求，积极稳妥地推进文艺体制改革，以改革为动力，逐步建立“有利于调动文化工作者积极性，推动文化创新，多出精品、多出人才的文化管理体制和运行机制”。增强文艺界自身的发展活力，以多出作品、多出精品、多出人才、出尖子人才的实际成果，来贯彻落实党的十六大精神。

2001 年 6 月

试述学习邓小平理论的科学态度和方法

当前，全党正在开展一场全面而深入的以“讲政治、讲正气、讲学习”为基本内容的“三讲”教育。这是我们党继延安整风运动和80年代全党整风学习活动以来的一次全面、深入的学习教育活动，也是一次党性教育的重要机会，是全党在政治上、思想上、组织上、作风上全面而深刻的整风。我们要通过认真参加“三讲”，得到一次党性党风的教育和锻炼，使自己的马列主义理论水平和思想认识水平有一个大的提高，成为一名优秀的共产党员，成为带领人民群众迈向21世纪，建设有中国特色社会主义宏伟事业的带头人。

“三讲”的基础和前提是讲学习。没有在马列主义基本理论的学习和思考上下功夫，讲政治、讲正气就缺乏坚实的基础。“讲学习”，在当前就是要认真、系统、深入地学习邓小平理论，因为邓小平理论是当代的马克思列宁主义、毛泽东思想，是指导我们国家改革开放，建设有中国特色社会主义的最科学、最系统的行动指南。那么，怎样才能学好邓小平理论？即有没有科学的途径可以遵循呢？我在学习和思考的过程中有以下几点体会：

一、学习邓小平理论，首先要有对这个理论的科学认识和高度重视，要对她有一种坚信和渴求的态度

我们党是一个重视理论指导和理论建设的政党。马列主义的创始人和毛泽东同志都多次指出过，没有革命的理论，便没有革命的行动；没有理论指导的政党，是一个没有清醒头脑和远大目标的组织，是不可能实现自己的宗旨目标的。我们党的创建和发展过程，都没有离开过科学理论的指导和武装。马克思列宁主义是我们党从创建时期、发展时期到成熟时期所一贯遵循的指导思想，并在党的建设中又发展了马克思主义，创建了毛泽东思想和邓小平理论。我们每个党员都有深刻体会，没有以马列主义为指导的科学理论武装全党、教育人民，我们党没有今天，我们国家没有今天，人民群众至今也走不上社会主义小康之路。

邓小平理论是在中国革命和建设事业的不断发展过程中形成的，也是经过亿万人民改革开放，建设社会主义伟大实践反复证明了的科学理论。邓小平理论是对马列主义、毛泽东思想的科学继承和发展，是指导当今全党全国人民和各项工作的指导思想。这是我们对邓小平理论科学性、重要性的应有认识。没有这个认识，就没有理论上的高度，就没有学习上的自觉性，就没有一种愿望和渴求，因而也就不可能把“讲学习”深入扎实地开展下去，从而在理论和思想上有很大收获。

有人认为，马列主义理论有庞大的经典著作，毛泽东思想有一至五卷精选论著和许多著名篇章，有很浓厚的理论色彩和系统的理论体系，而认为邓小平理论是在改革开放实践中对人民群众实践经验的总结，缺少理论色彩，体系不够博大精深，通俗好学，没必要反复深入去研究。这是一种错误的认识和理论上匮乏、幼稚的观点。任何科学理论都来自于人民创造历史的实践总结；任何科学理论都以指导实践为惟一根本性任务，邓小平理论正是来自于实践又指导于实践的科学理论。理论是

为广大群众所学习和掌握的，越是通俗越能为群众所掌握运用。真理来自于实践，邓小平理论就是总结了群众实践活动的伟大真理。

二、学习邓小平理论，要发扬我们党理论联系实际的学风，在实际工作中加深理解和运用，才能学以致用

我们党的历史上，既有理论联系实际取得胜利的成功经验，也有理论脱离实际的失败教训。无论是在党的创建时期、革命战争年代和1949年以后的社会主义建设时期，理论是否联系实际，已成为我们党领导人民革命和建设成功与否的评判标准。基于理论与实践的关系中无数深刻的经验和教训，我们党在逐步成熟过程中，形成和总结了理论联系实际的历史经验，形成全党的共识，成为中国革命的基本经验，成为党的“三大法宝”之一，成为我们党的优良传统。在马列主义、毛泽东思想和邓小平理论这些科学理论体系中，理论与实践相结合、理论指导实践、实践发展理论，是这一科学理论中的最重要的原则、最重要的精神，也是学习理论、指导实践的科学态度和科学方法。我们在学习邓小平理论时，要始终不忘这一科学态度和方法，从理论与实际的联系中，从理论在实践的发展中去学习、运用、发展邓小平理论。

理论联系实际之所以如此重要，之所以要反复讲，是因为理论与实际相结合并不是一件很容易的事情，而是讲起来重要做起来往往被忽视的一个大问题，也是实践证明容易相脱节的大问题。不然，为什么中国革命和建设中曾反复犯下理论脱离实际的错误？为什么我们党把它总结上升为“中国革命胜利的法宝”和党的优良作风？理论联系实际既是理论中的重要问题，也是实践中的重大问题，不突出强调，不深刻认识，往往有所忽视而在学习或实践中造成失误和挫折。理论联系实际几乎成为我们党的理论工作中的一句口头禅，讲起来轻松，想起

来明白，而真正在实践中把二者联系好，运用好，既要有科学的态度和理论根基，又要有深刻的理解和运用的水平。

理论联系实际，是我们学习邓小平理论的出发点，也是学习的目的；是我们党的学风问题，也是对待马列主义的态度问题。邓小平同志对此有许多深刻论述，可以说，邓小平同志是我们党重视和运用理论联系实际的光辉典范。邓小平理论是运用马克思列宁主义和毛泽东思想联系中国社会主义建设的实际，指导人民群众走建设有中国特色社会主义道路的实践中，逐步形成和发展成为当代的马克思主义理论的。我们学习邓小平理论，要学习邓小平对待马克思主义理论的科学态度，以邓小平理论联系和指导我们各项工作的实际，指导实践过程，解决改革开放实践中的具体问题。

三、学习邓小平理论，要认真阅读原著，紧密联系工作和思想实际，深入思考，在实践中丰富和发展邓小平理论

邓小平理论是包含我国社会主义革命和建设，尤其是改革开放实践的全面系统的理论，是一个科学精深的理论体系。邓小平理论体系中的基本立场、基本观点和方法是马克思主义的基本原理，是辩证唯物主义和历史唯物主义的科学世界观和科学方法论，对各个领域各项工作具有普遍的指导意义。因此我们说，要运用邓小平理论的基本立场和观点去观察思考现实中的各种社会问题，运用邓小平理论的科学方法指导实践，提高我们分析、认识和解决实际问题的能力。邓小平理论既然是科学体系，就要求我们以科学的方法去学习她。就是要系统地而不是支离破碎地去学习；要完整地而不是实用主义断章取义各取所需地去学习；要准确地而不是表面地、肤浅地、一知半解、主观臆断地去学习。邓小平理论与我们当今的社会实际和国情实际距离很近，因而读起来容易懂，好理解，不艰深，不晦涩，平易近人而亲切实用，既有理论的高度概括性，也有实

际工作中的可操作性。正因为如此，才强调要认真阅读原著。读原著、思考问题，记学习笔记，写学习心得，把学习、思考与工作和思想实际结合起来，才能学得好、学得深、学得活，才能有效地指导实践、指导行动。

邓小平理论是实践的理论，是发展的理论。这是马克思主义对自己理论的科学认识和态度。马克思列宁主义、毛泽东思想、邓小平理论，都是在一定的历史时期和国际国内条件下人民创造历史过程中产生和发展的。马克思主义没有也不可能终极真理，这是历史唯物主义和辩证唯物主义的根本态度，社会在发展，人类在进步，作为人类社会思想文化结晶的马克思主义理论也是在不断发展更新的，我们也要以这样的科学态度来学习邓小平理论。

江泽民总书记在十五大报告中指出："马克思主义是科学，它始终严格地以客观事实为根据。而实际生活总是在不停地变动中，这种变动或剧烈或深刻，近一百年来达到了前人难以想象的程度。因此，马克思主义必定随着时代、实践和科学的发展而不断发展，不可能一成不变。"江泽民总书记在十分强调马克思主义这个根本不能丢的同时，又指出："学习邓小平理论，一定要以我国改革开放和现代化建设的实际问题、以我们正在做的事情为中心，着眼于马克思主义理论的运用、着眼于对实际问题的理论思考、着眼于新的实践和新的发展。离开本国实际和时代发展来谈马克思主义，没有意义。静止地孤立地研究马克思主义，把马克思主义同它在现实生活中的生动发展割裂开来，对立起来，没有出路。"江泽民总书记这里讲的，是我们党对待马克思主义的根本态度，也是我们党的学风问题。在提出高举邓小平理论伟大旗帜，用邓小平理论武装全党教育人民的同时，也指出要避免把马克思主义、邓小平理论固守起来，封闭地、静止地对待这个理论的形而上学的错误，是有着重大而深远的历史意义的。

由于历史的原因和我党重视马列主义理论学习的传统，对待邓小平理论，当前一要重视学习，二要丰富发展。让我们遵循江泽民同志指出的“三个着眼于”的科学精神，在实践中学习运用邓小平理论，在实践中丰富和发展邓小平理论。这才是学习邓小平理论的科学态度和科学方法。

1999 年 8 月

略述邓小平同志的两大历史性贡献

在我国拨乱反正和全面改革的历史进程中，邓小平同志坚持马克思主义实事求是的思想原则，解决了关系党和国家前途命运的重大课题，作出了两大历史性贡献：一是科学地评价了毛泽东同志，维护了毛泽东思想的历史地位；二是成功地找到了在中国建设社会主义的正确道路，创立了建设有中国特色社会主义理论。之所以说是两大历史性贡献，是因为在我们党的发展历史上，在我们社会主义建设的过程中，他起了历史性的关键作用，他的两大历史性贡献具有划时代的深远意义。

一、科学评价和维护毛泽东思想的历史地位，需要政治家的胸怀和革命家的胆略

1976年毛泽东同志逝世后，共和国第一代领导集体失去了核心，全国人民失去了精神支柱。当时全国的思想理论战线仍然笼罩着极“左”思想路线的阴云。一方面是毛泽东同志晚年的重大失误和“四人帮”推行的极“左”思想路线，已造成了党在思想意识形态方面严重僵化，迷信盛行。一切从本本出发，办事情想问题都要对照马列老祖宗和毛泽东同志的只言片语，林彪、“四人帮”形式上极“左”而实质上极右的一套庸俗政治，把毛泽东同志完全神化并把他完全封闭起来了，全党全国人民的思想遭到了严重禁锢，马克思主义毛泽东思想真理

的光辉已失去了与社会实践相结合的条件。另一方面，由于“阶级斗争为纲”的极“左”路线的深刻影响，凡事要以阶级分析的眼光来看待，以阶级斗争的观点来认识，人们的思想观念上阶级斗争这根弦，已经绷得一触即发，人与人之间充满了怀疑与戒备，反党反革命的帽子满天飞，政治大棒时刻悬在头顶，处于一种政治高压之中。在这种政治气候下，要谈实事求是、解放思想，不但需要马克思主义的深厚理论根基，更需要革命家的非凡胆略。为了冲破禁锢、打开局面，邓小平同志旗帜鲜明地提出：“毛泽东思想的基本点就是实事求是，就是把马列主义的普遍原理同中国革命的具体实践相结合。”他支持和领导了“关于实践是检验真理的惟一标准”的大讨论，着手解决党的思想路线问题。他指出：“一个党，一个国家，一个民族，如果一切从本本出发，思想僵化，迷信盛行，那它就不能前进，它的生机就停止了，就要亡党亡国。”在1978年12月召开的党的十一届三中全会上，他批评了“两个凡是”的错误方针，果断地作出了把党和国家工作重点转移到社会主义现代化建设上来的战略决策，提出了一系列有利于增强党的团结和调动一切积极因素的方针政策，标志着我们党重新确立了马克思主义的思想路线、政治路线和组织路线。邓小平同志在为三中全会作准备的中央工作会议上所作的《解放思想，实事求是，团结一致向前看》的重要的讲话，实际上为十一届三中全会作了充分的思想理论准备，从而成为全会报告的主题，成为开创我国社会主义事业发展新时期的宣言书。

试想，如果按照“两个凡是”行事，何谈拨乱反正、何谈解放思想，又何谈坚持和发展真理？中国的全面改革开放和现代化建设将是不可想象的，中国可能至今仍在失去真理与思想光辉的黑夜里艰难探索。因此，可以说没有邓小平，就没有中国的今天，没有解放思想、实事求是，就不能拨乱反正求得全面改革开放和经济社会全面发展。

重新确立党的“解放思想，实事求是”的思想路线以后，广大干部群众从过去盛行的个人崇拜和教条主义的精神桎梏中解放出来，出现了研究新情况、解决新问题的思想解放的活跃局面。人们开始反思过去，反思毛泽东同志晚年的错误，反思社会主义道路上遇到的曲折和挫折，发现了毛泽东同志晚年的错误所造成的巨大损失，发现了社会主义道路还有许多不尽如人意的地方，因而走向另一个极端，即从对毛泽东思想的无限崇拜信仰到对毛泽东思想的全面否定，从对社会主义道路朴素的热情向往到对社会主义社会制度和道路的怀疑。那时，人们长期受形式主义形而上学思想观念的影响，不懂得把毛泽东同志的错误与毛泽东思想区别开来，也不懂得把社会主义的失误和曲折与社会主义制度本身区别开来，因而出现了否定毛泽东思想，否定社会主义，否定党的领导的资产阶级自由化倾向和思潮，人们的信仰出现了危机。党内甚至党的高层领导不但忽视这种思潮的危险性，甚至直接或间接地加以肯定和支持。针对这种错误思潮所造成的一定程度的思想混乱，邓小平同志旗帜鲜明地指出，必须坚持社会主义道路，坚持人民民主专政，坚持共产党的领导，坚持马克思列宁主义、毛泽东思想。并指出："我们共产党人是彻底的唯物主义者，只能实事求是地肯定应当肯定的东西，否定应当否定的东西。毛泽东同志在他的一生中，为我们的党、国家和人民建立了不朽的功勋。他的功绩是第一位的，他的错误是第二位的。因为他的功绩而讳言他的错误，这不是唯物主义的态度。因为他的错误而否定他的功绩，同样不是唯物主义的态度。"

为了统一思想，抵制自由化思潮，1981年邓小平同志主持起草并在党的十一届六中全会上通过了《关于建国以来党的若干历史问题的决议》。这个决议真正体现了党的解放思想、实事求是的思想路线，科学地总结了历史经验，客观地认识了我党我国的发展历程，把经过长期历史考验而成为科学理论的毛泽东思想同毛泽东同志晚年所犯错误区别开来，彻底否定了"文化大革命"和"无产阶级专政下继续革命的理论"。同时，坚决抵制了否定毛泽东同志的功绩和毛泽东思想指导作用的错误思潮。坚定维护毛泽东的历史地位，肯定了毛泽东思想是我们党的宝贵精神财富并将长期指导我们的行动。

实践证明，由邓小平同志主持作出的这个重大决定是适时的、必要的、完全正确的，对于统一全党全国的思想，完成拨乱反正的历史重任，起到了划时代的关键性作用。

二、创立建设有中国特色的社会主义理论，需要马克思主义的理论基础和解放思想、实事求是的科学精神

邓小平同志的另一大历史性贡献，是创立了建设有中国特色的社会主义理论。我们说邓小平同志是我国改革开放和现代化建设的总设计师，就是指他对创立建设有中国特色社会主义理论所作出的巨大贡献。这一理论是一系列相互联系的基本观点和科学体系，包括社会主义的本质、社会主义的发展阶段和社会主义的根本任务、发展动力、外部条件、政治保证、战略步骤、领导力量和依靠力量、祖国统一等一系列重大问题。但是，“什么是社会主义”和“怎样建设社会主义”是邓小平建设有中国特色社会主义理论中首要的、基本的理论。

邓小平同志特别强调：“我们搞改革开放，把工作重心放在经济建设上，没有丢马克思，没有丢列宁，也没有丢毛泽东。老祖宗不能丢啊！问题是要把社会主义搞清楚，把怎样建设和发展社会主义搞清楚。”这是邓小平同志不断提出和反复思考的基本理论问题。他还说：“我们的经验教训有许多条，最重要的一条，就是要搞清楚这个问题。”实践告诉我们，我国的社会主义道路在前进中遇到的疑虑和困惑，经历的曲折和失误，归根到底就在于对这个问题没有完全搞清楚。这个问题，是坚持社会主义道路，建设社会主义现代化的首要问题，是前提。

邓小平同志根据马克思主义的基本原理和社会主义的实践

经验，对什么是社会主义和怎样建设社会主义问题进行了大胆地探索，实事求是地作出了科学总结。主要有三个方面：

1. 社会主义的基本制度。其包括三方面：一是公有制为基础，实行按劳分配原则的社会主义基本经济制度；二是坚持共产党领导，实行人民民主专政的社会主义基本政治制度；三是坚持以马克思列宁主义毛泽东思想为指导的社会主义意识形态。

2. 社会主义社会的本质。1992 年邓小平南巡讲话，对这一重大问题作了总结性的理论概括，即“社会主义的本质，是解放生产力，发展生产力，消灭剥削，消除两极分化，最终达到共同富裕”。这一科学概括，既包括了社会主义生产力问题，又包括了以社会主义生产关系为基础的社会关系问题。阐明了社会主义的目标是“共同富裕”，而实现这个目标的基础是解放和发展生产力。并且还指出，社会主义的生产目的不同于资本主义，而是要“消灭剥削，消除两极分化”。

3. 社会主义的基本原则。即邓小平同志所指出的，“在改革开放中，我们要始终坚持两条根本原则，一是社会主义公有制经济为主体，一是共同富裕”。坚持公有制为主体的地位和在按劳分配基础上的共同富裕是体现社会主义本质的前提。但是，邓小平同志这里指出的公有制为主体，不再是以前观念上的在所有制结构上全民所有制占的比重越大越先进，越纯公有水平越高的旧概念，而是根据生产力发展实际水平和要求，来确定所有制中各种经济成分，是真正符合马克思主义关于生产关系要适应生产力状况的辩证唯物主义的观点。按劳分配也不再是以前观念上的形式上按劳分配而实质上是平均主义，而是鼓励靠勤劳致富，靠政策靠科技先富一步，先富带动后富，最终达到共同富裕。

邓小平同志关于什么是社会主义和怎样建设社会主义的论述，廓清了我们以往在社会主义概念上的模糊认识，深化了我们对社会主义的科学认识，为建立建设有中国特色的社会主义理论奠定了基础。

从上述分析不难看出，邓小平同志这两大历史性贡献，既为确定党的思想路线奠定了基础，也是建设具有中国特色社会主义理论的基础。这两大贡献贯穿了“解放思想、实事求是”的马克思主义、毛泽东思想的精髓。正如江泽民同志指出的那样：“在当代中国，坚持邓小平建设有中国特色的社会主义理论，就是真正坚持和发展马克思列宁主义、毛泽东思想。”

2000 年 5 月

党和国家三代领导人对西藏的关怀

为庆祝自治区成立30周年的援藏建设62项工程已有部分项目接近竣工，以布达拉宫广场改扩建为代表的一批献礼工程，将把古城拉萨装扮得更具民族特色和现代化气息。这是全区各族人民也是全国人民为自治区“大庆”活动献上的一份厚礼。我们无不深深感叹，西藏的发展进步离不开党中央的深切关怀和全国人民的无私支援，是与中央三代领导核心的巨大关怀和全国的支援息息相关的。

一、毛泽东主席审时度势英明决策，确定了西藏工作“慎重稳进”的指导方针，指引西藏从黑暗走向光明

1949年新中国成立不久，毛主席等老一辈革命家便把解放仍处于苦难深渊的藏族百万农奴的事情提到了共和国最高层议事日程上。毛泽东主席考虑到西藏的历史和当时的社会实际，为使西藏人民免受战争的创伤和损失，提出了和平解放西藏的英明决策。中央政府经过与西藏地方政府的谈判，于1951年5月23日签订了《关于和平解放西藏办法的十七条协议》。“十七条协议”充分体现了中央对西藏的宽大与体谅，其基本精神是和平解放西藏实现祖国统一，使西藏回到祖国大家庭，实现各民族大团结和西藏内部的团结统一（主要是达赖和班禅之间的团结）；实现民族区域自治，由藏族人民管理本民

族内部事务，真正成为社会的主人；稳步发展西藏的农牧业、工商业和科教文化卫生事业，改善人民生活。毛泽东主席在签订“十七条协议”后的庆祝宴会上说：“从今后，在这一团结基础上，我们各民族之间，将在政治、经济、文化等一切方面，取得发展和进步。”

“十七条协议”签订之后，人民解放军进藏之前，毛泽东主席向张国华同志指示：“你们在西藏考虑任何问题，首先要想到民族和宗教问题这两件大事，一切工作必须慎重稳进。”和平解放西藏前夕，毛泽东主席考虑到西藏经济落后、人民生活贫困和民族宗教问题的复杂性等，提出了“进军西藏，不吃地方”的方针，进藏所需物资全部由内地供给。根据毛主席的指示，十八军党委要求进藏部队要亲密团结西康、西藏地区藏族同胞和上层人士，忠实执行《共同纲领》规定的民族政策，严格执行“三大纪律八项注意”，树立解放和建设西藏的思想。进藏部队在严重缺乏给养的情况下，对藏族同胞秋毫无犯，模范地执行党的民族政策和解放军铁的纪律，以实际行动影响群众，感化上层，顺利打开工作局面。从那时起就培养和发展着“十八军”光荣传统和“老西藏精神”。

1956 年，我国其他省、市、自治区基本上完成了社会主义改造，西藏自治区筹委会报告中央，提出了西藏实行民主改革的建议和工作计划。由于西藏上层人士对改革心存疑惧，还不具备改革的社会条件。毛主席在 8 月给达赖喇嘛的信中说：“西藏改革问题，听说已经谈开了，很好。现在还不是实行改革的时候，大家谈一谈，先做充分的精神上的准备，等到大家想通了，各方面都安排好了，然后再做。”根据毛主席指示精神，1956 年 9 月 4 日，中央做出了“对西藏改革实行等待和必要的让步”的指示。

1957 年 2 月，在最高国务会议上，毛主席作了《关于正确处理人民内部矛盾的问题》的报告，指出：“西藏由于条件还不成熟，还没有进行民主改革。……但是何时实行，要待西藏大多数人民群众和领袖人物认为可行的时候，才能做出决定，不能性急。现在已决定在第二个五年计划期间不进行改革。在第三个五年计划期内是否进行改革，要到那时看情况才能决定。”后来由于西藏上层发起武装叛乱，逼迫人民解放军武力平息叛乱。平叛后，党中央根据西藏社会变化了的情况，民主改革才不得不提前进行。

毛泽东主席以人民领袖的伟大胸怀审视西藏，高瞻远瞩，根据西藏特殊情况，主持制定了西藏工作的一系列特殊优惠的方针政策，体现了西藏工作要“慎重稳进”和“稳定发展”的指导方针。贯彻这一指导方针，西藏经过五年左右的建设，各项事业都有了迅速发展，翻身农牧民物质文化生活显著改善，精神面貌焕然一新，“幸福感谢共产党，翻身不忘毛主席”成为当时西藏人民共同的心愿。

二、邓小平同志主持制定西藏要“稳定发展”的方针，在西藏问题上旗帜鲜明，指出“西藏独立”不容讨论，确立了维护统一、稳定局势、长治久安的治藏方略

邓小平同志作为共和国第二代领导集体的核心和代表，在他主持中央工作和作为中央顾问委员会主任期间，作出了不少惊人之举，为中国的改革开放和现代化建设设计了宏伟蓝图，也为西藏的长治久安制定了大政方针。

早在1961年春季，时任中央书记处书记的邓小平同志与周恩来总理一起，主持召开会议讨论西藏工作方针和若干重要政策，于1961年4月下达了中央《关于西藏工作方针的指示》指出：“今后西藏工作必须采取稳定发展的方针……集中力量把民主革命搞彻底，让劳动人民的个体所有制稳定下来，让农牧民的经济得到发展，让翻身的农奴群众确实尝到民主革命给他们带来的好处。……党在西藏的一切政策，财贸政策、社会改革政策、民族政策、对上层人士的团结改造政策、宗教政策

等等，都一定要力求稳妥，都要‘防左防急’。”

根据“稳定发展”的方针，中央指出：西藏必须切实做好六个方面的工作。还指出，今后西藏工作的重点，应该是集中力量发展农业，大力发展牧业，同时发展商业和为农牧业服务的手工业。国营经济应该巩固和适当加强。特别强调指出：所谓发展生产，主要的就是发展农牧民的个体经济，不要害怕农牧民富裕起来，现在的问题正是应该使农牧民富裕起来。我们在西藏一切政策和基础，就需要放在农牧民富裕上。针对平叛改革中人们对社会主义改造缺乏必要的思想准备和工作方法简单而挫伤部分农牧民生产积极性的情况，中央特别指出：“一切工作要实事求是，要经过调查研究，从西藏实际出发，不要机械搬用汉族地区的经验；必须坚决依靠群众，贯彻阶级路线和群众路线，处处看到群众的利益，发扬民主作风，贯彻民族平等团结政策，有事和藏族人民、藏族干部商量，并且和一切可以争取团结的上层人士和宗教界人士团结起来，实行合作，踏踏实实地把西藏工作做好。”

中央对西藏工作的指示和“稳定发展”的方针，是对毛泽东主席提出的“慎重稳进”方针的具体实施和进一步发展，充分体现了邓小平同志坚持党的“实事求是”思想路线和他一贯的务实作风。中央《关于西藏工作方针的指示》，在西藏民主改革后期发展西藏经济中起到了正确的指导和巨大的作用，“从西藏实际出发”，成为后来西藏工作的重要指导思想，对我们今天的工作仍具有现实的指导意义。

70 年代，国外分裂主义势力打出“西藏人权”的招牌向我国政府施加压力，邓小平以他革命家的胆略、政治家的洞察力和伟大爱国主义战士的魄力，旗帜鲜明予以反击。1979 年 3 月，在会见达赖喇嘛的代表时指出：“根本问题是西藏是中国的一部分，对与不对，要用这个标准来判断。”

1987 年，针对美国参议院就所谓“西藏问题”通过修正案和少数分裂主义分子的行径，当时任中央顾问委员会主任的邓小平同志代表中国政府重申中国对西藏的神圣主权，严正表明立场："有人想把西藏从中国分裂出去，把西藏拿过去，我看他们没有这个本事。"邓小平同志关于西藏问题的讲话和谈话是高屋建瓴，抓住本质。"西藏独立"不容讨论，指出了反分裂斗争的根本原则，成为我们稳定西藏局势、维护祖国统一、开展反分裂斗争的基本方针。

邓小平同志十分关怀西藏的发展和经济建设。1987 年 6 月 29 日，在会见美国前总统卡特时谈话指出："中华人民共和国没有民族歧视，我们对西藏的政策是真正立足于民族平等。……中央决定，其他省市要分工负责帮助西藏搞一些建设项目，而且要作为一个长期任务。""我们帮助少数民族地区发展的政策是坚定不移的。""西藏是人口很稀少的地区，地方大得很，单靠二百万藏族同胞去建设是不够的，汉人去帮助他们没有什么坏处，关键是看怎样对西藏人民有利，怎样才能使西藏很快发展起来，在中国四个现代化建设中走进前列。"1994 年，中央召开的第三次西藏工作座谈会，作出全国支援西藏的决议，对口支援西藏经济文化建设，帮助西藏建设一批重大基础设施工程，更充分体现了邓小平同志和党中央对西藏的巨大关怀和支持。

三、以江泽民同志为核心的中央第三代领导人，把关心和支援西藏提到了空前的高度，推动西藏工作驶向现代化建设的"高速公路"

江泽民同志担任党中央总书记后，1989 年 10 月，中央政治局常委会听取胡锦涛同志关于西藏工作的汇报后，作出十条指示，指出西藏工作要紧紧抓住稳定局势和发展经济两件大事。保证社会稳定，巩固和发展安定团结的政治局面，是西藏第一位的政治任务。中央政治局常委会讨论西藏工作《会议纪要》，使西藏工作发生了大的转折，使各项工作尤其是反分裂斗争、稳定局势转入有利的局面。

1991 年 7 月，江泽民总书记亲临西藏视察指导工作，代表中央对全区各族人民进行亲切慰问，对西藏各族人民建设边疆巩固国防所付出的辛勤劳动给予高度赞扬，对援藏干部职工和驻藏部队长期建藏以边疆为家的“老西藏精神”作了高度概括和鼓励，对西藏工作做了一系列指示，给西藏党政军民社会各界以巨大的鼓舞。江泽民总书记的西藏之行，更进一步提高了西藏工作在国家全局工作中的重要位置，更增强了全国对西藏的关注，进一步推进了全国的援藏工作，在西藏自治区的历史进程中具有划时代的意义。

1994 年 7 月，在江泽民总书记和李鹏总理的主持下召开的第三次西藏工作座谈会，中央指出了从战略全局高度重视西藏工作和全国都要支援西藏的任务。江泽民同志指出：“西藏工作在党和国家的工作中居于重要的战略地位。关心西藏，支援西藏是党和国家的一贯政策，是全国各族人民的共同责任。”李鹏总理也指出：“加快西藏发展，不仅是解决地区发展的经济问题，而且是关系到战略全局的政治问题，中央有关部门和省市自治区要长期支援西藏建设，这是加快西藏发展的一个大政策。”

第三次西藏工作座谈会再次明确，中央过去给西藏的特殊政策和灵活措施，能够继续运作的予以保留，因情况变化失效或需改变的政策措施，由国家采取新的优惠政策和特别的扶持措施予以替代。为保证西藏的稳定发展，国家对西藏的各项优惠政策在 2000 年以前不变。对国家新出台的改革方案和措施，西藏可根据实际情况变通执行。中央还在西藏的财政税收政策等多方面给予更大的优惠和照顾。

第三次西藏工作座谈会确定了到本世纪末西藏工作的指导方针，这就是：在邓小平同志建设有中国特色社会主义理论和党的基本路线指引下，在全国人民的支持下，依靠藏族人民和其他各族人民，抓住机遇，迎接挑战，深化改革，扩大开放，以经济建设为中心，紧紧抓住发展经济和稳定局势两件大事，确保西藏经济的加快发展，确保社会的全面进步和长治久安，确保人民生活水平的不断提高。这一被简称为“一个中心，两件大事，三个确保”的指导方针，在全区第五次党代会上，再次被确认为西藏工作跨世纪的指导思想，这是邓小平建设有中国特色社会主义理论在西藏的具体化，为西藏的建设和发展开辟了更加广阔的历史空间和美好前景，把西藏推上了现代化建设的“高速公路”。

以江泽民同志为核心的党中央，把西藏的经济建设和社会进步提到了党和国家全局工作的高度来认识和对待。江泽民同志指出：“西藏工作在党和国家的全部工作中居于重要战略地位。全党同志特别是各级党委和政府的领导干部必须清醒地认识到：西藏的稳定，涉及国家的稳定；西藏的发展，涉及国家的发展；西藏的安全，涉及国家的安全。重视西藏工作，实际上就是重视全局工作；支持西藏工作，实际上就是支持全局工作。在这个问题上，我们必须统一思想和提高认识。”江泽民同志主持召开的中央第三次西藏工作座谈会，深刻认识和研究了西藏的发展、稳定和社会进步的重大问题并作出重要决定，对西藏未来的经济社会发展总体目标，发展的重要任务，推动社会全面进步的各个方面工作以及扩大开放的步骤和格局，深化改革的目标和改革原则等，都做出了明确的部署和具体的规定。还强调指出，稳定是前提，发展是根本，两者互为条件，互相促进。要坚持两手抓、两手都要硬的方针。没有稳定，当前就不能发展；没有发展，长远就难以稳定。实现西藏长治久安的根本途径是加快西藏经济社会的发展。

在中央第三次西藏工作座谈会所确定的西藏工作指导方针和一系列更加优惠政策的指导下，在中央确定的“全国要长期支援和帮助西藏”的号召下，西藏的发展又进入了一个新的里程碑，全国支援西藏全面提高到新的水平，呈现出由加快发展到快速发展，将在不久实现大的跨越式发展的局面。

1995 年 8 月

建设先进文化的美文

关心文化建设的读者可能已经注意到，近日《人民日报》发表任仲平的《创造更加灿烂的先进文化》的长篇文章。文章进入视觉，就有一种磁石般的吸引力，引导视线循进前行，叫人不能不看。读完全文，使人感到鼓舞振奋，又叫人回味它的深刻与沉重。这篇文章是建设先进文化的鼓动与号角，激励人心、催人奋进。从文章的宏观视野与全局高度和它具有的很强的指导性的写作文风来看，它不是一般的评论员文章或理论文章，它是来自中央高层决策者的声音，是来自党政文化主管机关的主张。通篇文章，文字激扬，是对“三个代表”重要思想关于先进文化建设前进方向的精辟阐述。

文章开篇把我国文化建设的成就作了客观全面而概括的评价，指出了党的十三届四中全会以来十三年文化建设取得的巨大成就，其集中代表，就是“三个代表”重要思想的提出，将人们对文化的认识提升到一个新的境界，有力地推动着我国先进文化建设的进程。接着便提出了“要富口袋，先富脑袋”、“科教兴省”、“文化强市”、“城市为体、文化为魂”等一系列鼓动与激励的文化建设口号，把创造更加灿烂的先进文化作为全面建设小康社会的一项重大战略任务提到了前所未有的认识高度，摆在了社会各界的面前。

文章对文化概念的解释又有创新，提出大文化、中文化、小文化三个层次性概念，使一般人对什么是文化有了通俗而浅明的理解，使人对文化不再感到玄奥和陌生。文章进而深刻揭示：有人才有文化，有文化才成其为人，人类社会的发展不仅是生命迁延和岁月推移，更是文化进步和文明传承的历史。把文化与人的进化联系在一起，把传承发展文化的任务摆在每个人的面前，使我们认识到自己的历史责任。

文章论述了我们党关于文化的一系列科学认识，归纳出十个方面，给人以深切教益，留下深刻印象。这是前所未有的，也是我们未曾深入系统去总结和认识的，这十个方面的科学认识要点是：

1. 文化是人类在认识世界和改造世界实践中创造的精神成果。文化是经济、政治的反映，又给经济、政治以反作用。文化建设以政治为导向，政治以文化为依托，两者相互协调、相互促进，共同推进经济的发展。

2. 文化繁荣发展的源泉、动力和检验标准是人民群众创造历史的实践活动。人民是历史的创造者，也是文化创造和文化受用的主体，人民群众在经济文化建设的过程中，享有充分的物质与文化权利和利益。

3. 文化是民族生存和发展的本质性力量。文化哺育和传承民族精神，滋养民族的生命力，激发民族的创造力，铸造民族的凝聚力。文化反映着民族的思想道德水平和科学文化素质，为经济社会发展提供精神动力和智力支持。

4. 文化的多样性是人类生活丰富性的重要体现。不同国家、民族和地域的人们在不同历史时期创造的文化，各具特色，交相辉映，使世界绚丽多彩。不同文化应当彼此尊重，在竞争比较中取长补短，在求同存异中共同发展。

5. 文化产品多数具有意识形态和商品的双重属性。商品属性是普遍性，意识形态属性是特殊性。不能用特殊性否定普遍性，也不能因普遍性而忽视特殊性。要坚持把社会效益放在首位，力求经济效益和社会效益相统一。

6. 文化生产力是社会生产力的重要组成部分。文化产业已成为一个方兴未艾的新兴产业，它所创造的价值，在国内生产总值构成中的比重越来越大，在国民经济中占有越来越重要的位置。

7. 文化是实现人的自由而全面发展的重要条件。社会的发展与人的发展互为前提，互相促进，共同进步。人越是全面发展，创造的物质文化财富就越多；物质文化条件越充分，就越能促进人的全面发展。

8. 文化是创造性的精神劳动。一个没有创新能力的民族，难以屹立于世界先进民族之林。一种缺乏创新意识的文化，不可能保持其先进品格。文化创新，要坚持解放思想、实事求是、与时俱进、尊重劳动、尊重知识、尊重人才、尊重创造。

9. 文化有先进与落后之分。先进文化是人类文明进步的结晶。顺应历史潮流、体现时代精神、反映人民群众根本利益的文化，才是先进文化。先进文化总是同落后文化相比较而存在、相斗争而发展的。

10. 先进文化是先进政党在思想和精神上的一面旗帜。坚持什么样的文化方向，推动什么样的文化建设，反映了一个政党的思想境界和精神追求。文化建设，重在建设。中国共产党致力建设的先进文化，就是面向现代化、面向世界、面向未来的，民族的、科学的、大众的社会主义文化。

文章对十六大以来我党对建设先进文化的认识作出深刻总结，指出：十六大对文化建设的深刻论述，体现了我们党的理论成熟和历史自觉。党的十六届三中全会，提出了坚持以人为本，全面、协调、可持续的科学发展观，更加凸显文化建设在三个文明协调发展中的基础性和战略性地位，使我们对文化建设的认识达到新的高度。发展先进文化，是树立和落实科学发展观的必然要求。

同时，文章又正视我国文化建设中存在的问题，指出了五个“不相适应”，即：我国人民群众的生活水平已总体上实现由温饱到小康的转变，但文化发展与人民群众日益增长的精神文化需求不相适应；我国已进入全面建设小康社会的发展阶段，但文化发展与全面建设小康社会的要求不相适应；我国已实现由计划经济体制向社会主义市场经济体制的转变，但现行文化体制与社会主义市场经济体制不相适应；我国加入世贸组织以后，对外开放进入了新阶段，但文化发展与我国对外开放的新形势不相适应；世界高新技术飞速发展带来文化创新和传播领域的重大革命，但我国文化发展现状与世界高新技术发展与应用的形势不相适应。这五个“不相适应”，指出了我国建设先进文化的任务极其繁重、极其艰巨，任重而道远，时间紧迫，从而增强文化建设的使命感与责任感。

文章在对先进文化作了深刻认识和论述之后，提出了建设先进文化的途径和措施，这些带有根本性的措施有以下方面：

1. 坚持科学理论武装是先进文化的灵魂。马克思列宁主义、毛泽东思想、邓小平理论和“三个代表”重要思想既是先进文化的集中体现，又是建设先进文化的行动指南。建设先进文化必须以马列主义科学理论为指导、为统领。那种在指导思想上搞多元化，淡化“二为”方向，消解主流意识形态的想法作法，只能使文化建设偏离正确方向。

2. 大力弘扬和培养民族精神是建设先进文化的重要任务。民族精神，是一个民族在历史发展过程中锻造出来的民族品格、道德观念和价值准则的总和，是民族文化最本质、最集中的体现。民族文化是民族的根，民族精神是民族的魂，根深才能叶茂，有魂才有力量，不断丰富民族精神的内存，是我们最可贵的精神财富。

3. 建立和完善社会主义思想道德体系是建设先进文化的中心环节。

4. 优先发展科学教育是建设先进文化的重要战略。

5. 大力发展文化事业和文化产业是建设先进文化的重要途径。发展公益性文化事业，保护与实现人民群众的基本文化利益，是社会主义制度优越性的重要体现。发展经营性文化产业，是市场经济条件下繁荣社会主义文化，满足人民群众精神文化需求的必然要求。朝着解放和发展文化生产力这个目标，促进由政府为主导的公益性文化事业全面繁荣，推动由市场为主导的经营性文化产业跨越式发展，双轮驱动，比翼齐飞，我们才能在当代世界文化格局中占得应有的地位。

6. 深化文化体制改革是解放和发展文化生产力，增强文化发展活力，推动文化创新的必由之路。要着眼发展、着力创新，在革除制约文化发展体制上采取新的举措，在增强事业发展活力上取得新的突破，建立起科学合理，灵活高效，有利于调动文化工作者积极性，推动文化创新，多出精品、多出人才的文化管理体制和运行机制。

7. 建设一支忠于祖国、热爱人民、敬业奉献、勇于创造的高素质文化队伍，是先进文化建设后继有人、兴旺发达的根本保证。

文章最后指出，先进文化以人为本，发展文化，根本在人，文以人兴，事在人为。一切有责任感的文化工作者，都应当积极担当起发展先进文化的重任，坚持祖国高于一切，人民利益至上，社会责任第一；坚持贴近实际、贴近生活、贴近群众；坚持知难而进、精益求精、团结协作，在人民的历史创造中进行文化的创造，在时代的发展进步中造就文化的进步，把最好的精神食粮奉献给人民。把先进文化这一时代精神的结晶、民族奋进的号角、先进政党的旗帜高扬起来，创造出更加灿烂的先进文化。

读这篇文章，使我们全面认识先进文化，增加文化自觉，增强决心与信心。为此，特别向所有关心文化建设的志士同仁推荐这篇美文。

2004 年 5 月

西部开发要以人为本、富民为先

面对加快中西部地区大开发的重大历史机遇，我们既要高度重视，积极参与，乘机发展，更要慎重地确立开发战略思想，而以人为本是最根本的战略。这是因为，人是社会之根本，没有人就无所谓社会，没有人的充分发展也就没有社会的发展进步，而社会发展进步的最终目标正是人类自身的发展。建设有中国特色社会主义就是要最大限度地满足人民群众不断增长的物质文化生活的需求，提高人民的生活质量，使人类自身获得全面发展、彻底解放。

本文试就人的发展与经济发展、西部开发中人力资源的开发以及以人为本发展经济等问题做一些探讨。

一、东西部的差距根本在于人及其素质的差距

影响经济发展的因素很多，最主要的是自然地理气候因素、社会历史和政治因素、教育科技文化因素、人力资源和智力因素等，其中最具决定性的是人力资源和智力因素。传统观点认为，自然地理因素在经济社会发展中具有先决性或决定性，因为大自然是人类赖以生存、生物赖以生长的环境，大自然是人类的必然王国。而辩证唯物主义认为，人类在大自然面前不是无能为力的，不是被动的，人类可以认识和掌握大自然的规律，遵循自然规律去改造自然，由必然王国走向自由王

国。国内外发展经验证明，随着人类对自然界认识的深化和科学技术的进步，人类改造自然的能力和水平在加速提高，自然条件对人类的影响和制约越来越小。日本是一个自然资源相当贫乏的国家，它靠科学技术和先进的管理，发展成为世界工业大国；以色列是一个水资源极度贫乏的国家，并不具备发展农业的条件，但它高度重视农业科技开发，而成为现代化的先进农业国；新加坡是一个小国，但靠“人才立国”的方针，注重人力资源开发，化劣为优，成为综合国力指标和社会文明程度位于世界前列的“大国”。这都说明，自然地理环境和自然资源对经济社会发展的制约作用是随着人类科技进步而日益减弱的。因此，把西藏气候恶劣、地广人稀、交通不便、信息不灵作为其发展缓慢的主要原因，理由是不充分的。

社会历史和政治对一个国家和地区的发展进步具有重大影响，社会发展有时又有很大的跳跃性。社会历史往往因为重大的政治革命、体制改革或者重大科学技术的进步而呈加速或跃进式发展，因而缩短某个历史阶段而进入新的高级社会形态。西藏从封建农奴制一跃进入社会主义社会，从历史阶段看，与我国内陆地区相比在社会进程上缩短了几百年甚至近千年，虽然在历史文化、观念形态和生产力水平上都与社会主义社会的要求有很大距离，但就本质而言，从整体上看它已是社会主义社会的形态和性质。这说明，社会发展在某个阶段、某个局部地区完全有可能实现跨越式的“突变”。西藏的超前发展完全是可能的。美国资本主义的发展就没有经历像欧洲那样漫长的中世纪，而是后来居上，超过老牌资本主义国家成为头号资本主义强国。日本、韩国、新加坡和我国的香港地区，都是经过短短几十年时间迅速发展崛起的，其发展速度之快，远远超出了社会学家和政治家的预料。这些国家和地区共同的经验就是重视教育，提高国民素质，重视科学技术的研究与应用，在其发展过程中，教育和科技立下了头功，这是值得我们思考和借鉴的。

社会的教育、科技和文化水平，体现在人的综合素质上。近十几年，西藏与内地、沿海发达省区的差距迅速拉大，既不是政策原因（中央给西藏的特殊优惠政策既早又多），也不是资金原因（中央和全国各地对西藏援助力度最大，资金和项目也多），只能从人的素质和对科技知识的运用方面找原因。西藏与东部地区的发展差距，实质上是知识差距、信息差距、教育差距和科学技术的差距，制约西藏经济发展的不是缺乏项目和资金，也不是缺少优惠政策，而是缺乏知识和人才。知识作为经济增长和可持续发展的最重要因素，是一些国家和地区快速发展的秘诀，也是另一些国家和地区陷入贫困和发展滞缓的根源。西藏与东部的差距：一是在思想观念上，封闭保守、观念陈旧、思想僵化、方法落后，缺乏新思路，缺少创造性，对新思想、新事物不敏感、不接纳、不敢试，缺乏积极改革和大胆试验的精神；二是在对外开放上，故步自封、因循守旧、盲目排外、消极防备，缺少积极开放、大胆引进、主动出击、积极合作的姿态；三是在科技信息的应用上，科技政策不活，科技投入不足，科普工作滞后，科研水平不高，科技推广不力，科技贡献率低，没有及早调整和明确科技工作的指导思想，科学精神和科学方法没有引起广泛重视。尤其是在广大农牧区，科学知识普及率低，科盲比例高，科技推广应用阻力大、困难多。“科学技术是第一生产力”没有深入人心、深入基层，广大农牧民群众缺乏基本的生产生活和卫生科学知识，加之受到宗教的消极影响，许多人生活在迷信和虚幻的精神世界里，视自然为神秘力量，视神佛为万能主宰，宗教和迷信严重桎梏了思想观念和精神文化生活，直接作用于人们的思维方式和生产生活方式，严重制约了西藏经济发展和社会进步。因此，西部地区在21世纪的发展战略的基本点应是“以人为本”、“富民为先”，从以物为中心转向以人为中心，从单纯追求经济增长转向全面促进人类发展，从单纯发展经济增强本地经济实力转向发展经济与提高城乡居民人均收入水平和生活质量并驾齐驱，实施人力资源开发战略，拓宽人的各种发展机会，提高人的多种素质、能力。

二、在各种资源中，人力资源具有决定性作用，应优先开发

讲到资源，人们往往会想到土地、矿山、森林、草原等自然资源和资金，而容易忽视人力资源，更容易忽视信息、管理、技术、制度等知识形态资源。随着科学技术的发展和知识进步，知识经济作为现代经济的增长形态，其范围越来越广，对经济和社会的影响无比深远广大。知识经济时代，资源不仅包括科学、技术、知识、信息、管理、制度等，更包括具有现代知识和现代思想观念的人及其科技创新能力，人力资源在资源体系中占有更加突出的地位。正所谓国际间的竞争是综合国力的竞争，而综合国力的竞争说到底是人才的竞争，人才是经济发展、社会进步的根本所在。

马克思主义经典生产力论认为，生产力由劳动者、劳动工具和劳动对象构成，劳动者是决定性的因素，认为掌握不同知识技能的人，其创造的价值也是不同的，得出“生产力里面也包括科学在内”的科学结论，并且指出，科学技术通过人转化为生产力。邓小平指出，“科学技术是第一生产力”，把科学技术以及掌握科学技术的人的作用提到了更加突出的地位。

我区具有一定的资源优势、政策优势和部分产品的地域和民族品牌优势，之所以没有得到应有开发，没有转化为应有的经济优势，一是开发深度不够，对国内外同类产品的市场开发信息不灵，对市场前景缺乏了解和预测；二是科技含量低，不重视引进最新科技和设备，产品质量差，生产成本高；三是市场营销差，广告投入少，营销策略滞后，缺乏竞争力；四是经营管理太粗放，管理机制运营机制陈旧落后，轻视管理，忽视细节，效率低，归根到底是人的素质问题。

中央对西藏的一系列特殊优惠政策，未能用够用足用活，主要原因在于各级领导决策层观念落后，思想不够解放，思路不够开阔，管理知识和方法陈旧，缺乏大胆开拓的精神，缺乏敢冒风险的精神。中央决定全国支援西藏建设四十三项和六十二项工程，两批援藏工程在建设使用和管理中，暴露出我区人才匮乏、管理落后、重建轻管、智力支持乏力的问题。许多项目因经营管理不善，使用操作不当，工作人员缺乏现代科技知识和责任心而造成损坏和浪费。据自治区管理职能部门的反映和统计数据说明，我区一批新建项目设施设备在全国属先进水平，并不落后，因为管理落后而远未发挥应有效益，甚至有的设施设备长年闲置任其损坏；我区专业技术人才和现代管理人才严重匮乏，以至于有些项目建成而找不到合适人才管理和使用，有的项目建成后，管理运营和使用维护长期滞后，从管理层到一般员工不恪不学不尽职责，缺少管理规章。这一方面说明，我们在开发建设中不能只见物不见人，重建设轻管理，再好的项目和设备，如果没有现代化的人来管理和操作，就难以发挥应有效益，甚至造成闲置浪费。另一方面也说明，开发投资，不仅要投资基建项目等有形资产，更要重视人力资本和无形资产的投资，重视开发人力资源。实践证明，投资人力资源，开发的收益远远大于投资于自然资源和有形资产的收益，投资于人力资源开发，是长期性回报，永久性收益。

三、西部开发要把人才开发战略摆在突出地位，优先实施

朱镕基总理在西部地区开发工作会议上指出，西部地区开发全局工作的重点之一，是发展科技教育，加快人才培养。并强调指出，要确保教育优先发展，在办好高等教育的同时，特别要加快少数民族地区和贫困地区教育的发展，提高劳动者素质，要千方百计使用好现有人才，采取积极措施从国内外引进人才，大力培养各类人才。我区属于“后发式”地区，想少走

弯路，多取捷径，在许多方面要学习借鉴“后发式”国家和地区开发智力、培养人才、科学管理的经验，高度重视和优先实施人力资源的开发。

首先，要把国民基础教育作为重中之重，优先发展。这是发展西部振兴民族的长远战略，是西部开发智力永续的根本。虽然西部开发有许多重要事项重大项目亟待去做，然而，人口的科学文化素质却是发展西部的根本所在。近年来，我区教育事业快速发展，但主要是教舍硬件数量扩展，教育质量和教学管理还不适应发展的要求。关键问题是教师队伍文化素质偏低，教师队伍不稳定，教和学两个环节都缺乏竞争和压力，缺乏危机感和紧迫感，教育质量离素质教育的要求有很大差距。必须采取非常措施，加强师资队伍建设，吸引和稳定优秀教师在基层教育第一线，提高教学水平，从根本上提高国民教育质量。

其次，要巩固和扩大内地西藏中学（班）办学成果，这是培养急用高素质人才的有效途径和成功经验。要扩大内地西藏中学（班）招生规模，在若干年内，继续在招生名额和录取分数上对藏族学生实行优惠和适当照顾，给予政策倾斜，同时，内地西藏中学（班）也要向在藏汉族干部职工子女开放，培养新的“西藏第二代”，留住长期开发人才。改革和完善大学生毕业分配政策，制定特殊政策，吸引和稳定大学毕业生到县、乡和农牧区基层工作。没有大批科技人才到基层生产第一线，农牧区的开发和快速发展就无从谈起，农牧民落后的生产生活方式就无从改变。

第三，大力发展职业教育，培养农牧区实用科技人才。由于我区国民教育基础差，农牧区文盲半文盲率高，培养大批掌握现代农牧业科技知识的青年农牧科技工作者，定向招生定向分配到农村牧区，是切合农牧区实际的。中等专业技术学校要充分利用现有校舍师资，打破行业和专业界限，面向基层，培养实用科技人才，争取在三五年内，使高中、大学落选生都能转入职业中学和高等专业技术学校学习，掌握现代农牧业科学技术知识和专业技能，全面提高劳动者素质。

第四，重视发展成人终身教育，办好成人自学考试、函授教育和在职培训。终身教育已是国外发达国家开发人才智力的成功实践，也是知识经济时代的必然要求。随着我国企事业机构改革人员分流、产业结构调整和党政机关人事制度改革，知识更新周期缩短，成人教育不仅必要而且必须。要充分利用现有的自学考试、函授教育的渠道和各级党校、行政学院（校）等培训设施，增加办学班次，拓宽专业设置，改进教学方法，联系工作实践，提高成人教育的针对性和实用性，加快知识更新。尤其要重点培训县处、乡科以上干部和企事业单位领导，提高决策层、管理层以及专业技术干部的知识更新速度，提高这个层次人员的现代管理知识水平。

第五，制定特殊政策，发现、培养、吸引、稳定人才，用好现有人才。我国东部地区迅速发展，得益于优惠的人事政策，在经济特区和沿海开放城市发展之初，特殊优惠的人事政策，吸引了中西部大批优秀人才“孔雀东南飞”。实践证明，重奖科技和管理精英人才，是小投入大产出，带来的不仅是科技项目和经济效益，更是经济社会发展的智力源泉和持久动力。

我区一方面人才缺乏，另一方面现有人才又未充分发挥作用，留不住人才，应从政策上、机制上找原因。人事职能部门在用人政策上要体现新思路、新方法、新机制，制定符合西藏实际的、有利于西部开发的人事政策。要把当地培养、对口支援、对外引进（包括引进出国留学人员）、项目招聘、兼职兼薪等各种形式结合起来，拓宽人才使用和管理渠道，创造使优秀人才脱颖而出的政策环境、体制环境和社会环境，使各类有用人才各尽其能、各尽其才、各尽其长、各尽其用。

四、围绕以人为本、富民为先实施开发战略，尽快改善农牧民群众生存环境和生活质量

人类的生存环境和生活质量，既是经济发展的重要指标，也是人类社会发展进步所追求的终极目标。生存环境和生活质量是统一的，没有良好的生存环境，就谈不上生活质量。人类生存的目标，不仅仅是吃饱穿暖，繁衍生命，还要求物质生活更充裕，精神生活更丰富，教育、卫生、体育、文娱、社交等社会生活水平不断提高。这些看似明了的道理，多年来一直被忽视。究其原因，是没有确立起“以人为本”的价值观念。

我区地处青藏高原极地，一些高海拔地区高寒缺氧，气候恶劣，自然灾害频繁，并不适合人类生存居住。尤其是藏北无人区和部分高山牧区，生物种类单一，生物链脆弱，牲畜大部分时间处于半饥饿状态，饲养周期长，商品转化率低，牧业发展十分缓慢，抗御自然灾害的能力弱，三五年一次大雪灾，牧民损失严重，国家为抗灾投入大批钱财和人力，人类为生存付出了高昂代价。对这一部分地区的牧民应实行移民搬迁，在气候和水利条件好、尚有巨大发展潜力的“一江两河”地区，以国家投资为主，建设农牧民新村，实行集约化、规模化农牧业开发。不适合人类生存地区应主动退出，让给适宜生存的野生动植物自然繁衍生息，作为旅游资源开发利用，或辟为自然保护区和狩猎区（对部分繁殖过量、草原超载的野生动物适量捕杀，保持生态平衡）。这样既可以改善因超载放牧而导致草场退化沙化、生态恶化的问题，又使农牧民彻底摆脱了世代艰难生存的困境。

地域辽阔、地广人稀和人口过疏，是制约我区经济和社会发展的一大难题。人口过疏，交往受限，观念封闭，生活方式因循守旧，社会处于简单生产、延续生存的原始落后的自然经济状态之中，很难发展进步，难以形成集中居住的小城镇，难以形成商品交换和流通的市场，难以兴办教育、文化、卫生、

大众传媒等社会公共事业（投资巨大而效益甚微）。而人口适度集中，靠科技提高农牧产品产量和质量，同分散状态下的自然经济相比，综合效益要好得多，而最根本的是能够让农牧民群众过上科学、健康、文明的现代生活，提高社会文明水平。因此，在西部开发中，要以地、市、县、乡城镇为中心，适当移民，围绕城镇开发农牧业、养殖业和第三产业，加快城镇市场建设和公共设施建设，改善农牧民生存条件和生活水平。

西部大开发，是中央的大决策，是我国发展和振兴的大举措，是西部地区尤其像我区这样的后发展地区难得的大好机遇，我们要把握和抓好这样难得的历史机遇。我区面临大开发的繁重而艰巨的任务，要分清轻重缓急，抓住主要矛盾，立足当前，放眼长远，为跨越式发展和可持续发展优先开发智力资源，储备后续人才资源。采取多种途径和切实措施，立足于以人为本，着眼于富民为先，全面提高国民科学文化素质，改善群众生活水平和生存质量，缩小与东部地区发达省市的差距，争取在西部大开发中走在前列，实现跨越式发展的宏伟目标。

2001 年 6 月

文化建设

学习“三个代表”重要思想，建设社会主义先进文化

“三个代表”重要思想是贯穿于《江泽民文选》的科学思想体系。《江泽民文选》的全部篇章，无不贯穿和体现出我们党要始终代表先进生产力的发展要求，代表先进文化的前进方向，代表最广大人民群众的根本利益的思想和要求。代表先进文化的前进方向，建设社会主义先进文化，是“三个代表”重要思想的组成部分，也是《江泽民文选》的重要内容。我们从事文化艺术工作者，学习《江泽民文选》，就要深入学习和深刻领会江泽民同志关于建设先进文化思想的重要意义；深入学习和深刻领会关于建设先进文化的丰富思想内涵；深入学习和深刻领会关于先进文化的先进性和创新精神。

一、代表先进文化的前进方向，是江泽民同志对马克思主义文化观的创新与发展

江泽民“三个代表”重要思想是继承、创新和发展马克思主义、毛泽东思想、邓小平理论的成果。关于代表先进文化前进方向的思想，是对马列主义科学理论在新形势、新的历史条件下的党领导社会主义文化建设实践的科学认识和创新的理论成果。

马克思主义经典理论认为，文化属于社会意识形态范畴，

属于上层建筑领域，是受社会生产力水平和经济基础状况所决定的。政治是经济的集中表现，而文化又是通过政治来反映和作用于经济基础的，文化间接地反映和作用于经济和政治，因而，文化是从属于经济和政治的，是服务于政治路线的。在相当长一个历史阶段中，马列主义这些基本原理是科学真理，而且是绝对真理。

马克思主义的基本原理是基于他们那个社会历史条件下的科学认识，我们过去对马克思主义的一些基本原理，包括对文化的认识也是基于我国在一定历史阶段的生产力发展水平和社会历史条件下的认识，存在一定程度的片面认识和思想僵化，没有发展创新的眼光和与时俱进的意识，在对文化与经济、政治和社会的关系的认识上存在偏颇，使我国的文化建设走过弯路。

改革开放以后，以邓小平同志为核心的党的第二代领导集体，确立并坚持党的解放思想、实事求是的思想路线，不断深化认识和创新发展马克思主义文化观，从世界发展变化和中国社会实际情况出发，大胆地提出了关于社会主义文化建设、精神文明建设的一系列新的思想观点、新的理论探索，丰富和发展马克思主义经典理论的文化观。党的十二届六中全会和十四届六中全会，两次党的重要全会，分别做出“关于加强社会主义精神文明建设的决定”，形成了我们党领导社会主义文化建设的新的思想和理论体系，这就是邓小平理论中关于社会主义精神文明建设的一系列重要思想和理论论述。

江泽民同志进一步创新和发展了马克思主义、邓小平理论的文化观，提出了代表先进文化前进方向，建设社会主义先进文化的一系列重要思想和理论观点。江泽民同志指出：社会主义现代化应该有繁荣的经济，也应该有繁荣的文化。我国现代化建设的进程，在很大程度上取决于国民素质的提高和人才资源的开发。面对科学技术迅猛发展和综合国力激烈竞争，面对世界范围各种思想文化相互渗入，面对小康社会人民群众日益增长的文化需求，全党必须从社会主义事业兴旺发达和民族振兴的高度，充分认识文化建设的重要性和紧迫性。江泽民指出："社会主义现代化建设事业是物质文明和精神文明协调发展、相辅相成的事业，缺少任何一个方面，都不成其为有中国特色的社会主义。"他强调指出："社会主义的优越性不仅表现在经济政治方面，表现在能够创造出高度的物质文明上，而且表现在思想文化方面，表现在能够创造出高度的精神文明上。"他在建党80周年重要讲话中进一步指出："我们党要始终代表中国先进文化的前进方向，就是党的理论、路线、纲领、方针、政策和各项工作，必须努力体现发展面向现代化、面向世界、面向未来的，民族的科学的大众的社会主义文化的要求，促进全民族思想道德素质和科学文化素质的不断提高，为我国经济发展和社会进步提供精神动力和智力支持。"

江泽民同志在讲到先进文化是凝聚和激励人民的重要力量时指出："一个民族，一个国家，如果没有自己的精神支柱，就等于没有灵魂，就会失去凝聚力和生命力。""在全社会形成共同理想和精神支柱，是有中国特色社会主义建设的根本。"江泽民同志极其重视和大力倡导培育民族精神，多次指出：一个民族只有物质和精神都富有，才能成为一个有强大生命力和凝聚力的民族。文化的力量，深深熔铸在民族的生命力、创造力和凝聚力之中。精神文明建设搞好了，人心凝聚，精神振奋，经济建设和其他各项事业就会全面兴旺。只有把亿万人民群众凝聚在先进文化的旗帜下，把人民群众的智慧和力量广泛地调动起来、集中起来、发挥出来，才能焕发出来中华民族强大的生机与活力。

二、代表先进文化的前进方向，包含着先进文化建设的丰富而深刻的思想内涵

江泽民"三个代表"重要思想科学把握了时代特征，深刻

反映了我们党领导亿万人民群众建设中国特色社会主义伟大实践及其创造活动，闪耀着马克思主义真理的光芒；思想内涵丰富深刻，涉及社会主义文化建设的指导思想、根本任务、根本目的、发展动力、发展战略等重大问题；涵盖了理论教育、新闻舆论、文学艺术、广播影视、学术出版、思想道德建设等文化建设的重要方面，包含着一系列深刻的思想观点和科学论断。

1. 建设先进文化，要坚持马克思主义在意识形态领域的指导地位。坚持什么样的文化方向，推动建设什么样的文化，是一个政党在思想上精神上的一面旗帜。江泽民同志在党的十六大报告中指出，在当代中国，发展先进文化，就是发展面向现代化、面向世界、面向未来的，民族的科学的大众的社会主义文化，以不断丰富人们的精神世界，增强人们的精神力量。在这里，“三个面向”为文化建设指明了方向，“民族的科学的大众的”为文化建设确定了先进性质。马克思主义是我们立党立国之本，也是社会主义先进文化建设之本，指导着我国先进文化建设的先进性和正确方向。坚持先进文化的前进方向，最根本的是要坚持马克思主义的指导地位。江泽民同志指出：“坚持马克思主义的指导地位必须始终做到两条，一是必须坚定不移地巩固和加强马克思主义的指导地位，决不允许搞指导思想的多元化；二是必须紧密结合形势的变化和实践的发展，发扬实事求是、勇于创新的科学精神，不断丰富和发展马克思主义。”江泽民同志关于对待马克思主义一要坚持、二要发展的思想，与邓小平理论是一脉相承的，为我们指出了坚持马克思主义指导地位的科学态度和方法。世界在变化，社会在发展，人民群众在改革开放和现代化建设中不断有新的实践和创造，马克思主义科学理论也必须与时俱进不断创新。坚持先进文化的前进方向，必须用发展着的马克思主义指导新的实践，也必须在坚持中丰富和发展马克思主义文化建设的思想理论。

2. 建设先进文化，要紧紧围绕党和国家工作大局，以先进文化武装人、引导人、塑造人、鼓舞人。社会主义现代化建设的进程，既是经济社会不断发展进步的过程，也是人的全面发展不断提高的过程。文化建设必须紧紧围绕经济建设这个中心，服从服务于党和国家工作大局，努力培养适应社会主义现代化建设需要的有理论、有道德、有文化、有纪律的新人，促进人的全面发展。江泽民同志指出："我们建设有中国特色社会主义的各项事业，我们进行的一切工作，既要着眼于人民现实的物质文化生活需要，同时又要着眼于促进人民素质的提高，也就是要努力促进人的全面发展。"江泽民同志反复强调和要求思想文化战线，要始终坚持以科学的理论武装人，以正确的舆论引导人，以高尚的精神塑造人，以优秀的作品鼓舞人。江泽民同志这四句著名论述：理论武装、舆论引导、精神塑造、作品鼓舞都是以人为对象、以人的发展为根本，包含了理论教育、舆论宣传、思想道德建设和优秀文艺作品，都是先进文化建设的根本任务。努力提高全民族的思想道德素质和科学文化素质，丰富人民的精神世界和精神力量，使人民享受丰富的文化发展成果，使人们的文化生活精神世界更加丰富多彩，实现人们思想和精神生活的全面发展，实现文化建设以人为本的重大创新和重要发展。

3. 建设先进文化，要大力弘扬民族优秀文化，培育民族精神，增强全民族的创造精神和精神力量。民族精神是一个民族赖以生存和发展的精神支柱。有没有高昂的民族精神，是衡量一个国家综合国力强弱的一个重要尺度。中华民族的民族精神，博大精深，源远流长，是民族生命力和创造力的重要基础。江泽民同志尤其重视培养民族精神，这也是他关于先进文化建设的重要思想内容。他指出："面对世界范围各种思想文化的相互激荡，必须把弘扬和培育民族精神作为文化建设极为重要的任务，纳入国民教育全过程，纳入精神文明建设全过程，使全体人民始终保持昂扬向上的精神状态。"他大力倡导"六十四字"，即新时期创业精神，伟大的抗洪精神，大力弘扬井冈山精神、长征精神、延安精神、西柏坡精神和“两弹一星”精神等，赋予民族精神以新的时代内涵。他要求，要弘扬中华民族优秀传统文化和思想道德，植根于中华民族五千年文明的渊源和沃土之中，植根于当代改革开放的伟大实践之中，积极借鉴世界一切优秀文明成果，培育和弘扬具有时代风貌的民族精神；还要同坚持和发扬我们党在长期革命和建设中形成的优良传统作风结合起来，同弘扬以改革创新为核心的时代精神有机结合起来，使之成为实现中华民族伟大复兴的巨大精神力量。

4. 建设先进文化，要大力推进依法治国与以德治国相结合，加强思想道德建设和精神文明建设。加强社会主义民主与法制建设，加强思想道德建设，是先进文化建设的重要内容和中心环节。江泽民同志提出的依法治国与以德治国的重要思想，是对马克思主义治国方略的重要创新和发展。法治和德治，从来都是相互促进、相辅相成的。以法律的权威和强制性规范社会成员的行为，以道德的感召力和约束力提高社会成员思想认识和觉悟，也是我国传统政治文化的有益经验借鉴。江泽民同志指出：“我们在建设有中国特色社会主义、发展社会主义市场经济的过程中，要坚持不懈地加强社会主义法制建设，依法治国，同时也要坚持不懈地加强社会主义道德建设，以德治国。”历史经验证明，仅仅靠法律的刚性制约是远远不够的，社会生活中日常大量的人际关系和社会秩序，要靠思想道德的软约束，靠社会公共道德的自觉与自律。如果不加强思想道德建设，人们道德水平低下，法制观念淡薄，再好的法律和制度也会因为得不到遵守而起不到应有作用，甚至形同虚设。加强以思想道德建设为核心的社会主义精神文明建设是符合先进文化建设前进方向的。江泽民同志一再强调，要把依法治国与以德治国结合起来，坚持以为人民服务为核心、以集体主义为原则，加强社会公德、职业道德和家庭美德教育，加强思想政治工作和群众性精神文明创建活动，大力推动建设与社会主义市场经济相适应、与社会主义法律规范相协调、与中华民族传统美德相承接的社会主义思想道德体系，营造高尚的思想道德风尚，维护良好的人际关系和社会秩序。

5. 建设先进文化，要努力创作思想性、艺术性、观赏性相统一的文艺作品，把最好的精神食粮奉献给人民群众。文艺是民族精神的火炬，是鼓舞人民奋进的号角。江泽民同志关于文艺工作的思想，在毛泽东、邓小平文艺思想的基础上又有进一步的丰富与发展。他指出，繁荣社会主义文艺，要坚持为人民服务、为社会主义服务的方向和"百花齐放、百家争鸣"的方针，弘扬主旋律，提倡多样化，用科学态度对待民族传统文化和外来文化，大力推进艺术创新，不断增强文学艺术的吸引力和感染力。要尊重文艺规律，尊重作家、艺术家的创造性劳动，支持文艺工作者施展聪明才智，发挥创造精神。他希望广大文艺工作者"立足自我、博采众长，以推进我国文艺形式、风格、流派的充分发展，实现体裁、题材、主题的极大丰富"。文艺工作者要坚持"德艺双馨"，增强责任感和使命感，严肃认真地考虑作品的社会效果，在人民的进步中造就艺术的进步，努力创作出更多无愧于时代、无愧于祖国、无愧于人民，思想性、艺术性、观赏性相统一的精品力作，把最好的精神食粮奉献给人民群众。

6. 建设先进文化，要积极推进文化体制改革和文化创新，大力发展文化事业和文化产业。不断满足人民群众日益增长的精神文化需求，让人民群众共享文化发展的成果，保障人民群众的文化权益，提高人民群众的精神文化生活质量，是社会主义先进文化建设的根本目的。江泽民同志指出："发展各类文化事业和文化产业都要贯彻发展先进文化的要求，始终把社会效益放在首位。"必须积极完善文化公益事业发展的政策措施，扩大人民群众的文化生活空间，提高全社会的文化生活质量；积极完善文化产业政策，支持文化产业发展，增强我国文化产业的整体实力和竞争力。要以改革为动力解放和发展文化生产力，要根据社会主义文化建设的特点和规律，适应社会主义市场经济发展要求，积极推进文化体制改革，建立有利于调动文化工作者积极性，推动文化创新多出精品、多出人才的文化管理体制和运行机制，增强我国文化发展的生机与活力。必须一手抓繁荣，一手抓管理，大力发展先进文化，支持健康有益文化，努力改造落后文化，坚决抵制腐朽文化，推进我国文化事业和文化产业健康发展。

江泽民同志多次讲到文化创新，在党的十六大报告中指出："创新是一个民族进步的灵魂，是一个国家兴旺发达的动力，也是一个政党永葆生机的源泉。"把文化创新与理论创新、制度创新、科技创新以及其他各方面的创新，列为"我们要长期坚持的治党治国之道"；把建立完善的文化创新体系，列为全面建设小康社会的重要目标。他指出：积极进行文化创新，必须"自觉地把思想认识从那些不合时宜的观念、做法和体制的束缚中解放出来，从对马克思主义的错误的和教条式的理解中解放出来，从主观主义和形而上学的桎梏中解放出来"，在解放思想中统一思想，用发展着的马克思主义指导新的实践；按照"三个解放出来"的要求，实现文化创新，必须牢牢把握中国先进文化的前进方向和要求，必须始终坚持立足于建设中国特色社会主义的实践，必须始终坚持着眼于世界科学文化发展的前沿，着眼于广大人民群众文化精神需求的变化，着眼于人民群众精神文化利益的根本实现。

三、代表先进文化的前进方向大力推进我区社会主义先进文化建设

江泽民同志的文化建设思想创造性地回答了什么是社会主义先进文化、怎样建设社会主义先进文化的一系列重大问题，是对中国特色社会主义先进文化建设实践经验的理论升华，是推动社会主义先进文化建设必须长期坚持的指导方针。我们要

大力弘扬理论联系实际的马克思主义学风，坚持学以致用、学用相长，把江泽民同志的文化建设思想转化为认识和解决文化发展问题的科学方法，转化为建设社会主义先进文化的实际能力，结合学习贯彻党的十六届六中全会关于构建社会主义和谐社会若干重大问题的决定精神，和贯彻落实国家“十一五”时期文化发展规划纲要，推动我区先进文化建设有更大发展。

1. 坚持先进文化的前进方向，以建设社会主义核心价值体系为重点建设和谐文化。建设社会主义先进文化，必须坚持以马克思主义、毛泽东思想、邓小平理论和“三个代表”重要思想为指导，全面贯彻科学发展观，坚持为人民服务、为社会主义服务的方向和“百花齐放、百家争鸣”的方针，弘扬主旋律，提倡多样化，始终保持文化建设的正确方向。当前，文化建设要以建设和谐文化、构建和谐社会为主题和方向。建设和谐文化，必将有利于核心价值体系和主流意识形态的发展壮大，有利于形成“百花齐放、百家争鸣”的生动局面，使先进文化得到发展，健康文化得到支持，落后文化得到改造，腐朽文化得到抵制，使民族文化与外来文化、传统文化与现代文化、高雅文化与通俗文化在交流比较中互动融合、相互促进，使各种文化形式、文化门类、文化业态各展所长、共同发展。

建设和谐文化，首先要建社会主义核心价值体系：一是坚持以马克思主义为指导思想，这是我们立党立国的根本指针，是社会主义意识形态的灵魂；二是中国特色社会主义共同理想，这是实现中华民族伟大复兴的必由之路，是各族人民团结奋斗的强大动力；三是以爱国主义为核心的民族精神和以改革创新为核心的时代精神，这是中华民族生生不息、薪火相传的精神支撑，是人民群众不断创造新的业绩的力量源泉；四是以“八荣八耻”为主要内容的社会主义荣辱观，这是中华民族传统美德、优秀革命道德与时代精神的完美结合，是市场经济条件下判断行为得失、确定价值取向、做出道德选择的基本准则。建设社会主义核心价值体系是建设和谐文化的重点和根本，我们要把这些要求融入国民教育和精神文明建设的全过程，融入经济、政治、文化、社会建设的各领域各方面，使之成为全民族奋发向上、团结和睦的精神纽带，为实现我区跨越式发展和建设小康社会的目标营造社会文化条件和思想道德基础。

2. 文化建设要坚持科学发展观，围绕中心、服务大局、面向基层、服务群众。先进文化建设要坚持科学发展观，就是要以人为本，实现经济社会全面协调可持续发展。和谐文化强调人类、社会、自然的共生与和谐，包含着协调发展与均衡发展的理念，蕴涵着科学发展的思想方法和实践要求。和谐文化所倡导的发展，不仅仅是经济的协调发展，还包括政治、文化、社会的发展；不仅仅是经济社会的协调发展，还包括人与自然的和谐相处。追求全面协调可持续发展的目标，需要和谐文化来指引和推动。建设和谐文化，有助于帮助人们牢固树立科学发展观、转变发展观念、创新发展模式、提高发展质量、实现文明发展、和谐发展、又快又好的发展；有助于推动人们按照中国特色社会主义事业“四位一体”总体布局的要求，在坚持以经济建设为中心的同时，把构建社会主义和谐社会摆在更加突出的地位，实现经济建设、政治建设、文化建设和社会建设协调发展、相互促进。和谐文化是人民群众共同创造的文化，也是由人民群众共同分享的文化，必须把满足人民群众精神文化需求作为出发点和落脚点，尊重人民群众的主体地位和首创精神，充分调动人民群众参与文化建设的积极性、主动性、创造性，使人民群众在“文化享有”上各得其利，在“文化创造”上各尽所能，使建设和谐文化的过程成为提高人的素质、促进人的全面发展的过程，使人民群众充分享受到发展成果和文化建设的利益。

我区文化建设要始终围绕“发展”这个中心，服务于“社会稳定和长治久安”这个大局，为实现“三个确保”的宏伟目标而不懈努力。文化工作中必须正确处理社会效益与经济效益的关系，始终把社会效益放在首位，努力实现社会效益和经济效益的统一。文化工作者在任何时候都要认真考虑精神文化产品的社会效果，做到对人民负责、对社会负责、对未来负责。一切思想文化领域和精神文明产品，都要坚持正确导向，宣传科学真理，传播先进文化，塑造美好心灵，弘扬社会正气。文化工作者，必须以满足人民群众多层次、多方面、多样化的精神文化需求为目标，积极发展文化事业和文化产业，大力繁荣文艺创作，努力为人民群众提供内容丰富、形式多样的精神文化产品和服务。按照中央关于“十一五”时期文化发展规划纲要的要求，面向基层，服务群众，加大政府对公益性文化设施建设投入，发展公益性文化事业，保障人民群众基本文化权益。加快建设覆盖全社会的公共文化服务体系，为人民群众参与和享受文化生活创造良好条件，广泛开展各种形式的群众性文化活动和精神文明创建活动，让人们在丰富多彩的文化活动中享受美好生活，共同建设和谐社会。

3. 树立新的文化发展观，以发展为主题，以改革为动力，解放和发展文化生产力，积极推进文化创新。新的文化发展观是以科学发展观为统领的建设先进文化的新思想、新观念，是马克思主义文化观在社会主义先进文化建设过程中与我国实际相结合的实践成果，是我们党和国家多年来指导文化建设的正确方针政策在新时期的与时俱进，包括对文化发展的地位、方向、动力、思路、格局和目的的不断深化和认识。新的文化发展观要求我们必须站在时代发展和社会进步的前沿，把握文化发展规律，以发展为主题，以改革为动力，重在建设，重在发展，重在创新，鼓励创新精神，培育创新意识，形成有利于激发文化创造活力的生动局面。深化文化体制改革是解放和发展文化生产力、增强文化发展活力、推动文化创新的必由之路，按照党的十六大以来文化建设的新的思想和精神，按照中央“十一五”文化发展规划纲要的要求，一切妨碍文化发展的思想观念都要坚决冲破，一切束缚文化发展的做法和规定都要坚决改变，一切影响文化发展的体制弊端都要坚决革除，要着眼发展、着力创新，在革除制约文化发展的体制性障碍上探索新路子，在建立促进文化发展的机制上采取新的举措，在增强事业发展活力上取得新的突破，逐步建立起科学合理、灵活高效、有利于调动文化工作者积极性、推动文化创新、多出精品、多出人才的文化管理体制和机制。

胡锦涛总书记最近在中国文联第八次代表大会、作协第七次代表大会的讲话中指出："要大力发扬创新精神，积极开拓文艺的新天地。推进文化发展，基础在继承，关键在创新。不善于继承，没有创新的基础；不善于创新，缺乏继承的活力。在继承基础上的创新，往往是最好的继承。"胡锦涛总书记要求广大文艺工作者："只有坚持解放思想、实事求是、与时俱进，大力推进文艺观念、内容、风格、流派的积极创新，大力推进文艺体裁、题材、形式、手段的充分发展，才能创作出更多具有中国特色、中国风格、中国气派的优秀作品，不断增强文艺的时代感和吸引力。"他要求"各有关部门都要为文艺创新创造条件，使广大文艺工作者的一切才华都有展示舞台、一切创造都有实现空间、一切贡献都得到社会尊重，推动文艺工作者的创造精神和创造活力竞相迸发、充分涌流。"这是一种高屋建瓴的描绘和高瞻远瞩的境界，是和谐文化和和谐社会建设的美好前景，我们学习《江泽民文选》，就要为实现这一远大目标和崇高境界而努力奋斗。

2006 年 10 月

对西藏文化建设的畅想与建议

党中央、国务院制定的《国家“十一五”时期文化发展规划纲要》，是我国文化建设、社会建设的大事件、大举措，在我们这代人的经历中，党中央、国务院制定专门的文化发展五年规划纲要还是第一次。《纲要》不仅对整个“十一五”时期的文化发展有重要指导意义，而且对今后相当长时期内文化建设和发展都具有全局性的深远影响。

《纲要》指出了我国现阶段文化建设和发展“三个不相适应”的问题，即：现阶段我国文化发展水平与全面建设小康社会的目标和进程不相适应；文化体制机制与完善社会主义市场经济体制、进一步扩大对外开放的形势还不相适应；文化产品和服务的数量、质量、品种与人民群众日益增长的精神文化需求还不相适应。这“三个不相适应”找准了问题，抓住了关键，指明了方向。给我们文化工作者以启迪，也给我们以警醒，提醒我们要深化文化体制改革，以发展为主题，以改革为动力，以创新体制、完善机制为重点，通过改革不断破除制约文化发展的瓶颈和体制性、机制障碍，营造有利于发展的体制机制、政策环境、市场条件。要坚持一手抓好公益性文化事业，一手抓好经营性文化产业，加大和改进政府对文化建设的投入，进一步完善、支持文化发展的经济政策和人事制度，才能保证《纲要》提出的各项发展目标和任务的落实。

学习《纲要》，联系实际，结合我区文化建设情况和发展水平，颇有感慨，对我区文化建设深怀一种责任感和紧迫感，从以下方面提出一些建议和畅想：

一、关于制定我区《“十一五”时期文化发展规划纲要》和实施意见

国家文化发展纲要是文化建设的宏伟蓝图，各省市、自治区要从各自实际出发，或制定自己的发展纲要，或提出《纲要》实施意见。我区文化建设自有我区的优势、特色，也有我区的特殊困难和客观条件，哪些要与全国接轨，哪些才是自己的重点，是要经过一番深入论证和精心规划的。

长期以来，我们缺乏对文化建设进行规划的意识，或者由于受经济发展水平的制约，文化建设总是排在“老九”的位置上，可有可无，可缓可小，致使文化建设长期欠账太多，文化建设的滞后拖了经济发展的后腿，社会发展出现了不协调、不和谐，还不知道问题症结在哪里；或者由于受政治时事的左右，过分强调文化对经济、政治的从属性和服务性，而忽视文化对于经济、政治的反作用，甚至淡忘了文化（观念意识形态）对经济、政治和社会的影响力。多年以来，所谓的文化建设五年计划，就是硬件建设项目和资金，没有从文化建设在社会发展中与其他方面的关联去考察，没有从文化与经济、政治、社会的协调发展去考虑。缺乏科学的规划，就不会有科学的发展，这是多年来文化建设存在“三个不相适应”问题的原因所在。

我们期待自治区有关部门尽早着手制定我区“十一五”时期的文化发展规划纲要或实施意见。

二、关于民族优秀传统文化的传承发展和改革开放

西藏特殊的地理区位、自然条件、生产力水平和社会发展水平，形成了独特的文化传统，藏族优秀传统文化在当今多元

文化的世界里，独树一帜，成为祖国优秀文化传统中的一枝奇葩，为世人所瞩目，丰富着祖国和世界文化。各个民族的文化在与其他民族文化的交流交往中相互学习、相互吸收、取长补短、融合借鉴，既是一种文化交流传统，也是文化发展的规律。文化的交流和融合具有普遍性，不同国家不同民族之间在开放和交往中，总是有所取舍地吸收有利于本国本民族发展进步的文化艺术，不同国家和民族的传统文化中，实际上都包含有外来文化的因素，你中有我，我中有你，经过筛选和借鉴，才得以发展和传承。每一个民族的传统文化都是在特定的自然和社会条件下，在一定的生产和生活条件下形成的，而自然和社会条件是不断发展变化的，生产力水平和生活环境也是不断变化的，文化不可能一成不变，要传承发展，就要改革开放，就要不断创新。

胡锦涛同志在第八次文代会讲话中指出："推进文化发展，基础在继承，关键在创新。继承和创新，是一个民族文化生生不息的两个重要轮子。"古今中外，闻名于世的文化传世之作，"无一不是善于继承，勇于创新的结果"，"不善于继承，没有创新的基础；不善于创新，缺乏继承的活力。在继承基础上的创新，往往是最好的继承"。这些精辟论述，思想深邃，富有哲理，渗透着历史经验的积淀，又蕴含着时代的理想和精神，是我们文化建设中要认真学习和把握的精髓。我们面对的是民族地区的传统文化，我们在做文化建设规划时，要认真把握传承发展与改革开放的关系，这是确保文化健康发展的前提和根本。

三、关于全区文化场馆建设和管理方面的问题

公共文化场馆建设是文化建设的基础性设施，也是提高城镇建设水平，提高城镇人民群众文化生活和生活质量的标志。城市大中型文化场馆设施，往往也是一个城市的文化性、标志

性建筑，体现了城市的文化品味和建筑特色，其建筑本身就应是一座艺术品，给人们以文化陶冶和积极影响。公共文化场馆建设应首先考虑给人民群众以文化享受和文化影响，尽可能满足人民群众不断增长的文化娱乐精神生活的需求。

我区的文化场馆建设存在几个问题：一是功能设计还不到位，该建、急建的却迟迟未建；二是建成的部分场馆使用率低，有的长期闲置，造成浪费；三是重建轻管，建成使用的部分设施管理滞后、经营粗放，远未发挥其应有功能。

根据城市文化活动特点和需求，全区七地市尚缺少民族（民俗）文化博物馆、科技（艺术）展览馆、美术馆（或工艺美术博物馆）、音乐厅和专业剧场、少年科技文艺活动中心、老年文娱活动中心等。各种中、小型博物馆还有很多空缺，适合举办展览的场馆还缺少，许多文化艺术展览活动和群众性文化娱乐活动由于缺乏适宜场所而受到限制。比如：美术、书法、摄影展览，除西藏博物馆一两个中小型展厅以外，全区几乎再无适宜场馆。自治区首府尚无一座适宜专业文艺演出的剧场、音乐厅。地、市城镇尚无供老年和青少年开展文娱活动和科普活动的场所。不缺少且使用效率高的是民营和个体经营或租赁经营的歌厅、舞厅、卡拉 OK 厅，在其中消费的多是公款消费、工薪消费和社会文化娱乐市场消费阶层，老年、少年这一占社会主要人口的文化消费阶层却没有适当的去处（所以，青少年和中、小学生去网吧已成为文化娱乐的主要消费渠道），公共文化设施及其应有的主流文化活动放弃或退出了这些重要场所。城镇公共文化设施关系人民群众切身利益，更关乎城镇文化水平和精神文明整体水平，也是吸引国内外来藏旅游观光客人的条件之一，应当科学规划，合理布局，尽早建设和健全完善。

已建成的文化场馆未能充分利用，长期闲置和浪费的问题相当普遍，不容忽视，在文化设施资源尚属匮乏紧缺的状况下，这种闲置和浪费是不应该的，很可惜的。比如：西藏体育馆、人民会堂大礼堂、拉萨市艺术宫和地、市群艺馆、各县文化馆（文化中心或精神文明活动中心等），都远未发挥应有的作用，利用率很低，有的一年内竟没有几次文化活动，而维护费、水电费和管理人头费每年却高达几十万甚至几百万。一些地市群艺馆、县文化馆（中心）竟把这些场馆改作他用或对外承包经营与文化活动不相干的商品销售等。全区尚有三十多个县在急切申请建设县文化中心，已有的又在申请改扩建，这种盲目建设、填补空白的思想不是真正的重视文化建设，是与建设节约型社会、资源效益型社会、和谐社会的精神不相符合的。文化设施建设绝不能因国家投资就不惜财力，更不能搞所谓的"形象工程"、"政绩工程"。

我区一方面文化设施资源缺乏，另一方面又存在闲置浪费，症结在重建轻管思想，原因在于文化体制和经营机制的缺失。比如：县一级文化馆（中心）建设要从县城镇人口规模、文化需求等实际出发来合理规划设计，规模适当略有超前，不应与内地人口多的县城镇"三馆一站"相比，而应建设规模适当、功能适用的综合性文化中心，配备适当设备和管理人员，开展适合当地群众习惯的文化娱乐活动且应无偿或低收费，这些设施是纳税人上缴利税又经政府返还于社会用于公众文化享用的，不适当的收费或靠出租房产收入来维持该单位职工办公开支和发放福利，偏离了政府投资公共文化设施的本意和初衷。一些文化场馆不是面向公众提供场所和服务，而成了为本单位小团体创收改善办公和生活条件的设施；有的场馆宁可不收场租，也不肯廉价或低价租给有使用需求的文化单位，这其中正是体制和机制的弊端。使用或租用这些场馆的单位大多是公益性文化单位，租金最终都由政府财政拨款，仅仅因为个中单位利益而限制了文化活动的开展，扯皮的是文化单位之间，而受损的是国家和民众利益。

四、关于文化与旅游互动及旅游工艺品开发

文化与旅游是关联度很高的两个产业部门，因为旅游过程的许多活动即是文化活动或与文化娱乐有关的活动，文化活动及其文化内涵与旅游活动和内涵是相通的或联为一体的，文化活动和人文景观是旅游的核心和内涵，旅游活动本身又与文化有直接或间接的联系。我们所谓文化旅游是以文化活动为主要内容的旅行游览和观光，所谓的旅游文化是以旅行观光和游览为形式的文化活动。据说，外国一些政府的文化与旅游行政管理是一体的，叫文化旅游部（局），是有一定道理的。

在西藏，文化与旅游的结合与关联更紧密。来西藏旅游的国内外游客，除一部分是自然探险和纯粹自然观光者之外，大多数是奔着西藏独特的人文名胜（如著名的寺庙宫殿建筑和文物保护单位）、民俗文化而来的，体验的是民族文化传统和民族民间艺术、宗教艺术等。文化是西藏发展旅游业并作为支柱产业的核心和基础。即便是以自然景观旅游为主的游览活动，往往也是拍摄、科考、探险体验为内容的文化精神活动，自然景观（神山圣湖江河峡谷草原雪山等）也往往因为有了文化内涵而增加了旅游的吸引力和生命力，这一点，在西藏和一些少数民族省区是普遍而突出的，因此，与其说旅游是支柱产业或龙头带动性产业，不如说文化产业是支柱性、龙头带动性产业。在我看来，从事文化管理的要从旅游文化的角度，而从事旅游管理的要从文化旅游的角度去发现、去思考、去管理，方能把文化资源与旅游资源更为妥善地结合起来，形成互动与合力，真正把文化产业与旅游产业做好、做大、做强，做成支柱性产业，成为重要的经济增长点。

旅游购物是一种文化色彩很浓的消费活动，旅游纪念品、工艺品大多是文化产品，以旅游者为主要销售对象，文化产品生产主管部门不能忽略旅游纪念品、工艺品这个大市场，旅游主管部门不能轻视文化产品在旅游工艺品方面的开发与销售，

二者既联系密切，也相互促动。

拉萨作为进藏旅游的主要目的地，在旅游工艺品设计开发，销售市场方面还比较落后，与迅速增加的进藏旅游人口和购物需求还不相适应。拉萨以及地市城镇的旅游购物市场及其品种还不够丰富，客人选择余地不大，而且多数工艺品是邻国尼泊尔、印度和邻省区以及内地的产品，当地生产的、具有鲜明民族特色和藏族文化内涵的工艺产品品种不多，工艺不精，价格不菲，竞争不力，这块市场潜力很大，前景广阔，有很大的发展空间。

由于文化与旅游同属于政府直属的两个平行的行政管理部门，文化部门考虑更多的是文物保护而不重视旅游市场，旅游部门考虑更多的是开放游览而轻视文物保护和文化内涵，以致于经常产生管辖、管理、责任与利益方面的矛盾而不利于文化旅游资源的合理开发、科学管理与利用，也影响了旅游工艺品的开发、设计与市场发展。

文化与旅游部门的决策者和管理层应当关注和重视文化与旅游二者的关系，调整思路，整合资源，形成合力，促进互动。或许不久的将来，在文化厅（局）内设立文化旅游管理处；在旅游局内设立旅游文化（资源）管理处；甚至学习借鉴外国，把文化与旅游合并为一个行政主管部门，也未尝不可。

五、关于农牧区文化建设和文艺生活若干问题

我区农牧区文化建设从总体上看还是很落后的，农牧民作为人口主体，文化精神生活远不够丰富多彩，农牧区基层文化建设任务还很艰巨繁重。中央政府和自治区人民政府决定把文化建设的重点放在农牧区基层，让广大农牧民群众参与到文化建设活动中来并在建设中共享文化成果，在文化建设中提高科学文化素质，提高精神生活水平和思想境界，是十分正确和富有远见的，是以民为本、民生为本思想的体现，也是构建和谐

社会、建设社会主义新农村的根本性举措。

涉及农牧区文化建设大致有以下方面：

一是农牧区广播电视村村通工程和电话通讯工程建设。国家投巨资实施新疆和西藏等西部边远地区广播电视村村通工程、边疆文化长廊建设工程、农村牧区文化中心（室）建设工程、全国文化信息资源共享工程以及电话通讯工程等，这些文化设施建设在西藏广大农牧区都是十分必要的，其意义和效益也是重大而深远的。关键是这些工程建成使用后，管理与维护要跟上，要保障。

根据我多次下基层进行文化考察调研的体会，在农牧区建设上述文化设施并不困难，困难在于缺乏管理使用这些设施设备的人。农牧区因为科学文化教育普及得晚、程度低，具有管理使用和维修这些现代科技设备器材的人很少，加上管理体制机制方面的不健全不完善，在农牧区已建成的电视广播设施中，能正常使用的不占多数，使用时间不长因为自然或人为原因而损坏的不占少数。管理不善、使用不当、损坏不能及时维修的情况很多，广播电视接收设备仅仅限于乡镇所在地领导家中（这样有便于管理和维护的一面）。与广播电视村村通工程建设需要同步进行的是管理维护人才培训和管理制度建设，这一点十分重要而往往被忽视。在我看来，仅仅建成这些工程的硬件设施，只是工程建设的一半，而且并不是最重要的一半。

二是农牧区文化馆（室）建设和文化信息资源共享工程建设，要从实际出发，注重效益。农牧区文化馆（室）建设要制定切合实际的规格与标准，配备适当适用的图书报刊和设备。要强调适当和适用，避免求大求全求先进而造成不适当和资源浪费，文化馆（室）建设要与基层党组织活动室建设合并考虑。在西藏农牧区乡、村，人口少则几十人多则几百人，没有必要在乡、村建设两个性质与功能相近的活动中心（室），更何况，农牧区乡、村党组织的活动与文化活动没有必要也不可能分开进行，场所建设要大小适中适用。对农牧区文化馆

（室）配备的书报刊应以藏文为主，并且以与农牧业生产、农牧民生活、卫生保健、自然与社会常识为主的科学技术知识为主要内容的读物为主。而实际上与此相反，在我所到的乡、村文化活动室所见到的是：乡、村文化馆（室）建设远远滞后，无场所、无书刊、无活动、无人管的现象很普遍，已建有的文化活动室多为乡村党支部、村委会办公室或会议室，多数没有什么图书报刊，少数有些图书报刊但也多是汉文的，很不适用。乡、村文化馆（室）的建设多数未列入基层领导班子的议事日程，离真正把文化活动中心（室）当作老百姓自己的事情来办，当作新农村建设中一件大事来办的目标，尚有一定的差距。

三是农牧民的文化活动应该怎么搞、抓什么，尚待有关部门从我区实际出发提出切实措施。根据以往农牧区精神文明建设活动及其示范乡、村的经验来看，在教育、科技、文化普及程度尚不高、群众在生产生活中对自然的认识还处于低水平的广大农牧区乡村，普及国民基础教育，普及和推广科学技术知识，宣传推行科学生活知识等活动，应作为文化教育的当务之急和长期活动来开展。农牧区乡、村文化馆（室）建设和文化活动的开展、党员的组织生活都应围绕提高人的素质去开展，方能收到实实在在的效果。随着国家实施的农村电影放映工程，到“十一五”末，我区农村基本可以实现一村一月放映一场电影的目标。国家还将对西部及老少边穷地区、县配备流动文化服务车，开展集影视放映、文艺演出、图片展览、图书销售、科技宣传为一体的流动文化服务活动。这些文化活动将使农牧民的文化精神生活水平大为提高，农牧民群众思想观念在文化建设系列活动中将得到解放、转变和拓展。

六、关于非物质文化遗产普查、抢救、保护与有关问题

国家启动非物质文化遗产保护工程已有多年，已陆续取得

一系列成果。该项工程宏大浩繁，号称我国民族文化建设工程中的“万里长城”。非物质文化遗产保护工程通过对历史传统文化和民族民间文化艺术的普查摸底、抢救濒危、整理出版、明确传承等工作，使我国民族传统文化得到妥善保护，受到普遍重视，得以传承和发展。对非物质文化遗产的普查、抢救与保护工作，一方面是要履行联合国教科文组织《保护非物质文化遗产公约》规定的义务；另一方面，更为重要的是摸清非物质文化遗产的家底，采取积极的保护措施，有计划地作出对民族文化遗产的继承和发展的规划，同当下文化建设结合起来，同旅游文化活动结合起来，合理利用，传承发展，使非物质文化遗产在全社会得到确认、尊重和弘扬。对于这项功在当代、利及千秋、意义深远、工程宏大的文化工程，其重要性和地位，尚须我们不断去认识。作为政府及其文化职能部门和财政部门，有待进一步提高认识，加强领导，大力支持，采取切实措施推进实施。

2006 年以来，自治区成立了非物质文化遗产保护工程领导小组及办公室，在各地、市普查的基础上，申报列入国家和自治区名录的保护项目，标志着这项工程已进入实施阶段。从保护名录可以看出，我区在民间文学、歌舞、音乐、戏剧、曲艺、民族工艺、民俗文化等方面，文化遗产极为丰厚，其中许多名录得到政府和社会的普遍关注和重视，使传承有了更好的基础和社会条件，有的项目作为人文资源将得到合理开发和利用。国家文化发展规划纲要提出，将要在“十一五”期间确定十个国家级民族民间文化生态保护区，建立非物质文化遗产名录体系，绘制国家非物质文化遗产资源分布图，确立传承人谱系，制定传承人资助办法，出版《国家非物质文化遗产名录图典》和《非物质文化遗产普查图集（分省图册）》。我自治区政府已制定了该项工程的工作方案和实施意见，组成了自治区和各地市共 12 支普查小组，普查申报和保护工作已经展开。

目前存在的问题是：非物质文化遗产保护工程，其受到重视和支持的程度远不及自治区投资的基建项目，应当为普查工作（区直普查组）拨付的专项资金和必要的设备器材尚未落实；自治区非物质文化遗产保护办公室和必要的组织协调机构亟待充实加强人力；普查以及资料整理、保护研究、成果出版等后续工作，尚未建立合理工作机制，各普查组工作交叉，重复劳动以及职责不清、任务不明的问题同时存在，按照国家统一要求的任务，有可能部分出现空缺或返工重来，在时间上造成拖延，在财力上造成不必要的浪费。期待有关部门进一步重视，加强组织协调和管理，尽快建立健全科学工作机制，使非物质文化遗产保护工程顺利实施，如期完成。

七、关于发展我区文化产业

“文化产业”这一概念是 20 世纪 80 年代从国外引入我国的。在此之前，“文化产业”对于我们十分陌生，甚至不可接受。党的十五大前后，文化产业的概念引入我国文化建设领域并经过理论探讨和实践检验，为越来越多的文化界人士所认识和认同，继而在我国文化建设中引用和推行。党的十六大提出了发展文化事业和文化产业的方针政策。十六大以来，文化产业在我国有了迅猛发展。发展到今天，党和国家关于文化建设和产业政策中，把文化产业与文化事业相提并论，甚至提升为文化建设的“鸟之两翼，车之两轮”，相互推动，共同发展。文化产业已列入我国民经济统计体系之中，在国民经济中的比重迅速提升，成为我国产业结构中的重要组成部分。

我区在十年前开始了文化产业的调研，酝酿制定政策，虽然自治区人民政府出台了几份有关鼓励文化产业发展的文件，但文化产业在我区起步晚、发展慢、规模小、产值低，文化产业发展中还存在不少问题和困难。一般来说，文化产业包含的文化行业主要有影视制作业、出版业、发行业、印刷复印业、广告业、演艺业、娱乐业、艺术品市场、文化会展业、数字化和动漫产业等。从这些行业在我区的发展及其规模看，娱乐业、广告业、印刷复印业、出版发行业、艺术品市场是文化产业启动较早、产业化程度较高的。有的从一开始即按市场经济规律及早进入市场化经营运作；有的则由文化事业中转制和剥离；印刷和发行业则是由事业到企业，由国有到民营逐步过渡到文化产业领域的；影视制作业、文化会展业以及艺术品市场在我区则起步很晚，且发展受限；文化会展和数字化、动漫产业等，在我区很难发展。

我区发展文化产业的最大制约是市场小、人口少、文化消费水平低、文化产业内部结构不平衡，特殊性突出。以演艺业来说，我区的专业和业余文艺演出基本上是公益性的，专业艺术团体的创作演出不是面对市场和社会大众，而是面对重要节庆，配合时事政治形势，承担政府对内对外文化交流访问和宣传，是由政府全额投入而无需收入回报的。由此形成了文艺演出没有门票销售收入，观众也没有养成购票习惯的“供给制”式的文艺演出，这种情况可能还要持续很长时间，是很难进入市场化运作而纳入文化产业的。从当前文化体制改革方向看，我区的演艺业有可能走公益性文化的路子，由政府购买文化产品供广大观众消费享用，这正是我区文化产业发展中的特殊性。由此可以作进一步推论，演艺不面向市场，有利有弊，一方面艺术团体不必为了经济效益而奔忙，为迎合观众，而粗制滥造；但另一方面，演艺单位“捧着金饭碗吃大锅饭”，缺乏竞争和激励机制，因而也缺乏了活力，没有生存压力的同时也容易养懒，创作缺乏内在动力，精品佳作也难以面世，这也是我区文化体制改革的一个难点。有关文化主管部门和表演艺术团体对此要有清醒的认识，要在改革和发展中扬长避短，尽量健全科学合理的管理机制以弥补不足。

我区的艺术品市场虽然起步晚，却呈现出快速发展势头，在旅游业的带动下，艺术品，尤其是民族工艺品市场空间很大，前景看好，民族工艺、民间艺术将以民营和个体经营的优势而形成大市场、大产业，文化产业主管部门要抓住民族民间艺术品生产销售这个市场，做好、做大、做强，做成我区的强势文化产业。

重视继承和发掘我区民族民间文化艺术，并经过再度创作提高，与旅游相结合开办面向旅游市场的民族歌舞演出；以民间文学和当代文学创作为基础，建立健全科学的创作评审机制，引入影视制作和出版发行的市场机制，我区的影视音像产品、书刊出版发行业也有可能在文化产业中占有一定比例。

要发展文化产业就要按产业经济规律办事。自治区在扶持文化产业发展上，还要进一步解放思想，放宽用活文化产业政策，制定符合我区实际和特点的文化产业政策，在融资、投资和税收等关键环节上给予更加灵活的优惠政策。按照国家文化发展规划纲要的要求："西部地区结合地方特色和资源优势，着力增强文化产业自我发展能力"，"鼓励、支持和促进中、小文化企业向专、精、特、新方向发展，形成富有活力的优势企业群体"，鼓励发展文化相关产业，促进文化产业与教育、科技、信息、体育、旅游、休闲等产业的联动发展，形成文化产业新的经济增长点。

八、关于文艺创作的规划及组织协调机制问题

当今时代是文化艺术大发展的时代，是文艺创作大繁荣的时代。胡锦涛总书记在全国第八次文代会上对此作了高度评述："特别是进入改革开放和社会主义现代化建设的历史新时期以来，我国各族人民团结奋进，中国特色社会主义事业蓬勃发展，为我国文艺事业繁荣发展注入了强大动力、开辟了广阔空间。广大文艺工作者以昂扬的精神状态、出色的艺术劳动，热情歌颂全国各族人民的伟大实践，我国文艺各个门类百花齐放、异彩纷呈，文艺氛围更加融洽和谐，文艺创作更加积极活跃，文艺队伍更加意气风发，形成了大团结、大繁荣、大发展

的生动局面。”当前，文艺界在文艺观念、文艺创作方式、文艺队伍构成等方面都发生了深刻变化，文艺的生产、服务、传播、消费形式也发生了深刻的变化。胡锦涛总书记指出，文艺创作“要制订规划、完善政策、增加投入、改善条件，深化文化体制改革，积极扶持和表彰奖励优秀文艺人才和文艺作品，形成优秀人才脱颖而出的良好机制，努力造就一支老中青相结合的浩浩荡荡的文艺大军。”

繁荣文艺创作既要有各个艺术门类文艺作品在量上的增长和各种形式艺术品的丰富，更要出精品力作，出文艺经典，出文艺精华。繁荣文艺创作既要充分调动和发挥专业文艺团体各门类创作人员的作用，也要团结和调动社会各方面文艺爱好者的热情。文艺创作力量需要整合，需要建立科学的文艺创作和人才成长的运行机制，需要在体制、机制和组织方式上进一步解放发展文艺生产力。

我区各门类文艺创作人员分属于各个文艺团体，是单位人而不是社会人，其创作任务及其作品仅限于所在单位的任务需求，创作人员缺少动力更缺少压力，文艺创作生产力从总体上看，未得到合理有效的组织，对各门类文艺作品创作缺少规划，文艺作品生产过程缺少组织推动和评审，文艺创作更多地呈现出自发、自为的状态。由于体制上的原因，我区的歌舞、音乐、戏剧、曲艺等艺术门类的创作生产及演出，归属于文化厅、局所属的专业文艺团体；文学、美术、摄影、书法以及文艺评论等艺术形式的创作及展览，归属于区、地两级文联；影视创作归广播电视局；社会各门类文艺爱好者可分别与各级群众艺术馆、文化馆和文联联系，但实际上处于自发爱好和自娱自乐的状态，缺少有效地组织和有力的扶持。近年来，文化艺术界业内人士普遍有一个感觉，就是我区的文学艺术作品创作数量不丰，质量不高，精品力作不多，文艺（剧）节目不够丰富多彩，原创作品少；艺术展览等文化活动开展不够，群众性文艺活动不够活跃。前届自治区领导曾指出，近年来，西藏文艺界在全国的声音不够响，影响不够大，因此，要“重振文艺创作演出之雄风”。

文艺创作过程本身是个性化的创造性劳动，更多地靠文艺工作者和文艺家个人的生活积累、创作灵感、创作激情、个人勤奋等。但文艺创作的导向、重大题材以及主要门类的文艺活动等，却是要有规划、有组织、有目标任务的。文艺创作如同写作文，有些题材主要靠文艺家个人“自命题”，有些题材则是要靠“他命题”来进行的。有的艺术题材、体裁主要靠艺术家个人创作完成，有的则要靠集体或者有组织地完成。因此，对文艺创作进行规划、计划、组织、协调、实施管理等过程是必要和必须的，成立相应的组织机构，建立健全必要的科学合理的工作机制也是必要和必须的。

上海文化发展基金会率先进行的有益探索是很好的示范，取得的成功经验，已在全国多个省市不同程度地推广开来。上海文化发展基金以政府投资为主，同时面向社会各界筹集资金，由市委宣传部牵头，各有关文艺单位专家组成文艺创作项目资助评审机构，面向社会发布资助文艺创作选题，资助申请经专家评审，立项后资助创作生产专项资金，按协议时间完成创作生产，作品再经评审，通过后转入制作、出版、演出、展览。主要资助具有民族性、原创性、公益性文化项目。文艺资助申请办法和评审程序是：信息发布、申报受理、评审立项、签订协议、拨款监控、评估决算、年报公布、公开透明、程序规范，有审评、有监控、有结果、有决算，建立了一套科学、合理、经济、高效的文化艺术创作制作流程，加快了文艺产品生产周期，有利于各类文艺人才的发现与培养。

上海文化发展基金会的职能和机制是符合市场经济条件下的文艺生产规律的，也是符合文艺创作和人才成长规律的，是对新形势下文艺创作和文化建设的开拓创新，给我们有益启示。

在市场经济条件下，文艺创作生产和文艺人才的成长无时无处不受到经济规律这只“看不见的手”的支配和影响，如果仍然按计划经济时期的文艺创作生产组织管理方法，文艺生产力将受到束缚和桎梏，通过文化发展基金会筹集资金立项扶持，使专项资金全过程介入，推动创作生产，发挥了资金在文艺生产过程中的资本金、周转金的作用，符合市场经济条件下文艺产品创作生产规律。

在新的形势下，文联的工作职能已经发生了很大变化，文联的联络、协调、服务的职能不仅面向各文艺家协会及其会员，更要面向社会各方面文艺人才，只有团结和组织各类文艺人才广泛参与到文化艺术创作中来，才能发现和培养更多优秀文艺人才，壮大文艺工作者队伍；才能创作制作出更丰富的文化艺术产品，丰富公益性文化艺术活动，繁荣文艺事业和文化产业。

随着市场经济体制不断完善和对外开放不断扩大，随着科技进步日新月异和文化体制改革的不断深化，文艺观念、创作方式、文艺队伍都发生了深刻变化，文艺产品生产、服务、传播、消费形式日益多样化。面对新情况新问题，我们要努力探索适应市场经济体制、符合文艺发展规律和人民团体特点的管理体制、运行机制、组织形式、活动方式。

制度带有根本性，机制具有关键性，我们要探索和建立科学的文艺创作生产组织机构，健全文艺创作生产的科学机制，可以考虑在宣传部设立“文艺创作评审领导小组”，对文联现有理论研究室职能进行调整充实，改设为“文艺创作与文化产业发展中心”（办公室或处），作为日常组织实施机构，组织宣传文化系统一批专家对全区文艺创作选题作出规划，设立专项资金，发布资助项目，论证评审立项，资助创作制作，把全区文艺创作选题和资助项目纳入到有规划、有组织的程序之中，有利于加快文艺产品创作制作过程、拓宽发现和培养人才的途径、出精品力作、出优秀人才，真正做到“使广大文艺工作者的一切才华都有展示舞台、一切创作都有实现空间、一切贡献都得到社会尊重，推动文艺工作者的创造精神和创作活力竞相迸发、充分涌流”；生产为人民群众喜闻乐见的文艺作品；创作出符合时代要求的精品力作，积极推进文艺的创新和繁荣，为全面建设小康社会、构建社会主义和谐社会作出贡献。

2007 年 4 月

遵循规划蓝图，建设先进文化

——《国家“十一五”时期文化发展规划纲要》解读与西藏文化建设任务的思考

2006年8月，中央和国务院两办下发了《国家“十一五”时期文化发展规划纲要》。这是我国先进文化建设的纲领性文件，是一份关于“十一五”时期乃至今后相当长时期文化建设的宏伟蓝图，是我区先进文化建设的根本宗旨。

我国改革开放已走过近30年的辉煌历程。其间，中央十二届六中全会和十四届六中全会分别作出了关于加强社会主义精神文明建设的指导意见和决定，成为我国文化建设的重要里程碑。邓小平理论和江泽民“三个代表”重要思想都系统论述了关于社会主义先进文化建设的思想理论和方向任务。近日召开的党的十六届六中全会作出《中共中央关于构建社会主义和谐社会若干重大问题的决定》，提出社会主义社会经济、政治、文化、社会建设“四位一体”协调发展的总体布局和建设社会主义和谐文化的重要目标。从大文化的角度来看，十六届六中全会的《决定》也是社会主义先进文化建设的任务与目标。对于文化建设，党和国家在理论认识上越来越深化、越来越重视。国家“十一五”时期文化发展规划纲要（以下称《纲要》）正是党的科学理论发展的结果，是科学发展观的体现。

西藏进入跨越式发展的新时期，确定了到2010年直至2020年的发展总体目标是令人鼓舞和振奋的，也是艰巨和繁重的。西藏现代意义上的文化建设基础差、起点低、起步晚、发展慢，在为经济社会发展创造思想文化条件、提供精神动力和智力支持方面，还比较滞后，还很不适应，文化产业刚刚起步，还很不发展，文化建设的任务尤为繁重。国家“十一五”时期文化发展规划纲要，为我们建设先进文化进一步明确了目标任务，也提供了大好机遇和有利条件，我们有必要对国家文化发展规划纲要进行认真深入的解读，在此基础上提出我区文化建设的思考和建议。

一、关于文化建设的指导思想、方针原则和发展目标

《纲要》第一部分提出文化发展的指导思想、方针原则和发展目标，构成《纲要》的总纲，是《纲要》的“纲要”，具有宏观规划和指导全局的意义。

在“指导思想”部分，《纲要》提出了坚持一个“指导思想”，弘扬两个“核心精神”，坚持正确的思想路线，树立新的文化发展观，规定了社会主义先进文化的本质要求，提出了文化建设的根本目标：要以马克思列宁主义、毛泽东思想、邓小平理论和“三个代表”重要思想为指导，以科学发展观为统领，弘扬以爱国主义为核心的民族精神和以改革创新为核心的时代精神，树立新的文化发展观，解放思想，实事求是，与时俱进，开拓创新，发展面向现代化、面向世界、面向未来的民族的、科学的、大众的社会主义文化，不断满足人民群众日益增长的精神文化需求，努力培育有理想、有道德、有文化、有纪律的社会主义公民，提高全民族的思想道德和科学文化素质，促进人民的全面发展和社会全面进步。

在“指导思想”部分有几处创新，就是“以科学发展观为统领”，“树立新的文化发展观”，“弘扬以爱国主义为核心的民族精神和以改革开放为核心的时代精神”，把党的“解放思想、实事求是、与时俱进、开拓创新”这一总管全局的思想路线作

为文化建设的根本指导。这几处创新具有重大而深远的意义，需要我们认真领会和重点把握。

在“方针原则”部分，提出了“八个坚持”，这就是：(1)坚持“二为方向”和“双百方针”，坚持“三贴近”的原则，弘扬主旋律，提倡多样化；(2)坚持以人为本，保障和实现人民群众的基本文化权益，使广大人民群众共享文化发展成果，以先进文化武装人、引导人、塑造人、鼓舞人，促进人的全面发展；(3)坚持树立新的文化发展观，冲破束缚文化发展的体制和机制性障碍，解放和发展文化生产力；(4)坚持处理好继承和弘扬、吸收和借鉴的关系，把文化创新作为文化发展的基点和动力，大力提高文化自主创新能力；(5)坚持把社会效益放在首位，实现两个效益的统一，发挥文化引导社会、教育人民、推动发展的功能；(6)坚持以发展为主题，以改革为动力，以体制机制创新为重点，深化文化体制改革，一手抓文化事业，一手抓文化产业，增强文化实力和竞争力；(7)一手抓繁荣，一手抓管理，发展先进文化，抵制腐朽文化，维护国家文化安全；(8)坚持城乡和区域文化的协调发展，加大对农村和中西部地区的文化投入。这些方针原则全面而重要，是文化建设必须始终坚持和遵循的，既有传统意义上关于文化建设的方针与原则，又有以人为本新的文化发展观。以发展为主题，改革为动力，一手抓事业，一手抓产业，一手抓繁荣，一手抓管理这些新的方针原则，充分体现了与时俱进的精神和对文化建设新的更高的认识。特别提出要加大对农村和中西部地区的文化投入，有一个文化建设重点转移和文化投入向西部地区倾斜的重大变化，这对我区文化建设来说是大好消息和大好机遇，我们要借助东风，抓好机遇。

在“发展目标”部分，提出了到2010年文化发展的总体目标，这就是“一个显著增强”，即文化为人民服务、为社会主义服务、推动小康社会建设的能力显著增强；“一个明显提高”，即文化创新能力和文化整体实力的明显提高；“一个相适应”，即文化发展水平与我国的经济实力和国际地位相适应。

文化发展的重点有六个方面：一是抓好基层文化建设，大力改善农村和中西部地区公共文化基础设施条件，完善公共文化服务体系，保障农民和城市低收入群体的基本文化权益；二是抓好国家文化形象重大项目和工程建设，推出一批具有一流水平的文化艺术精品；三是抓好文化产业体系建设，重塑文化市场主体，形成以公有制为主体、多种所有制共同发展的文化产业格局，使文化产业增长速度，文化产值所占比重明显增加；四是抓好文化创新能力建设，以内容创新为核心，提高文化创新能力，取得一批具有重大影响的文化创新成果；五是抓好文化“走出去”重大工程项目，利用国际国内两种资源、两个市场，加强对外文化交流，扩大对外文化贸易，推动中华文化走向世界的文化开放格局；六是抓好人才培养，营造有利于优秀人才成长拔尖的体制机制和社会环境，建设素质高、实力强的文化人才队伍。

这些发展目标和发展重点虽然是就全国情况而提出的，对于我区仍然适用。虽然我区文化建设距离上述目标和重点有很大差距，但基本的目标和我区的文化建设重点，经过努力是可以达到或有望达到的。在增强文化的服务能力、创新能力和整体实力方面，我区文化建设有资源、有潜力、有优势，关键在于思想观念要解放，目标任务要务实，文化理念要创新，体制机制要改革，要在解放和发展文化生产力上下大工夫、有大举措、有切实可行的政策措施和“求实务实抓落实”的务实作风。

二、关于科学理论和思想道德建设

马克思主义是指导各族人民团结奋斗的共同思想基础，是武装思想、统一意志、指导实践的科学理论和精神动力，科学理论建设和思想道德建设始终是我国文化建设的首要的、根本的任务。

在“加强马克思主义理论研究和理论创新”方面，《纲要》提出了理论武装、理论宣传、理论研究和建设工程等一系列目标任务。重点任务是：坚持马克思主义在思想意识形态领域的指导地位；推进党员干部（以县级以上领导干部为重点）和青年学生的理论学习和教育；推进建设学习型政党和学习型社会的建设，提高全党全国人民的理论水平，以科学理论为指导，树立科学发展观、科学文化发展观，在学习科学理论中树立科学思想、培育科学精神、养成科学态度、学会科学方法；用发展着的马克思主义指导新的实践，以新的实践和发展眼光来推动马克思主义的发展与创新；实施马克思主义理论研究和建设工程，加强对马列主义、毛泽东思想、邓小平理论、“三个代表”重要思想和科学发展观的研究，建立马克思主义理论一、二级学科为支撑的社会科学体系；以重大现实问题为哲学、社会科学研究的主攻方向，研究并回答深化改革、扩大开放、实现国民经济持续快速协调健康发展的问题；研究并回答经济、政治、文化、社会全面进步的问题；研究并回答干部群众普遍关心的深层次思想认识问题。

在这一部分任务中，有两点十分重要：

一是把“科学发展观”列入了对马列主义研究的范畴，这是一个新的提法，也是理论建设方面的一个新亮点、新任务。科学发展观是以胡锦涛为总书记的党中央对马克思主义理论的创新与发展的最新成果，并且随着新的实践不断丰富和发展着的新内容，将在未来发展着的马克思主义理论体系中占有重要地位。科学发展观是一系列关于科学发展的思想观点和理论体系，是发展着的、与时俱进的、不断创新着的马列主义理论的组成部分，将在实施马克思主义理论研究和建设工程中位居重要地位，应当引起我们足够的重视。

二是以重大现实问题为理论研究的主攻方向，完成“三个研究和回答”的任务。在这里，把理论研究的“主攻方向”确定为当代“重大现实问题”，是对我党理论联系实际、指导实践优良传统作风的发扬与光大，也体现了邓小平理论关于学马列要精、要管用的思想，是对十六大以来党的思想理论建设的进一步深化和认识。

在我区，理论和思想道德建设的任务既突出又艰巨，需要下大力气去抓。

在理论研究方面，首要的任务是要进一步解放思想、更新观念，要冲破“左”的思想残余的禁锢和陈旧过时观念的束缚，真正按照江泽民同志指出的“一个中心、三个着眼于”的科学态度和方法，以我国和我区改革开放现代化建设的实际问题和正在做的事情为中心，着眼于对马克思主义理论的运用，着眼于对实际问题的理论思考，着眼于新的实践和新的发展，坚持以实际问题为中心研究马克思主义的科学方法，紧密联系我区经济、政治、社会和文化建设中的实际问题进行理论研究与创新，为自治区党委政府决策服务，为制定政策措施提供依据，为广大干部群众解疑释惑，为全区上下统一认识、解放思想、凝聚力量、实现共同的奋斗目标提供精神动力，打牢思想基础。

在干部职工群众的思想道德建设方面，重要的和突出的任务是要继续进行“四观”、“两论”宣传教育，使马克思主义宣传教育在我区进一步具体化，落实到以党政干部和青年学生为重点的宣传教育和农牧区基层精神文明建设（思想道德建设）的具体活动中。马克思主义祖国观、民族观、宗教观、文化观，是马克思主义原理与我国和我区实际相结合的一系列重要思想观点，要用马克思主义基本原理、基本观点来研究和认识我区广大群众在祖国、民族、宗教、文化观念方面的实际和问题，给出科学的解释和回答，教育和引导广大群众认识和树立这四个方面的正确观念和态度，对于维护祖国统一、维护民族团结、维护局势安定、实现长治久安具有深远的意义。让马克思主义唯物论和无神论进入中小学生课堂，进入农牧民群众的生产生活中，也是我区理论宣传和思想道德建设的重要任务。要密切关注群众身边的实际情况和实践活动，具体而不是抽象地，生动而不是僵化地宣传解释马克思主义“两论”的基本原理和观点，使科学思想理论为群众所理解、所掌握；变为群众的科学思想和科学方法，从而转化为强大的精神动力和智力条件。实践中的突出问题是：我们的宣传教育方法单一、僵化死板、留于形式、不重效果。尽管印发了不少学习宣传资料，但收益甚微，主要是思想方法上缺少科学性。我们要以科学发展观来改进和加强理论教育和思想道德建设，方可取得预期效果。

在“繁荣发展哲学社会科学”方面，《纲要》对哲学社会科学的发展方向和功能作用作了进一步明确和认识，提出要发展面向现代化、面向世界、面向未来、具有中国特色的哲学社会科学，发挥哲学社会科学认识世界、传承文明、创新理论、咨政育人、服务社会的重要作用，对国家社会科学研究机构、地方社会科学研究机构、重点高等学校、普通高等学校的社会科学研究任务作了明确分工与界定，明确了“地方社会科学研究机构和高等学校应主要围绕本地区经济社会发展实际开展应用对策研究”，国家将在六个方面重点扶持基础研究和对策研究。

在“加强社会主义思想道德建设”方面，《纲要》提出了坚持依法治国与以德治国相结合，着眼于提升人的思想道德素质，促进人的全面发展，以理想信念为核心，弘扬民族精神和时代精神，发扬党的优良传统，建设与社会主义市场经济相适应、与社会主义法律规范相协调、与中华民族传统美德相承接的社会主义思想道德体系的任务；提出了提高公民道德素质，学习实践社会主义荣辱观，加强和改进青少年思想道德教育的任务和要求。

在“推进精神文明创建活动”方面，提出要继续广泛开展文明城市、文明村镇、文明行业三大创建活动，使城乡环境面貌有较大改观，社会服务水平有显著改善，公民文明素质和社会主义现代文明程度有明显提高的目标要求。文明城市建设要以社区为重点，开展科技、文体、法律、卫生“四进社区”和创建和谐社区活动；文明村镇建设要以乡风文明、村容整洁为着力点，开展创建文明村、文明户、文明小城镇和文化科技卫生“三下乡”活动；文明行业建设要以服务人民、奉献社会为宗旨，加强行业诚信建设，树立行业文明新风。

这些任务和目标，早在两次党的中央全会决议中都已提出，在《纲要》中又进一步明确和细化，我区精神文明建设的各项任务更为艰巨和繁重，任务目标已十分明确，只是要走更长的路，要从我区实际出发，对精神文明建设各项任务继续抓实抓细，为我区文化建设打下坚实基础，在大力推进精神文明建设过程中实现文化建设的任务。

三、关于公共文化建设

“公共文化服务”是《纲要》提出的重点文化建设任务，演绎了中央提出的建设和谐社会，共享文化权益，加强农村基层文化建设等重要精神。提出了完善公共文化服务网络，加强农村文化建设，普及文化知识，建立文化援助机制，鼓励社会力量捐助和兴办公益性文化事业等目标和任务。这一部分突出了党和政府代表先进文化前进方向，大力推进社会主义先进文化建设，改革文化工作体制机制的基本思想，涉及文化建设方方面面的任务，需要认真研究和落实。

在“完善公共文化服务网络”建设方面，《纲要》首先提出政府要转变职能，改善对文化工作的领导方式，把政府的职能由主要办文化转到社会管理和公共服务上来。提出公共文化服务普遍均等原则，以实现和保障公民基本文化权益、满足人民群众基本文化需求为目标，协调城乡之间、地区之间在公共文化服务上的差距，完善公共文化设施网络布局，创新公共文化服务方式，健全公共文化服务组织体制和运行机制，切实维护低收入和特殊群体的基本文化权益。国家将以大型公共文化设施为骨干，以社区和乡镇文化设施为基础，优先安排关系人民群众切身文化利益的设施建设。加强图书馆、博物馆、文化馆、美术馆、电台、电视台、广播电视发射转播台（站）、互联网公共信息服务点等公共文化基础设施建设，适应人民群众多方面、多层次、多样化的文化需求；拓宽服务领域，创新服务方式，提高服务质量，保障公共文化设施正常运转和功能的充分发挥。鼓励和引导社会资金兴办国家允许的各类公共文化设施，开展公共文化服务，形成政府主办、社会参与、功能互补、运转协调的公共文化组织体制和运行机制。

在“加强农村文化建设”方面，将继续落实中央和国务院“关于推进社会主义新农村建设的若干意见”和“关于进一步加强农村文化建设的意见”两个重要文件，增加政府对农村文化建设的资金投入，加大文化资源向农村的倾斜，建立农村文化建设的长效机制，实施对农村广播电视“村村通”工程、农村电影放映工程、乡镇综合文化站建设和为西部老少边穷地区县、乡配备流动综合文化服务车等几大重点文化建设工程。为保证农村文化建设任务目标的落实，政府将采取一系列措施，包括对重要文化项目和文化产品由政府补贴，以政府采购的方式直接送到农村；实施“送书下乡工程”，重点面向中西部地区扶贫开发重点县图书馆、乡村文化站（室）配送图书；扩大公共财政覆盖农村的范围，保证一定数量的中央财政转移支付资金用于乡镇和村的文化建设；政府要保证文化馆（站）开展业务必需的经费、基层公共图书馆购书经费、广播电视发射转播台正常运转必需的经费、广播电视“村村通”运行维护经费和农村电影放映补助经费。

在“普及文化知识”方面，将在全社会广泛开展人文社科、文艺欣赏、法律制度、科技卫生等基础知识的普及工作，实施“国民艺术教育推进”工程，推动文学、戏剧、音乐、舞蹈、曲艺、雕塑、绘画、工艺品、民俗、技艺等到农村、到工厂、到军营，在国民教育中加大人文社会科学知识的教学，加强哲学社会科学知识的普及教育，使广大中小学生掌握基本的文化常识和传统文化技艺。加强群众文化创作，充分利用传统节日、重大节庆、广场文化活动等载体，开展歌咏、读书、书法、朗诵、科普知识等各种群众性文化活动。国有文化单位要安排一定场次的免费演出和艺术讲座，在丰富群众文化生活的同时，提高艺术欣赏水平。

在“建立健全文化援助机制，动员社会力量捐助和兴办公益性文化事业”方面，政府将通过东部地区对西部地区、城市对农村开展“一帮一”对口支援活动，帮助农村和西部地区解决文化产品和服务相对缺乏的问题。动员离退休文艺工作者、艺术院校学生和其他热心公益事业的各界人士做志愿者，为社区文化服务，支持和资助优秀文化事业人才支援西部文化建设。引导和鼓励社会力量捐助，兴办图书馆、博物馆、文化馆等文化设施，提倡机关、企业、学校的文化设施要尽可能向社会开放，积极开展文化服务。

公共文化建设和公共文化服务，是我区文化建设的重点和紧迫任务，我区“十一五”期间公共文化建设和服务有许多工作要做，任务十分繁重。主要有以下方面：

（一）加快建设公共文化设施和服务网络。我区要借助《纲要》规划提出的文化建设任务目标和优惠政策，尽快提出城乡基础公共文化设施“十一五”建设规划，申请国家投资，自治区安排配套资金，加快实施广播电视“西新工程”，县、乡镇综合文化站建设工程，农牧区电影放映工程和乡、村综合文化服务流动车工程等，争取用五年左右的时间，建成尚属空白的40个左右县级综合文化活动中心，建成人口相对集中的约600个乡镇综合文化站和约300个边境行政村文化活动室，并且配备基本的影像放映、音像资料、图书和文娱活动设备等。加快城市公共文化设施建设，西藏文化（科技）展览中心、西藏民族艺术博物馆、西藏美术馆、少儿艺术活动中心、西藏民俗风情园等文化设施要争取列入“十一五”规划尽快筹备建设；改扩建七地市群众艺术馆和拉萨市少年宫。争取建成自治区和地、市、县三级文化信息资源共享中心和分中心（站）。

（二）建立健全公共文化服务组织体制和运行机制。公共文化设施建设切忌贪大求全、重建轻管，要坚持建管并重，从我区城乡人口规模和实际需要出发，尽可能发挥应有效益；要节约资金、避免浪费、加强管理，建立科学合理的管理和运行机制；要改革文化单位的人事制度，建立岗位责任制和目标管理责任制，保证文化设施的正常使用和运转，发挥好文化设施的功用。管理体制和运行机制对于我区极其重要，即“软件”建设要提上重要议程。我区地、市、县文化设施一方面资源不足，另一方面也存在着闲置和浪费的问题，部分地区群艺馆和县文化馆（中心）现有设施并未充分利用，没有发挥应有功能效益。问题的关键是管理粗放、观念落后、体制机制陈旧。要按照《纲要》提出建立健全公共文化机构评估系统和绩效考评机制和即将出台的公共文化服务标准体系进行考评，指导和监督公共文化机构完善功能定位，明确服务目标、任务和责任，建立考核、激励和约束机制，提高公共文化设施的使用效益。

（三）建立建全文化援助机制，鼓励社会力量捐助和兴办公益性文化事业，开展健康有益的群众性文化活动，普及文化知识，提高艺术鉴赏水平。借助全国支援西藏和东部地区对西部地区的对口支援活动，借助“大学生志愿服务西部计划”和“高校毕业生到农村服务计划”，为县、乡基层文化机构配备必要的管理人员和工作人员；动员和组织退休文艺工作者、艺术院校师生和文联、作协等艺术团体的文化艺术工作者为城市社区、学校和县乡文化中心组织的文艺活动提供志愿服务；积极推动各种文化艺术活动进校园、进企业、进部队、进农牧区基层；充分发挥文化馆（站、中心）等文化机构的职能作用，利用民族传统节假日、重大节庆活动和广场文娱活动等载体，开展群众性文化娱乐、体育比赛、科普知识等健康有益的文化知识普及活动；引导和鼓励社会力量捐助资金兴办图书馆、博物馆、文化馆（室）等，动员城市单位和居民以各种方式捐助图书杂志、音像制品等文化用品，支援农牧区基层文化建设，捐助群众开展健康有益的文化活动。

四、关于新闻媒体建设

新闻媒体是党和人民的喉舌；是党和政府联系群众的纽带；沟通社会的桥梁；是先进文化建设的重要方面和重要力量。《纲要》提出了推进新闻媒体建设，提高引导社会舆论的能力；加强管理制度建设，推进体制机制创新；加大对重点新闻媒体的扶持力度，重点扶持中央和省级重要新闻单位，加大对外宣传主流媒体和涉台媒体的扶持力度，扩大对外宣传力度和我国影响力；办好新闻网站，推进重点新闻网站建设，建设一批实力强、影响广的新闻网站，促进新闻网站健康发展；积极发展新兴传播载体，拓展即时通信、博客、播客、聚合新闻服务等新的媒体和传播方式，实现多渠道、全方位、现代化新闻信息发布体系和传播方式；坚持团结稳定鼓劲、正面宣传为主，坚持贴近实际、贴近生活、贴近群众，推动新闻媒体从内容到形式、手段和机制的创新，始终把坚持正确舆论导向放在首位，增强新闻宣传的吸引力和感染力，巩固和发展积极健康向上的主流舆论。

新闻媒体和舆论宣传，在我区有着特殊重要的地位和作用，由于我区地广人稀，交通通讯受一定限制，广播电视和报刊媒体在全区经济、政治、文化和社会生活各个方面担当着极为重要的宣传教育、普及科技文化知识的功能。还由于我区位于祖国边疆地区，处在分裂与反分裂、渗透与反渗透斗争的前沿，加强新闻建设和舆论宣传，对于建设先进文化，建设和谐社会，作用十分关键，应作为我区文化建设的重点任务加大建设力度和建设进度，尽快提高新闻媒体舆论宣传能力和水平。

我区新闻出版和报刊等媒体存在着资源分散、投入不足、发行不畅、效益不高等问题。报刊采编和发行以及人力资源弱小而分散，内部报刊多而采编人员少，存在一方面资源不足，一方面又闲置浪费的问题，亟待整合资源，调整结构，合并或停办一部分内部报刊和弱小报刊，集中人力财力扶持主要报刊。减少数量，提高质量，注重内涵发展，增强主要报刊媒体的实力，走适当集约发展道路，办好报业集团，在办好主报主刊的基础上，收编或合并办好副报副刊、都市生活类报刊。发挥报刊传播及时、信息量大、贴近生活、内容丰富等特点，提高报刊格调和品位，提高党报党刊的发行量和覆盖面。

我区城乡人口文化水平普遍偏低，私人订阅报刊尚未形成习惯，是制约图书报刊等新闻媒体发展的关键因素。民族文字语言在翻译和传播方面又受一定限制，图书报刊等新闻媒体在相当长时期内仍需要政府大力扶持和财力支持。要继续实行政府出资补贴，购买主要报刊向农牧区乡村赠阅；编好藏文科技知识和农牧业致富信息书报刊赠送基层图书室、文化室；增加藏文科普通俗读物，提高群众阅读能力和知识水平。群众的文化知识水平决定着思想道德观念、决定着发展生产力的水平、决定着经济社会水平和文明社会进程，政府必须下大力气，采取切实措施，作为文化建设基础性工程长期抓下去。

我区要重视和加强新闻媒体的对外宣传，把对外宣传人才队伍和编采队伍建设作为基础和重点来抓。人才决定了对外宣传水平，思想观念和方式方法也影响着外宣水平，是我区对外宣传的关键和瓶颈。我区的对外宣传工作除了派文化团体、文化学者走出去进行文化交流展示宣传外，更要重视对外广播、卫星电视和报刊外文版的宣传。可以考虑与国家级对外宣传媒体合作，借助国家主要外宣媒体的采编力量和播发渠道，开办西藏专题专栏，使西藏的消息和声音在外宣主流媒体上占有一定的篇幅和分量，扩大西藏对外正面影响，树立西藏的国际形象，使西藏真正成为国际关注的亮点。在国际舆论上，以西藏正面的、积极的舆论战胜和抑制分裂主义和反华势力，为我国改革开放和西藏跨越式发展创造良好的国际舆论环境。我区的对外宣传主要不在于建设大功率广覆盖的对外广播和卫星电视频道，关键在于改进思路和方式方法，提高宣传水平和宣传艺术，要加强针对性、增强说服力，让事实说话、让群众说话，增加民间的声音，贴近我区发展的实际和世界发展实际、贴近国外民众对我国和我区信息的需求和习惯，丰富信息内容、讲究传播艺术、提高传播效果。

我区广播电视"村村通"工程，要借《纲要》的助推加快发展，争取在"十一五"期间实现预定目标，使广播电视的实际覆盖率达到 95%以上；要采用最新科技和设备，确保县、乡、村广播电视收转收视效果，发挥广播电视实时快捷声像真实的优势和新闻媒体主渠道的作用。在发展设施设备"硬件"建设的同时，管理制度和运行机制等"软件"建设要跟上，要高度重视并采取切实措施，使管理和维护培训及时配套。完成硬件建设只是工程的一半，没有科学的管理体制和及时的维护检修，农牧民收听收看就无保障，要把农牧区广播电视技术管理人员的培训和建立岗位责任制一并纳入到该项工程建设之中，使建设和管理同时并进，确保实效。

五、关于文化产业

文化产业与文化事业是文化建设的车之两轮，鸟之两翼，只有两轮齐动，比翼齐飞，才能推动文化建设健康、协调发展。《纲要》用很长篇幅来规划文化产业，提出了发展重点文化产业，优化文化产业布局和结构，转变文化产业增长方式，培育文化市场主体，健全各类文化市场，发展现代文化产品流通组织和流通方式等方面的任务。文化产业是新兴产业，也是方兴未艾的朝阳产业，国外经济发达国家早就把文化作为产业来发展，并且成为关联度高的龙头产业或支柱性产业，在生产总值中所占比例超过传统产业。目前，西方发达国家文化产业占国内生产总值的比重普遍高于10%。我国的北京、上海、广东、浙江的文化产业产值也分别达到了290亿、446亿、1123亿、670亿的规模（2004年统计），分别占各自国内生产总值的6%至7%左右，呈现出良好发展势头。文化产业的发展，必将进一步解放和发展文化生产力，提升我国综合国力。

在“发展重点文化产业”方面，《纲要》提出了九个方面的内容，即：影视制作业、出版业、发行业、印刷复印业、广告业、演艺业、娱乐业、文化会展业、数字技术和动漫产业。国家将推动重点文化产业四项大的工程：一是国家电影基地建设工程。采用数字电影摄制技术与工艺，推动数字技术与传统技术融合，全面提高我国电影的拍摄制作水平。二是国产动漫振兴工程。建设国家动漫产业基地和教学研究基地，增强国产动漫的原创制作和衍生产品开发能力，培育形成具有中国风格和国际影响力的动漫品牌。三是“中华字库”工程。建立全部汉字和少数民族文字的编码和主要字体字符库，重点研发汉字的编码体系以及兼容等关键技术。四是国家“知识资源数据库”出版工程。以各种信息资源为基础，采用高新技术，建立新一代综合各类知识信息的数据库，提高我国信息资源深度综合开发利用的能力和水平。

在“优化文化产业布局和结构”方面，将建设一批文化产业强省、强市和区域性特色文化产业群，形成文化产业协调发展的格局。将加强重点文化产业带建设，以文化创意产业中心城市为核心，形成长江三角洲、珠江三角洲和环渤海地区三大文化产业带。积极发展西南、西北地区具有鲜明地域和民族特色的文化产业群；加快产业园区和基地建设，形成若干文化产业中心和产业示范基地；促进区域文化产业协调发展，鼓励东部率先发展，中部加快崛起，西部地区结合地方特色和资源优势，着力增强自我发展能力，形成东中西优势互补、良性互动的区域文化产业协调发展新格局。

在“转变文化产业增长方式”方面，将推动规模化、集约化经营，优化产业结构，推动产业聚集，形成规模经济效益。通过跨地区跨行业联合、兼并、重组，培育发展一批竞争力强影响力大的大型文化企业和企业集团；改造传统文化产业，推进产业升级，延伸产业链，拓展新型文化产品和服务，提升文化产业整体技术水平和竞争实力；发展“专、精、特、新”中小文化企业，放宽市场准入，简化审批手续，建立和完善进入和退出机制，形成富有活力的优势企业群体。鼓励公民以知识产权作为出资，依法创办中小文化企业；鼓励发展文化相关产业，推动文化用品、设备及相关文化产品的生产和销售；支持文化企业利用自有知识产权和品牌优势，向相关产业延伸发展，开发衍生产品。

在“培育文化市场主体”方面，将形成以公有制为主体、多种所有制共同发展的文化产业格局。推进经营性文化事业单位转制，凡经营性事业单位将分期、分批转制为企业；加快国有文化企业公司制改造，按照现代企业制度完善法人管理结构，发展市场主体，加快国有文化股份制改造，2010 年前，国有独资文化企业基本完成规范的公司改造；培育文化产业战略投资者，充分发挥国有文化资本的控制力、影响力和带动力，以资本为纽带，培育和发展一批国有或国有控股大型文化企业和集团；鼓励非公有资本进入文化产业，按照国务院关于非公有资本进入文化产业的若干决定精神，支持非公有制文化企业的发展。

在“健全各类文化市场”方面，充分发挥市场配置资源的基础性作用，建立健全门类齐全的文化市场，促进文化产品和生产要素合理流动。发展文化产品市场，规范发展演出市场，扶持艺术品市场发展；完善文化要素市场，拓展文化产业投资融资渠道，完善文化企业间接融资制度；建立文化行业人才库和人才评价体系，促进人才合理配置和有序流动，发展文化经纪代理等中介服务机构，加强执业培训，推行资格认证制度；培育农村文化市场，支持农民群众自筹资金兴办文化经营场所，鼓励开发具有民族传统和地域特色的民间工艺美术产业；健全文化行业组织，各类文化行业组织要依照法律和规章，履行市场协调、行业自律、监督服务与维权职能，到2010年，完成文化领域各种行业组织（中国文联、作协等文化行业团体组织）的建设和改造，实现政府部门与行业组织分开；鼓励和引导文化消费，提高国民的文化消费意识，改善文化消费环境，维护消费者合法权益。

在"发展现代文化产品流通组织和流通方式"方面，将推进文化产品连锁经营、物流配送、电子商务等，建立以大城市为中心、中小城市相配套、贯通城乡的文化产品网络。培育全国和区域性大型现代流通组织，使之成为文化流通领域的主导力量；建设辐射全国的区域文化产品物流中心；发展现代文化产品连锁经营，并鼓励跨地区发展，使连锁业态成为文化产品流通业的主要发展方向，积极发展文化电子商务，构建网络文化产品和文化生产要素交易平台，促进文化产品流通。

我区的文化产业发展刚刚起步不久，处于初始阶段，无论从结构布局还是规模水平上，在全国范围内处于落后状态。尽管如此，我区发展文化产业仍是市场经济的必然趋势，也是文化体制改革的重要方面。我区文化事业单位、团体是我区文化机构的主体，长期以来由政府供给，文化产品由政府收购，不讲投入产出，不讲经济效益，不愿意与市场接轨，这种多年来在计划经济体制下养成的旧观念和思维方法，必将随着文化产业的快速发展和文化体制的改革逐步得到扭转或淘汰。

国家把文化产业定义为：为社会公众提供文化、娱乐产品和服务的活动，以及与这些活动有关的活动的集合。文化产业及相关产业的范围包括：提供文化产品、文化传播服务和与文化休闲娱乐活动有直接关联的用品、设备生产和销售活动以及相关文化产品的生产和销售活动。国家把文化产业范围分为三个层次，即核心层、外围层和相关层。我区现有的绝大部分文化事业单位和团体所从事的文艺活动及服务活动都属文化产业领域，只是由于西藏文化市场发育不完善、不成熟，多数文化产品和服务尚未通过市场机制而转向文化产业，或者说，国有的文化事业单位所从事的文化创作和经常活动尚未引入市场机制，事业和产业交叉，尚未分离。

我区文化产业初具规模并健康发展的广告业、出版发行业、印刷复印业和娱乐业，这些行业从一开始就按市场机制运作，实行成本核算、自负盈亏、自我发展、参与市场竞争，在竞争中或壮大或淘汰出局，完全按照市场经济规律运作经营。这些产业的市场主体多为个体或民营，与国有企业竞争发展，靠市场调整资源，基本上是健康协调发展的。

我区的演艺和影视制作业目前尚未引入市场机制，其创作过程全部由政府投资，其产品由政府收购，作为公共文化产品提供给消费者（演出不收售门票，实行送票制，影视产品部分收回成本，很少盈利）。从我区实际出发，演艺和影视制作业要逐步建立投入产出成本核算和奖励机制，激活制作和演出活力，与国内文化企业联手合作，积极开发我区特色文化资源，参与或融入国内文化企业和文化集团的分工或连锁经营，在合作中逐步发展壮大。

按照《纲要》培育文化市场主体，推进经营性文化事业单位转制的规划要求，一般艺术院团、出版单位及文化、生活和科普类报刊社、新华书店、影剧院、影视制作单位和文化经营中介机构，党政部门、人民团体、行业组织所属的文化产品制作销售单位，要分期分批完成转制为企业的任务，从文化事业单位剥离为企业，以提高自主创新能力和市场竞争能力。我区现有的文化事业单位、新闻媒体和行业组织以及党政机关所属的事业单位中，具有经营销售文化产品的部门和人员，应该做好被“剥离”的准备，从经营性文化事业剥离出来成为市场主体，加入到文化产业队伍中来。

按照《纲要》培育农村文化市场的规划要求，我区要尽快制定相关政策，支持农牧民群众自筹资金、自己组织、自负盈亏、自我管理，兴办民间歌舞、藏戏、手工艺、编织等民间艺术团。我区民间拥有丰富的文化艺术资源，只要政府稍加扶持，就可以按照市场运作走上文化产业的路子，政府再不要干那种定编、定员、定工资，建一个文艺团队背一个包袱的出力不讨好的蠢事。墨竹工卡县和拉孜县的农民歌舞队在有关部门的组织和扶持下，走出区外到内地演出参赛，收入可观，获得文化部奖励，就是文化产业化的成功范例。民间美术、手工艺等艺人，也应由文化中介机构或文化企业组织给予政策和资金上的扶持，组织工艺品生产，加入销售市场，满足一部分人对旅游纪念品、民间工艺品的需求，既传承了民间文化，又致富了一方群众，使民间艺术成为经济增长点。

六、关于文化创新

文化创新是发展先进文化的前提和基础，先进文化是文化创新的要求和目地。在党的十六大报告中，“文化创新”与理论创新、制度创新、科技创新以及其他各方面的创新一起，被列为“我们要长期坚持的治党治国之道”的重要内容；建立比较完善的“文化创新”体系，也列为全面建设小康社会的重要目标。《纲要》规划文化创新的目标任务有：繁荣发展文学艺术；培育文化创意群体和内容提供商；推动文化企业成为文化创新主体；加快科技创新；加强知识产权保护。

在“繁荣发展文学艺术”方面，要大力推进文化创新，努力创作具有中国特色、中国风格、中国气派、深受群众喜爱的优秀文学艺术作品，繁荣发展文学艺术。着力打造一批代表国家形象、具有民族特色的文学、戏剧、音乐、美术、书法、摄影、舞蹈、杂技、广播、影视、动漫等文化艺术精品，培育一批体现国家文化水准、具有相当国际影响力的文化名人和名品。加强对群众文化需求和文化市场消费的调查研究，适应现代群众的审美需求和愉悦方式，在内容上进行独特而富有创意的开掘和提炼，开发群众喜爱、市场占有率高的文化产品，满足不同群体、不同地域的文化需求。国家将继续实施精神文明建设“五个一”工程，“创新学术”工程，重点文学作品扶持工程，重大革命和历史题材影视创作工程及广播影视精品工程等重大文化创新工程。

在“培育文化创意群体和内容提供商”方面，将重点培育广播影视、动漫、音像、传媒、视觉艺术、表演艺术、工艺与设计、广告装潢、服装设计、软件和计算机服务等方面的创意群体，以创意产业园区的形式，集聚各类文化创意人才。建立以市场为导向的内容集成、加工、制作、传播生产机制，发挥市场在资源配置中的基础性作用，形成一批实力雄厚的大型内容提供商。

在“推动文化企业成为文化创新主体”方面，落实培育创新型文化企业的相关政策，扶持中小创新型文化企业发展，重点扶持具有核心技术和自主品牌的创新型民族文化企业，支持文化企业参与和承担国家重大文化工程项目；发挥文化创意在内容创新和传统企业改造中的积极作用，利用文化创意成果拉动相关服务业和制造业的发展；重视技术中介，鼓励企业和各类社团开展文化技术展示推介，提供文化技术中介服务。

在“加快科技创新方面”，加快文化领域核心技术研究，瞄准世界文化科技发展战略前沿，提高技术装备和制造技术水平，确定一批重大技术专项，落实对前沿文化科技项目的政策性支持。国家将扶持六个方面的技术专项：广播电视安全播出保障技术专项；广播电视下一代网络关键技术专项；国家数字复合出版系统工程；数字版权保护技术专项；重点文化遗产保护技术专项；国家数字图书馆综合技术专项等。创新文化传播方式和手段，在图书馆、舞台技术、广播电视和电影放映等领域采用创新成果，完成大中城市公共图书馆联网，实现资源共享，推动文化业态更新。

在“加强知识产权保护”方面，建立健全知识产权保护法律法规，落实有关保护措施，加大保护力度，建立国家重点文化知识产权保护目录，抓紧落实中国近现代经典乐谱、剧本的整理出版工作；发展知识产权代理、推介和交易服务产业，构筑覆盖全国的知识产权服务网络；依法严厉打击侵犯知识产权的各种行为，加强统筹协调，形成条块结合，上下联动的工作机制，建立实时高效的文化领域知识产权保护预警机制，完善重大案件联合督办制度。

我区在文化创新方面，思想观念还比较淡漠，鼓励创新的政策机制还很不健全，文化创新的环境氛围尚未形成，文化产品创新成果不多，质量不高。《纲要》所指出的“三个不相适应”的问题，在我区是普遍存在的，这就是文化发展水平与全面建设小康社会的目标进程不相适应；文化体制机制与完善社会主义市场经济体制、进一步扩大对外开放的形势还不相适应；文化产品和服务的数量、质量、品种与人民群众日益增长的精神文化需求还不相适应。我想，解决这“三个不相适应”的问题，关键在于文化创新。

江泽民同志多次讲到文化创新，在十六大报告中指出：“创新是一个民族进步的灵魂，是一个国家兴旺发达的不竭动力，也是一个政党永葆生机的源泉。”文化艺术的繁荣与发展，保持先进文化的前进方向，都离不开文化创新。文化艺术工作本身就是创造性工作，没有创新，文化艺术就失去了生机和生命；没有创新，文艺作品就会失去吸引力、感召力和影响力，就无法实现其引导人、塑造人、鼓舞人的价值。文化创新，对于文艺工作来讲，就是生命力之所在。

在我区倡导文化创新，首要的还是解放思想、转变观念。文化创新的过程本身就是不断解放思想、冲破束缚的过程。中央在文化工作和文化体制改革的政策上，早就提出：一切妨碍文化发展的思想观念都要坚决冲破，一切束缚文化发展的做法和规定都要坚决改变，一切影响文化发展的体制弊端都要坚决革除，以利于解放和发展文化生产力，有利于调动文化工作者积极性，有利于推动文化创新，多出精品、多出人才。应当说，中央的方针政策为文化创新开拓了道路，指出了方向，清除了体制上、思想上的障碍，文化创新的思想和政策环境是很开明的、宽松的。我们文艺工作者要把文化创新的要求体现在文学艺术创作中，有一些重要的方针原则和重要关系是要认真把握的。如：文艺工作的“二为”方向，“双百”方针，“三贴近”原则；弘扬主旋律与提倡多样化的关系；文艺作品的社会效益与经济效益的关系；文艺创作中继承民族文化传统与吸收借鉴外来文化的关系等。

其次，我区需要建立和完善鼓励文化创新的政策措施和激励机制。虽然中央明确了文化创新的相关政策措施，我区还要从实际出发制定具体的实施办法，以切实保证贯彻落实。包括界定文化创新的范围和标准、资金投入和筹措、人才培养拔尖和人才使用管理、创新优秀作品产品的奖励等。同时要建立科学合理的创新机制，包括组织协调机构、评审论证机制、相关保障措施等。《纲要》明确提出了“充分发挥和利用民族文化丰厚资源”，着力打造一批代表国家形象、具有民族特色的文化艺术和文化产品的目标，还要重点扶持具有自主品牌的创新型民族文化企业。国家为文化创新创造了有利的政策环境和条件。我区在文化创新的许多方面还不具备条件，所以在文学艺术创作与创新上，无法引进和利用他人成果，必须靠我们自己努力。

七、关于民族文化保护

《纲要》提出的民族文化保护任务主要有：编纂出版文化典籍，实施国家古籍特藏保护，启动以中华古籍全书数字化出版、中华大典编纂出版为代表的重大出版工程；发挥重要节庆和习俗的积极作用，与精神文明创建活动相结合，开展富有浓郁民族特色的民族民间传统节庆与习俗文化，开展以近现代重要革命传统节庆纪念日主题宣传教育文化活动；重视中华优秀传统文化教育和传统经典、技艺的传承，开展优秀传统文化技艺教育普及活动，提高全民族的人文素养，培育民族精神；规范和保护国家、民族语言文字，推进少数民族语言文字的规范化和标准化；加强重要文化遗产保护，实施一系列以文物保护和非物质文化遗产保护为重点的民族文化遗产普查、抢救、保护、研究和出版工程。

在编纂出版民族文化典籍和规范、保护民族语言文字工作方面，加强民族古籍的抢救、整理、编纂、出版工作；做好格萨尔、江格尔、玛纳斯等古典民族史诗的整理出版和优秀少数民族文学作品的翻译出版工作；加强民族古籍和文物抢救工作，搜集整理少数民族古籍，编纂《中国古籍总目提要》、《中国少数民族古籍总目提要》等，推进少数民族语言文字的规范化和标准化。

在发挥节庆和习俗积极作用，重视优秀传统文化、经典和技艺传承工作方面，坚持不懈地抓好移风易俗，创新形式，丰富内容，改造和发展富有浓郁民族特色的民间传统节庆内容和风俗礼仪，维护民族文化的基本元素。

在民族文化遗产抢救保护工作方面，将采取有效措施，保护濒危的民族文化遗产，完成全国文化遗产普查，建立非物质文化遗产名录体系，绘制非物质文化遗产资源分布图，确定十个国家级的民族民间文化生态保护区，完成《中国民族民间文艺集成志书》、《国家非物质文化遗产名录图典》、《非物质文化遗产普查图集（分省图册）》、《中国民间美术分类全集》等的出版和相关资料的保护工作；加强对民间文学、民俗文化、民间音乐舞蹈、少数民族史诗等若干非物质文化遗产项目的抢救；加强文物保护和博物馆建设，深入挖掘和展示我国古代发明的历史价值、科学价值和艺术价值，利用“文化遗产日”，组织开展文化遗产保护系列宣传展示活动。

我区在保护民族文化遗产方面虽然做了许多工作，仍有大量工作有待加紧去做。

首先是在民族文化遗产的普查、保护和出版方面，应当尽快制定切实措施，按照国家文化遗产抢救保护工作总体部署，尽快实施。在普查的基础上，申报自治区的国家级文化遗产保护名录，创造条件争取尽早申报世界文化遗产保护；积极组织对文化遗产的整理研究工作，编纂出版以《格萨尔》史诗为重点内容的民族民间文学集成并纳入国家非物质文化遗产名录、图典等大型文化典籍计划之中；抓紧对民间艺术的挖掘、保护和传承工作，通过展示、扶持和对民间艺人的传承资助等措施，确立文化遗产传承人谱系并授予“民间艺人”、“民间工艺大师”等称号，确保各种优秀传统技艺后继有人并创新发展；积极争取国家在我区划定国家级民族民间文化生态保护区，使我区民族民间文化生态得以妥善保护和合理利用。

其次是加强文物保护和博物馆建设，对历史文物要在妥善保护的基础上，积极合理地利用，与旅游相结合，发挥和利用好文物遗迹在经济社会发展中的经济效益和社会效益，在利用中保护和完善。加强博物馆建设和展览工作，按照不同门类尽早收集各种民族民间文物器具，扶持和鼓励社会力量兴办各种民族文化中小型专题博物馆，在深入研究的基础上提高展示水平，向国内外旅客全面客观地展示介绍藏民族历史文化，并作为公众尤其是青少年学生学习认识民族优秀传统文化的课堂，提高民族科学文化素养。

再次是利用民族民间重要节庆开展各种有益的、健康向上的文化娱乐活动，保护和传承民族优秀文化传统。要继续办好“雪顿节”等全区和地区性文化旅游节，努力办成文化旅游品牌，提高节庆活动的文化内涵和艺术水平；要重视利用民间传统节庆活动开展适应当代生活、体现时代特点、具有民族特色的文化娱乐和体育活动，注意不断创新形式和丰富内容，与精神文明创建活动结合起来，移风易俗，树立新风尚；还要重视利用现代节庆、纪念日开展以青少年为重点的文化艺术科技活动和宣传教育活动。在条件较好的中小学校，积极开设书法、摄影、民族绘画和传统工艺课程，普及民族优秀传统文化和民间文艺知识，提高民族科学文化素质，促进和谐社会建设。

八、关于对外文化交流

《纲要》就对外文化交流提出：要拓展对外文化交流和传播渠道，提升我国文化产品的影响力和竞争力，积极推动中华文化面向世界、走向世界；培育外向型骨干文化企业，做大做强对外文化贸易品牌，培育对外文化中介机构，鼓励在境外兴办文化实体；实施“走出去”重大文化工程项目，扩大我国文化的覆盖面和国际影响力。

在拓展对外文化交流和传播渠道，实施“走出去”文化工程项目方面，将创新文化“走出去”的形式和手段，利用重要外交活动、重要节庆、纪念日组织举办高水平的对外文化交流和多层次互访活动；借助国家著名的文化艺术节和展会、博览会等平台，积极推介我国文化产品和服务，展现我国整体文化实力和国家形象，提升我国文化影响力；拓展民间交流合作渠道，鼓励人民团体、民间组织、民营企业和个人从事对外文化交流，扩大商业性展演、展映和文化产品销售。重点抓好影视剧、出版物、文艺演出三大国际营销网络建设，对符合条件的文化企业开拓国际市场给予支持，鼓励国内文化团体、文化企业开展以我为主的对外文化交流与传播活动。

在培育外向型骨干文化企业和对外文化中介机构，兴办对外文化实体，做大对外文化品牌方面，将重点扶持具有中华民族特色的文化艺术、展演活动和出版物等的出口以及新兴文化产品进入国际市场，形成一批具有竞争优势的品牌文化企业和企业集团；鼓励在国外创办推介中国文化产品的中介机构，支持文化企业与国际知名文化艺术中介机构或经纪人开展合作，向规模化、品牌化方向发展；鼓励有条件的文化展演艺术公司在国外兴办文化艺术实体和设立分支机构、营销机构和发行网络等，实施中华文化传播、多语种环球广播网建设、汉语国际推广等“走出去”重大文化工程项目。

我区在对外文化交流工作中大有作为，大有可为。我区要充分利用独特的民族文化艺术资源优势和西藏文化在国际社会引人注目的地域文化优势，积极主动地参与国家组织和自治区组织的对外文化交流活动，民族歌舞艺术表演和文物展览、图片展览、出版物展销、民间工艺品展销、旅游资源展销等文化艺术交流展示活动，全面客观地宣传推介西藏历史文化和旅游资源，展示西藏自然、人文景观和风貌，使国际社会认识真实的西藏，认识西藏优秀的文化艺术和旅游名胜，吸引国外游客来藏观光旅游和考察访问，增进了解和民族文化交往，为我区和我国对外开放创造良好的国际环境。

我区要充分利用国家对民族文化的优惠政策和各种文化资源，积极加入“中华文化传播工程”，鼓励国有和民营、个体文化实体在国外兴办文化企业和中介机构，注重调动国外藏胞中爱国进步力量宣传、推介西藏文化艺术的积极性，组织和实施以藏族文化艺术为主体的对外文化交流活动和商业展演活动，尤其是开展与邻近国家和文化传统相近国家的文化艺术交流互访活动。积极推进我区民族民间文化艺术的对外交流和文化贸易出口，推动我区旅游业发展，使文化旅游和文化产业成为我区经济的重要增长点。

九、关于人才队伍建设

《纲要》就文化艺术人才队伍建设作出较为具体的规划，主要任务有：加强文艺人才队伍思想政治素质和专业能力建设，组织和引导广大文化工作者深入学习政治理论，增强政治敏锐性和政治鉴别力，牢固树立科学发展观，坚持先进文化前进方向，坚持党的文艺方针，坚持深入实际、深入群众、深入生活，把握文化艺术工作的特点和规律，增强做好文艺工作的能力和水平；继续实施“四个一批”人才培养计划，着力加强各文艺门类领导人物和高层次人才的培养，充分发扬学术民主和艺术民主，鼓励和支持学术上、艺术上不同形式、不同风格的自由发展和开拓创新，完善公平竞争和激励机制，鼓励和支持优秀拔尖人才脱颖而出；建立健全在职人员业务培训和继续教育制度，创新培训内容，完善培训机制，完成全国文化艺术系统工作人员的普遍轮训，加强农村文化队伍的教育培训，提高文化工作者队伍整体素质；加强高等学校人才培养和文化艺术学科建设，集中开展文化事业、文化产业重大理论和现实问题研究，培养高素质的文化专业技术人才、经营管理人才；完善人才选拔机制，健全以业绩为依据，由品德、知识、能力等要素构成的人才评价、选拔、激励和保障机制，逐步规范文化领域各行业职业分类，稳步推进职称制度改革，引导文化人才合理、有序流动，把优秀人才集聚到文化建设中来，吸纳财经、金融等领域和海外高层次人才进入文化行业；建立国家对文化艺术领域授予荣誉称号的制度，对在文学艺术界取得卓越成就的文化工作者授予人民艺术家、人民作家等荣誉称号，并设立“国家文化杰出贡献奖”，表彰在文学艺术、人文社科、新闻出版、广播影视等领域作出突出贡献的文化工作者。

我区在文化艺术人才队伍建设方面，总的状况是：文化艺术人才队伍建设滞后，文化艺术人才与快速发展的文化事业和文化产业不相适应，与经济社会发展和人民群众对文化生活的需要不相适应，文化艺术生产力还未得到充分解放和进一步发展。从根本上讲，文化艺术人才在发现、培养、拔尖、流动等环节上，受到人事制度和用人机制的束缚，必须加快改革，加强人才队伍建设，建立健全科学的用人体制和管理机制。注重对现有文艺人才思想和专业素质的培养提高，建立健全激励机制，鼓励文化艺术工作者在坚持“二为”方向、“双百”方针和“三贴近”原则下，积极创作和创新，发挥艺术潜能和创作表演才华，在繁荣文艺中锻炼和培养人才，以优秀人才的成长推动文艺工作的发展。采取切实措施，鼓励和支持各门类优秀人才脱颖而出，宣传文化艺术界领军人物、优秀专业技术人才、文化经营管理人才及其成就，营造尊重知识、尊重人才、尊重劳动、尊重创造的舆论环境和社会氛围。

要拓宽文化艺术人才发现培养的渠道，通过文化艺术评选奖励活动，发现和选拔各门类文化艺术后继人才，巩固和发展现有文艺队伍的质量和水平，尤其是县、乡从事文化事业和文化产业的人才，要在保证必要的数量前提下，通过普遍培训、轮训，提高思想和文化素质，保证文化工作正常开展。鼓励和扶持城乡群众开展丰富多彩的文化艺术活动和文化经营，鼓励和扶持社会各界兴办文化事业和文化产业，动员全社会参与文化建设，共建精神文明，在文化建设和文化创新中吸引和聚集文化艺术人才。

十、关于保障措施和重要政策

为确保《纲要》各项任务的落实，《纲要》在最后一部分提出了较为完善和有效的重要政策与保障措施，主要有：

1. 加强组织领导，认真组织实施。主要是加强各级党委和政府对文化工作的领导，从政治高度和思想深度上认识加强文化建设的重要性，把文化建设的目标任务纳入经济社会发展的总体规划，与经济社会发展任务一起部署、一起实施。遵循文化自身的特点和发展规律，适应社会主义市场经济发展的要求，加强对文化建设和发展重大问题的研究，科学制定方针政策，把握文化建设的正确方向，确保党对文化发展的宏观控制；建立健全文化工作领导协调机制，统筹协调文化建设；明确各级党委和政府的职责，建立工作责任制，把文化建设作为评价地区发展水平、衡量发展质量和领导干部工作实绩的重要内容。党委宣传部门协调指导，文化管理部门切实履行职责，相关部门积极支持配合，形成推动文化发展的合力。充分调动广大文化工作者的积极性和创造性，动员全社会各方面共同参与文化建设，把思想和行动统一到中央精神上来，把智慧和力量凝聚到社会主义文化建设上来，充分发挥工会、共青团、妇联、文联、作协、记协等人民团体在联系和组织群众、推动文化建设方面的重要作用，努力营造有利于文化建设和发展的良好氛围。

2. 健全宏观调控机制，推进文化管理工作的科学化、制度化、规范化。完善文化领域预报、引导、奖惩、调节、责任、监督、保障、应对机制，健全有利于理论创新的课题规划、成果评介和应用机制；改进和完善重大选题备案、新闻报刊阅评、影视音像制品审查，广播电视节目监听、监看和违纪违规警告等制度；完善全国性文艺、新闻、出版评奖办法，提高评奖的科学性和权威性；建立健全国家文化安全工作机制，建立党委宣传和文化等有关部门参加的文化安全联席会议制度，定期交流和分析文化安全信息动态，采取应急和安全对应措施；加强文化市场管理，健全市场规划，完善市场准入和退出机制，把好资质、资金、产品等准入关；进一步加强“扫黄打非”工作，严厉打击盗窃、走私文物活动；加强对广播影视节目和广告、网络的播出、收转等环节的监管；加快整合现有文化、文物、广播、影视、新闻出版行政执法队伍，组建统一高效的文化市场综合执法机构和执法队伍，保护文化市场依法经营和诚实守信的市场秩序。

3. 深化文化体制改革。贯彻落实中共中央、国务院关于深化文化体制改革的若干意见，根据不同地区、不同行业、不同单位的性质和特点，积极稳妥地推进文化体制改革。以增加投入、转换机制、增强活力、改善服务为重点，发展公益性文化事业；以创新体制、转换机制、面向市场、增强活力为重点，发展经营性文化产业。围绕重塑市场主体、完善市场体系、改善宏观管理、转变政府职能等环节，科学制定改革实施方案和配套政策，着力解决国有文化资产管理、文化事业单位转企改制、人员分流安置和社会保障等重点难点问题，推动改革向纵深发展。通过改革，不断破除制约文化发展的瓶颈和体制机制性障碍，营造有利于文化发展的体制环境、政策环境和市场环境，增强文化创新能力，加快文化事业和文化产业的发展。

4. 完善文化发展的经济政策。认真贯彻执行国家关于支持文化事业和文化产业发展的若干经济政策，并根据文化发展的实际情况，研究制定和进一步完善发展文化事业和文化产业的相关政策，设立国家文化发展专项资金和基金，重点扶持公益性文化事业发展，支持文化创新和精品生产，扶持具有示范性和导向性文化产业项目的研发，用于重要文化遗产的保护和重大文化工程项目的建设；支持国家重大出版项目、少数民族文字和盲文出版物的出版以及无线广播电视的覆盖；加大和改进政府对文化事业的投入，中央和地方财政对文化的投入增幅不低于同级财政经常性收入的增长幅度，并保证一定数量的中央财政转移支付资金和新增文化经费主要用于农村文化建设，制定相应的政策，吸引和鼓励社会力量兴办公益性文化事业。

5. 加强文化立法，完善文化法律法规。立足我国国情，借鉴国外有益经验，加快文化立法步伐，抓紧研究制定非物质文化遗产保护法、图书馆法、广播电视传输保障法、文化产业促进法、电影促进法以及长城保护条例，修订完善出版管理、印刷业管理、音像制品管理、广播电视管理等条例，深入开展文化法制宣传教育，增强法制观念，提高依法行政、守法经营和维护文化权益的自觉性。

《纲要》最后明确要求，各地区各部门要根据实际情况，制订实施方案，加强统筹协调，采取切实有效措施，确保各项任务的落实。要求各有关部门根据《纲要》的要求，制定配套政策，抓紧出台实施并实施督促检查机制，推动组织实施和跟踪指导。

《纲要》不但对未来文化建设作出规划，还提出落实规划任务的保障措施、重要政策以及实施步骤，既宏观又具体，既可行又可操作，这在以往的规划中是不多见的，足以说明党中央、国务院对“十一五”时期文化发展规划纲要的重视和决心，体现了我们党务实、深入、细致的优良作风。《纲要》提出的政策措施完全适合于我区情况，只要遵循中央精神和《纲要》中的政策和措施去深入实施，我区文化建设一定会有更快发展，一定会有新的繁荣。

从我区文化工作实际来看，我区文化建设的任务、目标，相对于《纲要》的要求，显得差距更大，目标更远，任务也更加繁重和艰巨。在落实保障措施和制定政策时，有几点是需要加以强调的。

1. 要加大改革力度和步伐。以改革为动力，进一步解放和发展文化艺术生产力，提高我区文化“软实力”。我区文化领域的改革尚未提上议事日程，从领导层到文化艺术界，对文化体制机制改革尚缺乏应有认识和重视甚至认为没有必要，没有紧迫感，以为改革在我区文化艺术界还是遥远的事。实际上，文化艺术界的同志最清楚，我区文化艺术界的体制机制已显现出许多弊端，改革已明显滞后，改革的任务早已突显出来，不仅必要，而且紧迫。近年来，我区各门类文艺创作已明显疲软滑坡，精品佳作不多，与实现经济社会跨越式发展的需要不相适应，与人民群众快速增长的物质文化需求不相适应，与社会主义市场经济体制的客观要求不相适应。之所以文化体制机制改革迟缓滞后，在于对改革缺乏正确认识，以为改革就要把文艺团体推向市场，就要有部分人下岗转岗，以为从此丢掉“金饭碗”而要面对市场经济的竞争风险。这些问题虽然是改革中不可回避的，但就西藏来讲，中央给予特殊优惠政策和对民族文化艺术的保护与尊重，绝大部分文化艺术机构仍作为公益性文化事业对待，改革只会使现有的体制、机制、用人制度以及收入分配制度更加灵活，更有利于繁荣创作和多出人才。我区文化艺术机构及其体制机制不是可改可不改的问题，而是早改早受益，早改早繁荣，迟改或不改，将不利我区文化事业、文化产业发展，将难以实现《纲要》规划的任务和目标。

2. 要加强制度建设。建立健全文化艺术工作各个环节和层面的规章制度，靠制度管人治事，保障文化建设健康、协调、持续发展。《纲要》提出，要“完善文化领域预报、引导、奖惩、调节、责任、监督、保障、应对机制，推进文化管理工作的科学化、制度化、规范化”。实际上讲的就是制度建设，而这些制度关系文化建设各个方面，关系成败与得失，是重要的体制和机制保障。中央一再强调要树立科学发展观，要以科学态度、科学精神和科学方法推进科学发展，对于我区文化艺术工作极其重要。

我区文化领域和文艺机构在各方面的管理上普遍落后和粗放，许多工作职责和管理制度长期缺失，与有关政策规定相配套的规章制度和实施办法明显滞后，体制和机制的陈旧与落后，成为我区文化事业、文化产业进一步发展的瓶颈与障碍，对此，文化艺术界的领导层、管理层是心知肚明、体会深切的。大家深刻体会到：我区文化建设中的问题和困难，症结在于制度和管理的滞后。制度建设带有根本性，制度的建立和健全是改革的重要内容。对此，我们要有清醒认识，要有紧迫感，要有切实措施。

3. 政府要尽快制定和完善扶持公益性文化事业、发展文化产业、激励文化创新方面的政策措施，加大和改进对文化事业的投入和对文化产业的扶持。中央关于支持文化建设和文化发展的经济政策有十多项，给文化发展提供了有力的保障，这些政策，将在“十一五”规划期间进一步健全和完善。近年来我区在执行中央关于文化发展经济政策方面做了大量工作和有益尝试，但总的来看，对文化艺术事业投入不足、欠账太多的状况没有根本好转，文化发展受到资金的严重制约十分突出，这种状况应当尽快有所改善。《纲要》就此提出了较为详细和具体的保障措施，并且要求文化管理部门、发展改革部门、财政部门等综合管理部门要加强对《纲要》实施情况的检查，重点是对文化经济政策落实情况和存在问题，进行跟踪分析和具体指导，这是一项有力保障措施，我区更要抓住抓紧，切实贯彻和落实。

正如《纲要》指出的，《纲要》的实施，对于巩固“十五”时期文化建设的成果，为后十年的更快发展打下坚实基础，对稳步推进经济、政治、文化、社会协调发展，顺利实现全面建设小康社会的宏伟目标具有重要作用。《纲要》的制定和实施，不仅对于整个“十一五”时期文化发展有重要指导意义，而且对今后相当长一段时间社会主义先进文化建设也具有全局性的深远影响。《纲要》是我国文化建设的壮美蓝图，是我国文化建设的一件大事，将成为文化发展的一个新的历史起点，将有力推动文化发展进入一个新的阶段。我们期待自治区尽快制定《纲要》实施意见，我们将满怀信心和热诚，认真实施《纲要》规划的各项任务和目标，为我区文化建设和繁荣发展不懈努力，为建设和谐文化，构建和谐社会，为中华民族伟大复兴作出新的贡献。

2006 年 10 月

关于西藏文化产业的透视及发展构想

党的十五届五中全会第一次提出“大力发展文化产业”的任务。我国“十五”计划纲要中明确提出了“要推动信息产业和有关文化产业结合”。党的十六大报告中，江泽民同志专章论述了“积极发展文化事业和文化产业，继续深化体制改革”问题，指出：“发展文化产业是市场经济条件下繁荣社会主义文化、满足人民群众精神文化需求的重要途径”，因此要“完善文化产业政策，支持文化产业发展，增强我国文化产业的整体实力和竞争力”。2003 年 8 月，胡锦涛总书记在中共中央政治局第七次集体学习会上，就世界文化产业发展状况和我国文化产业发展战略问题作重要讲话时强调，要始终坚持先进文化的前进方向，大力发展文化事业和文化产业。在近几年党和国家的重要会议和文件中，发展文化产业都被提到了重要而突显的地位。这表明我们党对全球化背景下的文化产业问题的高度重视和对社会主义市场经济的深刻理解。

文化产业是世界现代经济发展过程中，随着社会化分工的充分发展和产业结构性变化而逐步发展和提出的一个重要产业概念。虽然对文化产业有种种不同的定义，但目前国内外对文化产业均未作出全面、完整而准确的界定。因为文化产业除具有一般产业的属性以外，还有其社会属性和与意识形态密切相关的特殊性。我国计划、统计与文化主管部门对文化产业的发展规划，以及编制统计指标体系，都尚处于初始的阶段。就其普遍意义，文化产业可以定义为“按照工业化标准生产、再生产、储存以及分配文化产品和服务的一系列活动”。是“从事物质和精神文化产品的生产、流通和以文化为内涵的各种服务活动或部门的集合”。它既有产业的性质和特点，又具有文化的一般属性。其产品和服务的价值体现在社会效益和经济效益的统一，在为社会提供精神产品和服务的同时，也为国民经济发展创造物质财富。其目的在于不断满足人民群众日益增长的精神文化需求，全面提升人民群众的生活质量，全面提高社会文明程度。

基于对文化产业内涵的大体确定，文化产业应包括下列行业：新闻出版书刊印刷发行业、广播影视音像制作出版发行业、文化旅游业、广告设计策划咨询业、文艺演出娱乐业、艺术品销售和汇展业、信息网络传输业等。文化产业的兴起既有经济发展的原因，又是体制改革的结果；既受到科学技术革命的内在推动，又为全球化的发展趋势所影响，已成为集中代表现代经济、社会和文化发展的全球性趋势的新兴产业。随着我国社会主义市场经济体制的确定和进一步发展，我国融入全球经济中的重要地位也日益突出，国内国际专家学者一致提出，文化产业将是21世纪全球经济一体化时代的朝阳产业，甚至断言，新世纪的经济，将由文化与产业两个部分构成，文化将构成经济进步的新形象。

十六大报告第一次把文化事业和文化产业作为两个概念提出来，是我们党在文化建设思想认识上的又一次飞跃，体现了实事求是、与时俱进和文化创新的精神，符合我国文化建设的实际。文化事业和文化产业成为文化建设中两个既相互联系又相对区别的组成方面。文化事业与文化产业所提供的都是文化产品和文化服务，但两者在资金来源、管理机制、运行方式、考核标准等方面又有不同。文化事业单位承担的是政府为公众提供公共文化服务的任务，主要靠政府扶持、社会赞助；文化产业则主要面向市场，依法经营、自我积累、自我发展，依靠政府政策的宏观调控。文化产业是特殊的产业，其核心产业门类如传媒产业，既具大众传媒的特点，又是党和人民的喉舌和宣传工具，文化产业既要按照市场经济一般规律去发展，又要保证先进文化的主导作用和教化功能。

按照“三个代表”重要思想的要求和党的十六大对加快发展文化产业的战略构想，面对我国加入世贸组织和我区改革开放的新形势，研究我区发展文化产业的有关问题，已是势在必行。各方面改革都在深化进行，国家的文化体制改革和人事制度改革已经逐步实施，我区的文化体制管理机制和文化产业发展方面的问题进一步显露，文化体制改革转制已明显滞后。改革是文化建设的内在动力。近年来，部分省区提出了建设文化强省、文化强市的文化发展战略，付诸实施后已取得显著效益，文化体制改革也取得多方面成果，文化产业对当地的经济社会发展起到了有力的推动。我区的文化建设在全面建设小康、实现跨越式发展战略中占有更加突出的地位，文化资源的科学开发利用直接决定着旅游业的发展，文化建设直接影响着全区上下解放思想、转变观念、传播信息、宣传教化、稳定人心、长治久安的大局。我国进入建设中国特色社会主义和改革开放关键时期，认真研究探讨文化产业有关问题，是贯彻落实十六大精神和“三个代表”重要思想，推动社会主义市场经济快速、健康、协调发展的重要任务，也是落实科学发展观的重要内容。本文立足西藏经济社会发展和文化建设实践，通过对西藏文化产业及其相关问题的透视与分析，探讨西藏文化产业现状及其存在的问题和制约因素，提出发展文化产业的若干构想，以期对制定文化产业政策和实施建设先进文化的任务起到有益的参考和借鉴。

一、西藏文化产业的现状透析

（一）西藏文化产业的现状

西藏文化系统、文化单位大体有三种类型：一部分是公益性文化事业单位，实行政府财政全额拨款；一部分是经营性的文化企业单位，实行市场化经营，财务独立，自负盈亏，政府不再拨款，给予优惠扶持；一部分是事业性质、企业管理的单位，实行财政差额补贴，补贴比例视情况而定。政府文化主管机关根据文化事业和文化产业的不同特点制定不同的政策，分门别类区别对待，实行不同的管理体制和运行机制。对文化事业单位的基本要求是：充分发挥政府在文化建设中的主导作用，改善公共文化设施，提高服务水平和质量，讲求最大的社会效益，最大限度地满足公众的精神文化需求，推进三个文明建设和全社会文明水平。对文化产业单位的基本要求是：遵循市场经济规律，适应产业化经营要求，面对社会公众的文化需求，多生产市场畅销、群众喜闻乐见的文化产品，在保证社会效益的前提下，争取最佳经济效益，力争两个效益的统一。对事业性质、企业管理的文化单位的基本要求是：政府保证一部分事业经费，实行全额或差额事业经费补贴，核定经营目标责任，建立适应市场经济体制的内部运营机制和科学管理规章，鼓励引入市场机制，争取最佳经济效益，以补贴事业经费的不足，增强自我发展活力。为便于归类分析，列表如下：

西藏文化产业机构一览表

行业分类	机构名称	主管或主办单位	单位性质	财务管理
新闻出版图书报刊印刷发行业	西藏人民出版社	西藏自治区新闻出版局	国有事业	政府财政全额拨款或差额补贴自收自支
	《西藏日报》社	西藏自治区党委、政府		
	《拉萨晚报》社	拉萨市委、市政府		
	西藏古籍出版社	西藏自治区社会科学院		
	《西藏研究》杂志社			
	《西藏科技报》杂志社	西藏自治区科技厅		
	《西藏科技》杂志社			
	《西藏文学》杂志社	西藏自治区文联	人民团体下属事业	
	《西藏文艺》杂志社			
	《西藏民俗》杂志社			
	《邦锦梅朵》杂志社			
	《西藏妇女》杂志社	西藏自治区妇联		
	《西藏青年》杂志社	西藏自治区团委		
	《西藏青年报》社			
	西藏七地市报社	七地市委、行署	党政机关下属事业	
	西藏各行业自办杂志报刊等	各党政主管机关		
	《西藏旅游》杂志社	西藏自治区旅游局	国有事业企业管理	自收自支差额补贴
	西藏自治区新华书店	西藏自治区新闻出版局	国有企业	财政补贴独立核算自收自支
	西藏自治区各地市及县级新华书店	西藏自治区新华书店		
	西藏新华印刷厂	西藏自治区新闻出版局		
	西藏军区印刷厂	西藏军区		
	行业自办或民营小型印刷厂	各行业自办或民营	国有或民营企业	独立核算自负盈亏

续表 1

行业分类	机构名称	主管或主办单位	单位性质	财务管理
广播影视音像制作出版发行业	西藏人民广播电台	自治区广电局	国有事业	财政拨款
	西藏电视台、有线台			
	拉萨市电视台、有线台	拉萨市广电局		
	自治区及七地市和县电影发行放映公司	自治区广电局	事业单位企业管理	财政差额补贴
	西藏音像出版社		国有企业	
	西藏广播电视报社		国有事业	
	影视剧译制中心			自负盈亏
	城镇各类音像书店	民营、个体	民营、个体企业	全额拨款
文化旅游业	全区各级旅行社	区、市旅游局	国有或民营企业	财务独立、自负盈亏、行业管理、照章纳税
	全区重点文物保护单位	区、市文物局	事业单位企业管理旅游景点	事业经费差额补贴
	全区重点寺院	区、市宗教局	宗教场所旅游景点	事业经费差额补贴
	西藏自治区博物馆	自治区文物局	事业单位旅游景点	
	罗布林卡(公园)管理处			
	宗角禄康(公园)	拉萨市园林局		
	文化公园和民俗文化村	民营、个体	民营或个体	自主开发自负盈亏
广告设计策划创意产业	媒体广告部(代理图文广告)	电台、电视台、报刊社	事业单位企业管理	财政差额补贴、自收自支
	广告公司(策划设计制作)	各级工商局	民营个体	自收自支自负盈亏

行业分类	机构名称	主管或主办单位	单位性质	财务管理
文艺演出娱乐业	自治区和各地市民族歌舞剧团	各级文化厅局	国有事业	全额拨款
	城镇歌舞娱乐厅	各级文化局、工商局、公安局	民营或个体	自主经营、自负盈亏
信息网络传输业	各类通讯公司	电信集团	国有或民营	
	各类网站	政府新闻机构传媒公司	事业单位和国有企业	
	各类网吧	各级文化局、工商局、公安局	民营个体	

从上表，可以对西藏文化产业作以下分析：

西藏的文化艺术事业团体和制作机构门类比较齐全，市场划分比较清楚，已基本建立起文化产业框架。从文化事业机构的经费来源和管理机制可看出，文化产业已经从文化事业中部分剥离，文化市场初步形成，文化体制开始转制转轨。部分文化艺术单位处于改制转轨的试验阶段。因此，我区发展文化产业处于初级或初始的阶段。西藏自治区人民政府于 2004 年制定颁发了《西藏自治区人民政府关于加快发展我区文化产业的若干意见》，提出倡导和鼓励发展文化产业的一系列优惠政策和措施，我区大部分文化事业单位积极而又谨慎地开始了发展文化产业的探索和尝试。

从新闻图书报刊出版印刷发行业来看，基本上实行按事业单位定编制，由国家财政全额或部分拨给事业经费、办公经费和人头经费（工资）。实行事业经费差额拨款的单位，实行面向社会有偿服务，产品销售和服务收入核定指标，从核拨事业经费中扣减，超支不补，超收提奖，积累自支的财政管理制度。报刊、图书由新闻出版行政主管部门审核登记，颁发许可证并核准定价，直接面向市场公开发行。分别由该报刊、图书和主管主办单位自行决定编印、出版、发行，引入市场经济机制和按市场经济运营的程度有很大差异。印刷和图书发行的市场化、企业化程度较高，除民营、个体印刷和发行企业实行独立核算自负盈亏以外，国有文化企业和出版社在部分环节引入了市场经济运营机制并按产业化经营。

从广播影视音像出版发行放映业来看，广播电视作为党和人民的喉舌的新闻传媒，更多属于意识形态工具，直接由党政宣传文化部门管理。广播、电视节目的制作经费基本上靠政府财政拨付，由政府收购和销售其产品和服务，实行较为低廉的收费。政府在为公众提供各种新闻信息和文艺娱乐节目的同时，融入政治宣传教育和思想道德教化的功能。广播电视一方面主要由政府财政拨款，另一方面靠代理发布广告的收入来补充事业行政经费的不足和用以改善职工的工作条件和生活福利。广播电视作为文化产业的重要方面，在我区今后相当长时期内，还难以真正按文化产业来经营。而电影音像发行租赁业，一开始就进入文化市场，由民营或个体电影院、录像厅、音像店直接面向市场，成为一个时期的主体文化产品，效益很好。

从文艺娱乐演出业来看，我区各类文艺创作艺术表演人才，集中在自治区和各地、市专业文艺团体，均属国办专业文化艺术事业单位，实行政府全额财政拨款，专业作家艺术家创作和演出文艺作品，要政府财政另拨专款，实质上是政府购买文化产品和服务，无偿提供给观众，几乎没有演出或展览门票收入。这种典型的计划经济时代的文艺生产和服务模式在西藏几乎形成定制。文艺演出和艺术展览大多为配合节庆开展，为政治活动和政治宣传服务，不讲经济回报，不计投入成本，形成了单位集体免费观看文艺展演，而无人买票消费文艺的独特现象。作为文化产业重要部分的文艺展演活动，没有引入市场经济运行机制，很难作为产业来经营。

从文化旅游业来看，文化资源是重要的旅游资源，人文名胜、文物古迹和宗教建筑艺术等在我区旅游业中占有极其重要的地位。我区的文物古建人文名胜等文化资源一开始就与旅游开发结合为一体，使旅游业具有浓厚的文化色彩。由文化资源的开发而带动的旅游景点门票收入使文化旅游成为文化产业中的龙头产业。文化旅游业直接带动了交通、旅馆、餐饮、购物、娱乐等第三产业的发展，成为我区的支柱产业，创造着我区主要而稳定的税收财源，并在未来的经济社会发展中显示着广阔前景和巨大发展空间。

从广告策划设计制作业和信息网络传播业来看，是我区新兴的发展迅速的文化产业。广告制作和信息网络从一开始便与市场经济接轨，按照现代企业运营，国营、民营和个体多种经济成分共同发展，政府制定行业标准和市场准入规则，实行依法行政监管和宏观经济调控，由企业根据市场自行调整发展方向和产业结构，政府不再过问和干预企业经营，完全由企业自主经营，明晰的产权关系和企业纳税人角色使这些行业轻装前进，产业发展呈现良好势头和持续发展的潜力。

（二）存在的主要问题

1. 相对于西藏城镇人口，文化团体制作机构显得大而散、小而全。文化主管主办单位多而分散，部门所有和行业分割过细，产业化规模小，市场化程度低，机构重复设置，职能交叉，资源未经整合，产业未形成链条，是典型的计划经济体制下的机构建制，不适应现代化集约经营、规模经营、分工协作、结构科学的要求。在新闻出版图书报刊印刷业表现得十分突出，报刊社多而规模小，各行业自管自办，自成体系，使有限的资产和人力资源分散于多个主管单位，存在着明显的人财物的浪费。这样的结构难以适应市场经济发展产业的要求，很难建立起市场经济体制下的运营机制和管理模式。

2. 西藏文化机构的计划经济色彩很重，而市场化和产业化的因素比较少。早期建立的传统意义上的文化机构完全依赖于政府，在近年来按市场经济和现代企业制度建立的文化经营实体则与市场经济接轨。部分文化单位的文化事业和文化产业尚未明晰划分，事业单位办产业和产业受制于事业单位体制的情况同时存在，有的文化产品和服务本应从事业单位中分离出来而未分离，而事业单位在财政的全额拨款或差额补贴下堂而皇之地从事文化产业经营，致使一些文化机构“哪头甜哪头沾”，吃着旧体制的“大锅饭”，文化机构在竞争中显失公平，因而增加了改革的难度，拖累了文化产业的前行与发展，不利于解放发展文化生产力和文艺人才的成长进步。

3. 西藏文化有其特殊性，须从实际出发，慎重而稳妥地发展文化产业。西藏地域广阔而人口稀少，文化市场小，消费水平低，自然和历史的原因，决定了发展文化产业面临的不同于内地省区的特殊困难。西藏和平解放后长时间里形成的文化消费的“供给制”，使文化产业中的市场经济成分十分弱小。长期计划经济模式下的文化事业单位已经形成了旧的思维方式和行为定势，国有文化机构如专业艺术团体和全额拨款事业单位已经失去了走向市场发展产业的能力，多数文化机构仍需政府的长期扶持。

4. 尚未建立科学的投融资体制，政府独家投资办文化和国有国营垄断性经营的问题非常明显。计划经济体制下文化只有公益事业一种功能，理所当然由政府投资，必然存在投资渠道单一，筹集资金困难，投资周期长，不计成本不讲效益的问题。国家的文化政策对民营和个体经济进入文化市场作了种种限制，民营和个体经济不能进入文化市场，不仅缺少了投资主体，也缺少了经营的竞争者。投资和经营主体一体化，自然缺少了竞争的活力，以致出现管办不分、政事不分、政企不分，限制了文化事业和文化产业的进一步发展。

二、西藏发展文化产业的有利条件和制约因素

西藏是西部经济文化落后地区，除了自然环境和气候条件

恶劣以外，文化落后主要是指现代科技教育的落后和人口文化素质的普遍偏低。而相对于西藏的经济来讲，文化（民族传统文化）资源又是丰富且富有特色的。发展文化产业，既有有利条件，也有制约因素，有的是西藏特有的，对这些条件和因素进行客观的分析认识和正确把握，对发展文化产业很重要。

（一）发展文化产业的有利条件

西藏是歌舞之乡。藏族人民能歌善舞，这是被国内外其他民族所公认的，有“会走路就会跳舞，会说话就能唱歌”之说，虽有几分夸张，但说明西藏人民的确是生活在浓郁的歌舞环境中，歌舞与音乐伴随着藏民族的生产劳动和生活的方方面面，劳动人民创造并继承了丰富的民间歌舞音乐资源。西藏独特的自然地理条件和生产生活方式，造就了具有浓郁特色的民族文化艺术门类，而这些原始古朴的歌舞艺术恰恰为现代化社会所青睐，丰富着文化艺术舞台银屏，丰富着人们多姿多彩的文化精神生活，符合当代世界文化多元化的潮流因而具有广阔市场。“越是民族的就越是世界的”，已成为一种趋势和规律。西藏歌舞团、各地市民族艺术团、藏剧团等艺术表演团多次赴内地和国外演出受到国内外观众的热烈欢迎，不仅宣传了西藏，交流了文化，还带来了可观的经济效益。西藏歌舞音乐在欧美发达国家深受欢迎，藏戏更是深受日本、韩国和东南亚国家的喜爱，藏族歌舞音乐为祖国内地各民族所欣赏，广为流传经久不衰。反映旧西藏社会面貌的电影《农奴》和反映藏汉民族团结友好历史的电视剧《文成公主》早已成为影视作品的经典。藏戏已列入申报世界文化遗产计划之中，西藏各流派各种类歌舞音乐早已列入《中国民间文艺集成》和正在进行的“中国民间文化遗产抢救工程”。有多部影视剧题材已列入影视创作拍摄计划。这些丰富的民族文化艺术资源，具有转化为文化产品进入文化市场的巨大潜力和现实可能性，是发展文化产业的有利条件和资源富矿。

文化旅游业是文化产业中的主体产业，文化资源与旅游资源的综合开发是文化产业未来的一大趋势，文化与旅游的紧密结合相互发展正成为文化产业的核心与支柱。文化资源不仅是旅游的基础，还是未来旅游的内涵。旅游的核心是文化。即便是自然风光，也因有了人文的元素和文化的包装才具有更大的价值，文化提升旅游资源的品牌。旅游之所以被列为我区支柱产业之首，正是因为我区所拥有的丰厚藏族传统优秀文化人文风情和宗教艺术等文化资源，以及国内外游客对西藏自然风光富有人文色彩的体验与感悟。回归自然、亲近自然、探索自然、保护自然已经成为当今旅游业发展的核心价值观，也是西藏旅游近年来成为热点的深层原因。我区旅游业从一开始就是与文化资源和文化体验紧密结合为一体的，旅游与文化尤其是与民族风情、宗教艺术的结合是我区发展文化产业的巨大优势。

旅游与文化相结合，使西藏的自然资源可以转化为文化资源进而转化为经济资源。自然资源一旦有文化的融入而具有人文色彩，旅游就不仅仅是一般的游山玩水而成为一种文化活动，旅游也就不是一般意义上的第三产业而成为文化产业。我区独特的自然与文化资源，可以开发出丰富的文化旅游项目。如：民俗文化游、宗教艺术游、民间艺术节日游、生态环保游(以保护长江源头、雅江源头、雪山圣湖、草原森林等生态文化为主题)、民族宗教艺术博览会等。对经济社会发展有多方面的带动作用，更具有宣传西藏，传播藏族文化，增进文化交流和各民族团结融合的作用。随着现代交通、通讯业的发展和青藏铁路的通车，我区的旅游业将快速发展、持续发展。雅鲁藏布江大拐弯、藏东大峡谷、札达土林、象雄文化遗址、茶马古道、冈底斯神山、纳木错天湖以及遍布全区各地的神山圣湖人文名胜，都是有待开发的文化旅游资源，说明我区文化旅游业具有广阔前景。

中央给予西藏的一系列优惠政策是西藏发展文化产业的政治保障。中央召开的四次西藏工作座谈会及其方针政策，使西藏社会各项事业发展具有更加优于兄弟省区的政治优势。中央对西藏新时期的指导方针和政策措施其基本精神是与我国的《民族区域自治法》相吻合的，那就是尊重、保护和发展少数民族的文化和习俗，同时加强民族地区基础文化设施建设，丰富民族地区的文化生活，使少数民族群众享有充分的文化权利。中央人民政府对民族地区的文化建设给予重视和援助，中央财政加大对民族地区的文化建设投入，改善公共文化设施，以中央财政投入为主，大力发展文化事业。对民族地区的文化产业，给予更加宽松、灵活、优惠的政策，鼓励民营和个体经营者进入文化领域，降低准入条件、优惠税收或减免政策，扶持不同投资者和不同所有制经济投资文化建设，使民族地区文化事业和文化产业更快发展。自治区人民政府《关于加快发展我区文化产业的若干意见》中就有一系列鼓励兴办文化产业的政策规定，指出："坚持政府扶持与市场运作相结合的原则。各级政府应当通过制定优惠政策和创造良好的环境来支持文化产业发展。同时更要充分发挥市场对文化资源配置的基础性作用，积极培育发展开放型和规范化的文化产业体系。""在全区范围内全面启动文化产业，并使之迅速发展。文化产业产值递增速度明显高于我区国民经济水平，使文化事业真正成为我区新的经济增长点。""坚持政府投入与社会投入相结合的原则，鼓励和支持文化产业单位充分运用市场运作方式，多方筹措发展资金。积极鼓励社会力量投资兴办文化产业，努力形成多渠道、多元化的投入机制。各种所有制文化单位均同等享受自治区支持企业发展各项优惠政策。"自治区这些规定比内地省市更加开放和优惠，为我区文化产业发展创造了良好的社会条件和政策环境。

（二）发展文化产业的制约因素

由于自然地理和社会历史等原因，西藏的经济社会发育程度低，文化科教水平和人的综合素质低，经济、社会、文化均处于相对落后的状态，处在社会主义市场经济初级阶段。西藏和平解放以来长期实行计划经济，计划经济模式在经济文化各个方面留下深刻影响和印记，文化事业均按照计划经济体制建立和管理。由于经济文化发展滞后，长期以来，依赖于中央财政拨款扶持和兄弟省区的对口援助，也在一定程度上形成了依赖型和供给型经济及其思维模式，文化事业缺乏有力的经济支持，文化产业更是受到多方面的制约。主要有：

1. 市场化程度低对文化产业的制约。市场经济规律及其作用主要靠市场经营来体现。市场经济规律这只“看不见的手”作用于全部经济活动过程中。市场经济是规模经济，只有产业化和集约化，才有投入和产出的经济效率和效益，以最小投入获取最大产出是市场经济的规律和法则，文化产业同样遵循这些规律与法则。我区文化系统属下的各行业部门规模小而分散，不同的文化单位又隶属不同的主管单位，有限的文化资源和人力资源得不到合理配置，产业结构不合理，市场对资源配置的基础作用尚未代替行政管辖隶属关系，文化基础设施建设投资分散和重复建设的问题同时存在，高投入低产出，高成本低效益，许多文化机构小而全且自成体系，难以形成文化产业链条合力。以新闻出版印刷和图书报刊发行业为例，自治区党委机关报《西藏日报》发行仅限于机关单位公费订阅，自建印刷厂单一承印报纸，印刷设备使用率很低，而相应的技术岗位和职员都要配齐；拉萨市委机关报《拉萨晚报》同样建立自己的印刷厂，采、编、印、发各个环节全部由报社自己运作，采编印发和后勤保障全部自成体系，使有限的设施设备资源不能充分利用，造成一定的浪费和闲置，违背了现代工业化生产的集约化、产业化和分工协作的要求。自治区和拉萨市四个专业艺术表演团体同样存在资源和人力的分散与浪费，难以形成文化产业经济。

2. 城镇人口少消费水平低对文化产业的制约。人是消费主体也是市场主体，全区七地市几十万城镇人口是西藏文化产品的主流消费群体，文化产业必须面对如此超小规模的文化消费市场来构建市场体系和产业规模。文化产业及其队伍建设必须考虑文化产品消费市场和消费需求，人为的设置文化产业结构或者想当然的开发文化产品，必然失去文化消费的供需平衡关系，造成机构复重和人财设施的闲置浪费。有的文化产品和艺术种类，西藏可不必设立机构，有的文化艺术机构和专业艺术人员更不必仅仅属于某个主管部门所有，而应走向社会化，以利于文化资源和人力资源的合理配置以达到最大效益。文化消费水平从根本上讲由经济收入水平所决定，我区七地市城镇居民收入水平决定了他们的文化消费水平。由于我区主体民族藏族人口的生活习俗、价值观念和消费取向具有特殊性，藏族群众对某些现代文化艺术和外来的非本土文化产品的消费具有一定的封闭保守性，使文化产业发展受到直接和间接影响。

3. 现行体制和管理机制对文化产业的制约。现行体制的弊端主要表现在政府既“管”文化又“办”文化上，即通常比喻的“既当裁判员又当运动员”。政府出资办文化产业如同政府出资办企业一样，必然是政企不分、政事不分，政府对文化机构和文化产品生产包揽得过多，统得过死，干预太多，管理太细，文化机构缺乏自主权，缺乏生产积极性，必然缺乏独立经营意识和能力，甚至产生依赖性和等、靠、要的懒惰情绪，这是计划经济时代遗留下来的陈规和积弊。另一方面，政府统揽和包销文化产品，容易产生文化产品只重社会效益轻视经济效益甚至把两个效益割裂开来对立起来，文化机构和文化产品生产者也容易产生只对投资者（政府）负责而无须对消费者负责的问题，文化产品如果只接受政府的审查把关而无须接收社会的检验，群众是否喜闻乐见得不到真实反馈，必然生产次品劣品而难以生产精品佳作。

现行体制和管理机制的弊端还表现在对文化产品的投资体制和对文艺人才的培养使用上。发展文化产业，市场机制起基础作用，政府管理起主导作用，如果不引入市场机制，政府对文化产品生产仍然采取计划经济体制下那种从计划任务到审批投资，从组织生产到销售流通各个环节都不放手，必然形成决策盲目、融资困难、生产周期长、质量不保证等一系列问题。文化产品不直接接收市场检验和社会的反馈，就难以激活文化产业内部机制和活力。现行的人才部门所有制和人才不流动的人事管理体制，不利于文艺人才的成长。只有实现文艺人才的社会化（社会所有）才能实现文化产品的市场化；只有打破部门所有制，实行聘用制和项目签约制等现代管理机制，人才的发现、培养与成功才有体制和制度上的保证。

三、西藏文化产业发展前景分析

根据国际机构研究的结论，在人均 GDP 达到 1000 美元时，消费支出中吃穿用类比重下降，而文化精神产品消费支出开始上升，第三产业应该占 GDP 总量的 40%以上。我国目前人均 GDP 超过 1000 美元，但是第三产业的比重约在 35%，低于国际上第三产业平均比例，其中文化产业所占比例较低是重要原因。在许多经济发达国家，文化产业已经创造了可观的经济效益。据统计，美国 400 家最富有的公司中有 72 家是文化企业，美国文化产业产值已占 GDP 的 18%—25%，美国的音像业仅次于航天工业居于出口贸易的第二位；英国文化产业发展速度是经济增长速度的两倍；日本的娱乐业产值占 GDP 的 4%，仅次于汽车工业；1993—1994 年度，加拿大的文化产业产值 269 亿加元，超过了一些传统产业如农业（99 亿）、交通（244 亿）、通讯及信息技术（246 亿）等产业的产值。

进入 20 世纪 90 年代，我国大力发展包括文化产业在内的第三产业，文化事业面向市场经济的改革步伐明显加快，文化产业开始进入快速发展时期。1990—1998 年，全国文化产业的增加值由 12.1 亿增加到 83.7 亿元，八年间增长了 6 培；文化产业机构由 6.8 万个增加到 9.2 万个，增长了 35%；从业人员由 49.5 万人增加到 72.1 万人，增长了 46%。1990 年社会办文化产业机构在总量上远远小于国有文化系统，但到1998年，社会所办文化产业机构总数已是国有文化系统的2.7倍，从业人员为1.5倍，包括文艺演出市场、影视、音像市场、文化娱乐市场、文化旅游市场、艺术培训市场、艺术品流通市场等在内的文化产业及市场体系已初步建立。

据有关部门测算，1998年我国文化产业所吸纳就业人员仅占就业人数的0.4%左右，而发达国家占3%—6%；我国文化市场潜在的消费能力为3000亿元左右，占GDP的3%左右，而实际消费的文化产品不足千亿元，占消费能力的不足1/3。到2005年，我国文化产业的潜在消费能力将达到5000亿—6000亿元，说明我国文化产业的发展空间是巨大的，人民群众对文化产品和服务需求的迅速增长将转变为发展生产力的强大动力，这是发展文化产业的原动力。

从国内文化消费状况来看，更能明显看到西藏发展文化产业所具有的广阔空间。据上海交大国家文化产业创新能力与发展研究基地发表的《中国文化消费现状及趋势报告》分析，2000年西藏的人均消费性支出在全国列第七位，人均5309.91元，然而，西藏用于文化娱乐和教育方面的消费却是全国最低的。文化教育消费人均水平，广东是西藏的2.8倍以上，西藏处于全国平均线之下；文化娱乐人均消费水平，北京是西藏人均的将近5倍；从通讯消费支出来看，西藏与广东、北京、上海、浙江、福建、重庆等经济文化发达省市处在同一个层次，西藏的通讯消费支出居全国第六位。虽然每个地区的消费结构因地域经济文化发展的不同而有所不同，但经济发展之后必然是文化消费的紧随发展。该项研究指出："西藏的人均消费性支出列全国第七，居江苏、广西、山东、海南、辽宁等东部沿海省份之上，这也就意味着，对消费水平的判断，以传统的东、中、西部来划分有时并不能反映真实情况。经济欠发达地区，现在经济条件虽有所改善，但主要支出在食品，还无力投资教育，最典型的是西藏。……从文化娱乐消费占消费性支出的比例看，北京雄居榜首，是西藏的3.5倍以上，这表明西部省市的文化消费潜力很大，文化消费空间可做深度挖掘。”

近年来，随着我国加入世贸组织和成功取得2008年奥运会主办权，随着信息网络业的迅猛发展和文化旅游业的快速升温，我国文化消费正呈现出新的特点和新的趋势，我区必将受到积极影响，主要体现在：

1. 文化消费市场的全球化走势将逐渐增强，文化消费品供求的结构性矛盾将得到缓解。加入世贸组织以后，我国也将按照世贸组织有关规则贯彻最惠国待遇原则、国民待遇原则、公平交易原则、透明度原则、市场准入原则和发展中国家更多的参与原则，并逐步实现贸易自由化。我国的文化消费市场将因这种变化而在整体上长期得以丰富和拓展，过去由于产业保护、垄断经营等原因而被阻止进入国内的文化产品，将不再或很少受到限制，可供大众消费的文化产品将会明显增加。文化产品的有效供给增加，必然释放中高收入群体的文化消费购买力存量，促进文化消费总量增长。西藏在西部大开发中得益于中央特殊优惠政策和全国大力支援，经济文化建设快速发展，收入增加较快，文化公共基础设施建设加快，文化消费水平迅速提高，文化产业结构面临调整，文化产业空间得以扩展。

2. 文化消费市场供求结构将得到调整，文化消费者主权经济特征将更加明显。随着市场经济的发展和法制的日益健全，高质低价和优质服务将成为中国文化消费市场竞争的焦点。国外文化市场产品的高质量精制作和公平的价格将成为文化消费者的热购对象，国内文化产品欲巩固和拓展文化市场，必须以真正面向广大民众，突出民族特色，为广大民众所喜闻乐见的精品佳作来取胜。法律意识和维权意识的增强，使更多的文化消费者运用法律武器和知识产权保护规则来维护自己的文化权益，以消费者为中心将成为文化消费的大趋势，文化产业和文化企业必然与国际接轨，与社会和广大消费者对接，从卖方市场转向完全的买方市场，文化产品及其服务将紧紧围绕文化消费者的需求和主流消费倾向进行，文化产品的创意、创新、创造，最大限度地满足人民群众的精神文化需要和提升生活品质，将成为文化企业的价值取向。西藏文化的悠久历史、古老面貌和浓郁的民族特色、宗教气息等文化元素，在当今经济全球化、文化多元化的时代独具魅力，吸引着国内外大批文化旅游者和消费者的目光，丰厚而独特的文化资源具有发展文化产业的坚实基础，少数民族文化和宗教艺术将成为当今时代的文化消费亮点。

3. 文化消费市场在可预见的将来有巨大发展空间和潜在市场购买力。据统计，我国在 2000 年的实际文化消费总量是 800 多亿元，距专家测算的理论消费能力 3000 亿元有着很大差距。据预测，我国文化消费的潜在能力还将继续增长，到 2005 年预计可达到 6000 亿元。2000 年全国居民人均非基本生活必需品支出 1425.3 元，占消费支出比重的 29.8%，比 10 年前提高 17 个百分点，其中文化娱乐消费支出增长 23 倍，教育消费支出增长 20 倍，旅游消费支出增长 10 倍，通讯消费支出增长 277 倍。另据国家统计局预测表明，我国居民未来家庭消费支出中，子女教育支出将占 31.6%，文化娱乐支出将占 4.7%，自我发展（多为文化艺术方面）消费将占 22.9%，居民消费结构呈多元化趋势并进一步优化，文化消费的主导地位终将确立。近年来，西藏城镇居民群众的消费水平随经济快速发展，收入增加有大幅提高，虽然中央给予的优惠政策使农牧民子女享受免费义务教育，因而教育消费支出比例不高，但在城镇居民中，对子女的学前教育、艺术教育和素质开发方面的支出却有大幅度增加。城镇居民用于节假日文娱活动支出和文化旅游消费支出都有显著增加，而且西藏居民的文化消费市场基本在藏区本土，因而形成了潜在的区内文化消费市场，对区内文化产业有着长久的推动力和市场购买力。

四、西藏发展文化产业的总体构想

（一）制定文化产业发展规划和文化体制改革方案

按照“十六大”发展文化产业和文化体制改革的要求，文化部和有关部委已经陆续制定出文化体制改革总体方案和文化产业政策，为我区提供了制订规划和方案的政策依据和指导。就全国而言，文化体制改革已经在某些区域和行业进行了多年的试行和试点工作，已经探索出许多成功的经验；就我国市场经济体制深化改革的实践，经济体制和政治体制改革的推动，文化体制改革的条件已经成熟。文化产业在近五年左右的时间里有了较快发展，发展文化产业的前提，仍然是在文化体制改革整体推进基础上理顺事业和产业之间的关系，调整产业结构和布局。

我区的文化事业和文化产业均属于后发展状态，规模小，积弊少，没有太多历史包袱，属于“小船好调头”，文化体制改革和发展文化产业已经是水到渠成、车到山前了，这种改革涉及不广，牵动不大，不动筋骨之苦，宜尽早进行。虽然西藏各项事业一直以来都要坚持慎重稳进，稳定第一的方针，但并非事事都要在全国之后，要按照快速发展、跨越式发展的思路尽快推进文化体制改革。西藏的文化事业与文化产业在全区经济社会发展全局中的地位和作用不可轻视，对经济增长和社会局势长治久安有着重要而深远的影响，早改革早受益。我区的文化体制改革与文化产业发展规划，应列入自治区社会科学现实研究课题中，尽快研究。对于我区文化体制与产业现状、文化产业在全区产业结构中的地位与比重、我区文化发展的优势与劣势、文化产业的结构布局及其改革等重要问题，应开展专题调研论证，进而以之为据，研究制定文化体制改革方案和文化产业发展规划，作出战略性、前瞻性的规划安排。

（二）调整政府投资和国有资本，保证重点文化建设

根据中央对国有资本布局进行战略性调整的精神，结合文

化体制改革总体方案的布局要求，按照国有资本“有所为，有所不为”的原则，在确保国家文化和信息安全的前提下，对文化事业和文化产业在大的布局上作出调整安排。属于非盈利公益性公共文化事业，如：图书馆、博物馆、文化馆、文物保护单位、艺术研究院所、基础教育和体育、基层广播、电影、电视等公共文化设施和服务部门，要在科学界定的基础上，确定为公共文化事业单位；有些文化机构如教育、广播影视、文化展馆等，在经济发达、人口密集省市地区属于文化产业，但在西藏应列入公共文化事业范畴，这符合《民族区域自治法》精神和中央对西藏一系列优惠政策，也体现西藏在西部地区的特殊地位，属于国家长期扶持发展的科学教育文化事业，应保障农牧民群众文化权益。中央扶持我区的“西新工程”（农牧区乡村通广播电视工程）是从西藏实际出发，把文化产业按文化事业对待，加强基层公共文化设施的实例。对公益性文化事业，要合理规划，确保投入，按期实施，实行事业单位的各种政策待遇，建立科学的内部管理机制，保证正常运转，与国家经济和社会协调发展。

对垄断性盈利性文化产业，国有资本应“有所为”。如：在涉及国家思想文化导向和信息安全的新闻出版、广播影视（城镇）、信息网络，国有资本应实行控股经营和垄断性经营。这些行业本来盈利且属于文化产业的核心行业，政府应加大投资，强化政府的调控力度以确保宣传思想文化的功能和正确导向。西藏七地一市城镇，新闻出版、广播影视是作为国有事业单位由政府直接来管理和经营的，其中又有一部分职能（媒体广告收入）属于文化产业部分，属于政府主管主办，管办一体，政府在很大程度上不是按事业单位而是按行政机关的管理机制在办文化事业，存在种种弊端，必须予以改革，实行政事分离，政府管发展方向、发展规划、投资政策、人员培训、制定规章，而内部运行由事业单位按照政策规定去运作。

对于民营和个体经营的歌舞厅、娱乐演出场所、音像店、书店、报刊亭、广告公司等盈利性中小文化企业，国有资本应当“有所不为”而由非国有资本通过竞争优化结构，给多种所有制经济投资文化产业预留空间，政府通过对中小文化企业培植税源和文化市场的监管，实施对这一部分文化产业的管理。

（三）积极推进国有文化企业的重组和改制

文化体制改革以来，我国在组建各类国有或国有控股文化企业集团试点方面取得了重要进展。据统计，到2002年6月底，我国已组建国有或国有资本控股的文化企业集团45家。其中，报业集团26家、出版集团6家、广电集团8家、电影集团1家、图书发行集团4家。这项改革，对于实现国有文化资源的优化配置，实施集团战略，迎接加入世贸组织具有积极意义，可以把文化产业做大做强，成为新的经济增长点，有利于文化事业全局的发展。国有文化企业集团通过吸纳各类社会资本，调整和优化资本结构，形成一批具有市场竞争实力的混合所有制文化企业集团，在企业体制、运行机制和管理制度方面，率先与国际接轨，参与国际竞争，打造中华文化品牌。

我区文化企业虽然尚不具备组建大中型文化企业集团的条件，仍然可以按照企业集团的组织方式，对现有部分文化企业（含实行企业化管理的文化事业单位）进行重组和改制，可以加入文化企业集团或入股企业集团，按照现代企业管理模式去运作。比如：我区的信息网络业，实际上已经成为跨地区的大型国有文化企业集团的一部分，它不需要政府投资，而按照企业集团来管理和经营，有稳定的经营收入和纳税能力，有抵御市场风险和金融风险的能力，为当地政府分担了就业压力和投融资风险，还能为政府分担诸如扶贫助困、慈善福利等社会责任；再比如：我区的图书报刊和印刷企业，规模小，资源分散，存在着机构重叠、职能交叉、重复劳动、浪费资源等一系列问题，长期效益低下，多数机构靠政府财政供养或补贴，自我生存能力很弱，如同先天不足后天缺乏营养的长不大的孩子，作为独立法人和市场主体纳税人，不仅要靠政府财政长期供养，甚至还成为政府财政包袱。如果按照国有文化企业集团来经营，可把全区报刊出版社、编辑部和报刊资源重新组合改造，合并或撤销一批报刊社和编辑部，整合文化出版资源，把分散于全区地市各个行业由事业经费支撑的报刊合办或停办，集中有限资金确保重点报刊质量，或以报带刊，报刊同办，资源共用，一体经营，以期达到集约经营和规模效益。例如：大众传媒广告公司就是实行独立核算，改革现有分散的媒体自办广告公司（部）的运营机制，实行市场化产业化经营。组建印刷(集团)公司,把分散的各报刊社自办印刷厂和各单位自办印刷厂进行改组改造,形成印刷合力,提升印制质量,充分发挥印刷物资和设施设备功能,减少闲置和浪费,提高效率和效益。

（四）改革人事制度，盘活人才资源

文化艺术产品的生产和服务，在很大程度上是一种个性化的文化积累和知识创新的成果，文化艺术企事业单位的基本特点是依赖各类文艺人才对文化资源的深度发掘和再度创造，从而源源不断地生产出新的创意、策划、创作文化产品和文化服务项目。以创意策划的项目为依托，吸引资金、组织营销、协调管理、创编展演等要素，最终把文化产品和文化服务经市场流向社会，实现文化艺术的社会效益和经济效益，完成文化产业化经营的过程。文化产业和文化服务的生产与再生产过程，在本质上是具有一定专业知识和创新能力的人才对文化资源的不断认识、挖掘和创造过程，专业文艺人才是各类文化机构中最宝贵的财富，也是存量资源中“含金量”最高的稀缺资源。由于历史和体制上的原因，人才闲置和流失的问题在国有文化事业单位一直存在，在我区更为突出。以自治区各专业艺术表演团体为例，目前共有五百多人，这些演职人员多数经过国家高等艺术院校培养，大多被评聘为中高级专业职称，然而他们除了参加党政机关组织的纪念活动和节庆演出外，一年当中大部分时间被闲置，专业被荒废，许多人游走于社会上文化娱乐经营场所，国家花费巨额培养的专业艺术人才，却不能以经常性的文化产品和服务奉献给观众，存在着很大浪费，这是旧的体制和旧的机制所造成的人才资源浪费。由于长期计划经济体制下的文艺团体的大锅饭和“供给制”式的文艺管理，一方面文艺团体人才闲置和流失，一方面群众的文艺生活很贫乏，改革和转制的任务已迫在眉睫。把各类专业艺术人才的单位所有转为社会（文化企业）所有，对现有人员实行全员考核聘用制，建立新的人才流动、培养选拔和使用管理机制，面向社会文化活动和文化产业经营，参与影视、音像、演出、培训、参赛、对外文化交流等生产和服务，做到人尽其才、物尽其用，取得两个效益的统一，减少政府投入，把资金投向更需要的文化产品和服务上，依靠艺术市场拉开收入档次，使优秀人才脱颖而出，尽快成长，文化事业和文化产业都能得到更快发展，取得更佳效益。

2004 年 4 月

参考文献：

1. 江蓝生、谢绳武主编：《2001—2002 年中国文化产业发展报告》，社会科学文献出版社，2002 年 2 月。

2. 江蓝生、谢绳武主编：《2003 年中国文化产业发展报告》，社会科学文献出版社，2003 年 2 月。

3. 黄飚著：《文化行政学》，上海文艺出版社，2003 年 3 月。

4. 西藏自治区人民政府：《关于加快发展我区文化产业的若干意见》，2002 年 9 月。

5. 《2000 年中国经济展望》，国家信息中心、中国计划出版社，1999 年。

6. 《城市居民消费走向多元化》，载《人民日报·海外版》，2001 年 1 月 8 日。
7.《文化消费市场空间巨大——浙江省文化消费调查》，载《中国文化报》，2001 年 3 月 28 日。
8.《我国 2005 年文化消费达 6000 亿》，载《文汇报》，2001 年 8 月 7 日。

从大文化视角对西藏小城镇建设的思考

加快小城镇建设，是我区在西部大开发中的重要任务，将对我区经济、社会跨越式发展生产以有力推动，意义深远。

城镇建设包含着很高的文化含量，既是物质文明建设，也是精神文明建设。小城镇建设的文化内涵不仅仅体现在建筑的设计创意、造型风格、民族特色等具体的艺术形式上，更主要是体现在小城镇建设的总体规划、功能布局、生态环境、文化品格等宏观方面。因此，在对小城镇建设进行规划设计时，从大文化视角来考虑小城镇建设的主要方面，不能不注入更多的文化理念和审美意识。本文试从仲巴县城两次搬迁三易其地的启示和分析中，提出对我区小城镇建设的几点思考。

一、仲巴县城易地搬迁建设的经验借鉴

仲巴县位于日喀则地区西部，与阿里地区四县毗邻，县域面积约 4.6 万平方公里，约占日喀则地区总面积的 1/4，平均海拔 4700 米以上，地域广阔，人口稀少，高寒缺氧。雅鲁藏布江源头马泉河发源于仲巴县并贯穿县域。仲巴县成立于 1960 年，县城最早建于帕羊乡附近叫算乍甘的地方，地处喜玛拉雅山脉北侧宽阔峡谷，位居中尼边境雪山脚下，常年风沙，气候寒冷，四周人口稀少，经济落后，难以形成县域经

济、政治、文化中心地位。仲巴县于1964年搬迁至扎东，县城建在了219国道上，方便了交通，然而却选址在风沙聚集的山坡上。冬春季节，一夜之间黄沙堵门，干部职工每周都要用一两天时间清运沙土，几年后，县城竟成了沙城，一些房屋被黄沙掩埋，县城镇一片荒漠。1995年9月，仲巴县城再次搬迁至现在驻地。第二次搬迁，仲巴县城建在离219国道约十公里处，位居荒原一隅的山脚下，背靠马泉河支流柴曲河，由国家投资2000多万元建成。仲巴新县城在使用和管理中存在以下明显缺陷：县城坐落在山口处，风沙大，气温低，环境差，不临公路干道，虽然在拉萨至阿里的旅游线上却得不到旅游业的带动；供排水不配套，饮用的柴曲河水含氟很高，危及健康，政府两次投资打深水井，修供水网，皆因管理不当和寒冷冻裂，多年未能正常使用，造成浪费；县城四周人口稀少，县城距各乡村距离遥远（距北部边远的隆格尔乡约380公里，雨季绕行近800公里），行政辐射功能减弱，教育、文化、卫生等社会公益事业效益低下；垃圾粪便倾倒在柴曲河边，涨水季节垃圾随水流入江，破碎酒瓶遍地，塑料袋漫天飞；因气候寒冷，种植受限，县城无一棵树木一片草坪；除了造型单调的一片平房以外，遍地沙砾荒滩，数十公里道路被沙掩埋，行车困难，缺水、缺电、缺燃料、缺蔬菜，生活艰辛；每年财政拨款约600万元，勉强维持县直机关人员办公和生活，行政成本高而综合效益低。

仲巴县城三次建设和两次搬迁，让我们思考这样一些问题：城镇建设的目的是什么？意义在哪里？如何规划建设小城镇？如何发挥城镇功能和效益？仲巴县给我们留下许多启示。

二、城镇选址要讲究科学，遵循自然规律

早在远古时代，人类祖先就积累了“逐水草而居”的生存经验，认识并遵从自然规律。在与大自然的抗争中不断总结规律，人类在选择居住地时注意了安全——躲避自然灾害；气候——适宜生存，物产丰富，有利于人畜生息繁衍；朝向——利用太阳、风力等自然能源；交通——产品交换和人员交往等有利于人类生存发展的自然条件。随着社会文明的进步，人类向着气候适宜、土地肥沃、水草丰盛、交通便利的地方聚集居住。随着商品交换而形成了市场，交往增多而设立了公共文化设施，逐步形成小城镇，社会管理机构也应运而生，小城镇便成为集经济、政治、文化、交通、居住等诸多功能于一体的枢纽中心。城镇发展历史说明，人类必须在遵从自然规律，适应自然环境的条件下才能生存发展，才能建设城镇。中华文化“天人合一”的精神即是人与自然和谐统一的历史经验总结。

人类一方面是自然环境的产物，另一方面又对自然界具有很强的适应能力和改造能力，但这种适应和改造能力是有一定限度的，这个限度就是遵循自然规律，在适应和顺应自然规律的前提下改造自然，生息发展。在人与自然界的关系中，存在着夸大人的主观能动作用的片面认识，认为“人定胜天”，人类能“改造自然，战胜自然”。在这种片面认识作用下，“建设边疆”就一定要有人占据或开垦土地建设城镇，而很少考虑开发建设的真正意义，甚至忽略了人类与其他生物共有的趋利避害本能。人类与动物植物争夺自然资源，人类赶走了野生动物，毁坏了植物生态环境，造成生态退化环境污染；忽略了人与自然界的和平相处、和谐统一。人类在严酷的自然环境中抗争，也受到自然环境的报复和惩罚，为了生存付出沉重代价，经济和社会发展缓慢，人们失去了生活的意义和目标。这应为我区小城镇建设所借鉴。

我区相当广阔的区域不适合人类生存居住，人类没有必要同大自然的恶劣环境抗争，而应顺应自然，主动撤离，下决心实施移民开发，向小城镇搬迁聚集。我区小城镇建设要首先考虑气候适宜人类生存的“一江两河”流域和公路沿线具有一定便利条件的县乡城镇，撤离后的荒地还给大自然，任凭野生动植物自然繁衍生息，给予适当保护，在科学技术和综合国力比较发达，有能力对自然资源进行高水平深度开发的时候再来开发。

三、注重小城镇基本功能，发挥小城镇辐射作用

小城镇处于一定行政区域内的中心地位，是经济贸易、行政管理和文化科技传播的枢纽。小城镇除了满足自身人口居住，从事各种社会活动和生产生活以外，还具有对周边地区经济、政治、文化的辐射功能。小城镇建设规划设计要充分考虑形成和发挥辐射带动功能。

（一）把小城镇建设成为经济贸易中心。小城镇建设规划，要预测区域经济发展远景和发展速度，充分考虑经济结构和经济优势，对人口、交通、能源、通讯、公共设施、第三产业及其发展和需求进行论证，对企业、市场、原料等作考察分析，对各种经济要素尽可能作出科学预测，作好中远期规划设计，使小城镇在商品生产、流通集散、产业结构、劳动就业、乡镇企业和科技推广等方面起到辐射示范和龙头带动作用。

（二）把小城镇建设成为行政管理中心。小城镇是一定辖区党政领导机关及其管理职能部门的办公驻地，履行对小城镇及其辖区的行政管理职能。行政管理是以人为对象进行的，小城镇建设选址应在行政区划的中心或依托于人口密集的乡镇。党政机关和管理职能部门的设置应以精简、集中、便捷、效能为原则，建设小政府、大社会，发展社会服务中介组织，推行机关后勤服务社会化，生活居住区域管理物业化，使行政管理

低成本高效益。

（三）把小城镇建设成为文化科技传播中心。小城镇是文化科技生产推广传播的主渠道，又是文化消费的主要市场，城镇文化建设除了满足居民精神文化生活需要外，对城镇周边乡村同样有延伸服务的辐射功能。城镇公共文化设施和机构，如：文化宣传机构、医疗卫生设施、体育运动场所、广播影视传播、科研推广普及、新闻图书出版、群众娱乐设施建设等，应统筹兼顾，注重多功能，集约化、导向性、开放型，既要经济适用，又要适当超前。要以社区文化建设为基础，创建文明城镇，以小城镇文明辐射和带动乡村文明，使科学、健康、文明的生活方式和社会风尚传播城乡。

四、创造优良生态环境，培养可持续发展观念

人类改造自然环境，是按照人的意志和审美观来改造和建设生存空间和生态环境的，同时，环境也影响和改变人的生活方式和思维方式。小城镇建设要充分考虑人与自然这种对立统一的辩证关系，既要满足人的现实生活需要，又不对后人的生存造成不利影响。培养城镇居民的保护生态环境和可持续发展的观念应处理好以下生态问题：

（一）因地制宜，节约用水。我国是水资源严重缺乏的国家，保护水源、节约用水是每个公民的义务。我区水资源虽然相对丰富，但可利用水资源并不富有，城镇生活用水造成的污染正在显现。小城镇建设中要把供排水作为一个重要问题来对待，不仅要考虑供水，还要运用新科技，因地制宜地解决好生活用水再度使用和污水无害排放问题，使供排水合理配套，形成良性循环。我们居住在祖国的母亲河长江、黄河和雅鲁藏布江的源头地区，保护好水资源既是我们的责任，也是我们的荣誉。要运用经济的、行政的、宣传教育的综合方法，养成人人节约用水，珍惜水资源的习惯。

（二）垃圾分类，回收利用。城市垃圾处理日益成为突出问题，如何处理垃圾是城市文明的一个标志。处理垃圾，看似事小，处理不当，后患无穷。我区小城镇建设要借鉴国内外成功经验，少走弯路。在小城镇建设规划时全盘考虑，不能再走“先堆放后处理”、“先污染后治理”的老路。针对县乡农牧民群众的生活习俗和卫生习惯采取切实可行的措施，对垃圾进行分类处理和回收利用。上海等城市试行的三色垃圾桶，由家庭把塑料制品、玻璃金属和有机垃圾分类，集中回收利用的办法可在小城镇推行，虽然开始有一定难度，坚持下去，便成习惯。

（三）美化环境，陶冶身心。绿化、美化在小城镇建设中占有极为重要的地位。城镇居民在物质生活富裕之后，逐步转向对精神文化生活的追求和对自然环境的亲近，对居住环境有越来越高的质量和审美需求。城镇建设在初始阶段就应对此有充分考虑，规划出足够的面积和空间用于绿化美化，从当地气候条件和自然、人文环境出发，建设富有民族特色、生态特色和文化特色的有机融合的现代化小城镇。

（四）净化空间，考虑周全。经济文化和科学技术的发展，迅速改变着人们的生活观念，城市居民已经厌倦了车水马龙、繁华喧嚣的城市生活，逐渐转向追求舒适、方便、安全、优雅、宽敞、明净的空间。目前的“城市病”日益突出：城市道路电杆林立、电线如织；广告招牌五颜六色、杂乱无章；新修道路随意开挖；临街棚舍违章搭建；流动商贩就地设摊等等，影响了道路交通，干扰了人的视觉，污染了城市空间，给人造成紧张、拥挤、杂乱的感觉和心理压抑。在今后的小城镇建设中，应及早预防这些“城市病”，从小城镇规划设计入手，统筹安排，考虑周全，尽量设计好各种管线走向，建设开放式透格围栏，增加城镇透视空间。加强城镇文明社区建设，提高城镇的文化格调，加强城镇街道市容管理纠察，还小城镇一个安全、宽敞、明净、优雅的空间。

小城镇建设是综合性的建设工程。在我区，既受到地理、气候、交通等条件的限制，又受到经济文化落后、人口素质偏低的制约，在民族文化传统、生产生活习俗等方面又有很大特殊性，因此，小城镇建设与内地相比有很大不同。小城镇规划设计方案，应吸收社会科学和文化专家参与审定，以便从文化生态的角度进行审视和完善，提高小城镇建设的人文含量和文明水平。

2001 年 6 月

常常听到一些同志讲，精神文明建设工作很“虚”，不容易抓在实处，不像物质文明建设那样“实”，因而提出“虚功实做”、“虚实结合”等工作方法。那么如何看待精神文明建设工作中的“虚”与“实”，如何“虚功实做”、避虚就实呢？根据工作实践，谈几点体会与大家共同研究。

首先，要以经济建设为中心，注意两个效益相统一。精神文明建设要以社会效益为首要，正如精神产品要把社会效益放在首位一样，坚持以此为原则，才不至于偏离方向而误入歧途。物质文明建设以经济效益为首要目标而同时要考虑社会效益，同精神文明建设以社会效益为目标同时也要考虑经济效益，是对立统一，相辅相成的，它们之间看似“貌离”而“神合”。这是由两个文明建设的性质、途径和成果的不同而形成的“社会分工”，而最终目标是一致的，就是建设有中国特色的社会主义现代化。精神文明建设与物质文明建设不能搞“两张皮”，必须把握好它们的目标的一致性，如果过分强调某一方面而忽略另一方面，就会偏离正确方向，就会失去两个文明的协调发展。党的十五大再次强调，在社会主义初级阶段，尤其要把集中力量发展社会生产力摆在首要地位，一切工作都要服从和服务于经济建设这个中心。精神文明与物质文明相统一相协调，精神文明建设要直接或间接地作用于发展生产力，把精神力量转化为物质力量，社会效益也会转化为经济效益，这样，精神文明建设才会变“虚”功为“实”效。那种把精神文明建设突出到不适当的地位，或者孤立地进行所谓的精神文明建设；那种搞精神文明建设不顾投入成本，不管经济效益而盲目追求“社会效应”、“新闻效应”的做法，必然会脱离实际，而给人以“虚张声势”的感觉，实际上早已偏离了以经济建设为中心，偏离了精神文明建设的根本目标。

其次，要以“三个有利于”为标准，立足于为人民谋利益。精神文明是为民造福的社会工程，精神文明建设只有动员和吸引群众参加才能有蓬勃生机，才会有无数创造。群众是精神文明建设的对象也是精神文明建设的主体，精神文明建设是群众广泛参与的自我教育、自我管理、自我提高的活动，人民群众有权在精神文明创建活动中得到实际利益。邓小平提出的“三个有利于”标准，是衡量精神文明建设的根本标准，遵循了“三个有利于”标准，精神文明建设的目标就落到了实处，工作也就做实了；忘记或者背离了“三个有利于”标准，精神文明建设就有滑向虚、浮的可能。那种把精神文明建设当作“摆设”或者当作领导捞取功名的途径，必然会脱离人民群众；那种把领导与群众脱离开来，“对立”起来，搞“我讲你听，我帮你通”那一套，把群众置于改革对象的位置而忽略群众的主体地位的做法，也必然要脱离群众，从而使群众感到精神文明建设“只是上头的事情”或是“做给上级看”的活动，精神文明建设就是徒有虚名而偏离实质方向了。

第三，要树典型，抓示范，以点带面。榜样的力量是无穷的，典型的作用最具说服力。先进典型是精神文明建设具体成果的体现，也是人们学习仿效的样板、楷模，有了典型示范，人们学习就有了目标。近几年，中央宣传部、中央文明办在全国推出一大批先进集体、先进个人的典型，尤其是文明城市、文明村镇、文明行业三大创建活动示范点的公布和宣传，使全国上下实实在在感受到了精神文明建设的成果，使人们感受到我们这个时代是英雄辈出、群英荟萃的时代，是表彰先进、弘扬正气的时代，给人们以鼓舞和激励，有力地推动了全社会文明水平的提高。树典型、抓示范、表彰先进，是精神文明建设的重要工作方法也是精神文明建设的内容。重在建设是精神文明建设的一条重要方针，重在建设的本义是“以立为本”，以正面宣传、倡导、树立为主的建设，不是“破字当头立在其中”的建设。精神文明建设要时刻牢记和遵循以立为本，以积极建树为出发点，通过树立典型，表彰先进，使人们学有榜样，赶有目标，而不是一般号召，也不是高不可攀，是可敬可亲可学。先进是具体的、生动的，实实在在的，把高标准要求化为具体典型，精神文明建设就会化“虚”为实。

第四，要深入持久，常抓不懈，持之以恒。精神文明建设是宏大复杂的社会系统工程，其创建活动寓于社会生活的各个方面，涉及社会各个阶层，同时又受到各方面条件的影响和制约。精神文明创建活动往往是交叉并进、相互作用的，因此，单靠某个方面和某种形式是难以奏效的，也不能头痛医头脚痛医脚，东一榔头西一棒子，而要总体规划。如同建造一座大厦，要有总体设计，还要精心施工，才能确保质量。要围绕总体目标采取阶段性建设措施，一件事一件事地抓实，一个战役一个战役地打好，一个阶段一个阶段地推进，积小胜为大胜，由量变到质变，这样精神文明的大厦终能建成。精神文明建设切忌“一曝十寒”，抓一阵子停一阵子，往往收效甚微，群众的热情难以持久，成效难以巩固。精神文明建设还要注意不忽冷忽热、忽东忽西、零敲碎打，否则形不成一定气候，收不到整体效益，往往出现“浮”的现象，难以深入，华而不实。要变浮华为深实，就必须一要常抓，二要深入，三要持久。

第五，要从具体事情抓起，把原则性要求化为具体标准。邓小平同志从他一贯的务实作风出发，提出精神文明建设“要从具体事情抓起”，说起来浅显明了，做起来却并不简单。现实普遍的问题是原则化、一般化的号召多、口号多、部署多，而可操作的活动少、具体标准少。对上级的整体部署和原则指导，层层照转照发，上下一般粗，有人布置无人实施，使基层的同志觉得太虚，无从抓实。抓精神文明建设要把上级的原则要求化为具体可行的措施，层层细化，越到基层越具体，把原则性要求同各自的具体情况结合起来，创造性地开展工作。“创建活动”就是创造性地建设，从具体活动中创造和积累经验。精神文明建设有大事也有小事，大事往往寓于小事之中，从一点一滴做起，积少成多，积小成大，就会有质的飞跃，就会化虚为实。邓小平关于“要从具体事件抓起”的思想，是精神文明建设的一条重要方针，也是实事求是、求真务实的思想路线问题，只要认真遵循，努力实践，精神文明建设就能抓到实处，取得实实在在的成效。

1999年1月

基层精神文明建设应该抓什么

加强思想道德建设，发展教育科学文化，是我国社会主义精神文明建设的两大任务。新形势下加强和改进思想政治工作，是精神文明建设的基本途径，而精神文明建设的成果又为思想政治工作创造良好的思想条件和文化氛围，因此要注意把思想政治工作放在精神文明建设的大环境中，同精神文明建设的各项任务结合起来进行。

西藏农牧民占全区总人口的90%左右，农牧民的思想道德、科学文化状况决定着全区社会文明水平，影响着社会现代化进程。由于农牧民整体科学文化水平较低，农牧民的思想政治工作基础薄弱，只有同精神文明建设各项任务结合进行，才能相互推动，相得益彰。我区农牧区基层精神文明建设起点低、起步晚，基础薄弱，任务繁重，基层干部对精神文明建设应该如何搞，文明村镇建设应该抓什么，了解得少，思考得少，办法也少，不知从何抓起。本文试从思想教育与精神文明创建活动的结合上提出以下方法和途径。

一、科学武装，解放思想

改革开放和发展市场经济的实践证明，思想保守、观念陈旧是制约农牧民群众发展经济、脱贫致富的最大障碍。用邓小平建设有中国特色社会主义理论武装基层干部群众，用党的基本路线、方针、政策教育干部群众，使干部群众掌握科学理论，树立科学精神，是对农牧民群众思想政治教育的首要任务。向基层干部群众宣传邓小平理论，不能照本宣科，要紧密结合当地实际，讲基本观点，讲科学精神和科学方法，使干部群众弄清楚为什么要走社会主义道路，如何建设社会主义，弄清楚党和政府的政策和主张，使之有明确的前进目标和发展前景。农牧区基层干部，要在学习“三个代表”重要思想教育活动中，把“三个代表”的要求落实到带领群众发展生产力和为群众谋利益上来。科学理论的指导和科学精神的形成，对于解放思想、转变观念、解放和发展生产力具有巨大而深远的作用，要放在思想政治教育的首位，长期进行。

二、发展经济，致富奔康

思想政治工作的最终目的是为了经济发展和人的进步，精神文明建设要为经济发展提供精神动力和智力支持。思想政治工作和精神文明建设的各项任务都要服从和服务于经济建设这个中心，围绕发展经济和提高人的素质来进行。思想政治工作不是离开发展经济而孤立进行，而是在发展市场经济的实践中开展的，思想政治教育与经济发展的成果相互依存和相互促进。发展经济是农牧区头等大事，只有在群众摆脱贫困，解决温饱之后，才能谈得上建设真正意义的精神文明，只有在经济有一定发展、生活有较大改善的情况下，群众才能真正认识社会主义的优越性，从而坚定走社会主义道路的信心，思想政治工作的任务才算落到了实处。可以说，经济发展是检验思想政治工作的最根本标准，经济发展又有力地促进思想政治工作，使人们正确认识思想政治工作的功能与威力，提高接受思想政治教育的自觉性。

三、农牧科技，推广普及

建设有中国特色社会主义新西藏，关键是科学技术的现代化。“科学技术是第一生产力”的观点要经常讲，反复讲，结合实际深入讲，使之深入基层深入人心，引起农牧民对推广应用先进科技的重视，要让农牧民形成共识：即农牧业的潜力寄希望于科学技术，物质文化生活的改善也寄希望于科学技术，农牧业发展的根本出路在于科技创新和推广应用，要利用各个农牧生产季节大力宣传和推广应用先进实用科技，利用文化夜校传播普及与群众生产生活相关的科技知识，通过科技成果推广会和科技带头人现身说法，让农牧民认识科学技术的神奇力量，示范引导群众改变传统落后的生产方式和生活方式。科学技术的力量不仅仅在于发展生产力，还在于转变落后的观念，解放思想，树立科学精神和科学态度。科学技术的推广应用，将最有力地教育干部群众认清宗教的消极作用，从而摆脱达赖对群众的精神奴役，树立科学世界观，过上文明新生活。因此，要把普及科技知识作为思想政治工作的重要内容和有效方法，用科学战胜迷信和愚昧。

四、爱国教育，维护统一

热爱祖国和维护统一是公民的基本政治立场，没有这个前提，一切便无从谈起。没有祖国统一的社会条件，就不可能发展经济改善生活；没有对祖国的热爱也不会有建设家园的热情。针对达赖集团分裂主义活动及其在群众中的消极影响，向基层干部群众宣讲我们国家的形成和历史，宣讲西藏在祖国大家庭中的地位，宣讲祖国发展变化，宣讲全国人民对西藏的无私援助，要以祖国发展繁荣的事实和西藏今昔对比的变化，培养祖国观念和爱国热情，让群众认识到共产党的领导和社会主义制度为西藏人民带来了今天的幸福生活，这是旧西藏封建农奴制度永远也不可能做到的，引导干部群众“致富思源，富而思进”，使群众认识到，达赖集团搞分裂破坏活动，最终受害的是广大群众，损失的是人民群众的长远利益，从而增强反对分裂，维护统一，维护稳定的自觉性。

五、发展教育，提高素质

当今社会的发展进步和综合国力的提高，无不是国民教育发展和人的综合素质提高的结果。教育是提高国民思想道德素质和科学文化素质的根本途径，发展教育又是科技创新、科技进步的基础，教育的普及和发展的直接成果，是思想道德和科学文化水平的提高，为经济发展和社会文明提供文化条件和智力支持。“科教兴国”、“科教兴藏”战略都说明了国家的兴旺与民族的振兴的根本出路在于大力发展教育和科技。思想政治工作是以国民教育为基础和前提的，没有一定的教育为基础，思想政治工作是无法开展的，精神文明是无法建设的。农牧区的思想政治工作要依托于国民教育的基础，要把思想政治教育融入于国民教育之中，从娃娃抓起，从课堂抓起，把思想道德教育贯穿于国民基础教育的各个阶段，把学校和学生作为思想政治工作的主要阵地和对象，把国民教育放在更加突出的位置上优先发展，作为振兴西藏的治本之策。

六、文化娱乐，丰富生活

文化娱乐活动是思想政治工作的重要载体，即“寓教于乐”。严肃的思想政治教育通过适当的文化娱乐形式，使其生动、形象、易于理解和接受，从而达到事半功倍的收效，这既是对过去思想政治工作“我讲你听，我教你通”政治说教方法的改革，也是适应新形势，加强和改进思想政治工作的科学经验。思想政治工作是人的工作，要以尊重人、理解人、团结人、鼓舞人为基本态度，以人本主义的精神来开展；要平等待人，以情感人，以诚助人，和风细雨，润物无声，重视潜移默化的作用，防止和克服简单、说教、表面、枯燥和形式主义，采取灵活的形式，艺术的方法，做到内容与形式的统一，动机与效果的统一。西藏宗教节日往往借助于藏戏和舞蹈等艺术形式来渲染气氛，招来群众，以达到宣传宗教思想和教轨教义之目的，是值得我们借鉴的。新时期的思想政治工作要重视利用影视艺术和民族传统艺术的形式，大胆创新，以具有时代特点和为群众喜闻乐见的方法，增强实效性。

七、卫生保健，体育强体

卫生事业和体育运动是提高人民生活水平生活质量的重要社会发展进步指标，因而也是精神文明建设的任务。应当看到，卫生、体育事业在农牧区乡村都非常落后，现代体育更鲜为群众所认识，这方面的建设任务很重很艰巨，需要因地制宜、大力建设。

在卫生事业上，要努力办好乡村医疗机构，逐步走合作医疗道路而转变由国家包医百病的政策；培养科学卫生的生活方式，增加卫生健康知识，养成良好卫生习惯。这方面有许多具体事情可做。如：（1）解决卫生饮水和人畜同饮是首要任务，措施也是多种多样的；（2）解决人畜同屋居住，以减少传染病机会；（3）修建防渗漏厕所，加强对人畜粪便的管理和农家肥沤制发酵过程中减少病菌传播；（4）动员群众常漱洗理发，养成讲整洁、讲卫生的观念和习俗，克服陈规陋习和不良生活习惯；（5）改革不科学不健康的饮食结构和习惯，增强保健和营养意识等等。在卫生事业建设上，一定要遵从“精神文明建设要从具体事抓起，从与人民群众切身利益的事做起”的精神，实实在在地做些具体事情，把群众的科学卫生习惯的养成和保健意识的培养融于一件件可见到、可感知的具体事情之中。各乡村的文化夜校要把传授卫生健康知识和妇幼保健知识作为重要内容。卫生即文化，卫生即文明。

在体育运动上虽然开展活动不多，但民间一些赛马、抱石、角力等竞技活动是积极健康的，要科学引导和组织，还要创造条件引导和发展现代体育活动项目，如各种球类比赛、长短跑比赛、自行车赛等适合广大群众尤其是青少年的体育活动。通过各种健康的体育比赛活动，锻炼意志和体魄，培养不怕苦、不畏难和集体主义精神，通过群众的体育运动培养和输送更多的专门体育运动人才，为国争光，为民族争气，振奋民族精神，壮我国家声威。

八、村镇建设，环境整洁

文明村镇建设，首先要做到统一规划，这是文明村镇的主要标志，也是村镇文明的必由之路，已经为全国文明村镇建设的实践反复证明是成功的经验。我区文明村镇建设在这方面十分落后，起点很低，不少乡村干部群众没有这个观念，亟待宣传教育和示范引导，而且应当通过一定的行政指令切实落实。当然，还要基于当地的自然地理条件和经济发展水平，不要脱离实际、脱离群众，违背客观规律和科学方法。对农牧民建房取土和宅基地占地面积必须有规章制度；对村镇道路和公共设施必须要有长期规划逐年实施；对乡村土地、水渠、绿化以及学校、卫生所、广播电视、商业网点等都要统筹考虑合理布局，既方便群众又经济合理。要认识到，村镇规划对于经济发展，对于改善群众物质文化生活质量，对长远经济社会发展和文明程度，都有直接影响。好的规划和整洁的环境，对人们的环境意识、美化意识、良好习惯和卫生意识，对人们健康、科学、文明生活观念的养成都十分重要。村镇精神文明建设要从这里抓起，要通过两个文明建设，使广大农村建成“路成网、树成行、渠相连、田成方”的“田园式”的现代化新农村；使广大牧区建成“逐步定居、草场围网、牛羊围栏、草肥水美、牛羊肥壮”的现代化新牧场。

九、道德建设，村民和谐

社会公德和家庭美德建设，在我区民间有着优良的传统，要积极继承发扬并纳入到社会主义精神文明建设总体目标之中。在农牧民中，勤劳善良、扶持贫困、行善积德、尊老爱幼等传统公共道德和家庭美德有着广泛基础，要鼓励扶持，发扬光大，在新时代赋予新的思想内容。要通过树立宣传先进典型，建设“五好文明家庭”、“文明户”、“新风户”等活动，在全社会大力倡导和树立良好的道德风尚，建立人与人之间的团结友爱、互相帮助、诚实守信、共同富裕的社会主义新型和谐的人际关系和邻里关系。

对一妻多夫、一夫多妻制，要看到社会历史和经济水平等客观原因，又要积极加以改革和教育引导。它是经济不发达和社会落后的不文明的历史遗留现象，是与现代文明生活和家庭伦理道德相违背的，也是违背现行法律规定的，必须加以引导和逐步革除。要通过行政的、道德的、文化知识的各种方法和途径，禁止新的一妻多夫和一夫多妻的形成。对少数乡村和个别家庭存在的其他不文明的家庭婚姻关系，也要经过宣传教育加以引导和改革。

道德教育和道德观念的养成，一是靠社会公众的舆论力量；二是靠法制的约束。要重视法治和规章制度的建设，通过法律和道德舆论两种力量来建立良好的社会秩序和道德风尚。当前，要大力推行村民自治和乡规民约，把法律规章和公共道德标准融入乡规民约，作为村民日常行为规范。通过开展“文明户”评选表彰活动，在广大民众中推行和养成法制观念、道德观念、秩序观念和纪律观念，提高公民的思想道德素质。

十、移风易俗，有破有立

破除历史上遗留的和现实生活中生成的陈规陋习，倡导科学健康文明的新生活，树立高尚的道德风尚，既是新形势下思想政治工作的内容，也是精神文明建设追求的目标。西藏由于受宗教的消极影响和科学文化的落后，许多方面的传统与现代社会不相适应，移风易俗的任务十分繁重。风俗习惯是群众日常生活中习以为常约定俗成的民族文化的内容，与民族文化传统和价值观念融为一体，常常使人良莠不分，也最容易被少数人以继承民族传统、保护民族文化为借口而加以利用，成为分裂主义势力攻击我们党和政府、破坏民族团结的工具。为此，要把移风易俗、治乱治愚，作为精神文明建设的着力点。以改革的精神和科学的态度，从小事抓起，从点滴做起，领导干部带头，给群众以引导示范，在破除旧习惯旧风俗的同时，大力倡导和推行新风尚新生活，建设具有新时代风貌和民族特色的社会主义新文化、新文明。

1999 年 10 月

关于我区精神文明建设若干措施的思考和探讨

根据自治区党委书记陈奎元同志《关于社会主义精神文明几个问题的认识》讲话精神和对我区精神文明建设的主要矛盾和存在的主要问题，以及对我区几个地市、部分县市精神文明建设情况进行调查分析之后，从我区实际出发，对精神文明建设若干措施和建议作了一些思考和整理，与大家共同来探讨。

这些措施和建议有如下几方面：

1. 要坚定不移地抓好对寺庙进行爱国主义教育和清理整顿工作。这是我区思想意识形态领域斗争的需要，也是我区精神文明建设面临的主要矛盾和当务之急。达赖集团惑众乱藏和分裂祖国的政治图谋，除了利用国外和在我区边境加大电波空中渗透宣传以外，主要是利用群众的宗教信仰，以蛊惑人心的宣传煽动信教僧众，来达到其阴谋的。少数寺庙和僧尼既是实现其图谋的策源地，又是其忠实工具。大量调查表明，全区主要寺庙不同程度地存在着不安定因素，越靠近腹心地区，距大寺庙越近的地方，问题越突出、越严重。一些大寺庙成为分裂主义活动的多发区，因而也被达赖集团所看中，成为渗透和策动分裂活动的重点，成为我区社会安定的最突出隐患部位。由于寺庙的辐射作用和僧尼在群众心目中的特殊地位，对寺庙进行教育、清理和整顿的意义也非常重大。

根据近年来反分裂斗争的实践和经验，建议对参与分裂主义骚乱闹事和跟随达赖从事分裂破坏活动的不法僧尼，要坚决清理出寺，清除达赖集团分裂破坏活动的“耳目手脚”。调整寺庙民管会，壮大寺庙中的爱国力量，对寺庙要限制其规模，实行定编定员，并禁止编外滥招僧尼，禁止不经批准滥建寺庙等宗教建筑场所。寺庙进行重大活动须要当地民宗管理部门批准，寺庙不得干预政府行政，不得干扰司法和教育，不得干扰群众正常的生产与生活。要适时对寺庙僧尼进行法律法规和政策教育，组织僧尼参加当地的一些公益活动。还要定期向寺庙传达党和政府的重大决策，通报经济建设和社会发展重大成就，让僧尼了解和关心国家现代化建设，引导宗教与社会主义社会相适应。

2. 要坚定不移地实施科教兴藏战略，大力抓好基础教育和普及科技知识。从青少年开始，有效地摆脱宗教的束缚和影响。科学技术是战胜宗教迷信的有力武器，发展教育科技是精神文明建设的根本任务，也是我区经济发展社会进步的根本动力。宣传教育和科技主管部门要协同配合，采取切实措施，大力宣传、普及和推广科技知识，以科学思想和先进技术的力量，抵制和削弱宗教迷信的影响。要作为一项长期的战略任务，作出规划，坚持不懈，让唯物主义无神论占领城乡生产生活各个领域，逐步缩小封建迷信有神论的地盘，以科学战胜迷信和愚昧落后，从根本上达到治乱治愚的目的。

3. 移风易俗，改革陈规陋习，扫除社会丑恶现象，倡导科学、健康、文明的新生活。移风易俗的任务在我区很突出、很繁重，许多陈规陋习往往是与传统习俗相融合交织的，风俗又与人民群众的生产生活，衣、食、住、行等各个方面密切联系，改革阻力很大。因此，不能以简单的方法来对待，必须作为精神文明建设的重要内容，积极而稳妥地推行改革。要认真对那些不科学不健康的落后风俗进行梳理，有所区别有所针对地加以限制、引导、改革甚至禁止或破除。对酗酒赌博、懒惰乞讨、不讲卫生、随地解便、一妻多夫和狭隘复仇，以及借婚丧吉庆活动敛财铺张、落后习俗和不文明现象，要积极引导、逐步革除。党员干部要以身作则，舆论宣传要监督引导。在“破”的同时，要给群众以科学健康文明的生活导向，逐步树立新习俗新风尚。

4. 城市精神文明建设要从治理脏乱差、打击假（冒）丑恶（现象）入手，抓住切入点，找准突破口，以城市带动农牧区。精神文明建设要从群众最关心的问题抓起，以涉及群众切身利益的问题为切入点，才能发动群众广泛参与，收到实效。拉萨市、日喀则市及地区城镇应当以治理脏乱差、打击假（冒）丑恶（现象）为突破口，迅速打开局面，给人民群众以决心和信心。城市建设规划、环境卫生、文化市场、工商管理、交通监管、治安整治等各有关部门，要协同作战，分工配合，从具体事抓起，在深入宣传教育的基础上，辅助以行政和法律的手段，使城市文明状况尽快得到改善，给农牧区以积极的示范和影响，推动全区精神文明建设扎实有效开展。

5. 加快文化设施建设，加强文化市场管理，清除精神垃圾，丰富群众文化生活。县、乡文化馆站建设，在满足群众文化精神需求、占领意识形态阵地方面意义深远。我区文化馆站和精神文明活动中心，应当充分发挥宣传教育引导和健康有益文化活动的综合效益。县、乡文化馆站的建设应当加快步伐，应当在三至五年内实现县县有文化馆、乡乡有文化站的目标，应作为硬性指标列入当地经济社会发展计划，确保按期建成，加强使用管理。对文化市场的管理要加大力度，把与文化娱乐有关的经营活动场所纳入文化市场管理范围。市、县两级要尽快建立专职或兼职文化稽查队，积极配合“扫黄”、“打非”和“严打”斗争，坚决清除精神垃圾和社会丑恶现象，为精神文明建设创造健康向上的社会文化氛围。文化广播电视管理职能部门，要把培训农牧区广播电视技术人员作为基础建设来抓，区、地、市三级都要开办广播电视维护技术培训，经过考核持证上岗，提高广播电视转播效果，提高设备正常使用率，在此基础上努力扩大覆盖范围，让我们党和政府的声音占领精神文化阵地。

6. 大力推广村民自治的成功经验，把精神文明建设作为村民自治内容，写入乡规民约，作为道德规范。根据我区人口居住分散，交通和联系不便的特点，村民自治活动也要纳入到精神文明建设活动中来，把精神文明建设的内容和具体措施写入乡规民约，落实到住户和个人，为广大群众所了解和认识，让群众实行自我教育、自我约束、自我管理。充分调动农牧区基层党政干部的主动性，广泛动员群众参加活动，把精神文明建设的各项任务与村民自治结合进行，提高乡村精神文明水平。

7. 重视搞好军民共建和“双拥”工作。军民共建精神文明和“双拥”工作，是我区精神文明建设的重要内容，是加强军政军民团结，促进经济建设和社会进步，巩固边防安全稳定的重要任务，在我区有着特殊的重要意义。日喀则市建设“双拥”工作联席会制度的作法值得借鉴推广，军民双方充分发挥各自的优势条件，互相支持，互相帮助，共同发展，推动当地经济文化发展，这方面工作搞好了，不但有可能使军民共建精神文明走在全国前列，还有可能形成我区精神文明建设的一大特色。

8. 开发旅游资源和人文景观，建设爱国主义教育基地。选择我区著名自然风景、历史名胜、革命遗址和现代化建设标志性成就，加以规划开发和利用，辟为爱国主义教育基地和文化旅游景观，面向广大青少年学生，进行“热爱祖国大好河山，继承光荣革命传统”的教育，激发青少年一代热爱祖国、振兴西藏的情感。各地、县还可以结合当地经济发展远景目标和城镇建设规划蓝图，对青少年开展以“爱我家乡，建设家园”为主题的爱国主义教育活动。各地、市、县城镇和各类学校，要在重大节日举行升国旗、唱国歌活动，按照《国旗法》的要求，在一切适宜场所升挂国旗，增强国家意识，培养爱国情感。

上述措施和建议，只是精神文明建设活动的部分内容，随着精神文明建设创建活动不断深入，各级干部群众会探索和创造出更加科学、合理、行之有效的精神文明建设经验来。只要领导重视、真抓实干、不断总结、狠抓落实，我区精神文明建设将会呈现出新的风貌，迈上新的台阶。

2000 年 1 月

开发“茶马古道”文化旅游线路的几点思考和建议

西藏昌都地区、四川甘孜州、云南迪庆州三省区一地两州共同组织举办的“藏、川、滇联合开发茶马古道学术考察研讨会”，是一次成功的策划和有影响的文化旅游考察。它与首届藏、川、滇“中国香格里拉生态旅游区座谈会”先后在西藏拉萨和昌都举行，对于联合开发茶马古道这一世界级旅游线路，共同打造著名旅游品牌，推动建设中国香格里拉生态旅游区，以旅游产业带动三省区少数民族自治区域的经济社会发展具有积极而重要的意义。我应邀参加茶马古道考察和学术研讨会，开阔了眼界和视野，对如何开发茶马古道文化旅游线，如何建设中国香格里拉生态旅游区作了一些思考。现整理出来，与策划和组织茶马古道文化旅游开发的有关部门领导和专家学者共同研究。

一、茶马古道文化旅游开发与建设中国香格里拉生态旅游区互为依托、相辅相成

茶马古道初成于宋、元时期，昌盛于明、清两朝，延续于近代，是滇藏高原上最长、最高、最险的古老商道，因其横贯高原横断山脉三江（金沙江、澜沧江、怒江）流域，联系藏、川、滇三省区几地、州、县广大地域，沟通藏、汉、白、回、

羌、纳西、傈僳族等十多个民族之间，对我国西南少数民族聚居区的地理交通、经济交往、文化交流、民族交融、宗教信仰、历史变迁和社会发展等诸多方面都有着重大影响，茶马古道沿线名胜遗迹及其影响，完全有条件列入我国乃至世界范围内的自然和文化遗产。在深入考察、综合研究的基础上，科学地、可持续地开发利用，必将成为我国与丝绸之路齐名而闻名于世界的古代东方文明之路，成为具有巨大吸引力的为世界所关注的文化旅游精品线路，其发展的巨大潜力和广阔前景不可低估。这是此次大规模、多学科综合考察后各路专家、学者和各方领导的共识，大家对此认识到位，充满信心。

茶马古道学术考察研讨会为建设中国香格里拉生态旅游区提供了科学依据和理论支撑。中国香格里拉生态旅游区是泛指藏东南、川西南、滇西北三省区高原地区以藏族为主体的多民族文化形态和以三江流域为地域概念，以保护自然生态实现可持续发展为前景目标的三省区联合开发建设、共同受益的旅游大景区。所谓“香格里拉”，是人们所共同向往的，远离都市喧嚣和污染、人与自然和谐统一、生态多样共生、社会祥和安宁的一种理想的生态环境，而茶马古道就在这理想的生态环境中生成并纵横贯穿于其中，藏、川、滇三省区以藏族为主的少数民族居住区，许多地方都具备“香格里拉”那样的生态环境和条件，因而都可称之为“香格里拉”。茶马古道是中国香格里拉生态旅游区的骨干与血脉，而茶马古道的学术研究是建设这一区域文化旅游经济的依托和基础，中国香格里拉生态旅游区的开发建设，只有借助于茶马古道的研究与开发，才有科学内涵和广泛影响。茶马古道文化旅游开发与中国香格里拉生态旅游区建设不是孤立、并行或对立的，而是统一的、联系的，是相互支撑、相辅相成、相得益彰的。三省区共创中国香格里拉生态旅游区，将形成共创品牌、共享利益，符合三省区共同倡议提出的区域联动、资源整合、优势互补、共同发展，把川西南、滇西北、藏东南共同建设成为山清水秀、人民富裕、现代文明的美好家园。

二、茶马古道文化旅游开发应列入国家西部大开发战略，提上三省区决策层的工作议程

茶马古道是多民族经济、文化交往的历史通道。不同民族的物质需求和异域文化交流的需要造就了这条古道。沿途考察大量历史文化遗迹、宗教信仰、民俗风尚，无不留下茶马古道的遗存和印记，无处不感受各民族平等交往、和睦相处的历史见证，茶马古道印证了华夏民族的血脉和祖国统一的根基。开发茶马古道文化旅游，以旅游为龙头带动和支撑区域经济发展，改善这个区域里以藏族为主体的各少数民族的生存条件，提高他们的物质和精神生活质量，正是中央提出西部大开发战略的目标与初衷，符合发展社会主义先进生产力的根本目的，符合江泽民总书记“三个代表”重要思想的要求，符合邓小平建设有中国特色社会主义现代化战略构想。因此，应提上三省区高层决策的日程，列入西南六省区七方经济协作会议议程，列入中央西部大开发战略，引起国家主管部门的重视，列入国家旅游开发计划项目之中，实施以政府为主导的开发建设。

茶马古道横贯三江流域，地处我国西南部，这一区域的原始森林和高山植被，雪山冰川形成的江河湖泊，是祖国西南的绿色屏障，是大江大河的源头，对我国的江河水系以及气候影响都是十分重要的。然而，沿途所见，许多地区的生物植被又十分脆弱。因少数民族群众的居住习惯和陈旧观念，一些地方新建住房浪费木材惊人（一座藏式楼房用木材几十方至百余方），藏族村寨附近，山林中无大树，乱砍滥伐尚未有效制止，群众缺乏保护生态保护环境的意识。一些地方未经规划在草原或山坡上造田，致使水土流失，山石滑坡以致发生泥石流危及民众生命财产安全，一些路段缺少整修维护，沙石塌方，河流堵塞，酿成灾祸。这些问题，只有在建设生态旅游、发展基础

设施和扩大开放与交流中才能得到改善。如此巨大的综合开发建设，是一省一地一县所无能为力的，需要省区的协作与联合，更需要中央的协调与扶持，需要社会主义体制下集中财力办大事的优越制度和科学决策。

茶马古道文化旅游线的开发应成为生态旅游的范例和可持续发展的典型。旅游是经济发展的必然结果和必然趋势，也是科学文化发展和思想观念进步的产物，是现代社会经济和文化发展的重要成果。如果思想观念不科学，思路不正确，指导思想发生了偏差，旅游开发将会造成自然和人文生态的破坏，有可能因暂时利益驱使而导致社会经济利益的长远损失，而最终影响经济社会发展的进程。而在科学思想的指导下，以科学的态度和方法开发旅游，自然生态和人文生态可以在正确的把握下朝着符合于人类的理想与愿望的方向发展，人们可以在建设生态旅游的过程中创立新的文化景观和生态观念，创造有利于后人持续发展的物质和精神财富，为子孙后代留下我们应当留下的遗产。

在考察中了解到，迪庆藏族自治州所在地云南中甸县已于今年五月正式更名为香格里拉县。香格里拉作为理想生存境界和向往目标，已作为地域名称载入我国行政区划，迪庆州因此而驰名中外，令游人向往，旅游业迅速发展，中甸建塘镇的居民群众已开设了几十家旅游家访、家庭旅馆和民族餐饮娱乐特色旅游园，带动了当地第三产业，致富了群众。尤其值得称赞和学习推广的是迪庆州政府行文禁止城镇居民用塑料袋，从根本上解决了“塑花”飞舞、白色污染这一难题，已在当地形成习惯，成为迪庆人民的荣耀，这也是因开发旅游而带动创造的精神文明。社会经济文化和旅游业是社会系统工程，是物质文明和精神文明协调发展的结果，是某个地区只重局部利益和眼前利益所不能完成的，也是一方领导单枪匹马所不能胜任的，必须靠各方联合行动，必须靠中央西部大开发的大政策、大环境的支撑。

三、重视利用和发挥影视图像在旅游开发中的宣传带动作用

影视图像等媒体作为现代化的快捷传播载体，在社会生活中无处不在，发挥着越来越重要的宣传展示作用。随着人们物质生活的富裕、生活节奏加快以及对精神文化娱乐的需求，影视文化与旅游的结合日益紧密，有力地推动了旅游热点的形成和旅游者新的兴趣，应当重视和充分利用好影视图像在旅游业中的功能与价值。

茶马古道文化旅游开发，除了重视自然、人文等学术研究和科学支撑以外，应组织影视制作机构拍摄制作旅游观光专题片、风光音乐电视片，以茶马古道为题材的故事片、电视剧等，在中央和省级电视台反复推出播放，组织与此相关的文化旅游知识竞赛和专题文化娱乐节目。如在中央电视台的旅游专题栏目和生活、综艺频道中开播与茶马古道和西部生态旅游有关的专题节目，强化宣传，炒热炒响，使茶马古道成为继丝绸之路之后、为世人瞩目和向往的东方文明旅游之路，一条充满神奇与美丽的黄金旅游线路。

随着读图时代的到来，阅读摄影作品和爱好摄影旅游的人越来越多，在旅游者中手持相机、摄像机的人迅速增加，游客不但要亲眼观看、亲身体验，还要留下美好影像作为纪念，带回与亲友分享。一些摄影摄像爱好者，把旅游作为业余文艺创作的过程，摄影旅游已成为旅游业潜在的巨大市场。一些旅行社组团摄影旅游，一些摄影团体和摄影刊物则组织举办旅游拍摄创作，参加者踊跃，双利双赢。茶马古道丰富而神奇的自然和人文景观，尤其是西部的神山圣湖、雪山草原、冰川江河、三江峡谷、寺院古刹、藏族村寨、民族服饰、生活习俗等，具有独特性，是广大摄影爱好者的兴趣所在和向往的目的地，发展摄影特色旅游具有广阔市场前景。茶马古道开发前期，可组

织专业摄影家作为旅游先遣团队，分路沿途拍摄创作，结集出版画册图片，举办“茶马古道·中国香格里拉生态旅游”摄影摄像比赛和展览，通过广大摄影爱好者的作品和评奖活动，进一步美化和宣传沿线景观，提高茶马古道景观图像在各种媒体中的登载率，为茶马古道旅游开发造势，积极而有效地打造茶马古道为世界级旅游精品线路，共同创建中国香格里拉生态旅游区。

2002 年 6 月

关于筹建西藏民族文化博物馆的思考与设想

江泽民同志提出“三个代表”重要思想以来，党和国家更加重视建设社会主义先进文化。党的十六大把建设先进文化、发展文化事业和文化产业的任务提上了重要议事日程。党的十六大以来的几届中央全会，把建设社会主义先进文化、建设社会主义精神文明的任务提到更加突出的地位。进入新世纪以来，我国的文化建设进入了加快发展的新时期，富有特色的少数民族文化艺术和民族文化遗产更加受到关注和重视，成为文化建设的热点和亮点。由国家九部委组织实施的非物质文化遗产抢救普查工作已经全面展开，随着我国公布首批518项非物质文化遗产名录和近年来文化与旅游紧密结合的趋势，文化旅游深受欢迎，少数民族文化艺术和民间民俗文化成为民族地区经济社会发展的重要资源和支柱性产业，为这些地区带来良好的经济效益和社会效益。保护和传承民族民间文化艺术，不仅仅是发展文化产业的重要资源，也是继承和发展各民族的优秀传统文化，是建设社会主义文化的重要任务，只有通过积极妥善地保护和合理开发利用，才能传承和发扬民族的精神文化品格，才能增强民族的文化自信和文化创造力。

我区是藏族聚居的少数民族自治区，又是藏族文化的故乡和发祥地。特定的地域和社会历史条件，造就了藏民族文化的特有形式和丰富内容，是中华民族文化很优秀的部分。正是这种文化的独特创造和丰富多彩的形式与内容，一直为国内外所关注所钟爱，成为我区的重要资源，是我区旅游支柱产业的核心。随着我区在西部大开发中经济社会的跨越式发展进程，西藏乃至藏族地区的生产生活方式、文化样式正在发生着迅速的变化，由此而影响民族民间文化形态和民俗风尚也发生着快速变化，反映藏民族物质生产和文化生活方式的实物和民俗事象日益变化和消失，抢救和保护民族文化的任务突显出来，尽快筹备建设西藏民族文化博物馆的任务亦应提上议事日程。

博物馆是公共文化设施，是国有公共文化事业。博物馆珍藏历史，启迪未来，是公民终身的学校。世界中等以上发展水平的国家，都把博物馆事业作为公共文化事业的重要方面，作为公共文化产品由政府出资购买，无偿提供给社会公众，旨在提高国民的科教文化素质和艺术审美水平，进行爱国主义教育，民族传统文化精神和创造精神、科学精神的培育。近年来，我国博物馆事业有很大发展，全国目前建成的历史文化综合性博物馆和行业性专题博物馆共约 2500 家，博物馆事业已进入快速发展的时代。北京故宫博物院，每天接待约 7 万人次参观；今年初开馆的国家博物馆新馆举办“中国非物质文化遗产保护成果展览”，计划展出 10 天，应观众强烈要求又延展 20 天，30 余万观众参观；上海市已建有博物馆、纪念馆一百多家，2005 年参观人次达 1000 余万。随着人们生活水平和文化消费水平的提高，参观博物馆和各种文化展览，已成为人们旅游和节假日文化休闲、精神享受的重要方式和内容。就目前来讲，我国博物馆和各种文化艺术展览的规模和水平，与我们文化大国的地位很不相称，与我们正在建设的社会主义精神文明宏伟工程不相适应，有待政府进一步加大投入、加快建设、加强管理和发挥效益。

建设民族文化博物馆与现已建成的西藏博物馆并不重复，也不冲突。西藏博物馆定位于西藏历史和文物陈列展览为主体的综合性博物馆，从目前展览陈列内容和场馆空间来看，已不能满足实际需要。西藏博物馆除常年固定展出的几个历史文物专题展览以外，尚有 2—3 个机动展厅，用于举办重大节庆活动专题展览和文化艺术展览，由于展厅面积有限和设计布置的局限性，不能满足各种文化艺术性主题展览要求。另一方面，拉萨市 30 万人口仅此一座综合性中型博物馆，与自治区首府的文化中心地位实不相符，与迅速发展的西藏文化旅游热不相适应，也不能满足国内外旅客希望参观民族文化主题展览的要求。

当今世界博物馆建设趋势，是向着小型化、知识化、专题化、开放化方面发展。除了少数大城市建设综合性大型博物馆以外，多数博物馆更趋小型化，具专题、行业特点。如英国某小城市，50 万人口建有 50 多家博物馆，专题和行业性划分很细，很精很全，博物馆成为专业知识的教学场所，成为学习型的社会大学、终身课堂。访台湾时，沿途曾见到多处专题或行业性博物馆的招牌或广告。如民间造纸博物馆、糖果博物馆等，多为民间或私人开办，政府给予扶持鼓励。我国一些大中城市近年来也建设兴办了一些行业性和专题性博物馆。如上海市已有 50 家左右的行业专题博物馆，如海军博物馆、公安博物馆、监狱博物馆、医史博物馆、印刷博物馆等。行业专题性博物馆是未来博物馆的发展趋势。

建议筹建的西藏民族文化博物馆，是一座以藏族民间民俗文化艺术为主体的中小型博物馆。作为公共文化设施，从征地到建设，需要政府协调有关部门，列入城市公共文化设施建设规划。建成后，其永久性展览以藏族民间民俗文化为主要内容，主要有：藏族生产生活方式、语言文字及民间口头文学、民间美术、民间工艺、民间音乐、民间舞蹈、藏戏、曲艺、民间信仰与习俗等。采取实物展示、现场演示、人物造像、文字图片、影视音响等综合陈列形式制作展览。使观众通过展览，能全面地、客观而深入地了解藏民族民间文化艺术的各个方面，全面认识西藏和藏族文化艺术。这样一个博物馆一定会深受国内外游客和观众的欢迎，从而成为文化旅游景观，提升我区旅游的文化含量和品位。

上述设想的民族文化博物馆及其展览内容，基本涵盖了西藏民族民俗文化的主要方面，有一定的综合性。根据文化部颁布的《博物馆管理办法》中鼓励民间和社会力量办博物馆的规定，支持民间资本进入博物馆，并在政策上给予鼓励和扶持。可以在近年内利用现有设施改建几座小型专题或行业博物馆。如：依托条件好的画廊，改建民间美术（以唐卡为主要内容）博物馆；依托重点文物保护单位的大寺庙，建成宗教器具工艺品博物馆；依托拉萨地毯厂，建成地毯氆氇手工编织工艺博物馆；依托某印经院或藏纸作坊，建成藏纸造纸及木板印刷博物馆；依托某制陶村镇，建成独特工艺的制陶工艺博物馆；林芝地区还可尽早筹建门巴、洛巴族民俗文化专题博物馆等等。这些小型专题性民族文化艺术博物馆，丰富了大中型博物馆展览内容的不足，弥补了政府投资公共文化设施建设的不足，动员社会力量参与文化建设，保护民族文化遗产，将对国有博物馆和文物保护起到积极促进作用。

积极筹备建设上述民族文化博物馆和小型专题博物馆，将有效地保护、传承藏族传统优秀文化艺术，与国家实施的非物质文化遗产保护工程相衔接。借助非物质文化遗产普查与保护工程的实施过程，积极推动民族文化博物馆建设，可以收到事半功倍之效，短期内可建成并收到显著效益，将有可能形成我区文化建设的特色和品牌，走出一条切合我区实际，符合文化发展方向，具有民族文化特色，具有良好效益和广阔前景的文化旅游发展新路子。

2006 年 10 月

关于开办“才旦卓玛艺术学校”的可行性分析和初步构想

遵照“三个代表”重要思想的指导和坚持先进文化前进方向的要求，按照党的十六大提出的建设中国特色社会主义先进文化，发展文化事业和文化产业全面实现小康社会的任务目标要求，以及自治区第六次党代会提出的“加强我区精神文明建设和文化建设，实现我区经济社会跨越式发展目标”的要求，客观地认识和分析我区艺术人才现状，预测和展望未来文艺事业发展对人才的需求，建议筹备开办“才旦卓玛艺术学校”。可行性分析和初步构想如下：

一、我区对文艺人才需求的背景分析

1. 我区文艺事业发展前景和人才需求预测。西藏是歌舞的海洋，音乐舞蹈有着悠久的历史和深厚的社会基础。西藏的音乐舞蹈又以浓郁的民族特色和独具的艺术魅力深受国内外喜爱，在国际国内艺术界独树一帜，个性鲜明。越是民族的越容易成为世界的。在世界文化多元化和全球一体化趋势交汇发展中，西藏的音乐舞蹈将以特有的艺术魅力建树于世界民族艺术之林，有着永久的生命力。

青藏铁路开通后，西藏的旅游业将会迅速发展，西藏与国内外的文化艺术交流机会将会大为增加，藏族音乐舞蹈将有更广阔的舞台和展示机遇，对文艺人才的需求也会更高。西藏文艺界应当以更加丰富多彩的音乐舞蹈奉献给观众听众，应当有更优秀的文艺人才走上舞台银屏，而文艺人才的培养必须从少儿抓起。

2.“才旦卓玛艺术基金”充分利用和发挥作用。才旦卓玛是我们党培养的当代藏族著名艺术家，在国内外文艺舞台上享有很高声誉，是新西藏文艺家的优秀代表，应当使其充分释放光辉异彩。成立于1994年的“才旦卓玛艺术基金”，作为一个响亮的文艺基金品牌和资源，应当充分重视，大力扶持，开发利用。以“才旦卓玛艺术基金”名义设立艺术学校，发挥老一辈艺术家的才华和余热，使她们的艺术专长和艺德艺风得以传承，将是对艺术资源的整合开发利用，对于培养藏族优秀艺术人才，继承和发展民族优秀传统文化艺术，具有深远意义。

3.我区少儿艺术教育现状和艺术人才培养机制的缺失。我区文艺人才培养尚未建立起有效机制，少儿艺术人才的成长基本上处于未加开发、自生自成的自然状态。少儿艺术教育和普及性美育教育在幼稚园和初级小学里，处在低层次低水平的状态之中，缺少及时发现、重点培养的条件和机制，一部分有艺术天赋的少儿可能被埋没。原自治区艺术学校作为中等专业艺术学校，已并入西藏大学艺术学院，列入综合大学面向高中应届生的招生范围，因而出现了少年儿童这个年龄段艺术教育和发现培养艺术苗子的断层。我区现行的艺术教育体制不容易发现优秀苗子，不利于使他们得到及时的重点培养。现有的年龄小、有艺术天赋的人才，因缺少艺术教学和实践机会而存在闲置和浪费的现象。成立“才旦卓玛艺术学校”，将有利于改进目前的状况，有利于及早发现、重点培养艺术人才，有利于充分展现艺术人才的才华。

二、开办“才旦卓玛艺术学校”的初步构想

1. 以“才旦卓玛艺术基金”名义开办“才旦卓玛艺术学校”，实行民办公助办学，市场经济机制运作。

“才旦卓玛艺术学校”为民办学校，由自治区文联筹办和主管，校舍可利用文联机关旧办公楼或展厅等现有条件，不向政府申请专项资金新建校舍，面向社会招聘校长和教师，并纳入文联文化产业（圣地文化股份有限公司）来经营。实行低费招生，面向社会，政府补贴，民办公助，由政府按学生人数补贴，即公助办学，同时面向国内外为“才旦卓玛艺术基金”招募助学资金。“才旦卓玛艺术学校”以少儿艺术团、合唱团等形式承担和参加全国和自治区文艺比赛和会演，参加节庆活动文艺演出，政府对演出实行场次补助，对参赛获奖给予适当奖励，用于补助教学，奖励优秀艺术幼苗和积累奖励基金。艺术学校为艺术团体和艺术院校输送人才，由政府按人数给予艺术学校补贴，凡尖子人才被艺术团体和艺术院校录用或在全区全国文艺会演比赛中获得奖励者，政府财政和“才旦卓玛艺术基金”给予适当奖励。

2. 师资来源和培养方向。“才旦卓玛艺术学校”目前面向小学生招生，周末周日定时教学。先开设舞蹈（含艺术体操）班、音乐班、器乐班，创造条件适时开办美术班、摄影班、书法班等。先期可开设音乐（声乐、器乐）和舞蹈少儿班，把现已开办的少儿音乐班（挂靠音乐家协会名下的拉萨市少年宫少儿音乐班）和少儿舞蹈班（挂靠舞蹈家协会名下的少儿舞蹈班和白雪少儿艺术团）并入“才旦卓玛艺术学校”，逐年扩大招生，增加艺术培训门类，为艺术团体和艺术院校培养输送艺术幼苗。

固定专业师资面向社会招聘，实行目标责任制管理；非固定专业师资面向文艺界和文艺界离退休专家招聘，担任阶段性

或专题任务的教学与研究，采取更加灵活的工资报酬和成果奖励机制。政府和社会资助的资金，用来奖励优秀师生和优秀教学成果，激励办学，鼓励教学相长，进而求社会效益和经济效益的统一。

三、“才旦卓玛艺术学校”效益分析

1. 社会效益：才旦卓玛及其艺术基金是国内外有一定影响的文艺界的“金字招牌”，是西藏文艺界的形象代表，充分发挥著名艺术家及其以艺术家名义设立的基金的影响，开办艺术学校，培养艺术幼苗，是党和政府重视藏族文化艺术，重视民族文艺家的政策体现，也是发展西藏文艺事业的长久大计，将在社会上产生广泛而深远的影响。

以才旦卓玛为代表的我区老一辈文艺家目前虽已离岗退休，但他们仍然热情不减，时时关心我区文艺事业的发展，愿意为文艺事业后继有人作贡献。他们中一批老艺术家的艺术炉火纯青，有丰富的表演和教学经验，有深厚的民族传统文化艺术根底，聘请这些老艺术家担任专题教学教师，以深厚的艺术功力为孩子们打好民族文化艺术的坚实功底，对于继承优秀传统民族文化，不断创新发展民族艺术，将具有十分重要和深远的意义。

2. 经济效益：“才旦卓玛艺术基金”现由澳门实业家资助，目前基金积累微薄，还远不能满足发展、扶持、奖励西藏文艺事业的需要。以才旦卓玛艺术基金的名义开办艺术学校，借助才旦卓玛名人效益和广泛影响，面向国内外和社会各界广泛募集捐资，政府以助学和奖励方式资助积累基金，有望在不长时间内扩大基金量，成为发展西藏艺术教育和奖励优秀艺术人才的专项基金。

3. 持续潜在效益：办好“才旦卓玛艺术学校”将是才旦卓玛及基金会对文化艺术事业的重要贡献，同时，能扩大藏族艺术人才的影响，扩大藏族文化艺术的影响，扩大西藏和藏民族在国际社会的影响，增加交往，扩大开放，树立新西藏新形象。利用“才旦卓玛艺术基金”的品牌，可迅速扩大生源规模，增加发现艺术幼苗的机会，对优秀的少儿艺术幼苗给予重点培养，使其加快成长成才，尽快输送到文艺院团，为我区文艺人才和文艺创作打坚实的基础，使藏族优秀文艺人才更多地走上国内外文艺舞台和屏幕。

2003 年 6 月

关于开发哈达民俗文化旅游村的可行性分析报告

旅游业是未来社会的朝阳产业，是可持续发展的文化产业。西藏自治区政府已把发展旅游业作为五大支柱产业之龙头产业，根据自治区党委和人民政府关于“一产上水平、二产抓重点、三产大发展”的产业结构调整大思路，第三产业作为自治区的重点产业将进一步得到重视并会获得更大发展，政府会在政策上给予一系列优惠。

文化是旅游的基础、核心和内涵。藏族民间优秀文化是西藏旅游的重要资源，旅游与文化结合越来越紧密，已经难以分开而称为文化旅游。进藏游客中的多数是为感受、体验藏族传统文化的，而目前，西藏旅游景观中，除自然景观和寺院宗教场所之外，尚无一处较为全貌展现藏族民间传统文化艺术的人文景观。

根据西藏文联、西藏民间文艺家协会、西藏圣地文化有限公司的民俗文化专家的多次实地考察和分析论证，就开发拉萨市堆龙德庆县羊达乡哈达民俗文化村项目，提出以下可行性分析报告。

一、项目名称

哈达民俗文化旅游村

二、项目地址

拉萨市堆龙德庆县羊达乡哈达村

三、项目条件

哈达村位于堆龙德庆县西约 5 公里处，青藏铁路和青藏公路北侧山脚下（原为采石场），该村庄有三十余住户，村前有泉水流淌汇成的小河，两侧有百年老柳，古枯沧桑。村中现有两方巨型彩绘玛尼石刻。村庄所依之山岩，是一块完整而平滑的巨型花岗岩石，高约 150 米，宽约 100 米，呈上尖下宽半圆弧金字塔形，是开凿巨型佛像极其难得的理想山崖石壁。巨石之上及两侧，散布约近百块巨型花岗岩卵石，自然随形，是理想的玛尼石刻或文字碑刻的石材。该村南距青藏铁路约 2000 米，距青藏公路约 600 米，岩石上若雕刻巨型彩绘佛像，将十分引人注目，具备开辟民俗文化旅游景点的优越自然生态环境。

四、项目构想

在西藏，名山圣湖、主要路口都有藏传佛教信众雕刻佛像或祈祷经文的玛尼石，这是藏区民间文化与宗教艺术的结合体，深受广大僧侣信众的崇拜信仰，具有浓郁的藏族传统文化特色。拉贡（拉萨至贡嘎机场）公路一侧的山岩上，因雕刻有一尊 5 米高的坐佛而吸引过往车辆行人停车驻足，乘机进藏从机场到拉萨的国内外旅客，路经此处，无不停车参观拍照。受此启发并借鉴西藏各地玛尼石刻的民间艺术形式，经过精心设计，在哈达村背后山岩上可雕刻一至三尊巨形浮雕佛像并施矿岩彩绘，四周巨形卵石上刻绘藏汉文书法碑文及各种浅浮雕佛像，形成以佛像为主体的玛尼石刻文化游览区。依村里现有民居选择十余户，对藏式民居适当设计改造为青稞酿酒坊、酥油奶酪坊、氆氇纺织坊、玛尼石刻坊、木刻印经坊、泥陶烧造坊、糌粑水磨坊、民俗工艺坊、民俗生活器具陈列室以及民族工艺品旅游纪念品展销店等，形成以民俗文化作坊为主体的参观购物区，供游客参观留影，参与制作，现场购物。对山泉小溪、百年古柳、村前河渠以及道路绿化适当规划营造，铺以石板曲径和花坛草坪，开设几处藏式风格的餐饮店供游客饮食歇息。

五、效益分析

青藏铁路开通运营后，进藏游客将逐年迅速增长。据旅游主管部门预测，2006 年下半年，进藏游客将在现有约 120 万人次的基础上增加 60 万人次，预计划 2008 年进藏中外游客将达到 500 余万人次，2010 年后将达到千万人次以上。哈达民俗文化旅游村位于青藏公路和青藏铁路边，拉萨市西大门北侧，必能成为中外游客必游的著名文化旅游景观，从而成为游览西藏传统文化民间工艺的综合文化园区，产生持续性效益。

哈达民俗文化旅游村景点，直接收入有门票、购物、餐饮、娱乐等，可吸纳村民直接就业 100 多人，间接带动拉萨市、堆龙德庆县及羊达乡的交通、住宿、游购、餐饮等第三产业，具有持续的经济效益。

该景点以民俗文化和宗教艺术相融合，具有浓郁的民族文化特色，较全貌地展示西藏民俗风情和民间手工技艺，保护、继承了传统民间文化艺术，对民族文化遗产起到宣传保护和传承的作用，具有持续的社会效益。

六、投资经营

该项目以堆龙德庆县招商引资联合开发经营为宜，可由区内外、国外文化公司或旅游公司开发和直接管理经营，亦可由本地旅游公司或文化公司租赁经营。堆龙德庆县羊达乡以自然资源投入，以当地农民群众就业和旅游收入为长久回报，作为县、乡经济和税收的一个永续项目。

七、相关效益

1. 县、乡利益：因该项目建成后的景观永久性和民族文化传承性，将提高县、乡的社会知名度，为县、乡营造良好的招商引资环境，为县、乡经济和社会发展带来持久、直接、间接和潜在的利益。作为旅游景观，该项目必将带动县、乡交通、旅游、餐饮、购物和手工艺产品开发、生产、销售等，将整体上带动第三产业发展，提高城镇化水平，促进人的科学文化素质和文化程度的提高。

2. 农民利益：该项目所在地农民将很快转入城镇成为旅游与商业人口，带动和培养一大批有文化、懂经营的文化旅游从业者，一部分农民成为民族传统文化和民间手工艺的传承人，部分农民将以导游、餐饮、民间工艺制作或商品流通为职业，有稳定而可观的经济来源。围绕旅游工艺品开发销售和市场需求，将激励一部分工艺艺人今后逐年开发出不同的民族民间工艺品，有可能形成具有特色的民族品牌旅游工艺品。

八、投入产出

该项目在确保投资及时到位的前提下，开发时间约两年可全部建成，投入一年后即有产出和利益回报，约两年可收回投资，第三年至第五年将快速增值升值，第五年以后进入平稳增长和较高回报期，每年有千万元以上的直接收入，之后有持续性收益并逐年增加。此项目是可行的。

项目投入预算表

项目名称	投入资金（元）	建设周期
1. 山岩浮雕（彩绘）大佛（120 米×150 米） （10 人×5000 元×12 月）	60 万	12 个月
2. 山岩石壁藏汉文雕刻 （50 处×1 万元）	50 万	12—18 个月
3. 道路改造铺设 （10000 平方米×50 元/平方米）	50 万	3—4 个月
4. 花草绿化、古木保护	30 万	4—6 个月
5. 工艺品作坊设施设备 （10 个×2 万）	20 万	10—12 个月
6. 餐饮商铺建设 （5 个×2 万）	10 万	3－6 个月
7. 大门与售票房建设	10 万	3—5 个月
8. 广告宣传（报刊、张贴）	15 万	12 个月
9. 从业人员培训	5 万	3 个月（累计）
10. 项目审查勘察设计	10 万	3 个月
11. 设备、材料工具	10 万	
12. 民族帐篷搭建 （10×2 万）	20 万	
	计：290 万	

项目产出预测分析表

（按进藏旅游人口 40%计算）　　　　单位:元

1. 门票收入(每人次 20 元)

第一年 180 万×40%×20＝144 万

第二年 300 万×40%×20＝240 万

第三年 500 万×40%×20＝400 万

第四年 800 万×40%×20＝640 万

第五年及以后 1000 万×40%×20 元＝800 万

2. 民族帐篷及娱乐设施出租 10(帐篷及娱乐设施)×500 元×100 天=50 万
3. 第五年及以后各年收取工艺品销售摊位费及管理费,每年约 20 万
4. 第六年及以后每年收入按 20%增长,每年增收约 160 万
5. 第六年及以后每年收入最低为:800 万+50 万+20 万+160 万=1030 万

年度支出项目分析表

单位:元

1. 景观维护费	20 万
2. 人员工资(固定聘用人员)	5 人×4000 元×12 月=24 万
3. 交通、办公费	5 人×50 元×300 天=7.5 万
4. 管理费、经费(按总收入 10%计)	1300 万×10%=130 万
5. 广告宣传费	20 万
6. 公共关系与市场开拓	20 万
	计:210.5 万

2005 年 10 月

文艺管理

用邓小平理论和“三个代表”重要思想指导文联工作

党的十六大把“三个代表”重要思想同马克思列宁主义、毛泽东思想、邓小平理论一道确立为我们党必须长期坚持的指导思想，进一步明确了“三个代表”重要思想在各项工作中的指导地位，是党的十六大的灵魂，又是十六大的历史性贡献。“三个代表”重要思想是当代中国“发展着的马克思主义”。用发展着的马克思主义指导当代社会实践，就是用邓小平理论和“三个代表”重要思想指导党和国家的各项工作，这是新形势下的新要求，也是文艺界贯彻十六大精神，落实“三个代表”的要求，建设先进文化，推进文艺事业发展繁荣的根本途径。

结合我区文联工作实际，以邓小平文艺思想和“三个代表”重要思想来认识和分析文联工作，统领和指导文联工作，提出推进和改进文联工作的对策和建议。

一、用邓小平理论和“三个代表”重要思想分析和认识文联的职能作用

党的十六大提出了全面开创中国特色社会主义事业新局面，实现建设小康社会的宏伟目标。邓小平同志设计的中国特色社会主义是社会主义市场经济、社会主义民主政治、社会主义先进文化的有机统一，小康社会的目标是物质文明、政治文

明和精神文明的全面发展。这是我们党对历史经验的科学总结，是对当今世界和当代中国发展大势的深刻认识，是对马列主义、毛泽东思想和邓小平理论的进一步丰富和发展，是我们党在思想路线上的又一次与时俱进。我们要以邓小平理论和“三个代表”重要思想来认识和分析文联工作的性质和职能，认识文联工作在建设小康社会中的地位和作用，准确定位，恪守职责，提高贯彻邓小平理论和“三个代表”重要思想的自觉性和主动性。

文联作为文学艺术界的联合体，是在我们党领导中国革命的过程中，团结进步知识分子和文艺界革命志士，为实现新民主主义革命的任务和建设社会主义社会的过程中结成的革命统一战线。文艺界一大批老前辈本身就是党的元勋，文艺界老前辈为我们党的建立和执政作过卓越贡献，为创立社会主义新文化建树了丰功伟绩。文联作为革命统一战线的重要部分，不仅是党团结和联系文艺界的桥梁、纽带，还曾经作为第一届中国人民政治协商会议的发起和组成单位之一，参与讨论修改建立中华人民共和国的大纲和制定宪法。文联本身就是党的队伍中最有革命觉悟、最具进步思想的重要部分，是党领导下的先进文化生产力。1949 年后，我国学习前苏联计划经济的政治体制和人事制度，确立了中国文联和各省市文联体制与工作机制，使文联成为我国二十多个全国性人民团体中建立最早、影响最大、精英荟萃、联系紧密、具有广泛代表性的人民团体之一，在我国社会主义文化建设中发挥着多方面的积极作用，有着光荣的历史和崇高的社会地位，受到党和人民的高度重视和关爱。

文联是党和政府联系文艺工作者的桥梁和纽带，也是党和政府团结文艺工作者，调动文艺家的积极性，繁荣文艺事业，建设先进文化的文艺界群众团体。文联的工作职能是组织、联络、协调、服务于广大文艺工作者，以“民主、团结、鼓励、繁荣”为宗旨，团结文艺界人才，维护文艺家权益，组织协调文艺创作，促进文艺事业繁荣。

西藏自治区文联成立于1981年，已走过二十二年的发展历程，分别于1981年、1989年和1999年召开过三次全区文联代表大会。目前属下有十个文艺家协会（最晚成立的影视家协会于1999年成立，暂时设在广播电视局并由其代管）。自治区批准的文联机构编制为93人，现实有85人，其中事业编制69人，行政编制24人。全区七地市除林芝地区外都成立了文联，直属同级党委宣传部分管，与宣传部或文化局合署办公。全区文联各文艺家协会会员约1200人，其中全国文艺家协会会员约200人。文联具有广泛的联系和代表性，被誉为文艺工作者之家。

自治区文联现有文学、艺术、编审、研究四个系列的高级专业人才（专业职称）23人，占单位专业技术人员总数的比例达49.4%。在全自治区各事业单位中是最高的，其中正高职称9人，副高职称14人，中级职称14人。在高级人才中，享受自治区政府专家津贴的有5人，享受国家级专家津贴的6人。

自治区文联于1993年设立了珠穆朗玛文学艺术基金会，于1994年8月设立了才旦卓玛艺术基金和韩书力创作基金，得到政府和国内外团体和个人的资金援助，设立了“珠峰文学艺术基金奖”，分别于1993年、1995年、1997年、2001年举办了四届文艺评奖活动，80余件文艺作品获得该奖项，通过评奖活动培养和推出了一批文艺新人。

西藏文艺界曾有过辉煌的历史，和平解放西藏的20世纪50年代和改革开放初期的80年代，是西藏文艺界发展繁荣的两个黄金时期。这两个时期得益于党的文艺方针政策的正确指引，政府对文艺事业的有力扶持和广大文艺界人士辛勤努力，得益于社会转型和改革开放后的有利文化环境和政治氛围，更得益于文学艺术的母亲——人民群众对文艺事业的关心、支持和需求，是广大文艺工作者顺应时代变化，反映社会现实，深入生活，联系人民，坚持文艺正确方向和方针，辛勤耕耘，奋力创作的结晶。

20世纪50年代和80年代前后，形成了西藏社会主义新文艺的局面，产生了一批在全国文学和美术界有一定影响的艺术家，谓之“西藏派”，培养了一批以藏族为主体的文艺家。这批人走出区外，在国内外文艺舞台和文学艺术界产生了良好反响，有力地宣传和推进了西藏文化艺术的影响，树立了社会主义新西藏和西藏文艺界的美好形象。这两个时期的成果和历程，给我们许多启迪和思考，值得我们去回顾、总结和借鉴。

自治区文联通过联系文联委员和各协会会员，以其职能广泛联系和团结专业文艺工作者和业余文艺爱好者，通过组织和举办文学创作、展演、辅导、出版等活动，在文艺人才发现培养和促进文艺创作方面发挥着积极作用。目前主办的《西藏文学》、《西藏文艺》、《西藏民俗》、《邦锦美朵》四份文艺期刊和机关内部刊物《西藏文联通讯》，成为联系广大作者、培养文学创作人才的园地。于2000年8月开办的“西藏网站”作为宣传推荐西藏文学艺术和文艺人才的专业文化网站，成为国内外了解和认识西藏文化的窗口，在网民中有良好反响和声誉。

文联作为文艺家和文艺爱好者的群众团体组织，在发展文艺事业中有党政机关组织不可替代的作用，党政机关不便管不便做和管不了做不到的事情，文联可以发挥作用。正如邓小平在中国文联第四次代表大会上的祝辞中指出的：“文艺发展的天地十分广阔。不论是对于满足人民精神生活多方面的需要，对于培养社会主义新人，对于提高整个社会的思想、文化、道德水平，文艺工作都负有其他部门所不能代替的重要责任。”随着社会发展进步和社会分工的细化，文联的职能作用将会更加显现。近年来，在建立市场经济体制过程中，文联的职能作用正在发生着变化，有些职能得到加强，有些职能有所减弱，有些职能将有所增加。面向社会、面向市场，文联将加强对广大业余文艺爱好者的指导与扶持的职能。在文化产业领域，文联是一支生力军，文联拥有文化资源和文艺人才的优势，并联系着一支阵容强大的先进文化生产力队伍。

文联部分地肩负着党和政府管理文艺、文艺家，指导和服务于文艺创作的责任。文联的各项工作要以邓小平理论和“三个代表”重要思想为指导，遵循建设先进文化的前进方向，在建设中国特色社会主义物质文明、政治文明和精神文明的历史任务和全面建设小康社会的宏伟目标中做出应有贡献。

二、用邓小平理论和“三个代表”重要思想分析和认识文联工作存在的问题

邓小平理论和“三个代表”重要思想是我们党理论创新和与时俱进的成果，不仅是对马克思主义建党学说的发展，也是对中国特色社会主义科学理论的创新，它把对执政党建设规律、对社会主义建设规律和对人类社会发展规律的认识结合起来，深化了对建设一个什么样的党、怎样建设党，什么是社会主义和怎样建设社会主义的科学认识，是立党为民和执政兴国相统一的新的理论。邓小平理论和“三个代表”重要思想的理论本质在于实事求是、与时俱进和不断创新，我们应当以与时俱进的科学精神和不断创新的勇气来看待文联工作的问题和不足，找出问题的症结所在，敢于正视和面对，从而才能更加自觉地贯彻邓小平理论和“三个代表”重要思想。

由于我国长期的计划经济体制和与之相联系的人事管理体制僵化，在改革开放后和建立社会主义市场经济体制中，文联的管理体制和运作机制中的弊端缺陷也日益显现出来，越来越多地暴露出与社会主义市场经济体制不相适应。

1. 机构设置和人事管理体制的僵化影响了人才流动和事业发展。

自治区文联在最近十年间进行了两次机构改革，却并未从根本上改善文联的体制和人事管理制度，人员编制在每次改革

后又有增加，管理也越来越向机关化靠近，行政后勤人员队伍比例过大，行政编制占事业编制，文艺界专业人员不能及时补充到各文艺家协会中来；文联作为文艺家的社会团体却出现日益机关化的特征，文联联系、协调和服务于文艺家协会会员的职能未能充分发挥和体现；文联机关有的部室没有从职能的合理发挥上设置机构和配备干部，造成行政人员和专业技术人员在编制配备上的不尽合理和人才浪费；部队转业退伍战士安置作为政策性规定必须完成任务，多数人员又不能对口适应文联业务需要，给单位和个人造成不合理配置和人才资源的浪费，复转军人比例过大，使文联的性质和职能作用发生着渐变；由于人事制度的僵化陈旧，需要的人才调不进来，不适合发展的人才又调不出去，造成人才交流停滞，缺少活力和生机，很难建立人才和创作的激励机制和竞争机制；在考察考核人才，发现培养人才、留住使用人才等方面和环节上，都受到旧的人事制度的制约，从而直接或间接地限制了文联职能作用的发挥和文艺事业的发展。

2. 专业人才发现和培养渠道不畅，后继乏人问题日显突出。

文联部分协会会员隶属于自治区各专业文艺团体，由各文艺团体招收、培养并创造发展机会和条件，有了一定的艺术水平后，可申请加入或批准吸收为专业文艺协会会员，文联与这部分文艺家的关系比较松散，文艺家协会与他（她）们的联系很少，常年很少开展业务联系或组织活动，协会对于会员的凝聚力、影响力和号召力不强，对会员的联络、协调、服务职能作用未能很好发挥。

文联各文艺家协会尚未建立发现、培养和输送人才的机制，文艺人才基本上处于自发、自为、自生、自灭的状态。有些协会的会员基本上是业余文艺爱好者，在他（她）们成为协会会员以前，完全靠个人的爱好和勤奋支撑着这些文艺门类的创作，很难有展现和被发现的机会，也很难有发表作品展示才华和受到关注得到扶持的机会。如果文艺家协会不举办展览、比赛等活动，广大业余文艺爱好者只能默无声息，坐等机会或者自生自灭，这对于发展社会文化活动，丰富人民业余文艺生活，无疑是缺憾和损失。索朗旺姆在索县文艺宣传队多年未被发现和受到重视培养，如果不是推荐参加中央电视台举办电视歌手大奖赛脱颖而出，将可能长期被埋没。她的机遇说明，现行的文艺人才发现和培养渠道很不畅通，后继乏人问题须从根本上解决。

3. 文艺创作和出版奖励机制的缺陷，不利于精品力作和优秀人才脱颖而出。

文联就其自身的职能来讲，是以文艺创作和人才培养为中心的。或者说，文联的职能作用在于出人才、出作品。然而，现行体制设置和人事制度，限制了文联职能作用的充分发挥。目前我区的文艺创作生产程序是：个人选题（党政主管部门提供选题导向建议）—政府投入（不充分投入或者无回报投入，用于专业主创人员采风、编写、摄制等）—个人或集体制作（根据艺术门类不同由个人或组织集体进行）—作品发表或演出或展览（稿酬或门票收入，无偿或微利）—推选参加评奖（获得荣誉和奖金）—投放文化市场或进入公益性展演（出版音像制品或图书，或义务演出不计回报）。从这个程序可以看出几点缺陷：

（1）它是计划经济体制下形成的带有计划经济烙印的创作程序和管理机制，尚未引入市场经济机制；

（2）文艺产品生产投入不计回报并且很难得到回报，创作人员只负所谓的社会效益责任而不负经济效益责任；

（3）作品和表演艺术家的创作与表演只受评委会的评审而不必接受广大读者观众的评价，评奖并不一定代表社会公众的评价和喜好；

（4）文艺作品艺术水准不直接接受广大读者和观众的评判，作家和艺术家不必对读者和观众负责，因而可以不担当社会责任和经济责任；

（5）人才不容易被及时发现，发现了也不容易得到重点扶持培养，好作品不容易及时出版或发表，精品力作不容易产生，尖子人才不容易胜出。

4. 文化市场小、消费低，制约了文化产业发育，部分艺术门类仍须政府长期扶持。

文联目前是全额拨款事业单位，政府财政给予文联和艺术家以极大的理解和支持，在财政困难的情况下，尽最大可能给文联和文化艺术事业以大力扶持，这是近年来文艺事业不断发展，不断出作品和人才的重要保障。这种全额拨款的计划经济财政体制，在我区文艺团体还很必要，在短期内还不能完全取消。但是应该看到，这种财政体制在一些关键方面显现出体制的缺陷和机制的陈旧，不利于在文艺界引入竞争和激励机制，使文艺界改革的内部动力很难发动。

西藏的文化市场小和文化消费水平低是有别于内地文化市场的最突出特点，也是制约文化产业发展的关键所在。内地省市的文化产品市场不仅在本省市而且在全国，多数省市的市场是全国性市场。而西藏文化产品的市场带有明显的地域性特征，多数文艺产品基本上限于西藏本土或藏族五省区的城镇，农牧区的文化消费基本上是供给制，而又是必须的，多数文艺产品目前还不具备进入市场的条件（如：歌舞、美术、摄影、书法作品等）。一部分文艺门类和文艺作品在相当长时间内还要靠政府财政的扶持，不仅断不了奶，而且须加强哺育，催其发育成熟，缩短养育期，促其尽快进入市场。

现行的财政拨款一方面不能满足事业发展需要，同时在资金使用上又存在明显的浪费和不经济，还存在着重点不重、平均分配的计划经济“大锅饭”的现象。文艺创作的前期投入明显不足，限制了文艺产品的生产进度，延长了创作生产周期，延缓了文艺产品进入市场的时效；日常的各种文艺活动（音乐、歌舞演出，美术、摄影、书法展览等）因资金投入有限和不能及时到位而拖延甚至不能开展；文艺创作和展演经费开支方面缺少必要的责任制度，只讲所谓的社会效益而不讲经济效益，只讲投入而不计回报，造成了浪费，养成了等、靠、要的依赖思想和铺张奢侈的不良风气。

5. 文艺期刊吃不饱长不大，面对市场生存艰难，前景不容乐观。

自治区文联从80年代开始创办了四份公开发行文艺期刊，《西藏文学》（汉文）、《西藏文艺》（藏文）、《西藏民俗》（汉文）和《邦锦美朵》（藏文），在培养文学创作人才，推出优秀文学作品，展示西藏民族文化，扩大西藏文学影响，丰富群众文艺生活等方面发挥了积极作用。随着市场经济体制的建立和全国报刊走向市场化、走向集团化的改革趋势，全国的文学期刊都受到了不同程度的冲击，真正能在市场中生存发展的文学期刊已是经过淘筛洗练，文艺期刊在竞争中求生存、求发展、求市场，比以前办得更好，遵循市场经济规律逐步走向合并或改刊，找准读者定位，引入新的机制，真正做到了面向读者，实现了经济效益的同时也实现了社会效益。

自治区文联现在主办的四份公开发行文艺期刊，仍然是计划经济时期报刊的路子，即全部由政府投资，通过邮局征订发行，稿酬低、稿源少、印得多、发得少、高成本、低回报，长期在较低的发行量上徘徊不前。期刊消费市场小，刊物定位不明确，发行长期上不去；投入少，稿酬低，质量上不去，反过来影响订阅量，刊物影响力小，拉不到广告收入，社会效益和经济效益都不好。这是目前文联四份期刊陷入的怪圈和走不出的迷宫，虽然有财政拨款补贴，但远不能满足期刊编印的实际需要，长期处于营养不良、无力竞争的艰难困境之中。固然有市场经济的冲击和期刊体制改革的影响，但从根本上讲，仍然是办刊机制陈旧，不能与时俱进，没有引入竞争和激励机制的问题。

三、用邓小平理论和“三个代表”重要思想指导文联工作，与时俱进，改革创新

邓小平理论和“三个代表”重要思想包含了丰富而科学的内涵，全面而深刻。我们党代表先进生产力发展要求，代表先进文化的前进方向，最终要落实在代表最广大人民的根本利益上。文联作为党领导下的文艺界联合会，是建设先进文化，发展先进文化的生力军，肩负着建设先进文化的历史重任。我们作为先进文化的传播者和建设者，应当自觉地站在人民群众的立场上，维护人民群众的文化权益，实现人民群众的文化利益。先进文化的前进方向，就是遵循社会发展规律，顺应世界进步潮流，反映时代进步要求。符合人民长远利益的文化建设方向，就是中国特色社会主义文化的前进方向。先进文化是与时俱进的，是不断创新的，文联工作必须坚持改革创新，才能做到与时俱进。

1. 以邓小平理论和“三个代表”重要思想为指导，进一步明确文联的性质、地位和职能，认清在新形势下文联肩负的责任。

党和政府联系文艺界是通过文联的联络、协调、服务的职能来实现的。因此，文联才具有“桥梁”和“纽带”的性质。文联的联络、协调、服务是围绕着出人才、出作品、出尖子人才、出优秀作品来进行的，文联的各项工作，都要始终以出人才、出作品为工作主线。邓小平同志教导我们：“对人民负责的文艺工作者，要始终不渝地面向广大群众，在艺术上精益求精，力戒粗制滥造，认真严肃地考虑自己作品的社会效果，力求把最好的精神食粮贡献给人民。”这是文联在坚持先进文化前进方向中的定位。这个定位看似平常，然而在工作实践中，却常常容易被忽视或偏离，需要在指导思想上和基本职能上经常来检验文联的各项工作是否坚持和把握了这个方向，其他各项工作是否围绕这个主要方向来进行。

近年来，文联的职能随着形势发展有所变化，有文艺理论学者和文艺管理专家曾提出增加文联的指导（指导文艺的正确方向和指导群众文艺活动）职能。自治区党委主管领导在听取文联工作汇报时也讲到发挥文联的“指导”职能的问题。党对文艺工作领导：一靠文艺方针路线的正确导向和文艺政策的管理；二靠文化主管部门履行党政机关对文艺工作的行政管理职能；三靠文联面向文艺界的联络、指导、协调、服务的职能。文联面向文艺界的职能作用不是完全被动的，而应是积极主动的。文联对文艺界的指导和对群众文艺的指导，一方面要坚持党的文艺思想、方针、方向的指导，一方面要面向文艺界之外的社会文艺活动的指导。这是建设先进文化、建设小康社会的目标和赋予文联工作的职责。文联工作必须跳出为机关自身服务的圈子，面向广大文艺界和人民群众的文艺生活，更广泛更积极地担当起培养文艺人才、繁荣文艺创作、建设先进文化的职能和任务。

为此，文联工作要以改革为动力，积极改革在计划经济体制下形成的旧的体制和机制及其有关的制度规章。要改进文联机关工作，避免人民团体工作机关化和局限于自我服务的倾向，积极推动人事制度改革，尽早实行事业单位人员聘任制度，通过人事制度改革，使适合的人进得来，不适合的人出得去，调整和优化人才结构，合理配置机关行政人员和文艺专业人员的比例，建立能进能出合理流动的人事管理制度，增加活力；实行专业职称考核和聘任分离的制度，鼓励专业技术人员找准专业发展方向，发挥专长；推行目标管理责任制，实行专业人员与机关行政人员两套考核办法，以任务目标和文艺作品的数量、质量、社会影响为考核标准；健全各方面工作制度和管理办法，靠制度管人治事，减少人为因素，向法制社会过渡，使文联机关和专业协会更有效地发挥职能作用。

2.加强协会工作，壮大会员队伍，建立发现、培养、重用人才的机制。

文联的职能发挥，是通过各专业文艺家协会的工作和广大会员来实现的。要加强各专业协会的工作，通过组织考察推荐，会员代表大会民主选举，把从事某一专业，有一定文艺造诣，懂文艺管理，热心于联络和服务工作的专业人才推选到各协会担当协会领导。协会领导以协会组织联络和协调服务工作为己任，通过组织会员开展有关的文艺活动来活跃创作、展览演出、培养人才。建立和完善会员吸收入会的条件和会费收缴管理办法，重新核定登记会员，发展吸收新会员，注重发展业余和民间文艺会员，巩固壮大会员队伍，明确会员的权利义务，使会员的权力与义务相平衡相统一，增强会员的团体意识，增强协会的吸引力和凝聚力。

邓小平同志在第四次文代会上指出："老一代文艺工作者，在发现和培养青年文艺工作者方面负有重要责任。必须十分重视文艺人才的培养。我们不仅要从思想上，而且要从工作制度上创造有利于杰出人才涌现和成长的必要条件。"遵照小平同志重视文艺人才的思想，要改革现行的人才培养、人才流动、人事管理中的陈旧制度，大胆探索和积极尝试发现人才、重点培养、拔尖重用、奖励激励的有效办法，逐步形成有利于人才及早发现、重点培养、激励成才的机制。可采取民办公助社会办学的方法开办面向幼儿和小学生的业余文艺学校，加强国民基础教育中的美育，从小发现和培养艺术幼苗，适时向专业艺术团、院、学校输送文艺新人。对发现、培养、输送文艺人才有突出贡献的单位和个人，对在文艺表演比赛中获得优异成绩的文艺新人，要给予荣誉奖励和宣传推介，扶持人才加快成长。

3. 建立科学的创作、出版和评奖机制，鼓励创作文艺精品力作。

文联专业文艺协会拥有一批驻会的专业文艺人员，他（她）们是文艺创作的主力军。同时，文联所能承担的文艺创作门类又是有限的。应当通过建立一套鼓励创作、鼓励出精品的出版、演出、展览和评奖机制，调动区内外和社会各方面的文学艺术创作力量，共同繁荣创作。

文联驻会文学艺术创作和编辑人员，通过评聘具有了专业技术职称，他们都应有年度和中长期创作编辑计划，并以此作为年度考核和晋升专业职称的依据，把创作编辑数量指标和质量指标（社会效益和经济效益）作为评奖标准。在尊重文艺创作规律和个人创造性劳动的前提下，要积极承担配合党政中心工作任务和时事宣传文艺活动的创编任务。要建立和完善鼓励文艺家深入生活、创作现实题材文艺作品的制度办法，坚持弘扬主旋律，提倡多样化，建立科学合理的社会效益为首位、社会效益与经济效益相统一的文艺评论和评奖标准。

鼓励文艺新人创作、发表和出版文艺作品，制定相应的管理办法。在坚持部分文艺产品作为商品并进入流通领域的前提条件下，引入市场经济机制，对新人新作给予鼓励和扶持的同时，对作者发表、出版文艺作品赋予社会责任，促使作者对作品的社会效益和经济效益负责，有利于精品力作的生产。

加强文艺理论和评论工作，凡参加全区文艺评奖的作品，都应在广泛听取社会反响的基础上，组织专题文艺评论，把文艺作品的社会反响和专家评论统一起来，使参评作品得到客观公正的评价，真正在文艺评论方面贯彻“双百”方针，兴起健康的文艺评论风气。探讨和建立对影视作品和重大题材文艺作品排演（摄制）前评审制度，并使文艺作品两个效益与评审专家利益和风险责任挂钩，以便大型文艺作品缩短制作周期，减少投资风险。

进一步完善“五个一工程”文艺奖和“珠峰文艺奖励基金”奖的评奖办法，分别不同艺术门类设立不同奖励等级，使奖励更加合理公正，进一步起到激励创作优秀文艺作品的作用。

4. 改进文艺期刊办刊机制，推行目标责任考核制度，努力实现两个效益的统一。

文联主办的四份文艺期刊，面对市场经济的冲击和期刊改革的震荡，无论从人力财力还是编印发行，已经有力不从心的感觉。要靠改革的动力和创新的机制推动，才能走出困境得到改善。应当建立期刊主编负责制和目标责任制，赋予主编以人、财、编、发权，同时承担相应的责任与风险。应当调整编辑部人力，实行部分聘任兼职编辑，改进传统的编印方法，积极采用电子编辑、网络传送和自办发行，引入和借鉴内地省市文联办刊先进经验，使现有期刊两个效益均有提高。通过办好期刊，真正达到发现培养作者、扶持文学创作、传播先进文化、提高读者鉴赏水平的目的。

按照市场经济条件下期刊改革的原则，积极大胆地参与期刊市场竞争，在竞争中找准期刊定位，面向国内外读者，尝试改刊改版，争取纳入文化产业经营范围，依靠文化企业注入资金，依托更广阔的发行市场，在坚持办刊宗旨的前提下，改进栏目设计和包装，适应更广大读者的口味。对现有编辑部人员适当进行调整，加快编印周期，节约发行成本，逐步走上自我约束、自担风险、自收自支、自我发展的道路。

5. 积极发展文化产业，依靠文化产业推动，促进文艺事业发展。

文化产业是市场经济条件下文艺事业发展的必然产物，也是文艺事业在新的历史条件下的发展趋势，它不仅是作为市场经济体制下的一个产业门类创造经济效益，也是调整国家产业结构、整合文化资源、以市场经济运行机制来推动文化事业发展的重要力量。文联有发展文化产业的有利政策环境，也有发展文化产业的人力资源与文化资源。发展文化产业，将是文艺体制的一场深刻变革，文联必须以改革和创新的精神，积极加以推进。

文联已与北京国风(集团)公司达成合作意向,以国风(集团)公司的经济实力和经营能力,以西藏的文化资源和文艺人才资源,实行优势联合,筹建文化有限责任公司,以文化企业的运作模式和运行机制,改造嫁接现有的文化产品生产,将可能在影视创作摄制发行、期刊编辑发行、文艺演出、文化展览、文化旅游、工艺品开发等方面逐步走向市场化和产业化。

西藏经济欠发达，文化产品消费水平低，文化产业市场小且刚刚起步，作为一种产业来发展，还不可过于乐观。市场经济中有“一只看不见的手”，便是经济规律，必须遵循而不可违背。兴办文化产业，必须改变以往行政干预过多，不按经济规律办事，不讲经济效益的陈旧观念和做法，必须按照市场经济规律办事，在文化产业中引入市场经济机制。虽然在近期内文化产业未必能有规模效益，但可以靠文化产业推动，促进文艺事业按新的体制和模式发展。

文联兴办文化产业，近期内，可把影视制作发行作为龙头，按照文化产业路子，由文化企业经营，从剧本创作、资金筹措、组织拍摄到发行宣传各个环节，都按市场机制运作；把民间文学期刊《西藏民俗》改刊后纳入文化产业渠道，由文化企业注入资金进行改造，扩大发行，有望办成一份有市场份额和经济效益的西藏一流文化期刊；兴办少儿艺术学校，充分利用政府鼓励民间办学、社会办学的政策，短期内即可筹办一所少儿业余艺术学校，通过基金会筹措资金，申请政府给予适当资助（即民办公助）和奖励，为长期人才培养打实基础，其他文化产业项目，也应积极筹备开发。

文联机关事务管理应当随着机构改革和人事制度改革进一步得到改善，应当注重制度建设，建立健全机关各项工作制度，加强机关党组织建设和作风建设。积极改革现行后勤工作和管理办法，管好用好国有资产，确保国有资产保值增值和减少损失浪费，以热情优良的服务和经济高效的管理，为各文艺家协会提供良好便利的工作和生活条件，为文联事业发展繁荣做好保障。

2005 年 12 月

高扬先进文化旗帜，创建和谐文化，构建和谐社会

——写在西藏文联成立二十五周年之际

西藏文学艺术界联合会成立于 1981 年 10 月，今年是她 25 岁生日，如同充满蓬勃朝气与青春活力的青年一样，西藏文联经过 25 年的发展，已进入她的青年时代。西藏文联在我国改革开放的春风中诞生，沐浴着中国特色社会主义现代化阳光成长，高举先进文化建设的旗帜，弘扬改革开放的时代主旋律，团结、联络、协调、服务我区文艺工作者，沿着跨越式发展这条主线，围绕经济建设这个中心，服务于党和政府工作大局，坚持文艺为人民服务、为社会主义服务的正确方向，贯彻“百花齐放”、“百家争鸣”的方针，坚持贴近实际、贴近生活、贴近群众的原则，繁荣文艺创作，培养文艺新人，遵循建设社会主义先进文化的前进方向，一路高歌，辉煌走来。

在西藏文联 25 岁华诞到来的时候，我们满怀欣喜地迎来了党的十六届六中全会和西藏自治区第七次党代会的胜利召开，迎来了我国政府第一个文化建设发展五年规划纲要宏伟蓝图，也即将迎来文学艺术界第八次全国代表大会和第七次作家协会全国代表大会的召开，这是我国文学艺术界的重大盛会。西藏文联也在加紧筹备全区文学艺术界第四次代表大会的召开。在这喜事盛宴、好戏连台的季节庆贺西藏文联 25 岁华诞，有着不同寻常的意义。我们对党和政府正确领导和关爱支持心

怀感激的时候，更加怀念曾为我区文艺事业奉献终身的文艺界前辈，十分感谢为繁荣文艺事业辛勤耕耘的老文艺家、专家、学者和志士同仁；在我们回望肩负重任走过的光辉历程的时候，我们更加满怀豪情和信心地展望创建和谐文化、构建和谐社会的广阔前景。

20 世纪 80 年代初期，我国进入改革开放和社会主义现代化建设新的历史时期，党和国家在经历了“文化革命十年动乱”之后的拨乱反正，纠正“极左”路线的严重影响之后，毛泽东文艺思想和党的文艺方针得以回归到正确路线上来，邓小平同志在全国第四次文代会上的讲话如雨后春风，吹散阴云，文艺界春回大地欢欣鼓舞地迎来了中国文艺发展繁荣的第二个春天，西藏高原文艺界也在春风拂面中迎来文艺百花园春满花开的季节，西藏文联成立于此时，是党的文艺方针路线的召唤，代表了全区各族文艺工作者的心愿。在老一辈文艺家们的辛勤开拓和精心浇灌下，西藏文学艺术界人心振奋，壮志豪情，由老中青三代文艺工作者筹备组建的文学艺术界联合会，在自治区党委政府与文艺界工作者之间架起了桥梁，牵起了纽带，创办文学艺术报刊，吸收发展会员，九个艺术门类的文艺家协会陆续组建，一大批中青年文学艺术工作者在文学园地和各种文艺活动中得到培养和锻炼，扶持和培育了文学新人。文学界一批热血中青年作家紧跟全国文学涨潮期，以开放的胸怀，积极学习借鉴吸收，植根于民族文化沃土，踏着改革开放的大潮，深入农牧区田间草场采风访问，在民族文化题材小说、散文、诗歌、民间文学，以及歌曲、戏剧、影视剧本创作方面收获丰硕，一批青年作家在全国文坛引人注目，《西藏文学》和中青年文学集著受到国内众多读者的关注，一批中青年作家在全国性和区域性文学奖台上频频亮相捧奖，包括民间文学在内的文学界充满着朝气与活力，在我区文学发展史上写下了光辉的一页。美术界，藏汉民族美术工作者携手并肩，立足民间美术肥壤沃土，放眼国内外美术界百花纷呈，继承传统，借鉴吸收，融汇西洋画派、中国画风、民间技艺于胸怀，大胆创新，实践探索，寻求着创新与发展的路径，逐步开拓出“西藏画派”的境界，受邀于国内外举办展览，访问交流，在美术界吹起“西藏画风”。

在党的文艺方针路线的正确引领下，在全国文艺界百花争艳繁荣景象的影响下，80年代后的十多年间，我区文艺园地呈现出复苏后的生机与活力，部分地市级文联筹建成立，文艺报刊创办印行，以拉萨为中心的地市城镇文学艺术呈现出快速成长与发展中的繁荣景象。时任自治区党委副书记、自治区人大主任热地同志曾高度评价了这一时期我区文学艺术界的成就，把它赞誉为我区文艺繁荣的“第二个黄金时期”，使文艺界为之振奋和鼓舞。

80年代末继而进入90年代以来，我区进入改革开放和社会转型的新时期，反分裂斗争和社会局势发生了重大变化，思想意识形态领域出现更多新情况新问题，文学艺术界也随着改革开放后吹进的香风臭气而呈现出繁荣与杂乱并存的态势，开放与封闭、现代与传统、外来与本土、创新与固守等多种矛盾交织，中西方思想文化产生碰撞与冲突，吸收引进与排斥抵制相互影响。我区又受到分裂主义势力和“西化”、“分化”渗透的双重影响，全区经济建设和社会局势受到干扰，文艺界面临着维护统一、反对分裂、增进团结、维护稳定的新的形势。文化体制和机制面对文艺生产力日益发展暴露出不相适应的问题，机构改革和人事制度的调整以及物质利益驱动等诸多因素，呈多方位交互影响，文艺界自然不会铁板一块不受震动，文艺体制改革和进一步解放和发展文艺生产力的问题，日益突显在议事日程之中。

胡锦涛同志任自治区党委书记以后，执行党中央治藏方略和反分裂斗争大政方针，西藏社会局势在不长时期内得以稳定。西藏新时期工作的指导方针“一个中心、两件大事、三个确保”也在酝酿和形成之中。中央政治局听取西藏区党委工作汇报后作出重要指示，中央召开西藏工作座谈会明确了西藏工作的指导方针，党中央更加重视和关心西藏工作。自治区党委提出要把思想意识形态领域作为主战场开展反分裂斗争和思想道德建设的任务，提出加强社会主义精神文明建设的各项任务，文化艺术界旗帜鲜明，在反分裂斗争中自觉与中央和区党委保持一致，在精神文明建设中率先前行，文艺界在对外开放交流，对内团结稳定的双重任务中稳步前进，各种文艺形式在继承传统中不断发展，在学习借鉴中有所创新，各种文艺报刊在改革浪潮的冲击下艰难探索坚守阵地，各类文艺人才在艺术探索中寻求新的成长道路，文艺事业和文化产业在市场经济规律的推动下逐步划分和剥离，文化体制和机制改革在稳步推进，我区文学艺术界在社会转型体制转轨中日益发展。

进入 21 世纪以来，在“三个代表”重要思想的指引下，在自治区党委“重振文艺创作演出之雄风”的工作号召下，贯彻党的十六大精神和自治区六次党代会精神，振奋精神，繁荣创作，积极推动文化产业发展，各门类文艺作品和展演活动日益活跃，各门类文学艺术创作和研究成果不断有著述推出并获得多项奖励和名次。对外文化交流增加，在国内外举办文艺展演活动逐年增多，反响热烈，与兄弟省市文联的交往联系不断扩大，走出去和请进来的文化交流访问活动进一步增进。文联办公条件以及文艺家的生活和学习条件明显改善，文艺界整体上呈现着积极、健康、持续发展的局势。

文学艺术正处在一个百花争艳、竞相发展的时代。改革开放推动了文艺事业的繁荣与发展，一方面是学习借鉴西方社会一切优秀文化成果，在现代科技和传播手段的有力推动下，各门类文艺形式异彩纷呈；另一方面是继承民族优秀文化传统，发掘中华文化的深厚积淀，各个民族的原生态文化艺术受到关注和喜爱。藏族文化艺术越来越受到国内外更多人关心和青睐，西藏民族民间文化艺术日益受到重视，成为文化建设新的亮点。文化艺术与旅游的结合愈加紧密，成为独具魅力的新的经济增长点。随着人民物质生活水平的提高和生活质量的迅速改善，人们对文化艺术的需求和消费快速增长，人们对精神文化生活的要求更高了，参与各种文艺活动的热情更高了。文艺工作面临着历史上最好的发展环境和发展条件，面临着难得的大好机遇，也面临着新形势下新的问题和挑战。我们必须认清大好形势，把握难得机遇，知难而进，乘势而上，推动我区文艺事业和文化产业更快发展、更上一层楼。

“三个代表”重要思想的提出，把人们对文化的认识提升到一个新的境界，有力地推动着我国先进文化建设的步伐。党的十六大以来提出了繁荣文化事业、发展文化产业和文化体制改革的任务。以胡锦涛为总书记的党中央高扬先进文化的旗帜，在文化建设上提出一系列新理论新观点，采取了一系列新举措加强社会主义先进文化建设；提出和坚持以人为本，注重人的全面发展，社会健康协调发展，人与自然和谐相处的科学发展观，为文化事业和文化产业的协调发展进一步指明了前进方向。中央制定的国家“十一五”时期文化发展规划纲要，确定了未来五年甚至更长时间内文化建设的方针原则和目标任务，必将有力推动文化与经济、政治、社会的协调发展，推动先进文化建设的更快发展。中央十六届六中全会作出关于构建社会主义和谐社会若干重大问题的决议，进一步提出树立新的文化发展观、推进文化创新、建设和谐文化的宏伟目标，把我国文化建设推向了更高的阶段和更高的层面，和谐文化建设必将把文化建设引向新境界。我区文化建设的任务更重了，文艺工作者的职责更加光荣而神圣，任重而道远，我们要为构建社会主义和谐社会、创建和谐文化而不懈奋斗。

我们要清醒地看到，当前我区文化建设、文艺事业和文化产业发展水平与全国尤其是经济文化发达的省市差距较大，文化建设整体能力和水平与建设小康社会的目标和跨越式发展的进程还不相适应，文化体制机制与完善社会主义市场经济体制，进一步扩大对外开放的形势还不相适应，文化产业、文化产品和文艺服务的数量、质量、品种与人民群众日益增长的精神文化需求还不相适应，文化建设和文学艺术创作生产总体上还比较落后。认识落后要克服落后，面对新的形势和大好机遇，我们要增强紧迫感、责任感和使命感，大力推进文化创新，构建和谐文化，以和谐文化推进和谐社会建设。

西藏文联在今后的工作中要进一步加强联络、协调、服务的职能作用，整体上提高文联工作水平和服务水平。高举邓小平理论和“三个代表”重要思想伟大旗帜，深入学习贯彻党的十六大和十六届六中全会精神，贯彻落实第八次文代会精神和今后五年的任务目标，贯彻落实文化发展规划纲要提出的任务目标，围绕中心，服务大局，面向基层，服务群众；落实科学发展观，增强社会主义荣辱观；坚持“二为”方向和“双百”方针，坚持贴近实际、贴近生活、贴近群众的原则；坚持解放思想、实事求是、与时俱进、开拓创新；坚持主旋律，提倡多样化，推进文艺创新，建设和谐文化。着眼于巩固马克思主义在文艺领域的指导地位，着眼于促进社会主义文艺事业的繁荣发展，着眼于满足人民群众日益增长的精神文化需求，着眼于扩大先进文化和民族优秀文化艺术的影响，探索和改进新形势下文联工作的特点与规律，建立和健全充满生机与活力的运行机制和工作方式。增强使命感、责任感和紧迫感，提高推进文化事业、文化产业加快发展的能力；增强政治意识，提高落实科学发展观、树立新的文化观、指导实践推动工作的能力；增强大局意识，提高服务党和政府中心工作的能力；增强人才意识，提高为广大文艺家服务的能力；增强精品意识，提高组织创作精品佳作的能力；增强创新意识，提高开拓文联事业的能力。团结广大文艺工作者和文艺爱好者，为繁荣文艺创作、培养文艺人才、建设和谐文化、构建和谐社会作出新的更大贡献。

2006 年 10 月

学习贯彻中央和区党委会议精神，提高文联建设先进文化的能力

2005年即将过去，这一年里，中央和自治区党委召开的几个重要会议和下发的几份重要文件，都与建设先进文化工作密切相关。

年初,根据党中央部署,自治区党委对全区开展保持共产党员先进性教育活动做出安排,西藏文联作为第一批保持先进性教育单位,用半年时间,集中时间学习,以提高思想认识,提出共产党员先进性标准,制订和完善一系列整改措施,进一步理清文联工作思路的成果,圆满完成这次长时间的学习教育任务。

年中的8月底，中央政治局召开会议，研究了新世纪新阶段西藏工作，形成了关于进一步做好西藏发展稳定工作的意见。这是党和国家治藏方略的丰富和发展，是新世纪新阶段中央对西藏工作的新部署、新要求、新举措。文件要求要大力发展社会主义先进文化，文艺作为社会主义先进文化建设的重要组成部分，在我区经济、政治、文化和社会建设四位一体的发展格局中具有举足轻重的重要地位和作用。

10月，中央召开十六届五中全会，讨论通过了中央关于制定国民经济和社会发展第十一个五年规划的建议，也用较大篇幅指出要积极发展文化事业和文化产业，丰富人民群众的精神文化生活。在构建社会主义和谐社会中，文艺事业应当发挥并且能够发挥十分重要的基础性作用。

最近，自治区党委召开六届七次全委扩大会议，会议通过了西藏自治区关于制定“十一五”时期国民经济和社会发展规划的建议，描绘了我区“十一五”时期经济社会发展的宏伟蓝图，体现了党的十六届五中全会精神。《建议》指出，要科学地继承、保护和弘扬民族优秀传统文化，继续做好民间文学艺术等传统文化的抢救、挖掘、保护，大力发展文学艺术，鼓励和支持多出具有民族特点和时代气息的文化精品，进一步完善文化产业发展政策，推动特色文化产业发展。

今年文联的工作重点是围绕庆祝自治区成立40周年大庆开展文艺活动，文联举办了一系列书画摄影展览，编辑出版专刊专著；作协援藏工作座谈会和新世纪文学奖评颁奖及采风活动；参加全国性民族文化博览会和展演赛事并获得多项奖励；开展对外文化交流展演访问，积极宣传展示新西藏新风貌；筹办“祝贺才旦卓玛从艺50周年”系列活动等。是近年来文联工作任务最重、文艺活动成果最多的一年。文联工作的新变化，得益于开展“保持共产党员先进性教育”，党员和党组领导班子先进性的提高与推动，得益于党组领导班子加强主要领导力量、合理分工、团结协作，得益于中国文联、中国作协对口支援并派出得力干部加强领导力量，是全体干部职工上下通力合作的结果。

回顾一年工作，结合文联工作实际，如何进一步贯彻落实党中央区党委会议精神，进一步提高建设先进文化的能力，提出以下工作思路和建议，与大家共同探讨。

一、以“三个代表”重要思想为统领，坚持马克思主义在文艺领域的指导地位

围绕经济建设这个中心，服务于全区发展稳定工作大局，以提高党组、主席团领导和组织文艺工作的能力为重点，以提高文联建设先进文化的能力为方向和目标，来谋划和开展文联

工作，全面提高文联工作水平。

坚持马克思主义在文艺领域的指导地位，是做好文艺工作和文联工作必须坚持的根本指导和基本经验。根据中央和区党委重要会议文件精神的要求和中宣部、中国文联的安排部署，文联工作中要把“三项学习教育”活动纳入到日常工作范围，在文艺工作者中深入持久地进行“三个代表”重要思想，尤其是建设先进文化的思想的学习教育、马克思主义唯物史观和文艺观、职业精神职业道德的学习教育，努力实践“三贴近”的时代要求，用发展的创新的马克思主义指导文联工作新的实践。按照党的十六届四中全会、五中全会和区党委六届七次全委扩大会议提出的大力发展文化事业和文化产业的要求，积极推进文化体制改革，提高建设社会主义先进文化的能力；积极研究和把握新形势下文联工作的特点和规律，逐步建立起适应党的领导方式和执政方式、适应政府文化管理部门职能转变、适应社会主义精神文明建设要求、适应社会主义市场经济要求，符合文艺发展规律的文联工作的组织形式、运行机制和工作方式。

二、加强党组、主席团自身建设，提高执政能力和执政水平，把文联领导班子建设成为坚强有力、奋发有为的领导集体

按照讲政治、顾大局、重团结、守纪律的要求，按照“三个离不开”和“五湖四海”的原则建设文联领导班子，进一步理顺党组和主席团之间的任务和职责关系。建立健全工作制度和议事规则，坚持民主集中制原则，实行明确的分工负责、分工合作的科学工作方法。使文联重要事情的决策建立在民主和科学的基础之上。使文联的重要事项公开、透明和置于干部职工的监督之下。

三、坚持科学的发展观，尊重文艺创作规律，注重解放和发展文艺生产力

文联的主要任务是通过联络、协调、服务于广大会员和文艺爱好者，繁荣文艺创作，培养文艺人才，发展文化事业和文化产业，实现文艺产品的社会效益和经济效益。要完成这些任务，仅仅靠文联机关各文艺家协会驻会人员是不能完全胜任的，必须重视广泛联系文艺界和社会上各类文艺人才，发挥职业和非职业文艺人才的才华。依照党和政府的文艺政策、人事制度和科学方法，解放和发展文艺生产力，调动各方面的积极性，创作更多更好的文艺作品，开展丰富多样的文艺活动，活跃人民群众的文艺生活。

文联要积极创造条件，在现有编制不变的情况下，筹备组建文艺“创作评论研究中心”，汇集聘请各艺术门类专家学者，以科学合理的工作机制，对全区文艺创作进行论证规划和组织实施，对文艺作品进行评审评论和理论研究，以正确的文艺批评和科学的文艺理论推动文艺创作。申请政府设立文艺创作和研究专项资金，采取面向社会招标和资助创作项目资金等方法，在尊重文艺创作规律和文艺家个人创造性劳动的前提下，组织和加快文艺创作进程，催生更多的文艺精品佳作。以科学的文艺创作生产方法，对各门类文艺创作进行规划，对作品进行评审论证，择优推荐制作、出版、发表和演出。

四、坚持科学的人才观，尊重知识、尊重人才，重视培养和合理使用人才

文联将会进一步尊重和重视现有人才，为文艺专业人才和文艺管理人才创造发展条件。采取进修培训，挂职锻炼和岗位交流等方法提高和发挥现有人才的知识才干，鼓励多出作品成名成家。对文联现有的专业技术人员和文艺管理干部，要逐步

按照人事制度改革的精神，按照职位公开、公平竞争、考核择优、竞争聘任的原则选拔和聘任公务员和专业技术职务。对协会以外社会各类文艺人才，按照不为所有但为所用的办法，以适当方式联系团结他们发挥文艺专长爱好，为繁荣文艺创作作出贡献，成为文艺家协会的后备人才资源。文联要尽快建立全区文艺人才文艺成果档案数据库，对各文艺家协会会员和非职业文艺人才进行摸底统计，在此基础上建立健全对会员的组织管理和对社会各类文艺人才的联系，为加强文艺创作、加快人才培养打好基础。

各文艺家协会都要把培养文艺新人作为重要职能，提上重要工作日程，采取灵活多样的、有偿和无偿的培训方法，通过开展文艺活动比赛、评奖，发现和重点扶持青少年文艺幼苗，从少儿和青少年学生抓起，培养文艺事业后继人才，壮大文艺人才队伍，为文艺事业的可持续发展和文化产业的长远发展，开发和储备文艺人才。

五、建立和完善协会工作机制，拓展协会工作职能，充分发挥文艺家协会联络、协调、服务的职能

在新形势下，文联各文艺家协会要逐步建立适应市场经济体制的工作机制和工作方法，文艺家协会不仅要发挥联系文艺家出作品出人才的桥梁和纽带作用，还要拓展联系文艺家组织文艺产品走向市场，实现两个效益的桥梁和纽带作用。各文艺家协会驻会负责人，要把工作职能真正转到面向会员、面向社会、文艺人才、文艺活动的联络、协调和服务上来，以协会工作为重点，在积极推动和开展协会工作的基础上，努力发挥各自的艺术专长多出成果。文联将积极创造条件，使目前协会驻会负责人由事业建制逐步过渡转为行政建制，实行协会秘书长驻会制。各协会主席、副主席由会员民主推选在艺术专业上有造诣、有影响、驻会或不驻会的人士担任，以有利于艺术家在

专业上更有成就更有权威，亦有利于文艺家协会更好发挥联络、协调、服务的职能。

随着文化体制改革的深入推进和政府领导文艺工作方式的转变，文联在发展文艺事业的同时，要积极担当起发展文化产业和维护会员权利的责任，利用人民团体的有利条件和联系文艺家、文艺人才资源的优势，积极兴办文化产业，在文艺人才培训、文艺作品出版、演出、展览、书画销售等诸多方面，积极引入市场经济机制，多渠道筹资融资，联系社会力量搞活动办文化。组织和帮助文艺家及其作品通过市场实现其社会效益和经济效益，实现文艺家及其文艺作品的社会价值和经济价值，壮大文联实力，改善文艺工作者的生活条件，引导社会文化消费观念，推动文化产业发展壮大。

六、建立健全规章制度，靠制度管人管事，坚持以人为本，建设和谐社团

按照先进性教育整改工作要求，文联要在总结过去成绩和有益经验的基础上加强制度建设，改进工作机制和工作方法。以改革的精神积极推进各项基本制度和工作机制的建立和完善，要以与时俱进、开拓创新的精神积极探索，适时改进和完善新形势下文联工作的新思路、新机制、新方法，团结鼓劲，凝聚人心，提高文联工作效率和工作水平，为建设社会主义先进文化作出应有贡献。

2005 年 12 月

发挥文联职能，繁荣文艺事业

——学习自治区领导同志关于文联工作讲话的体会

今年五月下旬，自治区党委副书记李立国、区党委常委宣传部部长苟天林同志来到西藏文联调研指导，听取文联党组主席团工作汇报后，李立国同志作了重要讲话，苟天林同志作了重要补充讲话。文联党组、主席团及时安排各协会各部室进行了传达学习讨论，领会区党委领导同志讲话精神，结合文联及各协会工作实际进行讨论，统一思想，提高认识，振奋精神，理清思路，发挥职能，促进工作。

近年来，自治区党委主要领导和主管宣传文化工作的领导同志，就文化艺术工作作过几次重要讲话。与文联工作直接相关的讲话有：在西藏文联成立20周年纪念大会上的讲话；在“五个一工程”颁奖表彰会上的讲话；“珠峰文学艺术奖”颁奖会上的讲话；在全区宣传工作会议上的讲话；在影视创作座谈会上的讲话及批示；最近在文联调研时的讲话等。围绕近年来自治区党委主要领导和主管领导同志就文联工作所作的重要讲话和多次指导，使我们感到既深受鼓舞，又深感鞭策；既受到振奋，又感到紧迫。自治区党委近年来对文化艺术工作给予进一步高度重视和寄予期望，是区党委贯彻“三个代表”重要思想，坚持先进文化的前进方向，推进社会主义精神文明建设的重要举措；是区党委关心、重视、支持文艺工作和文艺工作者，推动我区文艺事业繁荣发展的重要举措；是贯彻中央西藏工作座谈会精神，落实自治区确定的“一加强，两促进”的新时期工作任务，实现我区经济社会跨越式发展，实现社会局势长治久安的目标的重要举措。这些讲话和指示，贯穿了党对文艺工作的一贯方针，体现了党对文艺工作的有力领导，是我区文艺工作的重要遵循。

本文试就学习自治区领导同志关于在文联工作的讲话，谈谈个人的学习心得体会，与文艺界同志们同学共勉。

一、关于文艺创作主导方向和反映现实题材问题

李立国同志指出，对文艺创作“我们更强调现实生活题材，这种贴近实际、贴近生活、贴近群众的内容，更能够为我区经济跨越式发展和社会局势长治久安进程提供精神动力和智力支撑”。“现实题材内容为主的弘扬主旋律的作品不仅能出精品，而且恰恰是精品力作的主导方向。从国内这些年文学艺术创作现象来看，有影响的作品基本都是反映现实题材的。所以，文学艺术创作要在弘扬主旋律和反映现实题材的作品上多下工夫，这是大有可为的。”这段讲话十分明确地指出了当前我区文艺创作面临的突出问题，讲明了现实题材和主旋律作品在文艺创作和精品力作中的地位及其关系，是对文艺导向总的把握，是对文艺方向的宏观判断，值得我们高度重视。近年来各种题材体裁的文学艺术作品中，凡是深入反映当代社会生活，反映人民群众真实意愿的作品，都获得了广泛好评和欢迎，这些文艺作品在改革、发展、稳定中的作用，在民主、公正、文明的社会价值弘扬方面，产生了巨大而深远的影响，使文艺的功能与作用得到了最大的发挥，一些作品成为历史时期的经典，成为时代的主导文化和主流价值判断。一些文艺工作者在文艺创作中往往不能正确认识现实题材和历史题材的关系，不能正确处理弘扬主旋律与提倡多样化的关系，甚至把它

们对立起来、隔离开来，以至于陷入困惑和迷惘之中。李立国同志这段讲话明晰而坦诚地指出了正确方向，值得我们认真思考和对待，对于文艺创作有很强的指导作用。

二、关于发挥文联和各文艺家协会职能作用的问题

我们平时谈到文联和各文艺家协会的职能已是耳熟能详，“桥梁纽带”、“文艺之家”、“联络、协调、服务”的职能，“民主、团结、鼓劲、繁荣”的宗旨，都十分清楚。但在文联和协会工作实践中，往往离我们的职能作用存在着一定的差距，有些方面甚至容易疏忽和有所淡漠。文联作为文艺界的联合会，作为社会团体，其工作重点要立足于出人才、出作品，出尖子人才、出精品力作上面，要力戒文联机关工作陷于自我服务为主的狭小圈子里，力戒人民团体工作的机关化倾向。李立国同志在讲话中指出：“文联的作用不仅在本级，也在各个文艺家协会。文艺界的专门人才，分布在各个协会，搞好协会的工作十分重要。如果我们十个专业协会都能活跃起来，把各个专业的创作人员和生产人员的积极性、创造力都充分调动起来，出的成果会更多，文联的贡献会更大。”还指出：“文联和其他文学艺术创作、生产、演出部门的工作，其检验标准都体现在作品的数量和质量上，在作品服务于现实生活的作用上。我们研究文学艺术界的工作，出发点和落脚点全都在多出作品、多出人才上，都在作品服务现实生活、熏陶人们情操所起的作用上。文艺工作服务于党的中心任务，就是通过文艺作品服务于我区跨越式发展和长治久安的进程。”这一段讲话，关于文联的职能作用，各文艺家协会的作用发挥，已经十分明了，再说什么似乎有些多余了。我感到这段讲话是在对文联的职能作用十分了解和准确把脉的基础上讲的，针对性很强，指导性很强，我们要时时用心把握，经常以此勉励，不敢有所松懈和偏离。

三、关于尊重文艺创作规律和文联的主导作用的关系问题

文联的联络、协调、指导、服务的职能作用如何正确发挥，是文联日常工作中要始终给予足够重视的工作职责和工作方法问题。对待文艺家的创作既不能干预过多，又不能不加引导完全放任，这里既有工作方法和领导艺术问题，也有思想方法和观念更新的问题。李立国讲话指出：“在推动我区文学艺术创作、生产上，文联要履行好联络、指导、协调和服务的作用。文联不可能把所有文学艺术创作、生产都组织起来，不能代替个体创作，也不能取代对集体创作和生产的实体管理。并且，任何文艺作品的创作都是有一定周期的，周期的长短、进度的快慢，取决于作者（包括集体）的思想水平和艺术水平，组织上只能尽可能地发挥一些积极影响。”文联“要遵循文学艺术作品创作的规律，履行和发挥好联络、指导、协调、服务的职能。可以给予作者以学习提高的帮助、深入生活的帮助、个别指导的帮助、作品推介和发行的帮助，但不能包办代替”。这“四个帮助”把文联与创作者的关系讲得很清楚，这是对文联职能作用的进一步阐释。文联要在坚持先进文化的方向和导向上给予文艺家以指导和把握，尊重文艺创作规律和文艺创作个体创造性劳动的特点，帮助作家艺术家在学习提高、深入生活、个别指导、作品推介方面积极地发挥职能作用，为创作者创造和提供民主、宽松、和谐的社会氛围，提供服务和帮助，有利于优秀人才和优秀作品脱颖而出。

李立国同志在强调文联“要继续发挥好职能作用，在协调和促进文学艺术创作上下工夫”的同时，也指出了文艺家本人应有的态度和应负的责任。他指出：“古往今来、古今中外，任何作者都是靠个人的生活积累和感受来创作的，也是靠个人的时间、精力投入来进行的。我们不会走到作者的创作投入由

组织负责这一步。……对创作劳动的回报，主要取决于作品的质量和社会影响。”没有一味地把出作品的希望与责任都放到文联和协会的身上，而是把创作者的责任作为主要方面提出来，分清主观和客观条件，明确创作的投入不能全由文联和政府负责，并指出“对创作劳动的回报，主要取决于作品的质量和社会影响，体现在不同程度的稿酬上，体现在版权收入上”。这段讲话十分坦诚，我们应该认真思考和领会，自觉地作为工作中的责任与动力。

四、关于发展文化产业，增强文联自身能力问题

李立国同志近年来对发展文化产业有几次重要讲话，要求文联进一步解放思想，整合文化艺术资源，发扬民族文化艺术优势，按照市场经济规律和市场机制来办文化。几次讲话给予文联很宽松、很灵活的政策精神，感到要比我们思想解放，眼界开阔，给我们很多启发。李立国讲话中指出：“我区有文化资源优势，可是我们没有开发利用好。发展文化产业，增强自我发展能力，可以从多渠道迈出步子。……在合作中，文联没有资金投入但有品牌投入，也有人力和文化资源投入，可以提出符合实际，对方又能接受的要求。”在谈到文联打算与人合办刊物时，李立国同志表示赞同和支持，同时指出：“几个刊物要寻找合作伙伴，提高质量，扩大发行，增加收入，我觉得这个思路比较好。合作就难免存在利益关系和价值观念的不同，要求同存异、趋利避弊，只要办刊宗旨和特色不变，就可以尝试。”苟天林部长对文联兴办文化产业也极为关注和热情支持，就此话题作了补充，提出了具体要求。自治区领导对文联兴办文化产业寄予了希望，给予积极支持，我们要抓紧落实、用心实施，争取尽快迈出坚实步伐。

李立国同志在文联调研指导工作时的讲话，既有宏观高度，又有具体指导，很明确，可操作，是在对文联工作全面了

解的基础上，以实事求是和不断创新精神的讲话，又是对自治区党委领导关于文艺工作的多次讲话的深入和延续。学习领会讲话，使我们工作思路更清晰，更振奋，紧迫感进一步加强。文联将在“三个代表”重要思想的指导下，对自治区党委近年来关于文艺工作的重要讲话和指示精神认真领会和思考，进一步调整工作思路、进一步探索新形势下不断改进文联工作的方式与方法，就文联工作、文联创作和文化产业等重要方面进一步探索和改进，抓好协会，搞好创作，多出作品，多出人才，发挥职能，繁荣文艺，在区党委的领导下，把各项工作提高到新的水平。

2003 年 6 月

西藏文联工作的现状、问题和思考

一、西藏文联及协会工作现状

西藏文联成立于1981年10月。曾于1986年12月至1989年9月与自治区文化厅合并，又于1989年10月经自治区党委、政府批准恢复成立。西藏文联编制和机构经1996年和2002年两次批准设置和变更。文联机关内设办公室、组联部、文艺理论研究室三个部室，文联下属内设事业单位编辑事务部及四个刊物编辑部。所属十个文艺家协会，协会及其负责人均列入事业编制。西藏作家协会是十个协会之一。全区十个文艺家协会约有会员1180人，其中全国协会会员约210人（因工作调动等原因，会员人数不确切）。文联于2000年8月创办文化艺术“西藏网站”。2003年9月，自治区批准成立“西藏书画院”，属文联领导和管理，没有独立编制和单独办公地点，其领导和组织机构由文联领导和西藏美术家协会、书法家协会领导兼职担任，实际上只有一块牌子而无组织机构。2003年10月，与西藏圣地股份公司合资（西藏文联以国有资产一幢二层展厅兼办公楼作为股份）创建“西藏圣地文化有限公司”，兴办文化产业刚刚起步。文联以原《西藏民俗》季刊刊号为资源，委托该公司经营改刊后的《西藏人文地理》，与西藏圣地股份公司共担风险，共享利益。

西藏文联经核定编制93名，其中机关行政编制24名，所属十个文艺家协会事业编制55名，编辑事务部事业编制10名，机关后勤服务中心事业编制4名。“西藏书画院”、“西藏网站”和“圣地文化有限公司”均不另设编制。截止2004年9月，西藏文联实有人员83人，其中各类专业人员42人，行政后勤人员41人（其中国家公务员21人，工勤人员20人）。文联驻会文艺家协会只有八个，西藏曲艺家协会和西藏影视家协会无人驻会，协会负责人分属于拉萨市民族艺术团和自治区广播电视局。西藏戏剧家协会和西藏舞蹈家协会只有一名负责人驻会。

西藏文联属全额事业拨款单位，财政拨款的绝大部分用于人员工资和机关办公经费，办刊经费和文艺活动经费远不能满足实际需要，但举办有关文艺活动可申请适当专项经费。文联设立的“珠穆朗玛文学艺术基金”是政府一次性拨付基金，属于西藏自治区级文艺专项奖励基金，用于三年（左右）一次的全区文学艺术评奖颁奖。

西藏文联现主管主办四份公开发行文艺期刊，分别是：《西藏文艺》（藏文双月刊）、《西藏民间文学·邦锦美朵》（藏文季刊）、《西藏文学》（汉文双月刊）、《西藏人文地理》（汉文双月刊）。文联机关主办一份内部工作通讯《西藏文联通讯》（汉文季刊）。四份公开发行的文艺期刊均由财政拨给有限经费，但发行量很小，收入微薄，收入用于补贴办刊经费。《西藏人文地理》委托“西藏圣地文化有限公司”独立经营。

二、文联工作中存在的问题

（一）文联专业人员引进渠道不畅，人才结构比例失调

文学艺术家协会是文联的主体，是文联联络文艺人才、组织文艺活动的协会组织和管理机构。目前实际状况是：机关行政人员约占文联人员总数的50%，而工勤人员又占行政人员的50%。造成人员结构比例严重失调的原因是：近几年大中

专毕业生不再分配到区直单位；愿意并且适合到文联工作的专业人员受现行人事制度限制难以调入；公开招考公务员和专业人员，由于年龄等条件限制，适合报考从事文学艺术创作的人员寥寥无几。在现有专业人员难以调入和留住的同时，引进文艺专业人才面临着很大困难。另一方面，每年复员退伍军人的安置却是硬任务。近年来我会接收安置复退军人 14 人，占工勤人员总数的 60％多，造成不合理人才结构和人才资源浪费，也使文联的专业性质发生着渐变，影响了文联职能作用的发挥，也影响了文联在社会上的地位和影响，文联在文艺界的凝聚力和信誉度也因此受到严重影响。

（二）文联内设机构建制、编制不尽合理

据了解，全国省（区）、市文联文艺家协会多为文联机关内设正处级行政编制，按行政职数配备协会领导。我会所属文艺家协会均为事业编制，参照公务员管理，各文艺家协会不能按照公务员职务系列设置领导职数，协会负责人只能走专业技术职称系列。评定职称以个人创作成果为依据，由此引导驻会的协会负责人均以个人创作为主，导致协会驻会领导未能充分发挥联络会员、组织文艺创作和开展文艺活动的组织、联络、协调、服务职能。协会与会员联系少，开展文艺活动少，吸收发展会员不及时，发展会员和会费会证管理未能正常进行，协会对会员缺乏应有的吸引力、凝聚力和号召力。

各省（区）、市作家协会中已有部分是独立的正、副厅级或独立处级建制，编制和财务独立便于作协独立开展工作。西藏作协属我会十个文艺家协会之一，驻会人员少，协会领导由文联领导兼任，专职工作人员少，组织联络工作比较弱，对社会上文学创作力量和文学爱好者等人才资源，尚未建立联络和组织的有效机制，未充分调动和组织社会各方面文学创作力量，对全区文学创作缺少规划部署和组织协调，文学创作处于自由自我状态。作为多种艺术母体和基础的文学，多年来创作乏人乏力，精品力作难得，直接影响了文学作品的数量、刊物质量和优秀文学作品的推出。

（三）文联现行体制和机制的陈旧僵化，不利于人才成长和创作的繁荣。

文联的性质、职能和任务三者之间实际上存在着一定的矛盾。文联机关部室与协会及会员之间的责任和权利义务关系不够明确，机关部室、协会对会员的联络、协调、服务关系过于疏松，缺乏目标责任约束和任务考核标准，缺乏科学的组织管理和竞争激励机制，文联机关及协会难以掌握会员创作计划和工作状态。驻会专业人员的各类文艺作品（产品）进入市场得益于协会的名誉并受协会对其权益的保护，而收入与协会和文联毫无关系，导致部分会员不愿承担协会组织上安排的任务，不愿参加协会组织的文艺活动，在享受权益的同时放弃了应尽的责任和义务。

文联专业技术职称本应根据专业职位设置，根据专业职位聘任相应专业技术职务。我会目前的实际状况是：凡通过专业技术职称业务考试和专业资格评审认定，就可晋升专业职称，得到相应职位的聘用，没有真正实行评聘分离，造成部分专业技术职务职位过多而有的专业技术岗位乏人，致使一些专业人员的岗位、职位难以安排，造成了专业职位和岗位人事安排的困难和矛盾，淡化了激励机制，失去了竞争的活力和动力。

通过各文艺家协会的组织、联络、协调、服务职能，组织各方面的文艺人才，出人才、出作品是文联主要职责。由于尚未引入市场经济激励机制和奖优罚劣竞争机制，文艺创作、文艺活动的组织管理机制仍沿用计划经济体制的一套办法，完全依赖政府投入，不计投入成本，不讲产出回报，只要所谓的社会效益而不计较经济效益，甚至把文艺作品的两个效益对立起来、割裂开来。由于文艺作品创作和制作投入渠道单一，受资金限制而创作生产周期长，文艺生产力受到束缚。文艺作品和表演评奖只依据少数人的评选而忽略广大读者观众的评价标准，不能充分体现社会效益和经济效益。

三、改进文联工作的建议

西藏社会处在社会主义初级阶段的较低层次，社会发育程度低，社会各项事业及其管理处于较低水平上，管理体制和机制有许多方面不健全不完善。西藏文联及各协会工作也不像内地省区市那样完善和规范。由于少数民族地区民族宗教文化艺术具有的特殊性，以至文联和协会工作有许多方面不同于内地省市，与兄弟省市文联和协会工作相比，在一般性条件下具有更多特殊性。根据工作实践经验，对改进改革文联工作提出以下建议：

1. 文联对各文艺家协会和团体会员的联络、协调、服务职能，在新形势下应进一步加强和扩展。文联对各协会和会员在工作中实际上负有组织管理和指导的责任，随着机构改革和体制改革的不断深化，文联的组织管理和指导职能在许多工作层面上应该得到体现和加强。各文艺家协会对广大会员的工作职能同文联对各协会以及团体会员的职能是一致的。文联和各协会的工作不仅仅限于联系文艺界专业文艺工作者，在市场经济条件下，在文化建设发展到今天更加多元、更加丰富的状态下，文联的工作职能范围应当主动积极地扩展到社会各界文学艺术爱好者的广大队伍中去。新形势下，各文艺家协会应进一步明确和加强联络会员、协调各方、组织活动、服务群众、管理队伍、指导会内会外社会文化活动。文联在新形势下应当扩大工作领域，以更加积极和开放的姿态，团结和联系社会各界文艺从业者和文艺爱好者，增强凝聚力和号召力。

2. 文联应当更加重视文艺管理工作。文联工作大量的、日常的是文艺管理。而文艺管理是一门科学，是现代管理科学中的重要分支。管理学在现代社会中具有重要和突出的作用，管理解放和发展生产力，管理创造巨大价值。一直以来，文艺管理在文联工作中没有受到应有的重视，没有提上文联工作的重要日程。文艺管理没有论坛，缺少探讨文艺管理、发表文艺管理成果的载体和途径。中央十六届四中全会提出“解放和发展文艺生产力，进一步革除制约文化发展的体制性障碍”，而文艺管理就是以解放和发展文艺生产力为目的的。文联培养人才、繁荣创作的过程，无一不是实施科学管理的过程。长期以来，文联的工作只注重人民团体的桥梁、纽带性质，强调联络、协调、服务的职能，而忽视文联对协会和会员的行业管理、队伍建设、职业自律、组织管理的作用。在市场经济条件下，文化产业快速发展，文联加强对文艺家协会及其会员和文艺活动的管理职能是必然的，不能回避的。不能因为文联是人民团体而不敢理直气壮地提出“管理”的职能。文联的联络、协调、服务职能都属于管理的范畴，管理寓于联络、协调和服务之中，不能把“管理”与“服务”对立起来，也不能把“管理”与“服务”分离开来，只讲文联要“服务”而不讲要“管理”。

3. 文联各协会和团体会员的工作职能，是通过协会联系会员工作来实现的。协会应加强会员工作，改进活动方式和工作方法，拓展会员工作渠道。进一步规范会员、会费、会证管理。收取的会费应有一定比例用于会员提高业务技能或开展活动。比如：全国性文艺家协会主办的报刊，应以优惠办法鼓励会员订阅，或者把订阅文艺协会主办的专业报刊作为会员的入会条件，使会员订阅本会专业报刊成为会员支持协会报刊扩大发行量的义务，使各文艺家协会主办的专业报刊真正为联络会员、服务会员、发现和培养人才、交流专业信息经验的文艺专业报刊。会员应当按期缴纳会费，会费应当逐级提留，如同工会会费、团费、党费一样，会员会费应当主要用于会员开展业务活动，或补贴到会员订阅协会报刊之中，或设立奖励基金，真正用到协会团体会员和个人与专业有关的用途上，使会员真正感受到文联和文艺家协会是文艺界之家，增强会员责任感和荣誉感，加强协会与会员的联系，提高文艺社团人气指数。

4. 文化产业是社会主义市场经济产业结构的重要方面，发展文化产业以调整我国的产业结构，将产生巨大的社会效益和经济效益。文联是先进文化建设的重要力量，拥有艺术和人才资源雄厚的先进文化生产力。文联应大力发展文化产业，在发展文化产业中壮大实力，为发展自身、积累经济实力以奠定繁荣文艺的物质基础。文联机关应成立相应机构，协调文联系统文化产业力量，整合文联系统文艺资源和人力资源，解放、发展和壮大文化生产力，减轻对政府财政的依赖，增强自身发展能力，适应社会主义市场经济发展和深化改革的新形势。随着改革不断深入，政府管文化和社会办文化的职能分离越来越清晰，文联作为社会团体，兴办文化产业有着各方面的优势和条件，政府也赋予了文联办文化、兴产业的许多政策优惠。在市场经济条件下，文联的工作职能不断向发展文化产业方面转移扩展，各文艺家协会拥有文艺和人才资源，在兴办文化产业方面可以大有作为，已成为文联工作发展大势。

5. 文联应进一步重视加强文艺理论和评论工作。以科学的文艺理论为指导，积极研究新形势下文艺创作和文艺队伍建设中的新问题，与时俱进，鼓励创新，以文艺理论的前瞻性和先导性，武装和引领文艺创作，是文联和作协的基本职责。应当加强文艺评论工作，建立适应市场经济条件下的文艺评论队伍和文艺评论机制，把文艺评论扶正到应有的地位和正确的方向上来，扶持文艺评论载体并扩大其发行，全面增强和提高文艺评论在文艺创作中的地位和作用，以正确的文艺评论，引导文艺创作的正确方向，促进文艺事业繁荣发展。

6. 把“深化文化体制改革，解放和发展文化生产力”的任务提上重要工作日程。党的十六届四中全会把“不断提高建设社会主义先进文化的能力”作为加强党的执政能力建设的重要任务提出来，并提出了“三创新”的要求，提出了文化创新的任务，提出“以体制创新为重点，促进文化事业全面繁荣和文化产业快速发展”的改革方向。文联工作要借十六届四中全会之东风，加快文联体制机制改革进度。我们在工作实践中深切体会，文联工作中存在的许多问题，追根寻源，是体制在起作用。文联体制机制对文艺生产力的作用与反作用日益突显，到了不能不改革的时候。各省（区）、市文联及所属文艺家协会作为中国文联的团体会员，在日常工作中实际上存在着上级文联对下级文联和地方文联的指导和管理的职能。建议中国文联把全国文联系统的体制、机制、现状、问题和改革方向列为专门课题加以研究，找出各级文联面临的共同问题，找出文联在市场经济条件下的工作规律，提出改革的建议和今后的发展思路，对各省区市文联起到指导作用。同时我们也期待，在酝酿制定的全国文化体制改革总体方案中，能对文联的体制改革有明确的方针政策和指导意见。

2005 年 7 月

文联职能的与时俱进

我想用文艺家的“工会”组织来形容和比喻文联及其文艺家协会的职能。文联是文学艺术界的联合会，是联络、协调、服务于广大文艺家会员的社会团体组织，是文艺从业者自己的组织，也是文艺界自我管理、自我服务、自我约束和自主发展的群众组织，带有明显的行业特点。因为我国建立文联组织时的历史背景和当时的政治体制，确定了文联组织是由执政党发起组织和管理的文艺界社会团体，后来又赋予它一定的文艺行政管理职能。文联的管理不同于政府文化主管机关对文艺事业的投资建设和对文艺界的人事管理，文联对文艺工作的管理是在坚持正确的文艺导向的前提下，对文艺从业者及其文艺活动的联络、协调和服务。近几年，在社会各项事业改革不断深化的形势下，文联也在对自己的职能进行重新认识和再定位，在原有的联络、协调、服务职能的基础上，一些省市文联文艺管理文艺理论研究人员又提出了增加文联“指导”的职能，使文联事业和文化产业有了新的发展变化。社会在发生着深刻的变革，文联的职能和工作方式也在自觉或不自觉地发生着变化。因此，很有必要对文联职能进行与时俱进的再思考和再认识。

一、文联的联络职能

联络是文联最基本的职能，包括联络党政领导机关和联络文艺界会员以及社会各界文艺爱好者。文联的联络职能是通过各文艺家协会来实现的。联络的形式和方式以组织开展各种文化艺术活动为主。如：庆祝和纪念活动中组织文化艺术演出活动；举办文化艺术比赛评奖；举办艺术培训和艺术展览；举办文艺研讨评论会和交流座谈会；举办文艺界或与外界的联谊联欢活动等。这些活动基本上是无偿的、公益性的或非盈利性的。有些活动需要政府给予适当的经费资助，有些活动可面向参与者收取适当活动费。文联联系社会上非职业文艺团体和文艺活动，是近年来社会文艺工作新的变化。物质生活发展到一定水平，人们的文化艺术活动增加，而这些文艺活动大多是非职业文艺爱好者自发、自娱性的，是广大群众自愿参与的文艺活动。文联的联络职能应积极扩大到这些人群之中，才能更广泛地联络社会各界文艺爱好者，有利于发现、培养、推荐更多文艺人才新秀，为大型文艺活动和文艺团体推荐人才和作品，从而推动先进文化建设进程，文联在这方面的职能，近年来正得到重视和加强。

文联要把党政领导和主管机关的重要决定、会议精神、号召、主张、意图、举措等及时、全面、准确地传达给自己的协会和会员，把党和政府对文化艺术工作的大政方针和政策规定等及时传达给文艺界，便于文艺界沿着正确方向开展活动。另一方面，文联通过各协会及时地向党政领导机关反映文艺界带有普遍性、倾向性、苗头性的各种问题和思想动态，反映广大文艺工作者和文艺爱好者的意愿和呼声，反映文艺工作的重要活动和重要动态，以便党委政府主管机关及时了解情况，做出正确决策，适时调整文艺政策，及时正确地领导和指导文艺工作。党委政府对文艺工作的领导与指导，在许多情况下，是通过文联的上传下达和联络工作来完成和实现的。

二、文联的协调职能

“协调”职能主要是协调各方关系实现预定的任务目标，包括协作、协助、协调各方和调整、调动各方面积极性的作用。协调，包括对领导机关和面向社会各界有关单位的协调工作。对上级的协调，要通过及时、如实地反映文艺界和文艺工作的现状、问题、困难、愿望等，沟通情况达成共识，求得领导机关的了解和支持，上下一致，通力合作，完成既定目标任务；对文艺协会会员和社会各界的协调，要立足于维护文艺界和会员的正当权益，求得社会各界有关单位和人士对文艺工作的正确认识、理解和重视，给予必要的合作、协助与配合支持，以期达到预期的目标。文联的协调职能带有明显的行业管理和行业自律的性质，在维护自身和广大会员的正当利益的前提下，了解多方面情况，作出正确选择，协调各方面作用，顺利实现会内外的文艺创作、协作展演、组织培训、选评奖励等任务目标。

三、文联的服务职能

“服务”职能主要是服务于党和政府的中心工作、中心任务，服务于文艺家和文艺协会会员。在我区，主要是服务于经济建设这个中心，服务于稳定局势实现长治久安的大局，服务于实现跨越式发展的历史任务。文联的各项工作都要直接或间接地服务于党委和政府的中心任务，围绕中心开展工作，组织文艺创作。我们讲的服务不是过去那种简单的“文艺为政治服务”的关系，而是通过文艺作品的教育、审美、娱乐功能和文艺工作者服务于群众、服务于社会的责任，为人民群众提供精神动力和智力支持。文联要通过了解人民群众对精神文化生活的需求和研究文艺作品的社会反响和社会效益，了解和掌握文艺界的愿望和呼声，及时向党政主管机关反馈情况和信息，并提出实事求是的符合实际的建议，为领导机关决策服务。

另一方面，文联通过联络、协调和服务会员工作，为文艺家和社会广大文艺爱好者服务。首先是维护和保障广大会员的政治权益和经济利益，维护他们的知识产权及其他合法权益；其次是维护和保障他们在文艺创作方面的一切必要的、适当的条件，包括生活、工作条件和合理的报酬待遇；再次是为他们的成长成功创造必要的学习深造的机会和提供必要的信息，为他们参加各种文艺活动和赛事提供信息和必要的条件。提供上述服务可以是无偿或非盈利的，但随着市场经济和文化产业的发展，可能会在一定范围内实行有偿服务，并不意味着文联和文艺家协会改变或削弱了对会员服务的职责。

四、文联的指导职能

“指导”职能包括在文艺方针政策方面的指导和对社会文艺活动的指导。党对文艺工作的领导主要是通过文联党的组织和领导班子贯彻落实党和政府各项方针政策来实现。文联党的组织和领导班子，通过实施对各协会和会员的组织管理工作，来体现和落实党和政府对文艺界的领导和指导。另一方面，文联还承担着对会内会外文艺活动的指导，而这种指导活动是通过各文艺家协会和会员的文艺培训辅导活动完成的。专业文艺家协会辅导和指导社会文化艺术活动的职能越来越重要，参与活动越来越多，政府赋予文艺家协会对社会文艺活动的指导、辅导、培训的职责也越来越重，包括各门类文艺从业资格考评认证，将会逐步由政府文化主管机关而转向由文艺协会或专业考评委会来承担。文艺家协会还要承担文化产业与文化事业活动中介机构的职能。各文艺家协会都应积极向社会提供有偿服务以文养文，或兴办文化产业促进文化产品走向市场、走向社会，实现文艺作品两个效益的统一，在兴办文化产业中积累协会资金和基金，用于支撑和扶持文艺新人和协会开展会员活动等，以团结联系广大会员，增强协会的凝聚力。

上述文联职能的与时俱进及其再认识，符合文艺界贯彻“三个代表”重要思想的要求，符合代表先进文化前进方向的要求，符合当今社会发展和时代要求，符合文艺发展和文化建设的规律及其方向，是用科学发展观认识和指导文联工作的结果。由此要求文联要以与时俱进、不断创新的精神来开展工作。要求文联尤其是各文艺家协会的工作要有新的举措新的思路，要正确认识和把握自己的职能责任，清醒地认识文艺体制改革的走势和未来发展方向，积极主动地去适应和迎接深化改革的形势及其要求。各文艺家协会及其负责人和驻会的专职会员，要准确定位各自的职责，把工作重点由围绕自身服务转向为广大会员和文艺爱好者服务，加强“联络、协调、服务和指导”的职能，与广大会员和文艺爱好者保持更加紧密地联系，把协会和文联真正办成文艺工作者和文艺爱好者之家，发挥好党和政府联系文艺界、联系文艺爱好者的桥梁和纽带作用。

2004 年 2 月

上海文化发展基金会的职能和机制值得学习借鉴

面对市场经济和构建和谐社会的目标任务，坚持以科学的发展观指导文艺事业的发展，势所必然，志在必得。最近，看到上海市关于文化体制改革的几个大动作，也听到有关的好消息，尤以上海文化发展基金会的职能和机制值得我们学习借鉴。

上海文化发展基金会是文艺体制改革的产物，于 1986 年创立，是上海市政府批准成立的国内首家地区性文化类基金组织，多年来致力于上海文化事业的发展，取得了良好的社会效益。基金会的工作宗旨是：集各方之力，构建公益文化资助平台，纳百川入海，发展社会主义先进文化，广泛筹集资金，资助公益文化；扶持重点项目，推动文化创新；奖励优秀人才，致力文化发展；加强文化交流，促进文化繁荣。为了深化文化体制改革，加大对公益性文化的扶持力度，上海文化发展基金会自 2004 年度开始，面向全社会开展了文化项目资助工作，主要资助具有民族性、原创性和公益性文化项目。从去年下半年至今年上半年，上海文化发展基金已经开展了两轮项目资助。经专家评审，共资助项目 150 多个，资助款近 8000 万元。资助范围包括：文学创作、文化研究、影视、戏剧、曲艺、音乐、舞蹈、杂技、美术、摄影、书法等领域的创作，演出、制作、活动、出版、展览、交流、培训和群众文化活动等符合基金会资助要求的项目。文化资助项目申办评估程序是：信息发布、申报管理、资格认定、评审立项、签订协议、拨款监控、评估决算、年报公布，全部过程公开透明、程序规范，有审评、有监控、有结果、有决算，建立一套科学、合理、经济、高效的文化艺术创作制作流程，加快了文艺产品生产周期，有利于各方面人才的发现与培养，有益于在市场经济条件下繁荣公益性文化艺术事业。

探讨和思考上海文化发展基金会的职能和工作机制，我们从中可得到以下启发和收益：

1. 文联的工作职能和机制大部分与上海文化发展职能相似，文联工作应积极主动学习借鉴。在新形势下，文联工作的联络、协调、服务职能已经发生了很大变化，文联的职能不仅仅限于各文艺家协会会员，还要面向全社会各方面文艺人才，只有把眼界扩大到社会各界各类文艺人才和广大文艺爱好者，团结组织各类人才广泛参与到文化艺术创作实践中，才能发现和培养更多的文艺人才、壮大文艺工作者队伍；才能创作制作出更丰富的文化艺术产品，丰富公益文化艺术产品，繁荣文艺事业和文化产业，整体上推进先进文化建设。

2. 建立一套科学的文艺产品创作生产机制，是出人才、出作品、出精品力作的关键。制度建设带有根本性，工作机制是靠一系列制度、章程、办法来构成的，文艺创作生产的过程是具有独特规律的，对文艺创作生产的组织管理是当代科学的一个方面的重要内容，文艺工作科学管理既是文艺生产力，也是解放发展文艺生产力的上层建筑，即由文艺创作生产的制度建设而构成的工作机制。上海文化发展基金会作为政府直管的促进文艺创作生产的非营利性文化团体，真正担当着党和政府联系文艺界的桥梁纽带作用，通过由各类文艺专家组成的评审委员会，从文艺资源规划、制定选题、信息发布、公开招标、实施资助、监管监控到评审验收的全过程，由文艺权威专家来论证评审，保证了文艺创作生产过程的科学性，因而也保证了文艺作品正确方向和两个效益。

3. 文艺基金不仅要用于奖励成果，更应提前介入创作过程，对文艺创作生产起到扶持和推动作用。上海文艺发展基金，是以政府扶持基金为主而又面向社会各界筹集而建立和发展的基金，正如它的组织宗旨所明确的那样，通过这一组织广泛筹集，又以这一组织立项扶持，使基金全过程介入，推动文艺创作生产，真正发挥了资金在文艺生产过程中的资本金、周转金的作用，是按照投入产出的经济规律来组织管理文艺创作生产全程的，它符合市场经济条件下文艺产品创作生产的规律。我们现已建立的各种文艺基金，严格地说，没有发挥基金的应有作用，一是基金规模小，政府扶持力度小，筹集渠道狭窄；二是基金使用管理太死，过于保守，仅用于成果表彰，不用于创作生产，基金用得不活、不够，没有形成良性互动，实际上是严重的资源浪费，大有改革的必要和改革的空间。

借鉴上海文化发展基金的职能和机制，不能不促使我们对文联职能和工作机制进行反思和探索，在市场经济条件下，文艺创作生产和文艺人才的成长无时无处不受到经济规律或者利益驱动的影响，市场经济规律有它积极推动的作用，也有一定有消极负面影响，如果仍然按所谓的社会主义计划经济时代的组织管理方法去管理今天的文艺创作生产，文艺生产力将会受到束缚和桎梏。上海文化发展基金会的创建无疑为我们开创了新的、科学的途径，既是改革开放的成果，又是改革发展的方向，我们不可等闲视之。

2005 年 9 月

鼓励我区影视创作需要建立科学管理机制

近年来，我区影视创作在区党委领导的关心重视和直接过问下，引起文艺界足够重视和积极响应。在区党委书记郭金龙同志关于“重振我区文艺创作和演出之雄风”的号召鼓舞下，文艺界同志积极努力，发掘影视剧题材。区党委常委、宣传部长苟天林同志多次对我区文艺创作尤其是影视创作作出批示，亲自推选题材，抓影视创作，几年来不断推出西藏题材的影视剧（片），受到社会广泛关注，引起良好反响。但是，应当看到，与我区拥有的广泛的影视题材资源和创作人才资源相比较而言，我区的影视创作数量不多、质量不高，创作制作周期长、投资大、回报低的问题仍然没有大的改变，影视剧（片）创作生产尚存在着体制不顺、机制不活、管理缺失等问题。为此，提出以下分析与建议：

一、现状分析

1. 抓剧本创作的体制与机制不健全、不完善。剧本是影视剧之根本，影视的创作、制作都以剧本为中心、为基础，应围绕抓剧本创作、出精品力作，建立和完善体制机制。我区影视创作现状是：影视剧创作多由党政领导或主管部门提出选题，“主旋律”作品居多必然以政府投资为主，重社会效益而轻经济效益。对“主旋律”与“多样化”的关系，一些创作者尚不能客观把握，不能统一二者之间的关系，影视创作从选题上受到思想观念的束缚。

2. 区内影视创作力量单薄且缺乏技巧，对党政主管机关提出的选题建议即所谓“命题作文”态度消极，影视剧本创作时间长、水平不高，且往往以“领导审查不通过、不采纳”为借口把责任推到主管机关，或者敷衍了事，对制作成果不能直接担负责任。

3. 文艺创作主管部门对区内影视剧创作人才尚缺乏广泛联系，没有充分调动区外和社会上创作人员的热情，西藏题材的影视剧（片）尚未引起区外高层次创作力量的重视，未能广泛联系和引入全国影视创作高手协同创作或合作拍摄制作。

4. 从剧本创作到拍摄制作投资和融资体制机制不健全。在投融资体制上仍然是计划经济体制旧的模式和思维定式，只要政府投入，不讲投资回报，把两个效益分离开来甚至对立起来，以至于在创作思想上与文艺主管部门想不到一起，如同“两股道上跑的车，走的不是一条道”。

5. 对影视剧本的征集、评审、推荐、投拍缺少权威评定机构和评审、推荐意见，对影视剧本和制作完成的影视剧产品的审查把关缺乏民主和科学审定的程序，部分影视创作人员（区内、区外）对西藏题材尤其是与民族、宗教有关的题材影视剧缺少把握与信心。

二、几点建议

1. 建立影视剧本（包括戏剧、歌舞剧、交响乐等）创作与评审中心，抓好剧之“本”。可由区党委宣传部文艺处牵头，由文化厅（所属专业艺术团、艺研所）、文联、作协、广电局、电视台、西藏大学（文学院、艺术学院）、社会科学院文学艺术研究所、部队创作室等有关单位主创人员和文艺理论研究、文艺评论人员组成的影视剧本创作与评审中心（常设办公机构在区党委宣传部文艺处或某文化艺术单位），经评审选定后的影视剧本推荐给有关影视机构投入拍摄制作，剧本评审中心须建立一套科学评审机制，使评委们对影视剧制作承担风险责任，适当分享荣誉利益。

2. 面向区内外征集购买影视剧本，与区外联合创作联合拍摄。从优制定影视剧本稿酬（高于全国平均稿酬）。经评审采用投拍的影视剧本，其稿酬在采用后部分支付，播映后全部支付。对播映后反响良好取得明显社会效益和经济效益的，另行奖励。对经评审不予采用不予推荐投拍的影视剧本，也应给予适当稿酬，以鼓励影视剧本创作。

3. 建立影视剧创作制作投融资机制，加快影视剧生产。设立自治区影视制作专项资金，从剧本创作初始阶段（完成编写提纲并决定立项）即给予先期适当投入，缩短剧本创作周期。制定鼓励企业投资、社会融资办法筹集影视拍摄资金。经审评同意投拍的影视剧，确保资金及时到位。制定专项资金开支管理制度和决算审计制度，实行成本核算，提高投资效益。

影视创作在全国范围内早已进入市场化运作并形成规模化产业。自治区领导在影视创作专题会议上，十分强调要以影视创作为切入点推动我区文化产业。西藏影视题材丰富且为国内外广泛关注，建立科学机制，提高影视片产量和质量，把影视创作做成产业，制作出“中国西部大片”，潜力和前景十分看好。

2004 年 11 月

“祝贺著名藏族歌唱家才旦卓玛从艺 50 周年”系列活动经历与回顾

才旦卓玛，这位藏族人民的优秀女儿，西藏人民的优秀代表，西藏文艺界的旗帜，当今中国文艺界“德艺双馨”的著名老艺术家，以她“歌声与时代共进，人品与艺德双馨”的 50 年光辉艺术人生，以她高亮清美的歌喉和为人真诚纯朴的人格魅力，博得了社会各界人士的喜爱，赢得了全国亿万观众的崇敬。她的歌声从 20 世纪 50 年代至今，唱响在西藏高原城乡，回响在祖国大江南北，她的名字更是为全国广大的听众、观众所熟知、所敬重。比起那些一时走红歌坛、深受“追星族”追捧的当今歌舞明星们，才旦卓玛的名字与歌声，更有着经久不衰的影响力和持久的热度。至今她的歌喉依然保持着年轻时的魅力，她依然活跃在当今中国歌坛上，每年都要参加由文化部、中国文联等国家文化艺术主管部门安排的节庆重要文艺演出和对外文化交流出访演出，是国内文艺界尤其是歌坛上为数不多，多年保持旺盛艺术生命力、在市场经济条件下不计名利的老艺术家，因而，她的人格力量影响了她的艺术魅力，使文艺界以及广大有所了解她的人，对她艺德人品更是肃然起敬。

这是“祝贺才旦卓玛从艺 50 周年”系列活动的缘由，也是策划和组织这次活动的参与者们由衷心愿和理由。

早在 2001 年 10 月间，西藏文联召开“庆祝西藏文联成立 20 周年”纪念大会，自治区党、政主要领导郭金龙、热地、列确及区宣传部长苟天林以及自治区人大、政协、西藏军区、武警西藏总队等领导出席大会。会后，苟天林出席由西藏文联举行的招待晚宴，与才旦卓玛老师同桌就座。席间，谈到老艺术家的影响、作用与青年人才培养的话题，西藏文联负责人向才旦卓玛和苟天林常委建议：拟借某个纪念日，为才旦卓玛编写一本图文集，拍摄编辑一部专题片，制作一张音乐光碟，以纪念和庆祝才旦卓玛从艺人生及其成就，宣传才旦卓玛，扩大影响，激励后人。当即得到苟天林常委的首肯，他热情支持这个设想建议，并答应可帮助协调落实所需专项资金。此事，在苟天林同志的印象与西藏文联的工作计划中，一直是受到关注和重视的大事。

2002年春季，西藏文联原副主席阿旺克村编写《雪域之音——名人论名家》（即《雪域之音——才旦卓玛传》），湖南文艺出版社有意列入出版计划。西藏文联负责人登门拜访阿旺克村，了解他编写的情况，并建议以这部书稿为文字基础，以图片为主文字为辅，另编一本反映才旦卓玛从艺历程的画册，得到阿旺克村同志的赞同。文联着手考虑编辑才旦卓玛画册事宜，提出了四人编辑小组并作了分工。经与才旦卓玛老师联系，知道她自己很少保存图片资料，仅有的几十幅图片质量差，不能反映她的艺术人生。编辑画册一事暂时搁置，但筹备和准备图片工作并未中断。

2003年6月，西藏文联负责人在经过调研、征求有关人士的意见后，起草了《关于开办‘才旦卓玛艺术学校’的可行性分析和初步构想》，登门拜访才旦卓玛并征求意见，得到才旦卓玛的赞同。文联负责人再次提出编辑出版才旦卓玛艺术历程画册，但主要问题还是图片资料太少。

2003年9月，自治区文化厅为才旦卓玛举办个人专场音乐会，由自治区人民政府与西藏奇正药业（集团）公司共同资助，西藏歌舞团协助演出，先后在拉萨、南京、上海、广州举办了数场专场音乐会，获得圆满成功和热烈反响。此次赴内地演出前，文联负责同志为才旦卓玛老师拟印了一份征集才旦卓玛演出剧照及以往艺术经历图片的通知，托才旦老师带去内地送发，以充分征集此次演出专场音乐会的照片，收到较好效果，才旦卓玛老师也从此注意收集自己的演出照片及有关资料。

2004 年 10 月，经西藏文联杨世君、阿旺克村、王守明、车刚等同志多次酝酿，就 2005 年西藏自治区成立 40 周年为才旦卓玛举办祝贺从艺 50 周年活动达成共识和初步建议方案。由王守明同志牵头筹备，首先征得中国文联的同意和资金支持，并争取由中国文联演艺中心负责才旦卓玛从艺 50 周年纪念文艺晚会和巡回演出有关事宜。在经过多次协商争取并征求才旦卓玛老师的意见之后，确定以西藏自治区歌舞团为班底，组成以才旦卓玛演唱歌曲为主体的一台歌舞晚会。根据才旦卓玛的愿望和建议，于 2005 年 12 月 25、26 日赴湖南湘潭、韶山，在毛主席诞辰 112 周年纪念日期间，在湖南举办“西藏文艺家深切缅怀毛主席——祝贺才旦卓玛从艺 50 周年专场文艺演出”以及才旦卓玛从艺历程的画册、传记发行仪式。

建议方案报请西藏自治区党委宣传部并报区党委获得批准，同意由自治区党委、政府和中国文联作为主办单位，区党委宣传部、西藏文联、文化厅作为承办单位（在湖南演出期间，湘潭市委、市政府、市委宣传部及市文联、湖南文艺出版社等单位列入承办单位），经与中国文联（国内联络部）协商，协调湖南省委宣传部以及湘潭、韶山等宣传部和文化单位同意和支持，按照拟订工作方案，于 11 月底，委派王守明、李雪艳同志与中国文联组联部负责人一起，先期赴湖南协调落实有关事宜，在征求湖南有关方面意见的基础上对工作方案反复修改确定。

“祝贺才旦卓玛从艺 50 周年”系列活动新闻发布会于 2005 年 12 月 21 日下午由自治区新闻办公室主持在新闻发布中心召开，在拉萨的中央和自治区各新闻媒体以及宣传文化单位负责人约50人参加了发布会。会上，新闻发言人宣传部常务副部长格桑朗杰和才旦卓玛以及西藏文联和文化厅负责人分别回答了记者提问，随后，西藏电视台、西藏日报、西藏商报、拉萨晚报以及西藏四家网站都作了宣传报道。

“祝贺才旦卓玛从艺50周年”文艺演出以西藏歌舞团为主，由才旦卓玛推荐的五名男女歌唱演员和男、女各10名舞蹈演员与才旦卓玛同歌共舞，于12月22日晚在拉萨民族艺术宫举行了专场文艺演出。全国政协副主席帕巴拉·格列朗杰应邀出席观看文艺晚会，自治区党、政、军领导和拉萨社会各界代表观看了文艺演出，自治区党委、政府向才旦卓玛致词祝贺并赠送花篮，中央统战部部长刘延东、文化部、中国文联、中国音协分别发来贺电并赠送花篮。文艺晚会前，宣读了国家领导人的题词和有关单位的贺电。

以才旦卓玛为艺术团团长的西藏艺术团于12月24日赴湖南，于25日、26日分别在湖南韶山、湘潭举办了“西藏文艺家深切缅怀毛主席”和“颂歌献给毛主席”才旦卓玛专场文艺演出。西藏文联原副主席阿旺克村编著的专著《雪域之音——才旦卓玛传》和由西藏文联组织编辑的画册《高原歌魂——才旦卓玛》，于12月26日在湘潭举行了首发式并召开了座谈会。应云南省委副书记丹增同志的邀请，才旦卓玛率西藏艺术团一行40余人前往云南昆明作了三场巡回演出，于2006年演出结束后，歌舞团返藏。才旦卓玛直赴北京，参加由中国文联组织举办的2006年春节文艺晚会的排练演出任务。

由中国文联主办的“祝贺才旦卓玛从艺50周年”专题研讨会，将于2006年春季择日在北京举办。

才旦卓玛从艺50周年的历程，充分体现了党和国家领导同志的关爱与呵护，充分体现了广大听众观众对人民艺术家的支持与爱护。早在20世纪五六十年代，才旦卓玛多次受到毛主席的亲切接见，得到周恩来总理夫妇的亲切关心，受到江泽民、胡锦涛等党和国家领导人的多次接见。全国各地热心听众来信来电询问才旦卓玛的情况，对她的演唱艺术生命给予热情鼓励和关心期望。

近年来，当得知才旦卓玛从艺近 50 周年和《雪域之音——才旦卓玛传》已在编写中，党和国家领导人以及文化部、中国文联、中国音协等单位以及老文艺家纷纷题词或发来贺信贺电表示祝贺。

通过举办“才旦卓玛从艺 50 周年”系列活动，宣传展示著名藏族歌唱家才旦卓玛在党和政府的关心培养下的艺术历程，歌颂党和国家领导人对少数民族艺术家的亲切关怀与呵护，歌颂党的民族政策和民族区域自治制度的成功实践，歌颂民族团结，心向祖国安定团结的大好局面。通过宣传才旦卓玛艺术人生，倡导先进文化的前进方向，鼓舞和激励广大文艺工作者学习才旦卓玛艺德人品，繁荣文艺事业，建设先进文化，其意义和影响广泛而深远，收到了社会各界良好反响和预期效果。

2006 年 1 月

关于市场经济条件下期刊生存和发展的若干思考

社会经济基础决定社会上层建筑。社会经济制度通过政治对文化产生广泛而深刻的影响。我国社会主义初级阶段的市场经济制度决定了与此相适应的政治与文化制度，这是马克思主义历史唯物主义的基本原理。期刊作为文化产品和精神文化的载体，无不受到市场经济的多方面的影响和制约。期刊如何适应市场经济，如何在市场经济条件下生存和发展，是办好刊物始终要面对和思考的问题。

一、期刊在市场经济条件下的生存空间和发展机遇

市场经济对文化事业有一定的冲击和负面影响，对此应有清醒认识并且要因势利导。市场经济同时为文化事业的发展创造了物质条件和多种机遇，对此也要正确看待并把握好各种机遇。

1. 期刊作为文化产品进入市场，依靠政府财政拨款兴办刊物的时代一去不返。在计划经济时代，期刊同其他计划经济产品一样是由政府全额拨款兴办的，刊物是否受读者欢迎，发行渠道是否畅通，办刊人不必担忧和过问。计划经济条件下的许多刊物从不考虑经济效益，而只考虑所谓的社会效益——只是作为党政机关的传声筒，是所谓的政治的副产品和附属物。

刊物大同小异，没有个性，雷同呆板，不考虑读者需要；公款订阅，不能反映读者的真实喜好；期刊不讲经济效益，不管投入与产出，完全由政府财政养活。不难想象，如此办刊是没有出路的。

市场经济规律要求文化产品作为商品进入流通领域接受市场和社会公众的检验，期刊是否反映真实的社会生活和群众喜好，要通过发行订阅量来体现，市场经济的效益原则要求期刊更加贴近人民群众，走进社会生活，在社会效益中求得尽可能好的经济效益。随着人们物质和文化生活的需要不断提高，期刊成为人们精神文化生活的消费内容，受群众欢迎的期刊不仅可以做到收支平衡，还可以有丰富的经济效益。只要社会的政治导向、舆论导向正确，积极、健康、向上、高尚的文化精神产品就会有广大市场。因此，社会主义市场经济成为衡量期刊办得成功与否的基本标准，利用市场经济规律和经营机制兴办期刊，把众多期刊推向市场，不仅作为事业而且作为产业来办，在市场经济条件下接受检验，优胜劣汰，求得社会效益与经济效益的统一。

2. 市场经济的发展带来文化生活的丰富多彩，人们对文化的需求是多元的，期刊只是其中的一种。社会主义市场经济的目的在于最大限度地满足人民群众的物质文化生活需求，市场经济发展必然带来多种形式的文化艺术竞相发展，就连期刊本身也要满足人民精神文化生活的多种需要。当今的社会生活，再不是经济、文化匮乏时代的状况，少数文化产品一统天下独占舞台（如“文革”期间八个样板戏一枝独放）的局面早已成为历史，人们对文艺生活的选择，由戏剧、歌舞到综合性歌舞音乐晚会和流行歌曲，由电影到电视、由录像磁带到VCD光碟再到多媒体，由印刷体的书报刊到电子读物、因特网信息高速公路等等，人们对文化的消费由品种单调和形式单一发展到“百花齐放”，“百家争鸣”，市场经济的丰富繁荣带来了文化艺术的多姿多彩，人们对文艺产品的选择余地更加宽阔，期刊仅仅是千百种中的一种，因而面临着要么生存发展，要么淘汰出局的挑战。

3. 各种信息和文艺载体在竞争中求发展，市场经济规律作为一只“看不见的手”在其中起着有力的调节作用。在市场经济条件下，市场经济的盲目和消极作用对于文化有一定的冲击和负面影响，但从长远看，党和政府会运用行政手段和经济规律加以调控，经济规律作为市场经济的铁律起最终决定作用，效益原则是根本性原则（包括社会效益和经济效益）。只有社会效益和经济效益双好的期刊，才能顺利生存和发展，换言之，只有社会效益好的期刊才会有好的经济效益。在经济规律的支配下，报刊业已出现集团化经营的势头，报纸首先合并走向报业集团。报业集团凭借实力及其影响，可以办好多种报纸和杂志，期刊也逐步走向联合办刊、合刊或改刊，以集团化道路、规模化经营求得双效益，国外的大报大刊发行几万几千万份，成为巨大的文化产业，这已为国际社会发展历程所证明。我国的报刊集约化经营趋势已经显现，由国家新闻出版署举办的大型期刊展上，期刊在竞争中优胜劣汰，在合并和联合中生存发展，每年都有几百上千种期刊生灭，这已是期刊发展的大势。

二、期刊面对市场经济的不适应和自身的问题

文化作为上层建筑的意识形态，相对于经济制度往往有一定的稳定性和滞后性，期刊面对市场经济有诸多不适应，也显露出自身的一些不足。

1. 期刊如不面对市场经济，不作商业广告，将失去经济支持。市场经济是讲经济效益的，以追求利润和经济效益最大化为目标。文化是以社会效益为第一原则的，讲对社会的责任和对人民的道德，经济与文化或者市场与道德之间是存在矛盾的，但在社会主义市场经济条件下，二者又是可以统一的。坚

守着文化阵地的贞节与情操，以求文化艺术的清高，以保持文艺期刊的高雅，不愿向经济效益服输和屈尊，不轻易向经济产业靠近，所办期刊不乐意与企业联手，不愿意做商业广告的媒体，宁愿清苦，不染铜臭，仍旧以一种自外和自闭的心态去办刊物，必然遭受企业产业经济的冷落。《人民日报》、《求是》杂志作为党中央的机关报刊做商业广告，在一开始也给众多读者造成心理和感情障碍，实践证明，这条路是对的，期刊应积极借鉴，主动与企业联手，为企业做广告媒体，求得资金支持，与企业共同发展，相得益彰。

2. 期刊对已经到来的图像时代和网络信息的迟钝和不适应。市场经济也是效率经济，讲求高效率、快节奏，在此经济制度及其对社会生活的广泛影响下，现代化和城市化的人们生活节奏更快了，由读文时代逐渐转向图像时代，有印刷载体部分地转向网络信息高速公路，人们要更多的时间去发展自己或消费休闲，相当一部分人尤其是新文化主体的青年人，对于长篇文字不热爱而转向更直观更快速且对视觉有冲击力的影视图像，转向上网快速浏览大量信息，生活节奏越来越快，时间越来越少。部分期刊不能忽视在信息、多媒体时代自己所处的劣势地位，不能冷淡期刊的主要读者对阅读方式的适应和选择，而应把文字编写的更精炼、更生动，适合广大读者的阅读方式和习惯，才能在各种信息载体中占一席之地，在多媒体时代拥有自己稳定的读者群。

3. 期刊封面设计陈旧，版式呆板，文多图少，将会失去读者。随着人们的文化生活不断丰富，文化消费多种选择，读者的欣赏力提高和社会生活节奏加快，在琳琅满目的期刊中要一眼选出读者喜欢的期刊，就要在封面设计上动脑筋做文章，要新奇，有品味，有视觉吸引力，有现代感和形式美，给人第一印象要好要深。如果固守一种陈旧式样不能与时俱进，首先形式上便可能落伍。也有些名牌期刊一直遵循创刊时的版式样式而成为经典和独有形象，这种情形往往是靠品牌的知名度来固守本来的面貌，是内容决定了形式或内在质量保持了外在的形象。期刊内容的知识性、科学性、欣赏性、可读性是期刊的生命所在。“要把心交给读者”是巴金先生的一句至理名言，当为办好期刊所借鉴。办好刊物，最根本的是忠实于读者，为读者着想，给他们以所想所好，以刊物的文化品格培养读者的审美鉴赏力和文化品味。

三、对在市场经济条件下办好期刊的几点建议

期刊在市场经济条件下表现出的种种不适应和自身不足的问题，在我区的期刊中较为普遍，是许多期刊面对的共同问题。如何办好期刊，提出以下几点建议：

1. 期刊要准确定位于自己的读者群体。读者群定位是办刊的首要问题，有的综合性期刊面向社会广大群体，其内容必然适合读者多方面需要。近年来，有不少办得成功、发行量大的期刊，都是准确把握读者需要和爱好，定位准确的范例。一些比较专业的期刊也有自己一定的读者群，必须面向读者把期刊作为它们的知己。

2. 期刊倡导时代风尚，要引导读者，紧跟时代步伐。期刊既要继承传统优秀文化，更要突出与时俱进和开拓创新，要把握时代脉搏和潮流，给读者以科学知识、主流思潮、最新信息，使读者跟随时代浪潮，引导读者走在时代前列。编辑不应是被动地收稿采编，而应根据读者需要和社会主流文化导向主动与作者约稿，提出采编要求和编稿思路，策划选题培养和稳定作者队伍，保证稿源的高质量和作者的稳定性。

3. 期刊应与企业联姻或走联合办刊之路。在市场经济条件下，期刊应与企业携手以求得经济上的支持，企业以刊物作产品广告宣传载体，通过办文化事业树立企业形象，期刊得到财力扶持，两相结合，互惠互利。期刊更应与广告公司联系，保证有持续的广告来源，广告公司更乐意由发行量大的期刊作

为发布媒体。市场经济规律和效益原则，必然促使期刊走向组合或联合，走集约化集团化经营之路，形成规模效益，使编辑力量、征订发行、财力支配等达到优化，这是刊物生存和发展的出路。

4. 期刊要办好征订发行，在提高发行量中求得两个效益的统一。提高发行量是办刊的主要目的，没有一定的征订发行量，既没有社会效益也没有经济效益，可以说社会效益是寓于经济效益之中的。期刊的征订发行除了委托邮政途径外，也可以寻求图书连锁店、读书俱乐部、书城批发中心等渠道。要以适当的形式在征订前做好宣传，吸引订户，更要注意平时与读者的沟通联系，以各种有效方式征询读者的反馈意见，及时改进。其实读者就是最好的广告宣传。在市场经济条件下，只要办刊宗旨正确，期刊的社会效益与经济效益在多数情况下是统一的、不矛盾的，凡是社会效益好的期刊，经济效益必然也好，反之亦然，二者统一于发行工作中。

2002 年 11 月

关于《西藏民俗》的思考和建议

西藏文联主管、西藏民间文艺家协会主办的民间文艺和民俗文化综合刊物《西藏民俗》明年就十岁了。十岁年华，已进入青少年茁壮成长期，它的姐妹篇《邦锦美朵》(《西藏民俗》的前身,《西藏民俗》从《邦锦美朵》分离出来，以下称《民俗》)如同花季少年一样，姐妹双双进入青少年时期。从内心感受来讲，两个刊物如同自己的一双儿女一样，需要时时的关爱，需要正确的养育，使她们尽快发育成熟，担当起播撒民族艺术之花的责任。

我首先想到的是，明年《民俗》十岁生日，该给它订一份生日礼物。把《西藏民俗》创办以来的四十多期内容进行梳理筛选，从中选出精美图片和精粹美文，精心取舍，重新编辑，编印成《西藏民俗精粹》，作为祝贺它十岁的生日礼物，也给关心、支持和帮助《民俗》的广大读者、作者和编辑们一个回报。

一、在我们为《民俗》成长祝贺的同时，也不能讳言它的缺点与不足

找出它的缺点和面临的困难加以克服，才能保证它沿着正确方向顺利成长。我看《民俗》存在的问题和面临的困难有以下方面：

1. 刊名过于专业，读者定位局限。文化期刊面向市场、

面向读者，科学定位是先决条件，即刊物是办给哪些人看的。不把自己的读者群找准了，就如同生产厂家不清楚自己产品的消费市场主体。《民俗》主题词是“民俗”，定位于关心、研究和对藏族民风习俗有兴趣的读者。如此把自己局限于一个较窄的范围，不仅读者面小，图文稿件也受限于民俗文化内容，显得过于专业、过于局限，从而影响到它的发行量和今后的发展前途。

2. 图文联系少，重点不突出。《民俗》以前是以文字为主的，图片仅作为题图或尾饰插图，多数图片与文字没有内容上的结合与联系，图文之间缺少对应和相互注释的作用，文字显得长而枯燥，图片孤立与文稿缺少内在联系。今年以来作了较大改进，减少了文字，增加了图片，扩大了开本，由原来的黑白图片改为彩图印刷，增加了整体上的可读性和可视性，提升了《民俗》的整体水平，因而也提高了发行量。但仍显不足的是，图文稿件选题缺少重点或重点不够突出，缺少精选的重头图文稿支撑，图文之间相互说明的关系仍显得不够紧密，有堆砌之感，分散或埋没了重点稿件，版面安排上仍不够精心，印刷质量仍不尽人意。

3. 稿源不丰富，编印周期长。由于刊物定位的局限和通联工作的滞后、稿酬标准偏低等原因，使得稿源范围不广、来源不足，作者队伍缺乏实力和相对稳定性。优秀图文稿件显得不够丰富，没有数量上的充足必然缺乏质量上的提高，编辑们为“缺米”而“为难”。《民俗》现仍为季刊，编印出版周期长，部分知识信息过时，时间间隔长，影响了读者的阅读兴趣和关注程度，淡化了现代期刊信息及时，文化快餐的特点和优势。

4. 宣传不到位，发行不畅通。当代期刊的发行宣传，如同商品广告，不仅要注重包装，更要重视宣传推介。由于《民俗》的宣传推介仅限于邮局的征订和西藏网上的目录简介，期刊的特点和图文内容的优势远未实现，了解它的人少，社会认知度低，直接影响了发行订阅。目前委托邮局的代理征订发行只是一种代理关系，缺少责任制约与利益驱动，编辑部没有主动权，邮政局缺少主动性，使《民俗》发行渠道很狭窄，在期刊市场冲击下被淹没。编辑部缺少发行宣传人手，刊物没有进入期刊市场网络，发行量长期徘徊不前，两个效益都未显现。

5. 编辑力量缺乏，运营机制陈旧。《民俗》编辑部长期以来缺少编辑力量，现有的编辑人员缺少合理的职能分工与合作，人手忙闲不均，任务量悬殊，分工不当而又职责不明，使编辑部整体合力未能很好发挥。一方面人力紧张，职责不到位；另一方面又存在人才资源的闲置浪费。编辑部仍是旧的人事体制和责权结构，主、副编缺少对人、财、编资源的有效控制，编辑的责、权、利没有真正统一，编辑部缺少自我约束和自主发展的竞争激励机制。财政对刊物的补贴吃不饱饿不死，发行收入没有增长指标和上缴压力，不能及时周转和投入补贴，致使《民俗》长期缺乏营养、发育不良。这些困难和问题从多方面制约了《民俗》的成长与发展。

存在问题的客观原因是多方面的。《民俗》诞生于旧的计划经济体制向市场经济体制转变的初期，财政体制、人事管理和运营机制都是旧的体制，面对市场经济体制的建立和对部分文化产品的冲击，面对期刊市场的竞争、分割与转换机制必然难以适应。《民俗》的困难与问题多是发展中的问题。只要我们认清形势，找准症结，加快改革，明确编辑部内部职责分工，建立适合市场经济体制的期刊运营管理机制，《民俗》将有一个大的改观与发展。

二、几点改革建议

1. 改变期刊名谓，调整读者定位。期刊名称即它的读者定位。现代期刊市场，经过竞争淘汰、改刊、合并、合办，市场分割很细，读者定位明确，每个刊物都有自己的相对集中和固定的读者群体，刊物名称就锁定在这个范围之中，过于宽泛和过于狭小，都直接影响该期刊的长远发展。《民俗》在办刊目标上，应面向国内外关注和研究西藏民族文化与人文地理、旅游名胜、风物习俗的中文读者。如果按照这样的读者范围定位，是现在的《民俗》所不能包含的。而从西藏的自然地理、人文资源、民俗风尚在国内外的影响来分析，随着西部大开发战略实施，青藏铁路开通，自然与人文资源的开发，旅游业的完善与发展，关注西藏人文与来藏旅游的人数将有很大增加，并且在近年内会有快速的上升。西藏的旅游资源中，人文资源的地位将日趋拓展与提升，凡与人文资源（可见和不可见的历史文化遗存和当代的民族文化艺术以及藏民族一切优秀传统习俗等）有直接或间接关系的，都将引起关注西藏的各界人士的兴趣，这便是《民俗》要改变名称后的读者定位。至于刊名，可在一定范围内征集，经过论证后采纳确定。

2. 与人合作办刊，做好做大做强。现代期刊需要面向市场寻求合作伙伴，以求得资金投入支持，迅速壮大实力，提升期刊编印包装水平，拓展扩大发行途径，力争在短期内迅速做大做强，占领期刊市场一角。过去由政府财政投入和有限补贴，自我滚动发展的老路已不能适应期刊市场的竞争和读者的订阅需求，应当自动“断奶”，自觉放弃政府财政“维持生命的哺育”方式，寻求具备一定实力的企业或文化实体合办合作，依托于经济文化产业实体，根据需要注入资金，增强编辑设计能力，拓宽发行市场，短期内提高发行量，争取广告资金支持，使期刊长大长强。与人合办，要牢牢把握办刊宗旨与正确方向，掌握主办权，控制终审权，确保期刊的正确方向和自主产权，确保期刊的正确导向和发展方向。同时，要解放思想，以开放的姿态大胆改革，不能以防止偏离政治方向和办刊宗旨为由排斥改革、封闭保守，把先进文化的正确方向同健康有益的大众文化对立起来。合办、合作的关键在于按照市场机制建立起新的运行机制，与合作伙伴风险共担、利益共享，使两家人变为一家人，使合作关系捆绑为一体的利益。

3. 缩短办刊周期，扩大发行途经。现代人的高效生活节奏和对文化的快餐式需求，需要期刊缩短编印周期，加速信息传递，把最新的文化资讯快速传递给读者，这是现代社会经济和效率观念的必然反映，《民俗》在改名的同时，应由现在的季刊改为月刊，缩短出版间隔，给读者以快速新颖的感受，从而吸引更多读者的关注和需求。要争取进入期刊发行主渠道，纳入全国期刊发行网点（期刊零售店和书报亭）。实行自办发行为主，委托代理并行的发行销售方式，充分利用“西藏网”的优势作用，开办网上订阅的途径，节约发行时间和传递成本。建立读者与编辑双向互动的信息反馈系统，及时反馈和吸收读者意见和建议，密切编辑与读者的联系，加强沟通，牢牢抓住相对稳定的读者群体，使发行量在短期内提高到一个保本经营的水平，在巩固中稳步增加。

4. 拓宽稿件来源，增加编辑力量。《民俗》由季刊改为月刊，首先面对的是图文稿件需求量的大幅增加，只有在充足的稿源基础上才能选好择优，通过加强通联工作扩大和稳定作者阵容，并通过日常的联谊和笔会研讨会等形式，不断拓展图文稿件来源。通过编辑、策划、选题、提前约稿等方式，培养作者队伍，优选重点稿件。按照市场运行机制和办刊规律，调整充实编辑部力量，合理设置职能，明确职责分工，建立竞争激励机制和责任追究制度，把任务、目标、责任、权益细分落实到岗到人，形成相互督促、鼓励先进、自我约束、良性互动的运营机制。编辑部在调整充实力量之后，分设于区内区外，区内以采编为主，实行编辑定岗、栏目定人、采编定量、目标考核，利用网络传输，使采编周期缩短和加快；区外以策划设计、包装宣传、印刷发行为主，建立联系互动、相互督促的运行模式，节约编、印、发成本，争取达到最佳效益。

2003 年 9 月

文艺随笔

歌声与时代共鸣　艺德与人品双馨

——祝贺才旦卓玛从艺50周年

今年是西藏自治区成立40周年，在党中央国务院的关怀和支持下，庆祝自治区成立40周年纪念活动热烈隆重、吉祥圆满，全区人民深受振奋和鼓舞。

今年又是才旦卓玛从事艺术工作50周年，在自治区党委、政府的关心重视下，由西藏文联发起和策划，开展了“祝贺才旦卓玛从艺50周年”系列活动，旨在通过回顾、展示一位民族艺术家个人的艺术生命与国家、民族繁荣进步息息相关的主题，讴歌党的民族政策和民族区域自治制度在西藏的成功实践；讴歌西藏自治区成立40年来经济和社会发展所取得的成就，从而振奋和鼓舞西藏文艺界，以才旦卓玛同志为榜样，以她50年艺术生涯为艺术人生参照坐标，沿着建设先进文化的前进方向，为构建和谐社会、平安西藏，推进“三个文明”建设而努力奉献。

才旦卓玛的艺术历程与新西藏的发展进步几乎是同步。西藏和平解放和民主改革，推翻旧制度跨入新社会，百万“翻身农奴把歌唱”，由衷地“唱支山歌给党听”；西藏自治区成立，建立人民政权，藏族人民当家做主参与管理国家和社会事务，歌唱“北京的金山上”、“毛主席的光辉”；改革开放以来，西藏从加快发展到跨越式发展，在党中央发出“全国支援西藏”

的号召之下，五六十年代开始的支援西藏建设的热潮再次掀起高潮，在全国各省市的援助下，西藏经济社会发生深刻变化，人民生活水平迅速改善，藏族人民歌唱民族大团结，“献给毛主席”、“一个妈妈的女儿”等民族团结的颂歌，表达对祖国母亲和汉族兄弟的亲情厚谊。才旦卓玛的歌声与时代同步，代表藏族人民的心声，唱出了翻身农奴心向党和毛主席，藏族人民对党和政府的感激之情；唱出了民族团结一家亲，祖国大家庭最温暖，藏族与汉族以及各兄弟民族相互离不开的心声；唱出了西藏社会发展变化，人民安居乐业，幸福生活美好前景的喜悦。

如同党和国家对西藏工作和藏族人民的发展进步给予特别的关心重视和支持一样，党和国家领导人对才旦卓玛的艺术人生成长历程给予了特别的关爱，毛主席、周总理、江泽民、胡锦涛等党和国家领导人多次接见才旦卓玛，关心她的艺术成长和生活。才旦卓玛的艺术成长与人生经历，除了她在歌唱艺术上的天赋和执著的勤奋之外，也更多地折射出党和政府的关爱、人民群众的呵护。才旦卓玛美妙动听的歌声 50 年来荡漾在祖国舞台乐坛经久不衰，至今仍保持着艺术的青春与活力，这也是她对党和政府、对人民群众的忠诚报答。

才旦卓玛身为著名歌唱家，对党和人民始终怀有感恩之心，对广大观众更是充满爱心。她为人谦虚，热情和蔼，真诚朴实；对艺术一丝不苟，勤奋努力，不计得失，艺德人品令人敬仰。才旦卓玛是藏族人民的优秀女儿，是西藏以至全国文艺工作者的优秀代表，她属于西藏人民，也属于我们这个时代。

西藏文联在几年前就提议为才旦卓玛同志编印反映她艺术经历的书和画册，当即得到自治区领导的赞同与支持，在征询才旦卓玛意见时，她总是委婉推辞，不敢应承。她平时不太注意建立个人艺术资料，手头的图片与文字十分有限，在编辑这部画册过程中，编委会不得不多处征集图片，虽然我们做了努力，但图片、文字仍不能详尽反映她的艺术经历和人格魅力，我们谨以200余幅图片和2万余文字辑录成册，表示我们对才旦卓玛大姐的崇敬之心和祝贺之情。

2005年12月

领略“大美西藏”境界，做好“大美西藏”文章

西藏自治区党委书记郭金龙同志，为西藏文联西藏书画院题词“大美西藏”，使西藏文艺界为之振奋。西藏自治区宣传系统和文艺界人士在学习领会郭金龙同志题词深刻寓意时，深受感动、深受激励。作为文艺界一名老同志，从在藏工作多年的切身体会中，对“大美西藏”颇有一些感同身受。

“大美西藏”是对西藏高原自然风光的高度赞美。用“大美”来概括西藏是确切的。西藏高原辽阔广袤，高天厚土神奇壮丽。西藏境内几大山脉横贯青藏高原，均是延绵千里的大山系，撑起青藏高原的地理构架。世界最高峰喜马拉雅主峰珠穆朗玛峰被称为地球第三极；唐古拉山和念青唐古拉山脉更是高峰连延；冈底斯山脉主峰冈仁布钦以雄伟壮丽的山峰傲立苍穹。世界上著名的海拔 8000 米以上的十几座高峰，大多在西藏境内，白雪覆盖终年不化，成为雪域高原最壮美的景观，也是多年来国内外登山探险者的向往之地。西藏境内有大小湖泊 1500 多个，号称千湖之地，每座湖泊都是湛蓝碧透，清澈见底，鱼类丰盛，鸟类栖息，保持着原初的良好生态。西藏的天湖、圣湖、神湖、鬼湖、盐湖、淡湖以及湖心鸟岛、湖边草原峡谷，都有着述说不尽的神奇故事与美丽传说。青藏高原是祖国母亲河黄河、长江的发源地，是怒江、金沙江、澜沧江等著名大江河的源头；著名的雅鲁藏布江贯穿全藏广大区域；拉萨

河、年楚河、马泉河、象泉河、狮泉河、孔雀河等河流分布全区，滋养着藏北草原、藏南农田、藏东林地。我国是世界淡水缺乏的国家，西藏却得益于独特的地理区位和延绵雪山的丰沛雨雪补充，是水资源和水能丰富的地区。西藏有着地域宽阔的草原，位居我国五大牧区之首；西藏有着广大的原始森林，蕴藏着珍稀而又丰富的植物，木材理论储藏量位居全国前列；白云碧空、朗日普照，又使各种植物果蔬茂盛丰产。拉萨市号称日光城，青藏高原被誉为阳光大地。西藏天高地阔，伟哉壮哉，呈现给人们的是大壮美大雄奇。

“大美西藏”是对藏民族优秀文化艺术的高度赞扬。藏民族有着古老而悠久的历史，有着源远流长的灿烂文化，早在千年前就创立了本民族的文字，在数百年前创作了世界上最长的英雄史诗《格萨尔》，在与中原地区汉族和毗邻省区各兄弟民族的长期交往中，吸收借鉴汉族和其他少数民族的文化艺术，创立和发展着本民族独特的文化艺术。藏族天文历算、藏医藏药以及浩繁经卷百科知识，既学习借鉴了有关兄弟民族的科学文化，又与当地自然地理和文化艺术实际相结合，创造并发展着民族特色的优秀文化艺术传统。藏民族是崇尚精神信仰和文化艺术审美的民族，有着深厚的优秀道德传统和社会公共美德，成为在艰苦环境下生生不息、繁衍发展的民族精神和文化根基。藏民族在漫长悠久的历史中，创造了丰富多彩的民间文学、歌舞音乐、戏剧曲艺、美术雕塑、建筑艺术等，丰富着民族的文娱生活和精神世界。在久远而广泛的宗教信仰历程中，总结认识和记录保存着自己的历史文化、哲学思辨、民族艺术和生产生活百科知识，为后人积累和传承着丰富的文化艺术，被人誉为歌的海洋、舞的故乡，有着“会说话就能唱歌，会走路就能跳舞”的美誉。多姿多彩的文艺形式丰富了民族艺术种类，古老精美的建筑艺术增添了世界文化遗产保护范围。西藏的民族文化艺术呈现给世人的是绚丽多彩、魅力神奇。

“大美西藏”是对西藏在跨越式发展中取得的巨大成就的

赞颂。西藏由于自然地理和社会历史的原因，社会跨越大，属于西部经济文化不发达地区，也是后发展地区。中央先后召开四次西藏工作座谈会，确立了新时期西藏工作指导方针，发出全国支援西藏建设的号召。在中央和全国部分省市对口援助下，西藏以跨越式发展的工作思路和建设速度加快经济文化建设，近几年以两位数的经济增长速度而超过全国平均发展速度。西藏城乡建设发生着巨变，经济结构得到有效调整，产业布局日趋合理，人民生活水平快速提高，社会稳定，人民群众安居乐业，西藏的经济文化进入和平解放以来最好的发展时期。在中央的亲切关怀和兄弟省市的大力援助下，二十年内先后完成了四十三项工程和六十二项工程，农牧业和交通道路等基础设施和城镇公共文化设施得到根本改善，城镇建设面貌一新，日新月异。国民教育备受重视快速发展；科学技术得到推广应用；民族文化艺术受到保护、继承和发展；卫生保健事业得到显著改善；通讯业实现了快速跨越式发展；旅游业发展迅速，成为国内外关注的旅游热点地区；青藏铁路建设顺利进展，有望提前铺通运行。青藏铁路开通，将极大推动西藏经济文化快速发展，推动旅游业迅速壮大，加快西藏同内地以至国际上的开放与交流，促进西藏早日实现小康，有望在全国走在现代化建设前列。后发展地区可以借鉴先发展地区的经验，少走弯路多走捷径，在全国大力支援下快速发展，轻装前进，实现跨越式发展。展望西藏发展前景，令人鼓舞和激动。

“大美西藏”鼓舞和激励文化工作者要唱响社会主义新西藏的赞歌。“大美西藏”是新世纪、新时代的赞歌，鼓舞和激励着文艺工作者为大美西藏而歌唱。文艺工作者，责无旁贷地要唱响歌颂共产党领导好、社会主义制度好、民族团结好、改革开放好的主旋律。正如郭金龙同志最近在全区宣传思想工作座谈会上所指出的那样：因为我们党在新时期西藏工作的指导方针是完全正确的，我们当前面临的形势是大好的，我们各族人民的生活是火热的。一个正确，一个大好，一个火热，为我们宣传思想和文艺工作提供了宽广的舞台和良好的发展基础，这决定了我们宣传文化工作一定大有作为。

郭金龙同志指出，我们的生活是火热的，火热的生活为我们的宣传文化工作提供了丰富的创作源泉，只要是一个对历史负责、对人民有深厚感情的宣传文化工作者，就应该而且是主动地想要去反映人民的心声，就应该有那么一股子劲，就是“我们的生活充满阳光，叫我怎能不歌唱”。在火热的生活中我们应该有激情，要坚持以经济建设为中心，深刻领会“聚精会神搞建设，一心一意谋发展”的道理；要把自己融入火热的生活之中，把自己的感情与广大人民群众融为一体；要充分展示西藏社会主义发展进步和人民的欢乐、人民的幸福，要体会认识人民的喜悦、幸福和进步，要把这些充分展示出来，切实做到凝聚人心、鼓舞人心。希望全区宣传、文化工作的同志们，能够在西藏这片富有特色的土地上，在中国共产党的阳光雨露的滋润下，辛勤耕耘、创作、宣传，为实现我们“一加强、两促进”的任务和全面建设小康社会的目标，为我们共产党执政能力的不断加强，做出贡献。

郭金龙同志在2003年9月会见中国文联、中国作协赴藏采风团时讲话指出，西藏文艺界要重视培养文艺人才，搞好新时期文艺创作，反映西藏改革开放以来的巨大变化，围绕中心，服务大局，唱响主旋律，歌颂新面貌，重振西藏文艺创作、演出之雄风。一年多来，郭金龙同志对文艺工作多次作出重要指示和批示，“大美西藏”的题词是“重振文艺雄风”之后的又一次重要指示，是对文艺界的鼓舞与激励、期望与鞭策，是贯彻落实十六届四中全会精神，提高我党建设先进文化的执政能力的期待与要求，是对文艺工作者发出的工作号召。伟大的时代需要文化精神力量的支持与鼓动，伟大的时代需要而且能够产生伟大的文艺作品，我们文艺工作者要热情担当起歌颂新时代火热生活的责任，坚持贴近群众，坚持为社会主义服务，为人民群众服务，为党和政府工作大局服务，以各种文艺形式讴歌“大美西藏”、唱响“大美西藏”，为建设社会主义先进文化，建设社会主义新西藏做出应有的贡献。

2004 年 12 月

讴歌"大美西藏"，重振文艺创作演出之雄风

西藏自治区党委书记郭金龙同志，为西藏文联西藏书画院题词"大美西藏"；在会见中国文联、中国作协赴藏采风团时指出，希望文艺界要重视培养文艺人才，抓好文艺创作，歌颂新西藏，唱响主旋律，重振文艺创作和演出之雄风。自治区党委主要领导的题词和指示，使西藏文艺界深受鼓舞和振奋，宣传文化系统和文艺界人士表示，要深入领会郭金龙同志"大美西藏"题词的深刻寓意，做好"大美西藏"这篇大文章。

西藏文学艺术界在上个世纪50年代和80年代，曾有过两个辉煌时期。50年代初西藏和平解放后，我党培养的一批藏汉族文艺工作者，深切感受共产党毛主席的英明领导，中国人民解放军和平解放西藏，百万翻身农奴当家做主人的喜悦之情和西藏社会天翻地覆的变化，创作演出了一大批歌颂共产党、歌唱新西藏的优秀歌舞节目和文学作品。以才旦卓玛为代表的藏族艺术家，充满激情地创作和高歌《唱支山歌给党听》、《翻身农奴把歌唱》、《北京的金山上》、《丰收之夜》、《共产党来了苦变甜》等一大批秀歌曲，使人们通过文艺节目、文学作品和文艺工作者的精神风貌，了解认识西藏新旧社会两重天，西藏歌舞很优美，西藏是歌舞的海洋，藏族人民在祖国大家庭里与各兄弟民族平等、团结、互助、共同建设社会主义新西藏等。藏族艺术家在全国享有很高的声誉。80年代，西藏文学界一

批青年作家，深入社会生活，大胆吸收借鉴国内外先进文学艺术思潮和艺术形式，积极创新，以现代自由诗和纪实文化散文为代表的一批优秀文学作品在全国引起良好反响。美术界一批藏汉族青年画家迅速成长，以民族传统文化为根基，吸收借鉴中国画和西洋画的技巧和画风，以西藏民间美术传统技艺和独特风格为源泉，大胆创新、吸收融合，创作出一批从内容到形式既有创新又有民族特色的优秀美术作品，曾被业内人士誉为雪域画派。

进入 20 世纪 90 年代，西藏文艺界面对外来色彩缤纷的文艺形式和市场经济利益，艺术家受到冲击和影响，对于民族传统文化艺术和宗教艺术形式的认识把握曾有过迷失和偏颇，在继承和发展的关系上，在吸收外来优秀文化艺术方面遇到过困惑。由于计划经济体制下的文艺体制工作机制日益不能适应市场经济条件下新形势新变化，西藏文艺界创作和演出受到体制机制和思想观念多种因素制约，文艺创作和展演活动不够活跃，文艺作品和戏剧节目不够丰富，与快速发展的新西藏、新生活有些不相适应，与现实社会各阶层人士对文艺生活的多方面需求不相适应。改革开放以来，西藏和藏族文化在国内外的影响越来越广泛，越来越受到关注和重视，藏民族传统优秀文化艺术越来越受更多人的喜爱，文艺团体也更多地承担去国外的文化交流展演任务，而新创作文学艺术作品相对不足，青年文艺人才培养不足，后继乏人，文艺界在国内和区内反而有些沉闷和冷落。近十多年来，西藏在党中央的关怀重视和全国人民的大力支援下，经济建设实现了由快速发展到跨越式发展的转变，西藏经济社会进入最好的发展时期，人民群众在物质生活显著提高以后，对文化精神生活有了更高更丰富的需求，因而显现出文学艺术和文艺活动与人民群众精神文化生活的需求拉开了距离。

在近日召开的全区宣传思想工作座谈会上，郭金龙书记又亲临会议作重要讲话，指出：我们党在新时期西藏工作的指导方针是完全正确的。我们当前面临的形势是大好的，我们各族人民的生活是火热的，为我们的宣传工作和文艺工作提供了宽广的舞台和良好的发展基础，这决定了我们的宣传和文艺工作一定大有作为。火热的生活为我们的宣传文化工作提供了丰富的创作源泉，只要是对历史负责、对人民有深厚感情的宣传文化工作者，就应该而且是主动地反映人民的心声，就应该有那么一股子劲，就是"我们的生活充满阳光，叫我怎能不歌唱"。郭金龙书记指出：宣传思想和文化艺术工作者，要坚持以经济建设为中心，深刻领会"聚精会神搞建设，一心一意谋发展"的道理。要把自己融入火热的生活之中，要充分展示西藏社会发展进步和人民的欢乐、人民的幸福；要体会认识人民的喜悦、幸福和进步，要把这些充分展示出来，切实做到凝聚人心、鼓舞人心。他希望全区宣传文化艺术工作者，能够在西藏这片富有特色的土地上，在中国共产党的阳光雨露滋润下，辛勤耕耘、创作、宣传，为实现"一加强、两促进"的任务和全面建设小康社会的目标，为我们共产党执政能力的不断加强，做出应有的贡献。

近年来，西藏自治区党委、政府和区党委宣传部，进一步重视文化艺术工作，主要领导同志多次指示和批示，给予文艺界充分肯定和鼓励的同时也给予了有力鞭策和推动。原自治区党委副书记、人大常委会主任，现任全国人大副委员长热地同志，早在去年就青藏铁路文艺创作致电西藏自治区有关领导，指示要组织创作人员，深入青藏铁路文艺采风，及早着手创作一批反映青藏铁路建设的文艺作品。西藏自治区党委宣传部、文化厅、文联组成青藏铁路文艺创作采风团，深入青藏铁路建设沿线采风采访，一批文艺作品正在创作之中。自治区党委书记郭金龙同志多次就文艺创作、人才培养和文艺演出作出指示和批示。在会见中国文联、中国作协赴藏采风团时，郭金龙同志发表重要讲话，希望西藏文艺界能"重振文艺创作和演出之雄风"。西藏文联西藏书画院成立之时，郭金龙同志又题词

“大美西藏”，用意深刻，催人振奋，不仅在文艺界有很大震动，也使广大有责任感有事业心的文艺家们感到了紧迫和压力。

近期以来，西藏宣传、文化系统干部职工，在学习党的十六届四中全会和自治区党委六届六次全委（扩大）会精神中，结合学习和贯彻落实郭金龙同志对宣传文化工作的重要讲话和题词，响应区党委发出的工作号召，深入领会精神，调整工作思路，做好“大美西藏”的文章，以各种形式讴歌“大美西藏”，唱响“大美西藏”，以“大美西藏”为主题抓好文艺创作，以优异成绩迎接青藏铁路建成通车，迎接自治区成立40周年大庆。

2005年1月

西藏是摄影人的天地，是摄影艺术的天堂

——兼与影友谈西藏摄影

西藏的自然风光神奇而壮丽，人文景观古老而神秘。白云蓝天、雪山草原、江河湖泊、夕阳荒漠，都有摄取不竭的大美境界；古建遗迹、城镇民居、人物服饰、民俗风情，更有探索不尽的神奇意韵。西藏更因为天高地阔、空气干燥、洁净透明，拍出照片极其透亮，令摄影家和广大摄影爱好者心驰神往，倾心痴迷。

西藏以前由于长期处于封闭半封闭状态中，交通不便、路途遥远、高寒缺氧、生活艰苦，为外界所疑虑所惧怕，许多人视西藏神秘莫测不敢涉足。是文化人最早关注西藏并对西藏倾注热情，客观宣传向世人推介；是摄影家、美术家这些视觉艺术家们率先涉足西藏，深入雪域草原寺院殿堂，深入农村牧区帐篷民居，用相机、胶片和画布，把古老西藏一幅幅摄取展示给世人，揭开了西藏神秘面纱，揭示了一个雄奇壮美的西藏，引起中外瞩目世人向往。摄影家、美术家为西藏对外开放作出了一份特殊贡献，为西藏旅游开发、对外开放充当了向导。

来藏旅游者好像有一种共识与默契：去西藏既然不易，就应该深入感受，更多地收获，除了把美丽西藏尽收眼底，还要把她摄入镜头。近年来，凡来藏旅游者，多带有相机，一路旅行不吝拍摄，不仅自己陶醉于名胜景观之中，还要拍摄照片、录像带回，与亲友家人分享，或留作资料长期珍藏。凡是拍摄

西藏者，返回后无不感觉不虚此行，使西藏旅游与摄影更加紧密结合，使旅游更带有文化色彩。摄影已成为一部分人西藏之行的一种向往、一种目的。摄影无意中推动了西藏旅游业的升温。我主张，摄影家和所有摄影爱好者都应当来西藏采风拍摄。搞艺术的，尤其是搞影视图像艺术的，不来西藏，便缺少人生和艺术的顶峰体验。

我对摄影是情有独钟或者说是一触生情。三十年前进藏参加工作时，本是从事戏曲音乐的，音乐与摄影不是相近的艺术门类，但艺术是触类旁通的，艺术感觉常有相通。从“老西藏”手里借来老式相机便废寝忘食四处拍摄，借暗房自己冲洗印放，在暗房一呆就是一宿，看到自己拍摄的照片影像在显影液中显现，真叫人着迷和亢奋。多年来，不惜投入，对摄影的爱好热情不减，越来越“烧”。1989 年加入中国摄影家协会西藏分会以后，爱好和热情更使我对摄影倍加投入。十多年来，我利用星期天、节假日外出拍摄采风，常常是早出晚归，忘了饥渴，额头和面颊经常被紫外线灼伤，原来白皙的肤色晒得黝黑，仍是痴心不改。十多年来，我有机会走遍西藏七地市约六十个县镇农牧区，凡到之处都有收获。行车途中，常遇到风光美景转瞬即逝，又不便经常停车，常常留下遗憾，往往是后悔不及，就用心记住留下遗憾的地方，争取下次再来。我对摄影是遗憾的艺术有太多的同感。长途乘车从不困倦，思想早驰骋于车外，精神多集中于车外风光景色，对车前车后远处景色作出视觉判断，作出画面的想象，以摄影人的视觉敏锐，迅速捕捉画面入镜头。攀山爬坡行动敏捷，身心得到了有益锻炼，审美观得到了升华。观察自然，感受社会，体味人生，顿悟智慧，既客观又主观，既宏观又微观，深切体验着陶醉于摄影艺术的忘我与倾情。

摄影，既是一种大众化的文娱方式，也是一门精深的专业艺术。它如同音乐艺术一样，既大众化又专业化，热爱学习者众，造诣精深者寡；入门学习者易，深入成就者难。在当代高新科技日新月异、不断融入的影响下，各种文艺思潮和艺术流派也在相互影响、相互渗透。在数码科技与艺术结合得日益紧密的当今，摄影艺术的主观意识、表现形式以及不同风格流派正在迅速发展变化。近年来纪实摄影的突出表现和成就，使摄影更加贴近现实、贴近民众、贴近生活，摄影人也更加关注自然、关注社会、关注人生，促进摄影艺术更加普及和活跃，也更加深蕴和丰厚。

西藏是摄影人的天地，是摄影艺术的天堂。我吁请国内外各方影友来西藏采风拍摄创作，定会带着满意收获而归；我还要鼓动西藏本土专业摄影家和业余摄影爱好者，不能满足于浮光掠影，要深入社会生活、融入人民群众、融入大自然，把大美西藏摄入镜头，展示出去，西藏影人有条件、有希望拍出最神奇最壮美的西藏。

2004 年 10 月

动情倾心的《西藏女孩》

西藏，令人神往的地方，那里正发生着日新月异的巨变，那里正进行着史无前例的一件大事，这就是270万西藏人民日夜期盼的青藏铁路建设。

女孩，美好而亲切的人称，代表着美丽、纯真、善良、可爱，也代表着生活的美好和社会的未来。

《西藏女孩》的命名与影像画面十分贴切，自然而纯真。正如摄影作品所展示给我们的：风雪中的藏北草原，天地一色，广袤无垠，铁轨铺架车缓缓前行，青藏铁路向前延伸，宛若一条钢铁巨龙；路基旁一张纯真稚嫩的面庞，蓦然回首，一双对未来憧憬与希望的眼睛，在风雪中充满着期待的神情。女孩没有介意拍摄者的存在，没有顾及镜头前的自我，好像并未从对铺轨列车的好奇与幻想中转过神来，因而是那样的平静、纯真、自然和自在。天真的牧羊女孩如同她的姊妹和祖辈们一样，对正在发生和即将到来的新变化心怀期待，期盼一条金龙在藏北草原上伸展腾飞。《西藏女孩》客观而自然地记录了21世纪之初西藏高原上的一瞬间、生存环境和人物风貌，令人回味联想，给人以深刻而丰富的寓意。

“新西藏”摄影大赛经过初选，近千幅作品经过评委四轮严格挑选淘汰之后，剩下的三幅（组）图片中，评委们挑剔的目光多数停留在了《西藏女孩》上面，一幅让人回味、产生联想、充满思想感情的画面。以内容而论它反映了西藏当下进行中的宏大工程建设的场面，组合了自然、社会与人的关系，符合“新西藏”的主题思想内涵；从形式来看，它纪实而自然，忠实于作者对现场的真切感受，符合当今人们对客观事物真实评判的审美价值观念。

《西藏女孩》的拍摄者王守明，他的一组青藏铁路采风作品无论从光影还是构图，都显得平实，既没有蓝天草原，也没有云霞蒸蔚，并不吸引一般人的眼球，不像多数作品那样，经过数码加强反差与色比的处理而显得摄影味道更足。但是，他的作品在几轮筛选中始终吸引着评委们的眼光。

《西藏女孩》被评为特等奖的确出乎王守明的预料，他自谑说“不会打麻将的人无意中胡了一把”。其实，事物的发展往往是在偶然性的背后潜藏着必然性。摄影作品与其他艺术作品相比，看似有一定偶然性，但经深层分析，它是遵循摄影艺术规律、掌握规律、运用规律而又有所创新的结果。好的摄影作品绝不是随心所欲信手拈来，而是熟悉把握并巧妙运用摄影艺术创作规律与技巧的成果，是天时地利人和的统一，是对人与自然和社会时空的综合认识和把握。

今年三月初一个周末，文联几位影友相约去那曲、当雄草原，沿青藏铁路采风，《西藏女孩》正是在这次采风中拍摄的。在此后的一个多月时间里，王守明几次谈到拍摄青藏铁路施工的情景与感受，那是一次令他“激动了好多天”的拍摄经历；是“好镜头在拍摄之后就有良好感觉和自信”的那种感动；是叫他为之动情为之倾心的一幅场景画面：初春的藏北草原，春寒料峭，气温寒冷，时而风雪交加，青藏铁路的建设者们，顶风雪冒严寒抗缺氧，风雪无阻坚持施工，确保铁路铺轨进度，附近的藏族牧民从几十里外赶来围观在铺轨架桥施工现场，要亲眼目睹对他们来说是既陌生又好奇的大事件。虽然皮袍上积了厚厚的雪，对未来美好的憧憬和期待让他们与铁路工人整日相伴。这样一幅场景，让王守明感动，使他深受感染，他不仅用相机摄取瞬间画面，更去用心观察、体验。此时的王守明，内心充满着敏锐和灵感，难以抑制的创作冲动，频频按动快门，幅幅影像都得心应手，感觉良好，充满自信。

王守明于去年进藏后不久，便被西藏的神奇与大美所吸引所震撼，不拍摄下西藏的自然、人文心不甘，他添置了数码相机、配置了系列镜头设备，工余时间和节假日总是机不离身，满怀对西藏的热爱和激情，利用一切可能的机会，全身心投入，如饥似渴一般采风拍摄，在拍摄中深入了解认识西藏，以赞赏的眼光，通过相机反映处在跨越式发展中的新西藏，以涌动的热情和专注的感情去体验、关注西藏社会经济的迅速变化，关注自然社会与人生，拍摄了大量精美图片，刻制成光盘，及时与在北京的同事亲友分享并征求意见，使自己的拍摄观念和审美眼界有了大的飞跃提高。

《西藏女孩》正是王守明援藏一年间深入生活、深入思考的结果，是动情之作，是倾心之作。

2005 年 7 月

《世俗西藏》，一幅丰富而生动的民族风情画卷

平措扎西同志用了近五年时间辛勤采风采访编写的《世俗西藏》面世了，我对他表达诚挚的祝贺和敬意。平措扎西在书中写到：比起那些几个月成书一部的写作高手，真可谓是“小虫爬行在羊毛中间的速度”，太慢了。当我阅读其中的篇章之后，才更加理解平措扎西为这本书所付出的漫长而繁重的劳动。

这本书不是那种可以在一年半载之间就能成就的书，而是一本“最大限度地打开了自己的知识储备箱”，从中精心取舍后而写成的书；是一本靠长期知识积累、调动童年记忆和人生阅历、靠细心观察思索才能成就的书；是一本对民族文化多年积累、观察和用心研究而厚积薄发的书。五年间，平措扎西“写得断断续续，却是进行了没完没了采风和采访”。从他的详细的文字描述中我们可以感受得到。回头来看，编写这本书所用的时间又何止五年！它是作者半生知识积淀和洗练的成果。这是我们对他表示祝贺的时候不可忽略的背景。

在我看来，这本称作民俗文化散文集的《世俗西藏》，既是文学的西藏，又是民俗的西藏。平措扎西用散文的体裁，用纪实的文字，为我们精细的展示出一幅幅丰富而生动的民俗文化风情画卷，突出地表现了他担任《西藏民俗》杂志主编期间，对藏民族文化积累与研究的深厚底蕴。我在阅读其中的章

节时，曾在印记的库存中浮现出清明上河图中的街市场景；浮现出童年时代故乡过年节、放风筝、打梨花等情景的幸福记忆，那是一种对民俗文化的远距离联想。平措扎西的世俗西藏带着我们回到了幼年时代以无忧的眼光和雅趣去看待和记忆生活习俗的情景之中，牵动了我们对流逝的时光的温馨记忆和对传统的民风习俗的亲情。如他在“藏乡酒话”一篇中多处描述的酿酒、敬酒、醉酒的情景和对酒的感受认识等，无不是对民俗文化的深入研究和文化自觉。平措扎西曾经在阿妈的背上吮吸着甜淡的青稞酒进入梦乡；童年喝着母亲亲手酿制的甘甜的头道青稞酒而浑身酥软，发了一次小酒疯，他感叹“酒是真正美妙的东西”；长大以后认识了酿酒的酒麦曲如同美丽的姑娘变成的“觉玛”草，喝了由她酿制的酒，有的人变得胆大，有的人话多，有的人好色，有的人走路也走不好。因而，民间有传说，酒曲子是狼的心脏，使人喝醉以后胆大如狼；是狈的嘴唇，喝醉了使人话多；是牛的蹄子，喝醉了走路不稳。平措扎西看待民族的世俗风尚，如同他对青稞酒的态度，他对民俗世象的这份清醒与自觉在他的《藏乡酒话》、《西藏的甜茶馆》、《拉萨的朗玛歌舞厅》以及《圣宫下的世俗村落》等篇章中都有充分的描写。因此，我说，他的《世俗西藏》是民俗文化的西藏，为我们了解、认识和研究民俗文化、风俗世象提供了不可多得的宝贵资料。

正如他写这本书的初衷，“是想写一些别人没有涉足到，或者没有写透、写全的有关西藏文化和风土人情的内容，把鲜为人知的民俗文化和人物故事表述出来，把一个揭去面纱的西藏，真实地呈现在读者眼前”。

我在这里引用他描写小酒馆里各色人士的举止与言行的一段文字：“走近酒馆这一方小天地，犹如剥去了象征身份的衣裳，没有身份的贵贱，没有职务的高低，没有家境的贫富，一碗酒端平了外面世界的倾斜。在这方天地经常上演这样的情景：赌输了钱的贵人交不起酒钱，在墙上画一条条线标记赊账；一时暴富者大方地给小费时的爽笑；酒客与酿娘间暧昧的眼神；酒客与酒客间不需用语言的交流。算不上多么豪华的小酒馆，给那些在颠簸中生存的人一些麻醉，一个暂时的忘忧处。”

我再引用他描写甜茶馆里的茶客们的悠闲与诙谐的一段文字：“冬天，人们在太阳照得最暖和的地方说些永远也说不完的话。如果你走进甜茶馆，就会看到成群成群的年富力强的中青年人在这里喝茶聊天，好像这里的人们，都是时间的富翁。漫长的岁月给他们的脸上刻画了皱纹，头上也出现了银丝。爱幽默的茶客却说：我在茶馆已有二十年茶龄，应该给我固定一级工资；他在那个茶馆已有八年茶龄，应该浮动一级工资。”

从这两段文字中可以看出，平措扎西的文学语言已经是相当生动和精炼，读起来虽然不华丽，却实在而真切，平实之中表达了生活和真情。说明了它对民俗事象的细心观察体味和对文学语言的把握功力。

《世俗西藏》的纪实性叙述性散文文体，使之读起来十分流畅、真实、自然、风趣而生动，与作者平日里的平实、风趣、幽默的风格一样，突然表现出平措扎西多年来笔耕不辍，坚持以两种文字辛勤写作炼就的深厚文学功底和对汉语言文字熟练的驾驭能力。大家都知道，平措扎西用藏、汉两种文字从事小说、散文、戏剧、曲艺创作已收获约二百万字，这对于一位藏族作家是难能可贵的。他在自序中写到：“创作本书之前，一直运用三十个藏文字母把思想和情感编织成文学作品，这次爬格子，无论对文字的驾驭、结构的安排还是语言的美化，对我都是一次全新的尝试，我付出了成倍的时间和精力。”的确如此，平措扎西在这本书中，对汉语言文字的运用不仅十分用心，而且准确、熟练，得心应手，让我们这些使用汉文写作的汉族同志顿生钦佩。

《世俗西藏》选用了以民俗风情为主要内容的几百幅图片，对文字起到了很好的注释作用，增强了本书的可读性和可视性，加强了本书的民俗文化色彩，比较符合当下一般读者尤其是区外国外读者的阅读心理，策划和编辑的用心是值得肯定的。不尽如人意之处在于一部分图片选择不够用心，质量欠佳，以文为主、图随文走做得不够好，减弱了图片对文字解读的功用。编辑对图片的剪裁安排上，也不够精细，有残缺不全之感，使得一些图片未能表达原本的意图，这些都是可以改进的地方。

《世俗西藏》所描述的西藏世俗生活风俗景象，为我们的案头书架增添了一本既好看又可藏的民俗文化研究资料。

2005 年 11 月

茶马古道上的精品景观

——芒康盐井盐田

西藏芒康县盐井乡是藏区纳西族聚居的民族乡。该乡以盐井而得名，也因盐井而闻名。这里至今仍保留着最古老的产盐方式——从盐井取卤水，建盐水池搭晒盐棚，借助日晒风吹，使卤水蒸发，结晶而成盐。地道的天然原料，完全的手工劳作，原始的盐产方式，古老的生产形态。

盐井的历史已无史料可考。藏族史诗《格萨尔王传》“江岭之战”一章记述藏族与纳西族为争夺盐田盐井世代争战的故事和传说，反映了盐井在西藏历史上和民众生活中的重要经济地位。盐井曾在清末设立之县，建盐局设盐卡、收盐税。据《盐井县志》记载，这里曾有盐井五十余口，年产晒盐 300 余万斤，年收盐税五六千藏元，盐井的晒盐在藏区有广泛的贸易交换，因此而盛名远扬，成为茶马古道上运输和交易的重要物品，茶马古道也因盐井而产生出许许多多生动而离奇的故事。

当下的盐井盐田仍颇具规模，只是因为交通的改善和内地加碘精盐占领广大市场，盐井的盐产量迅速萎缩，盐价也日益下跌，但盐井的盐在藏族牧区仍有相当好的声誉，牧民相信，盐井的盐牲畜吃了长膘快、产奶多，盐田因而得以维持生产。

盐井的盐田是架设在澜沧江边山坡上的几百架晒盐棚，依山搭建，鳞次栉比，高低错落，无比壮观，成为独具特色的景观。盐井是茶马古道上最具魅力的景点，随着藏、川、滇三省区共建“中国香格里拉生态旅游区”计划的加快实施，盐井将成为旅游热点和游览精品景观。

最近由西藏昌都、四川阿坝、云南迪庆三地州组织了茶马古道文化旅游考察，专家学者认为，盐井有条件有可能申报世界文化遗产。

2002 年 6 月

藏语“香巴拉”意指“吉祥如意宝地”，也有“理想之国”和“世外桃源”之意，是那种远离尘世、安宁和平、环境幽雅、人与自然和谐、人与人和睦的理想境界，有着与陶渊明描绘的《桃花源记》一样的情境。美籍英国作家詹姆斯·希尔顿在《失去的地平线》一书中，描述了我国西南藏区某地正如藏语“香巴拉”描绘的那种生态环境，英语称之为“香格里拉”。我以为“香格里拉”是从藏语“香巴拉”音译过去的，何况英语与藏语在某些发音方面十分近似，很可能是詹姆斯·希尔顿借用了藏语的“香巴拉”转为英语讲成“香格里拉”。据说他本人并没有到过“香格里拉”，对香格里拉的描述定是由他人转述的。据此说“香格里拉”就是藏语“香巴拉”，似乎是有充分根据的。请教了几位朋友，都不能彻底说得清楚，但都对此说法表示认同。

沿茶马古道考察，从云南迪庆到西藏芒康再走左贡、察雅到昌都，然后经八宿、波密、林芝到拉萨，沿途许多地方都能找到“香巴拉”那种感觉，藏、川、滇三省决策层共同提出建立大香格里拉旅游区是有眼界有远见的，也是有道理的。藏东南、滇西北、川西南三省区结合部的广大地区不就是“香巴拉”吗？

东坝乡是藏东著名的乡村，位于左贡县西南方。从左贡出发沿 318 国道行驶约 60 公里，沙石山路再行驶 20 公里，翻越一座海拔 4300 米的大山，盘绕山道急下 1500 余米至怒江峡谷，便是位于怒江边的海拔2870米的东坝乡。车停在位于山坡台地的乡政府新办公楼前，早已等候在此的乡干部和村民们，牵着马举着分组接待的木牌，把我一行三十余人按组分派到户，骑上马，再下行一公里至东坝乡所在地的军拥村。

与在山顶远眺时的判断不同，掩映在怒江峡谷片片绿阴中的小村庄其实不小。村民牵引着马带我们到各住户。村中小道两米来宽，两旁以卵石垒砌，墙外果园的树枝在道路上方交叉低垂，骑在马上不得不时时低头避让累累果枝，山泉小溪从每条路边长满青苔的石砌水沟急速流淌，流经每户人家门前，制成一个个小水池，溪水清澈无比，可直接饮用。曲径小道无规则地穿行于村中，依房屋和树林而确定走向，随意而自然。分散布局的藏式碉楼建在林卡（树林）相对空隙处，一片片野生果树被卵石矮墙分隔成一个个园林，分属于各户人家。野桃、山杏、核桃、苹果、橘子、柚子、怒江梨等七八个品种的果树交枝其间，果实满枝，繁茂旺盛。

我等新闻界朋友一组六人住进刚刚退休的乡长家中。这是军拥村规模数一数二的藏式碉楼，三楼顶部尚在建设，内部雕梁画栋也在制作中。进得二楼主客厅，茶几上早已摆满了自家果园摘下的桃子杏子核桃以及奶酪、糖果等食品。

东坝乡的藏式碉楼精美豪华早已有所闻，入住其间才真切感受到。这是一座大跨度三层碉楼式建筑，说它是一座小城堡倒更恰如其分。外墙以黏土夯制而成，足有一米五厚，内墙精心粉刷油漆后画满了各种吉祥图画鲜艳夺目。大客厅以两排六根方柱相隔，按藏式房间梁柱之间的空间计算，这客厅应算作九个标准间，足有100平方米。除土墙外，内部全是优质木材结构，用料厚重。据说修这么一座碉楼，需要优质木料80至100余立方。中空天井，三面回廊相通，楼梯相接，一楼为库房，二楼为客厅、餐厅、大起居室和主卧室，三楼为经堂客房以及机动用房等，粗略计算，接纳30—40人住宿没有问题，相当于一座小旅馆。大客厅一面为佛龛和藏柜，陈列佛像、唐卡、圣水碗、酥油灯等民俗用品和宗教工艺品，摆设丰富，显得奢华。客厅一隅为伙房灶台，不过早已不是原来的功用和意义，除了大铜锅用于蓄水以外，其他用具已经没有了实用功能，成为一种陈设。灶台建设得十分精致，类似于欧洲家庭的壁炉一样，成为一种历史文化装饰，显示着主人的富有和文化品位。客厅两面朝阳，直角摆放着藏式沙发床，羊毛手工编织的精美卡垫铺裹其上，既作沙发又作床，美观而实用。粗略估计，一个客厅的家具陈设、雕刻绘画等没有十万八万元拿不下来。主人讲，这座三层楼房已修建三年时间，尚有顶部未完工，局部门窗回廊尚未完成绘画，全部完工，估算投资好几十万。村里建房，各家都要派人帮忙，土建劳务工时费，未计入建房成本。

东坝乡及其周边山野并不产木材，村里生长着的百年老树全都是野生果树，于建房无助。建房所需木料要到几十公里外的林区购买，然后放排于怒江之中，凭江水冲运，只在村边的江水中设栏打捞，比起汽车运输，既安全又省时省力，减少了运费开支节约了成本。

东坝乡的碉楼是经济发展初始阶段的产物，也是一定时期的特殊文化现象。东坝人在外经商的多，挣了钱都回家乡建设豪宅，就连在外挣国家工资的人也都要把积蓄汇回老家建房子。这是约定俗成的一种乡土观念，也是一个时期内人们的价值取向使然。从经济眼光看，却不免过于奢侈和铺张，有攀比和斗富的心理。建房用材过多过大，浪费明显，不利于森林保护和可持续发展。把积蓄都投入建房，财富压在不动产上，更不利于扩大再生产。作为一种风尚习俗的产物不能禁止也不宜提倡，但愿东坝人把这些带有时代特点的房产保护好利用好，百年之后，作为一种民俗文化现象为后人观瞻和评说。

晚饭后，乡政府安排在乡小学操场上与村民联欢。由附近几个村庄的男女村民组成的约60人的民间舞队，身着比较一致的盛装，由牛角二胡伴奏领舞，跳起当地的“锅庄”、“弦子”。两个队伍交替上场边舞边唱，节奏由慢到快，以快节奏突然结束。在我们看来，所跳舞蹈差别不大，节奏变化也不大，比较程式化。跳至兴奋时，乡领导一一拉起我等参与。藏族舞蹈看上去简单变化少，一旦跟学起来才知并不很容易，多数人跟不上节奏，更跳不出感觉。几乎所有村民男女老幼围坐四周，秩序井然，掌声鼓励，直到深夜。

几位藏族青年在场内一角席地而坐下围棋。西藏虽有多种民间体育娱乐活动，下围棋却是头一次看到。这里的围棋不是那么规范、讲究，以三指并行，在土地上纵横划出五至十条线为棋盘，找来小石子作棋子便可对弈。据说，这里的围棋是商人从汉地带来。

早晨天色刚亮，窗外树林中鸟叫声、田野里驮铃声和房前小溪流水声，唤醒了我们。住在我们对面房间的专事接待的村民们及时地帮助打好洗脸水、倒上酥油茶，热情而殷切地陪坐一旁。我经不住室外的诱惑，背上相机独自沿着田间小道绕着林卡果园，贪婪地欣赏这田园美景：不规则的山坡梯田里青稞金黄，已有部分收割，骡马、毛驴和牦牛驮回的沉甸甸的大捆青稞堆集在房前院后，夫妻、父女用土制的脱粒机把麦穗削下，背回家中楼顶晒台；收割的田地里，点播的玉米已长出壮苗，辣椒、番茄等蔬菜已移栽田间；小磨房在水流声中飘出糌粑的香味；各家的楼顶房舍，烧茶的炊烟和煨桑的香烟袅袅升腾，然后沉浮空中，笼罩着果园和房舍不飘不散……

这就是藏东“香巴拉”，不用几年，这里将会有大批外来游客，像我们一样住宿在藏式碉楼里，漫步在山村小道上。

2002 年 6 月

西藏芒康“家家面”

去西藏芒康县以前，便听朋友介绍芒康的几大特色：一是芒康县曲孜卡的天然温泉及其洗浴疗养院；二是盐井乡澜沧江边天然盐田的红、白晒盐；三是芒康县的有名小吃“家家面”。据说，凡去过那里的人都要饱饱地吃顿“家家面”，才算是走过芒康。

20世纪六七十年代计划经济时期，在中原一带，吃面条吃不到纯白面，更没有肉臊子之类的丰富作料，经常是小麦面与豆面混合的杂合面条。现在看来这是受人欢迎富有营养的“黑五类”的绿色食品，可在那个年代则因为细粮少杂粮多不得已而为之。有时面条少，还要在煮面时放些玉米面、绿豆面之类，使清汤变稠，称之为“糊涂”面条，放点萝卜青菜之类作为点缀，加入酱油醋等调料，便是地道的北方汤面条，吃了容易胀饱，胃肠顿消饥饿感。

小时候偶患风寒感冒、胃肠不适拉肚子之类的小病，母亲总是做上两碗手工擀面，赶上机会还可能打只鸡蛋搅起蛋花，放上葱末香菜，滴上几滴小磨香油，调入自家酿制的米醋，酸香可口，开胃怡神，吃上两碗，发汗解表，睡上一觉，烧也就退去，肠胃恢复正常，不必去医院开药打针。参加工作多年以来，每有不适，总是想起母亲做的手工酸汤面，油然而生幸福回忆，顿时心生感激。对于吃面，总是心怀惬意，有一种面条情结。

我对吃面情有独钟，闲暇时与家人试着做过各种面条，水平不低于专业餐厅或面食小店，无论是热面、凉面、烩面、炒面、擀面、抻面，还是四川担担面、山西刀削面、陕西棒棒面、兰州手拉面，甚或上海阳春面，北方饸铬面，都能知晓加工方法，惟有西藏芒康的“家家面”，让我想象不出是如何的一种面。

到了芒康入乡问俗，关于“家家面”有两种说法：一说是这种面加工过程中，边做边吃，全不像面馆小吃店里那样论碗计数，而是像自己家里一样随便，故叫“家家面”；另一说是一边做一边吃一边添加，故而叫“加加面”，我倒以为前一种说法更为贴切。

我等一行是三十多人的大团队，来到芒康盐井乡，县、乡政府招待大家吃本地名吃，在小镇上连着包下几家餐馆，店主都做“家家面”。出于新奇，我站到厨房灶旁，要一睹究竟。本应是手工擀面，因人多就换成了机制压面，口感自然要大为逊色。“家家面”的独特香味全在于当地称之为“琵琶肉”的汤卤。经了解，所谓琵琶肉是滇西、藏东一带藏族加工猪肉的特殊方法，具体做法是将猪宰杀后，取出内脏剔去骨头，沥去血水，以花椒、辣椒、草果等香料拌盐里外涂抹，将肉整体缝合或捆绑结扎，再以石板加压腌制，取出挂阴凉处任其自然风干，因其形似琵琶，故称“琵琶肉”。《滇南新语》称：“薄腻明珀，形类琵琶”。琵琶肉腌制工艺已有千年传统，制成后随吃随取，一两年不坏，且味道鲜美，色泽鲜亮，风味独具，可煮可燉，是藏家待客佳肴。

由琵琶肉丁燉出的卤汤原汁原味，煮熟的面盛入碗中，以卤汤冲洗两道，再加以香葱、味精等调味作料，即成为地道的“家家面”。一碗面仅相当平常量的三分之一，不待客人吃完，又如量添加，一般要吃上十碗八碗方能吃饱。大概因为面少而汤卤浸透，才更显得味道鲜美，凡路经此地食者无不称道。

到了西藏昌都，逛街散步，竟发现芒康的“家家面”已闯入昌都市场，看得出生意不错，忍不住进去再饱口福。随着旅游开发，进藏旅游者增多，芒康“家家面”定会风行起来，成为藏族著名小吃。

2002年8月

西藏生态旅游第一村

——林芝公众村

从林芝沿318国道西行两公里，路边有一个闻名西藏的山村——公众村。它是全藏第一个实现家家户户装电话的电话村。公众村，仅从字面理解，还以为是计划经济时代集体经济的产物，其实不然，“公众”是藏语译音，当地人称之为“果实丰盛”或“葡萄丰收”之意，大概因村里繁盛的山野树木和丰产的野果而得名。

进得公众村，看到良好的生态环境。公众村依山而建，山泉穿越村庄流入尼洋河，滋养了满山遍野的各种野生果树。这里的千年核桃、百年桃柳、古桑古杨树以及叫不出名字的各种树木有几十种之多。凡百年以上各种树木，树干奇异，根节暴露，成片成林，荫冠蔽日，足见千百年来藏族村民与大自然的和谐共处和朴实自然的生态保护观念，也足见此地民风淳朴。目前，公众村的百年古树都得到养护，以石块、木栅砌制围栏，成为对外开放的旅游景点。

目前，公众村列入保护的生态园林古树木和民俗文化景观有二十余处，均有很雅的命名。如：“玛尼吉祥”（以山泉水推转的玛尼经筒）、“朗玛奇柳”（桃柳栎三树结盟合抱）、“水磨丰壁”（糌粑水磨房及其结构解剖）、“远古神佛”（约为吐蕃时期的石刻佛像和六字真言石刻经文）、“核桃绝唱”（千年核桃树王）等等。本无声息默然千年的野生树木，经文人命名，就有了文化内涵和灵秀之气。

据了解，公众村的生态旅游园是林芝地委领导策划的杰作。林芝素有西藏植物博物馆和高原绿色基因库之美誉，自然生态处于原始状态，是发展生态旅游的丰富资源。公众村临国道，交通便利，藏族群众在现代化通讯和广泛的信息联系中观念有很大转变，发掘利用山林古树资源开发旅游，政府帮助规划，适当扶持，发展成为独具特色的生态旅游村，村民生活迅速得到改善。公众村在旅游业的带动下，村落整洁，环境文明，自然生态在开发利用中进一步得到保护。公众村的旅游广告词概括其特点：亘古久远，野趣横生，生态多样，物种丰富，人与自然，和谐共存。

2002 年 7 月

在重庆观看《移民金大花》

——吁请剧作家为青藏铁路创作优秀话剧

中国文联在重庆召开文艺评论奖会议期间，重庆市委宣传部招待代表们观看由重庆市创作的大型方言话剧《移民金大花》。重庆市文联还专门组织了部分会议代表座谈了对该剧的评价意见。笔者想就该剧创作中的有关问题和青藏铁路文艺创作的想法发表一己之见。

话剧《移民金大花》选取三峡建设移民搬迁题材使该剧成功了一半。三峡建设宏大工程是我国建筑史上最伟大的事件，世人瞩目，三峡建设库区移民搬迁，可说是我国行政移民史上空前的壮举。伟大事件引发众人关心关注，仅此一点，《移民金大花》就能吸引众多观众眼球，从题材上奠定了它能成就艺术佳作的选题方向。很难想象，让几十万之众从祖辈居住的家园外迁移居他乡，在乡土观念尤其深重的中国农村，要做多大多难的劝说工作，党和政府要做多么深入细致的政策宣传教育工作。话剧中有文艺创作的丰厚生活素材，有千家万户发生的感人故事，有各种矛盾纠葛，有各方利益的冲突，也有人间真情的涌现，把握和抽出其中主要的戏剧矛盾冲突，便是文艺作品的看点卖点。选材三峡移民，就有一半成功。

该剧以反映当下党政干部与基层群众的关系为主线，能引起广泛共鸣。剧中以乡镇党委书记为代表的党和政府基层干部的形象，人物丰满，有血有肉，可亲可信，可泣可敬，反映了广大基层党政干部身处一线矛盾焦点，既要坚决执行国家政令，又要真诚劝说，妥善安排好群众的生活、生产，要处理好舍小家为大家、建新家为国家的矛盾和利益关系。如何积极面对广大群众难舍家园的复杂心态，如何对待群众的眼前利益与长远利益，如何解决局部与大局利害关系，反映出我们党政执政水平、执政能力和整体现状。以乡镇党委书记和移民搬迁办公室主任为代表的两种党政干部形象，是三峡两岸基层广大党政干部的真实缩影，广大群众相信，党政干部熟悉。艺术，首先有真，才有善和美的效益。艺术的真实源自于生活的真实，又呼唤着社会生活中的真情。《移民金大花》能深受欢迎，引起共鸣，成功在于面对现实生活，揭示现实状态，艺术再现人民群众在当下生活和社会矛盾中的真情实感。

该剧以长江三峡沿江方言作为话剧舞台语言形式，真实亲切，更贴近生活、贴近实际、贴近群众。汉语方言分布丰富，而川、渝方言又是我国西南地区方言的代表，表达丰富，特色突出。四川方言电影《抓壮丁》和重庆方言电视剧《棒棒军》都因方言而升华了剧情，成就了语言艺术的经典作品。革命老前辈朱德、陈毅、邓小平在影视剧中的方言更使人感到亲切可敬，更加丰满地塑造了领袖人物。用方言来表现特定区域和特定社会文化条件下的人民生活，本身就是艺术创造的一个重要方面。《移民金大花》全剧使用沿江川渝方言，更生动地塑造了剧中人物，更真实地再现了生活情景，使观众从中领略了川渝方言中民族文化和语言艺术的精华，学习和鉴赏了民间方言对民情风俗的精妙表达。以方言演话剧无疑是中西文化艺术的一种融合，而这种融合又十分妥帖极其自然，没有一点牵强和生硬。这也是该剧成功的重要因素。

笔者是北方人，讲普通话，但完全能够了解剧情，且感到川渝方言之精妙，之生动，之丰富，其他方言难与之相比。

观看《移民金大花》，让我受到启发。青藏铁路建设是我国继三峡电站工程之后又一杰作，是中国西部大开发的代表项目，也是具有跨时代意义的壮举。在平均海拔四千米以上的雪域高原冻土上铺架青藏高原钢铁长城，是当代中国历史上一个了不起的大事件，各种文艺形式都应该积极去反映，各门类文艺家都应该深入建设工地采访采风。青藏铁路建设从决策到拍板历经四十多年，中央三代领导集体都曾研究此事，多方听证比较，科学民主决策，过程本身就值得文艺去反映和讴歌。青藏铁路建设中面临三大世界性铁路建设难题，我国铁路建设者们利用多年科研攻关成果，顺利而又成功地解决了这些难题，使青藏铁路科技含量和技术水平位居世界前列。青藏铁路建设中遇到的自然的、人文的各种矛盾冲突都十分独特，关系自然生态、野生动物保护、沿路民族文化遗留保存、藏汉民族团结大事、青藏两地经济文化跨越式发展等诸多重要题材，为世人所关注。目前，仅靠青藏两省区和铁路系统的文艺创作力量是远远不够的，有志于青藏铁路建设文艺创作的文艺家们，都能在青藏铁路建设中收获成功。话剧适合表现重大历史和现实题材，能浓缩历史和空间，强化戏剧冲突，表现火热生活。西藏方面热切欢迎和期待有志者关注青藏铁路建设，为这一宏伟工程写出一台好话剧，创作一批各种艺术形式的精品佳作。

2005 年 12 月

在《邦锦梅朵》创刊20周年座谈会上的发言

今天，大家欢聚一堂，庆祝《邦锦梅朵》走过20年光辉历程，我代表西藏文联向各位的到来，向为培育、浇灌这朵民间文艺之花付出辛劳的编辑部各位主编、编辑和全体同志，向为这本期刊长期撰写文章提供稿源的各位作者，表示热情欢迎和衷心敬意！

《邦锦梅朵》创办以来，坚持正确的文艺方向和办刊宗旨，坚持民间文学的艺术特色，坚持面向基层群众，以多彩的民间文艺形式丰富人民群众的文化精神生活，质量不断提高，受到广大读者的欢迎和喜爱，为继承、保护和发展藏民族民间文学，推动民族民间文化遗产抢救工程，发挥了积极作用，在藏族几省区以至国内外有一定影响，在中尼（泊尔）边境樟木口岸深受境内外藏胞欢迎。在当今世界经济一体化、文化多元化、藏族传统优秀文化日益受到关注和重视的条件下，《邦锦梅朵》有着自己旺盛的生命力，有着令人欣慰和乐观的发展前景。当然，在办刊过程中还有不少困难，在办刊经营机制方面还存在一些问题，发行量和社会影响力方面还不尽如人意。我们要正视这些问题，积极克服困难和问题，不断改进和提高我们的办刊能力和水平，文联党组、主席团将对它倾注更多的关心支持，编辑部同志们仍需为它付出更多努力，我们对它未来的发展前景是充满希望与信心的。

《邦锦梅朵》在创刊十周年的时候，又创办了它的姊妹篇《西藏民俗》汉文版，在区外以至国外关心西藏民族文化的读者群中间有着良好反响，《邦锦梅朵》与《西藏民俗》如同姐妹一样，发挥了各自的优势和长处，丰富着期刊市场，满足了人们对民俗文化的喜爱与需求。面临着报刊业市场化、集团化的发展趋势，《西藏民俗》已改刊为《西藏人文地理》，并委托圣地文化发展公司去经营。报刊业面对市场经济大潮，逐步走近市场化走向集团化经营是今后的发展方向，我们要积极面对这种变化，在经营机制上积极适应和靠拢市场经济的要求，把广大读者是否欢迎是否喜爱作为办刊的出发点和落脚点，把人民群众的文化需求作为办刊的方向和目的，不断改进栏目设置，拓宽民间文学体裁和形式，对民间文艺进行更加深入的发掘和研究，选择有关题材可写成民间文学艺术专著，为即将开展的更大范围内的民族民间文化遗产抢救工程作准备、尽力量、出成果，在这方面，《邦锦梅朵》及其编辑和作者朋友们可以大有作为，也应该有所作为。

《邦锦梅朵》走过了20年历程，今天的纪念座谈会是它新的里程碑。回顾和总结20年来的有益经验，作为未来发展新的起点，是有积极意义的。希望到会的各位专家学者作者朋友提出积极的意见和建议，呵护它的成长，给予关爱和浇灌，使这支雪域高原的民间文艺的奇葩开放得更加鲜艳夺目。

再次感谢大家对《邦锦梅朵》关心爱护与支持。

扎西德勒！

2004年10月

赴阿里地区文化考察情况和文化扶贫的设想

按照中央和区党委提出的把2002年作为调查研究年、转变作风年的要求，我于10月28日至11月10日对阿里地区进行了为期两周的文化调研考察。此行有两项任务：一是庆贺阿里地区文联成立挂牌，指导并参加阿里地区第一次文代会；二是考察文联对口扶贫县札达县的文化、旅游资源情况，与县里协商文化扶贫意向。文化调研考察情况和文化扶贫设想如下：

一、阿里地区发展快、变化大

阿里地区与印度、尼泊尔、克什米尔地区接壤，有着十分重要的战略地位。全地区面积34.5万平方公里，平均海拔4660米。地区所辖7县、36个乡镇、207个村（居）委会。地区西部的日土、噶尔与南部札达、普兰四县是以牧业为主的半农半牧县，东部的革吉、改则、措勤三县为纯牧业县。

中央第三次西藏工作座谈会确定河北、陕西两省对口支援阿里地区。去年，又新增加广西、内蒙古和新疆三个自治区为对口支援省区。在对口援藏的8年时间里，两省三区共援助阿里地区资金1.88亿元，项目61个。与其他地市相比，阿里地区虽然基础差、困难多，但在对口援助下发展变化很快。目前狮泉河镇外来经商、种菜的流动人口比例很大，出租车满街跑，已有五横六纵十多条街道，城镇建设迅速扩展，新整修的狮泉河（河岸硬化）横贯镇区，新建的广电大楼矗立河岸并以此为中心正在建设镇中心广场，城镇规划很规整，城镇道路是十年前的十倍左右，主街道两旁的柳树与楼同高，一座整洁的高原现代化小城镇已初步建成，建设速度之快，变化之大出乎想象，令人为之振奋。

狮泉河镇的原生植物——红柳，在20世纪六七十年代遭到乱砍滥挖几近绝迹，七八十年代，阿里人遭到了风沙肆虐的报复。90年代以来，地区领导痛下决心采取切实措施恢复种植红柳，建防护林带。1999年以来分三期建设的防护林工程，以班公柳和红柳为主，已在镇西南大片建成，阿里红柳这一独特生态林近年来得到较快繁殖，防风固沙已收到明显效果。

狮泉河镇已建成约300座玻璃温室和塑料大棚，一部分夏秋季露天种植蔬菜长势良好，内地菜农承包经营效益很好。镇上已建成三处菜市场，主要品种蔬菜基本自给，价格略高于拉萨市场，干部职工餐桌丰富，来自新疆的水果品种丰富价格不高。各单位办公楼和宿舍普遍推广太阳采暖房，辅以烧焦炭炉，取暖问题已基本解决。餐饮业迅速发展，餐厅茶馆遍布，阿里地区生活艰苦程度已有很大改善，干部职工生活质量有了显著提高。

阿里地区正加紧规划建设公路、管道、航空、通讯等综合交通电讯网络。219国道阿里境内890公里路段将建成三级黑色路面，新修路基大部已完成。乡村公路通车里程由“九五”时期的4000余公里增加至现在的9000余公里。如今去阿里，沿途各县均有加油站（或个体加油店），路况也较好，拉萨至阿里一个单程约1800公里，三天路程不紧张。东三县措勤、改则、革吉已通无线移动电话，西南三县正加紧建设移动电话网。如今到阿里去，不用为加油、电话发愁，交通、通讯已很方便。

二、文化与旅游资源丰富，发展前景广阔

阿里地区自然、人文资源丰富，发展旅游潜力巨大。冈仁布齐（神山）、玛旁雍错（圣湖）、札达土林峡谷、班公湖及其鸟岛都是闻名中外的自然景观；古格王朝遗址、东嘎皮央石窟、象雄文化遗址、托林寺、日土岩画等人文名胜，历史悠久，令人向往。阿里地区是旅游资源的富集地区，而且资源品位高，对外影响大，自然生态好，开发前景广阔。

阿里地区限于高寒缺氧缺水的自然条件和地广人稀的不利因素，仅靠发展农牧业脱贫致富十分困难，也很遥远。居住极为分散的农牧民如果不适当向小城镇集中，国家扶贫和农牧业基础设施建设都很难收到明显效益，尤其是教育科技、文化卫生、广播电视等社会事业建设，将是投入巨大而收益甚微，加之人口文化素质低，对现代化的先进设施设备不能妥善使用和管理，后续维护成本很高。而旅游业作为支柱产业，其龙头带动作用在阿里是最直接最明显的。像札达、普兰、日土这样旅游资源富有的县，如果优先发展旅游业，围绕旅游建设食宿餐饮设施，引导农牧民为旅游提供交通、食宿、导游等劳务和工艺品，将有一部分农牧民很快致富，同时也有利于农牧业向产业化发展。

今年，是阿里地区的旅游年，在普兰县冈仁布齐山脚下举行了隆重的转山节仪式，在日土县和札达县分别举办了首届班公湖民俗文化旅游节和象雄文化旅游节开幕式，对外有很大影响。据地委介绍，今年的转山节规模大且时间长，直到目前，岗仁布齐山脚下的塔尔钦村每天仍有近百名中外游客。山下的一个乡，为游客出租驮牛和向导劳务，收入约 90 万元，农牧民群众从旅游业中得到很大利益，观念受到冲击和改变。我在塔尔钦村一个康巴茶馆中了解到，茶馆主人是来自四川巴塘的姐妹，为转山节而搭建两间简易帐房，半年时间获利 5 万元左右。沿途几县乡均遇到国外游客找便车去阿里转山旅游。霍尔

乡副乡长已在219国道边建起拥有十几间住房的家庭旅馆，沿途各停宿站都有藏式茶馆和四川人开的餐馆，食宿很方便。公路附近的农牧民，把帐篷搭在路边河边开设茶馆餐馆招揽过往车辆行人驻足食宿，农牧民围绕旅游开办餐饮经营，思想观念和生活方式因此而发生变化，旅游产业的带动作用正日益显现。

三、札达县文化资源与旅游结合大有作为

札达县文化与自然景观资源丰富而且独特，今年举办了首届象雄文化旅游节，对文化资源以及文化与旅游结合有很好的工作思路。札达县提出“旅游兴县、农牧富民”的口号作为经济社会发展思路，切合实际。

札达县全县不足7000人，以牧为主。县府所在地海拔3600米，气候条件较好，杨树幼林成片，河谷地带沙棘繁茂、红柳成林，沙棘果资源丰富。县域内广为分布的土林地貌令人叹为观止。古格王朝遗址、托林寺、东嘎皮央石窟遗址，名胜古迹众多，蜚声中外，发展旅游业具备得天独厚的优势。然而，由于路途遥远交通不便，传统观念对干部群众的束缚，札达县的旅游文化资源还远未转化为经济文化发展优势。但发展潜力很大，前景乐观。西藏文联作为对口扶贫联系单位，须把重点放在扶持文化旅游产业上，在文化与旅游的结合上下工夫。改善交通状况，建设旅游设施，整合文化资源，开拓旅游市场，培育导游人才，提高管理水平。待219国道油路修通，狮泉河机场通航，将有大批中外游客涌向札达，旅游产业将会迅速发展，全县经济结构将以文化旅游产业为主导进行调整，文化旅游产业将带动札达县经济社会迅速发展，农牧民因此而脱贫致富。

在札达与县委县府领导和县委宣传部、文化局、文物局等部门负责同志召开了座谈会，就文化扶贫和旅游兴县听取了县上的情况介绍，经过实地参观考察，我对札达县文化扶贫项目提出以下设想和建议：

1. 札达县古格王朝遗址和托林寺是两处国家重点文物保护单位，其中大面积精美壁画，是研究考证西藏历史文化和绘画艺术的第一手珍贵资料。虽然近十多年来有考古专家和文化学者前往考察，写有专著，但对精美壁画尚待深入研究，应以通俗文字来注释其中的丰富内容，吸引更多游人前往。县里至今没有一套摄影（像）资料，想编印宣传册都困难。文联今年派去的两名扶贫干部已帮助县里编印了一份旅游景点简介宣传折页，“西藏网”站已为札达制作了专题网页，如果进一步组织摄影和文学创作人员深入札达县几处风光名胜和文物保护单位，为县里拍摄一套完整的图片资料并进一步研究，可编印一至三本旅游手册或艺术画册，制作几张旅游风光影碟，作为开发旅游市场的前期宣传，推动旅游业发展。

2. 札达县土林大峡谷蜚声中外，实地考察，令人赞叹。奇特的土林，山形地貌气势恢宏，壮观无比，鬼斧神工般神秘，与美国西部大峡谷相比各有特点，毫不逊色。土林峡谷在札达县广为分布，长约数百公里，县上和地区已申报自治区列为地质公园自然保护区，正在论证审批。可考虑组织摄影小组，驻扎土林峡谷，拍摄一流图片，编印《中国西藏土林大峡谷》大型画册并同时推出土林风光影碟，为旅游开发宣传，为申报地质公园自然保护区造势，并有可能在今后几年内申报为世界自然遗产，将为札达县带来长久的持续的利益。

3. 作为文化旅游扶贫项目，自治区文联可帮助札达县申请扶贫项目资金，聘请区内外旅游开发规划专家组赴札达，与县里一起制定札达县旅游发展中长期规划。协调文物主管部门进一步加强对文物保护单位的保护和维修，合理利用文物资源，设计开发旅游纪念品，扶持旅游产业发展。

在阿里调研期间，我还就文化建设有关工作与地、县领导交换了意见。与地委宣传部、文明办进行了座谈，了解了地区精神文明建设工作情况，建议把孔繁森小学和阿里烈士陵园申报列为青少年德育教育基地和爱国主义教育基地；建议以狮泉河镇为重点，开展文明城镇建设和社区文化建设；建议加快狮泉河防沙生态林建设，引进和扩大树种，使绿化美化净化亮化工程与城镇建设同步进行；建议地委宣传部、文明办推荐和宣传日土县精神文明建设的做法和经验，在阿里地区树立县级精神文明建设先进典型；建议阿里地委宣传部把《踏着孔繁森的足迹》（报告文学集）一书报自治区党委宣传部列入“五个一工程”给予扶持，区文联可与之合作编写；还就地区文联开展工作与地委行署领导广泛交换了意见。

对阿里地区的调研总共两周时间，其中途中往返行车一周，参观调研的时间短促，浮光掠影，观感和设想也很粗浅，有些想法未与地区和县里领导同志沟通协商，是否可行，有待经过实践进一步证明。

2002 年 11 月

阿里纪行

根据保持共产党员先进性教育，开展“下基层、办实事、促发展、保稳定”主题实践活动的安排和要求，受文联党组、主席团委派，赴阿里扶贫调研，工作组一行4人于5月30日出发，乘车南线进、北线出，先后途经拉孜、昂仁、萨噶、仲巴、札达县，又经东嘎乡、巴尔乡前往狮泉河（噶尔县），再前往日土县参观班公湖鸟岛、日土宗山，于6月9日离开狮泉河，经革吉、改则、尼玛、班戈、纳木错、当雄，历经两周，于6月12日返回拉萨。

· 5月30日

5月30日出发，当日住日喀则。因沿雅江公路（拉日公路）维修，改走羊八井经大竹卡渡口，绕行半天，途经羊八井与尼木县交界处一带，拍摄海拔7000多米的琼木岗峰、河谷草场及玛尼石。这一带草场有大卵石玛尼石刻，刻制精致，遍地堆放，在其他地区未曾见到。

到日喀则看望老友刘先生。刘先生前几年退休后，在日喀则租房开办一家玉石加工厂，如今在日喀则黑龙江路租下百余亩地，临街建起两幢四层楼房，已出租做旅馆，自己也盖起了居家小院。三年前尚属荒地，如今已规划为十字路口，据刘先生称，他在市区另一处也租下了地皮和旧楼，拟融资开发房产。一名普通退休干部，几乎是白手起家，靠着在当地的人际关系，几年间竟拥有千万之房地产权，令人刮目。

到日喀则后需用半天时间办理边境通行证，当天住宿日喀则武警边防局招待所。

5 月 31 日

早 7 点半出发，因修路改道，又巧遇同行的多吉次旦儿媳生了孩子在谢通门县家中休产假，路经探视，为其孙子和全家人拍了合影，喝了茶上路，前往拉孜县。晚 8 时到达萨噶县，经边境检查站仔细检查登记后入住吉林饭店。途中光照不理想，未及拍摄。

拉孜至萨噶间的道路路基已经整修，只待铺柏油路面，路况比几年前明显改善。以往几次途经萨噶县附近大草原，都有野羊群在路边，此次却未见到一只。

6 月 1 日

一早从萨噶出发，行驶约 150 公里到仲巴县。

仲巴县在上海宝钢集团的对口援助下，近年间已有很大变化，县城建设规模又有扩大，路面铺了柏油，县城至拉狮国道公路也铺了柏油路。县委县府办公大院如今由上海宝钢援建了新的办公中心，红色房顶在几公里外便醒目跳入眼帘，在无际的荒漠中很是显眼，仲巴县离国道约 5 公里，新建的红色办公中心很容易引起过往行人注意停留，对县里经济发展有所带动。

今天是“六·一”儿童节，日喀则地区，很看重儿童节，机关干部职工放假一至三天与儿童共度节日，倒是关心重视下一代的体现，已经约定俗成。县府办公中心各办公室都放假关门，巧遇几年前率自治区“三讲”工作组在仲巴县结识的县人大主任江措在大门口，热情招呼，陪同介绍。上海援建的办公中心采用的材料，与我国南极长城站所用钢材及保温材料是一样的，成本造价恐怕比在南极建造还要高些。

中午车到帕羊镇，是途中加油、进餐休息的地方。帕羊镇在西藏是偏远地方最大的途中驿站，外来商人约有百十户，经营着餐饮业、旅馆业和日用百货等，他们的到来使小镇显得繁忙，充满生机。

在帕羊镇住房的院门上，可看到挂着许多野牛、野羊头作为图腾装饰，这里靠近野牛、野羊生存的地盘。据当地人讲，这些野牛头、羊头多是雪灾、旱灾饥饿而死的牛、羊留下，又为牧民所捡回。帕羊镇中心一座小寺（拉康）一侧，几年前曾堆放着牛羊头玛尼堆，如今已无踪影，小镇从此少了一道好风景。

从帕羊镇出发，一小时左右的车程，都在喜马拉雅山脉北侧行驶，十几座高度在六七千米的著名雪峰巍峨高耸，好天气时可拍雪山风光，尤其早、晚可拍得如意风光图片。这些雪峰在尼泊尔与中国交界带上，在尼泊尔应该是著名的旅游登山资源，可在西藏，目前还不便开发，只能远在几十公里以外欣赏，期待不久能作为旅游观光线路开发出来，登山和拍摄风光者将会首先采访光顾。

从帕羊镇至霍尔乡约五小时车程枯燥乏味，气候干燥，车内外温差在25度左右。这一带本应有野驴、野牦牛和野羊出没，可一路上基本未能见到。路况很差，但路基已修筑成型，以往这一带遍地行车，自选车道的状况有所改变，减少了对草场的破坏。

下午七时左右到达普兰县霍尔乡。乡镇西侧路边一处大型玛尼堆，是沿途最为壮观的人文景观之一。2000年4月和2002年11月，我曾有两次机会路经此地并拍有照片，与几年前相比玛尼石堆规模扩大约2至3倍，且精美的玛尼石刻又有增加，牛角堆也有增大，绕转玛尼堆的当地老人比以往所见更多。此处玛尼石刻之多之大之精美，当推为藏西之首。在兴奋中频按快门，转经老人当然是焦点。

喜爱玛尼石刻，但受重量和车载限制，不便取带又不甘心，便从边缘窃得两块较小石刻随车一路带回。若有时间，可在此处住下数日，以拓片方式拓下许多石刻文字佛像，很精美。

行车一小时到达神山圣湖脚下的塔钦村。在一家开张不久的旅游宾馆住下，房费由 200 元一间谈到 80 元，卫生设备用具都不错，只是管理经营很粗放，家具设备多有损坏，卫生间因缺水禁止使用，这可能是西藏各地市旅馆的通病。

在一家由甘肃青年夫妇开的“圣地餐馆”用了晚餐，热情的餐馆主人介绍了有关情况。等待神山、圣湖有晚霞映照，却一直阴云笼罩不见光景，拍摄了几幅夕阳云霞，也不尽如人意。只有把拍摄神山、圣湖寄望于第二天早晨。

6 月 2 日

一大早起床，指望驱车前行理想处拍摄冈底斯神山，不料汽车因电瓶失电不能发动，夜里又下了小雪，天气尚处在阴沉之中，气温下降至零度以下，没有了拍摄兴致。车走不了，一切无从可谈。托餐馆青年找来拖拉机、钢绳拖车，一个多小时才发动，此时仍是阴天，时光且晚，拍摄神山圣湖已无指望，不得不惜别前行。

经巴尔兵站后，走岔道、翻山，前往札达县。

行车两个多小时，翻越两座山，进入山间高地平台，远处喜马拉雅山脉雪山绵延千里，天气晴朗，进入土林区，丹霞地貌特征越来越显现。途中多处停车拍摄雪山、土林、羊群，越走土林越显雄伟气势。距札达县城约 30 公里左右，正是土林地貌最雄奇最具特征的地段，不时停车拍摄，典型地貌尽收镜中，几十公里路程竟行驶五个多小时，至夕阳西下时分，才到达札达县附近的一处山口。县委书记、副县长、政协副主席等一行人在此处迎接，敬了哈达、切玛，喝了青稞酒后前往县城。此时正是最佳拍摄时机，由于县上领导迎候等待，不得不罢休，失去了许多镜中美景。

回想进入札达几条路径，只有从巴尔进入札达途中，所见土林地貌风光最为典型、最为神奇。

6月3日

早晨7点太阳尚未出地平线，在副县长陪同下行车18公里前往古格遗址，到达时太阳已升起十多分钟，最佳光影时机错过了一些。趁朝阳晴空，几位影友在古格城堡之下环绕拍摄一个多小时。

翻越一处沟壑，前往古格东侧一处寺庙旧址和塔群处拍摄，拍得多幅得意画面。一座土塔底座处，有前一天黄泥补修的痕迹。与三年前来此遇到的土塔被挖掘盗窃一样，这次又遇盗窃者挖开塔体，从中寻找宝物，估计其中的泥佛（“擦擦”）又被盗走不少。后经询问古格管理人员得知，近几年多有盗掘者寻求宝藏，每年多达几次被盗掘，防不胜防。两年前，古格城堡白宫中藻井木板壁画被人盗取，损坏严重，盗窃者已被抓获，审讯得知，皆因市场利益驱动，窃贼为利所使，贸然夜间行窃，使得古格宫殿中精美佛像残存和壁画面临随时失窃的危险。

我等一行在古格导游陪同下，用两个小时左右参观了红宫、白宫以及冬宫、议事厅等各处遗址，登临古格城堡最高处，无不为近千年前藏族古人创建的业绩所感叹。看到残存的佛像、壁画如此精美绝伦，联想当初的兴盛和辉煌，为当时的政治统治者和宗教艺术工匠的精心经营所折服、所敬畏，不免产生许多猜想与疑问：古格王为何选择如此险峻之地建构王国？当时又是何等的繁荣景象？精美的佛像塑造和壁画出自何方人士之手？古格之城的消失又是如何之悲壮？诸多历史疑问、艺术之谜，扑朔迷离、神秘莫测，因而更为人们所好奇、所向往。

古格王朝城堡永远是为人所探奇的理想之地，旅游前景十分看好，将在札达县旅游文化产业中占据龙头老大的领帅地位。

午饭后，部分同事参观了托林寺及其精美壁画。

下午，与县委县府及县直机关负责人座谈，就对口扶贫工作互通情况，交谈工作思路，安排下步扶贫工作等。原本在晚霞时分拍摄托林寺及外围塔群，却因晚餐县里领导陪同席间交谈，错失了好时光。

6月4日

在县里领导的安排和陪同下，由县委书记陪同前往达巴乡曲龙村，参观乡、村小学和据说是象雄文化发祥地遗址的曲龙银城，一座类似于古格城堡的人类洞穴遗址。

前往达巴途中，朝阳斜照，土林景色十分壮观，呈现出与别处不同的恢弘与神奇，有多处可拍摄宏图奇景，因行程急促，县领导引导前行，不便停车，只能仓促选取拍摄，匆忙之中仍有满意收获，不仅喜悦庆幸。从摄影角度看，札达县至达巴乡途中，有几处应是拍摄土林之佳景佳境，若时间充裕，有所准备，安营扎寨于土林之中或山间平地之上，在早晚不同时光，可拍摄壮观而宏伟之土林景观，其气势不亚于山水国画表现得雄浑磅礴。

上午十时左右至达巴乡，乡党委书记一行迎候并设丰盛早餐招待，随后陪同前往曲龙村。

曲龙村很有些名气，不仅因为村庄有70多户人家，算得上达巴乡所辖最大自然村。村民不算富裕也并不贫困，政府的“兴边富民工程”为村里修建了30多户新住房，使村貌有了大的改善，村卫生所两排门诊房正在修建之中，卫星电视地面接收装置已经安装使用，因接收机有限和太阳能分散于各户自己供电，还无法把电视节目接通到各户居民家中，村民们只有集中在村委会的会议室，才可收看到电视节目，卫星微波电话已于去年开通，电话也只设在村委会办公室和邻近一户乡退休干部家中，可直拨县、乡，当然也可通达地、市，这得益于中国电信公司于去年增列为札达县对口援藏单位，作为对口援藏项目，把电话开通到各乡、村，这是其他县、乡所不及享受的优惠。

曲龙村由政府投资，在村边圈定几十亩地，于两年前建成一所三年制小学，方方正正一所校园，整整齐齐四排校舍，曲龙村及附近约30个孩子在此上学，一名中师毕业生任正式教师兼校长，一名中学生村民兼职民办教师，两名女工管生活兼做伙食，孩子们可住校。统一配置的桌椅、上下双层铁床以及厨房餐具炊具，都是新近购置配备。教室整洁明净，前后黑板，两壁贴有文化名人、领袖画像和名人名言条幅，是曾见到的乡村小学中条件较好的，只是学生们的床铺和衣着卫生状况并不算好，虽然并不缺水，因为气候寒冷和不重洗漱的习惯，孩子们的卫生状况并没有得到根本改善。

随行前往的县医院刘院长是河北援藏的专业干部，常随同县委领导到农牧区为村民巡诊，送医、送药。今天到曲龙村，是最忙也是最受敬重的人士，从到村里那一刻直到离开，前来求诊问药的村民不断，充分反映了农牧民缺医少药的状况。

几公里外的曲龙银城据称是象雄文化发祥地遗址。河岸一侧是一处矿物质含量很高的温泉，温涌之处石灰硫黄矿物质堆砌而成的伞形白色岩质成为特色景观，为当地群众视为神圣奇迹。因近年来受市场经济影响，有人采挖白色岩石出售得利，使原有的自然形态和结晶体地貌已遭部分破坏，县乡政府应尽早列为保护范围，否则，不用几年将遭到大范围毁坏。

河对岸是一座半环形砂岩山，上下布满了上百个洞穴残窟。据称，其中仍有残留的洞穴壁画，只是很少有人上去作深入考证，有的洞穴石窟曾长期作为牧民的羊圈，基础部位的壁画被羊群磨蹭掉了。因时间匆忙，未能来得及上山察看，这些洞窟作为藏族先民生活居住的城堡，也是先民的文化集中地，有许多可供研究的奇谜。

6月5日

4日从曲龙村返回达巴乡已是晚间时分，乡政府在达巴兵站设晚宴招待。夜宿在乡党委书记米玛家中。米玛书记此处的住房是一座独立小院，据称原来是乡信用社办公营业用房，搬迁后由米玛书记买了下来。主房里外两大间卧室，靠墙连通的藏式榻床可供十余人住宿，被褥毛毯等配备充足，称得上是上等的乡镇招待所。从室内用具陈设卡垫被褥到几件从边境口岸买来的日常用具，看得出来乡党委书记的生活很有品位。

一大早，背上角架和摄影器材，直奔达巴宗（旧政府办公地）及其宗山脚下小寺，趁太阳升出地平线拍摄宗山。早晨阴云遮挡，在仅露出的一缕光线照射宗山三五分钟的时间里，抢抓时机拍得几幅金色光照之中的达巴宗遗址和玛尼石墙。又沿宗山脚下深入前行，察看原宗山居民居住生活的旧洞窟，粗略统计，约一百多处。达巴作为旧时一个宗（县）政府所在，曾有千人左右的居民与宗政府共同居住在此山中，与札达县古格故城、东嘎、皮央以及曲龙遗址一样，都是政府与平民共同居住的山崖城堡，其相近程度令人惊叹。

返回札达途中，在一河谷之间村落处停车，参观一处曾经颇具规模的寺院、佛塔旧址。从建造风格、形制以及塔座塔尖装饰看，这里曾经是与古格王朝时代同期的庞大寺院塔群建筑旧址，从残垣废址和四周生长或干枯的巨树桩木，可以想象当初的宏伟。目前仅存的一处土木结构佛塔已有部分修补，与塔毗邻的寺院规模不大，有喇嘛看守，一侧门楣仍旧遗留着精美的浮雕装饰。距寺院约一公里处的河岸台地上，五座残缺的土塔，与古格遗址和托林寺外的塔群形制相同，底座均遭人挖掘，其中的供奉早为人所盗取，残留部分遭雨淋日晒面目全非。寺院遗址周围十几户村民分布居住，形成天然的守护，一位村民老者，自称是遗址的守护者，当得知我们是自治区文化单位的工作组，老者要求反映，请政府拨专款对这里的寺庙遗址和文物进行保护。作为一名文化工作者，我十分体谅和赞同老者的诉求和心愿，只是如此偏远之地又如此残破的寺院残垣，恐怕难以引起有关方面重视，政府的有限财力也很难顾及，亟待文化学者和考古工作者驻足，深入考证提供依据，尽早促成政府主管部门妥加维护、保护。

下午，由联手扶贫的两家单位共同捐资购买的十台拖拉机、柴油机捐赠仪式在县委县政府领导主持下，举行了交接。县里还专门制作了横幅，县委宣传部拍摄了交接现场录像。如此微薄的捐助竟受到县里如此重视和张扬，深切感到扶贫任重而道远。

6月6日

早饭后，离开札达县前往阿里地区行署所在地狮泉河。

在县人大副主任陪同下，前往东嘎乡和皮央村，参观石窟遗址和壁画。据考证，东嘎、皮央的石窟及壁画，年代与古格王朝同属一个时期。

东嘎石窟壁画已经得以保护，安装了防护门的有四处洞窟，与敦煌石窟壁画相似，因而有“敦煌第二”艺术壁画之称。石窟管理人员是东嘎村党支部书记，他是石窟唯一掌管钥匙的看管人。村支书常年放牧着自家的近两百头只牛羊，看管石窟壁画只是他的兼职，要参观石窟壁画须提前派人到牧场找到他。

东嘎村党支书陪同我们一一打开洞窟门，简单介绍了壁画得到保护的经历。讲到美国人曾投资百万元对石窟加设了防护门栏，修补了漏水的洞穴，加固了洞前人行道。村支书还要求转告自治区有关部门，希望政府投资修缮这些洞窟壁画，并妥善保护附近发掘出来的文物。

东嘎石窟壁画历史悠久，绘制精美，西亚风格浓郁。与别处的石窟壁画或佛洞不同的是，东嘎石窟完全开凿在粗沙砾石岩上，沙砾峭壁几十米高，立壁陡峭，似乎随时要垮塌劈裂，在悬崖峭壁半腰，有数百或千年之前曾开凿而垮塌的洞穴残留，而现有的几处洞穴石窟，恰好在曾经垮塌的岩壁之基部，向上几十米、百余米呈 90 度直立。若经历一场大雨，这峭壁和石窟随时有可能垮塌，整批开裂而下。可就是在如此险峻的沙砾陡壁上，前人竟花费如此功夫挖掘洞窟绘制壁画，也竟然历经千百年而安然无恙，真是不可思议。

经过向村支书说明情况并征得允许，我们用独脚架支撑，关闭闪光灯，在极暗的光线下，调高数码相机的感光指数，拍下局部精美壁画，作为向有关部门汇报反映的依据和自我存留欣赏。后来了解到，札达县各遗址、寺庙内的精美壁画，早在十多年前开始被来自北京和自治区的有关文化部门的美术、摄影工作者，详细拍摄和临摹，但至今尚未见到系统考证研究成果。每当提及这些壁画，县里领导和文化文物部门都抱怨尚未引起重视，寺庙石窟管理人员都是严加看守，严禁拍摄。殊不知，这些壁画早为国内外文化学者所拍摄，只是资料分散，未经整合，也无人进行深入系统研究，使札达各处宗教壁画艺术处于散漫分流，处于无人组织、无序整理的状态，这与它的历史和艺术价值是极不相称的。

离东嘎石窟三公里处是规模宏大的皮央石窟，据称曾作为旧宗政府办公地。在当地守护老人的引领下，我们一行攀登而上，参观了处于顶部经过维修的小经堂和石窟洞穴佛像壁画，所看两处石窟壁画，完全是不同时期两种风格的绘画。据老人简单介绍，皮央石窟洞穴开创于公元 10—11 世纪，已有千年历史，在此曾居住千人以上，因战争而毁弃，显然与古格王朝故城兴衰于大致相同的时代。也曾听人传说，皮央石窟兴盛时曾有数千上万人口，因传染疫病而大批死亡和逃逸，从此而毁弃。对此，史料研究尚无定论。东嘎、皮央的石窟及其壁画艺术，仍然是有待深入研究的文化奇迹。

中午，东嘎村支部书记在草地上为我们烧茶、热奶，招待和答谢我们一行。

下午，行车五小时抵达狮泉河镇，已是日落时分。赶在太阳西沉，光线与地平面呈直角，我们迅速登上城北一处山头，拍下狮泉河镇夕阳下全景，为自治区成立40周年大庆展览拍摄城镇新貌，也是来此目的之一。行署领导在“北京涮羊肉火锅城”设晚宴接风，餐后安排在洗浴中心沐浴洗尘。如果不是亲临体会，真不敢相信远在数千里之外的边陲小镇，竟有如此丰盛的蔬菜食品和现代的洗浴设施。狮泉河，早已不是西部边远荒漠小镇的概念，在内地省市对口援助和自治区政府大力扶持下，如今已是楼群排列，道路纵横，街区整洁，占地约五平方公里颇具现代城镇规模的新兴城镇，变化之快之大出乎预料。

6月7日

上午，在地委宣传部谭部长陪同下前往狮泉河烈士陵园拜谒孔繁森墓地。行前去了两家鲜花店，想买束鲜花，被店主告知，狮泉河镇所有鲜花店只有塑料花而没有鲜花，想来也在意料之中。

孔繁森墓室及石碑位于烈士陵园轴线居前正中，于两年前再次修建，墓室及墓碑全部用黑色大理石砌成，肃穆而庄严。人民解放军解放阿里先遣连连长李狄三及其战友烈士墓在孔繁森墓后及两侧。阿里地区的特有植物红柳丛，环绕李狄三烈士墓地，一片血红之色。与几年前不同的是，在孔繁森墓碑两侧，又添了十几座新的墓室，多为阿里地区的英模和因公殉职烈士，他们是踏着孔繁森足迹，为阿里地区做出英勇奉献的人。

之后，与阿里地委宣传部、文化局、文联负责同志召开了工作座谈会，就地区宣传文化工作和文联工作相互交流了意见，沟通了情况，商讨了文联工作思路和改进工作建议和措施。

下午前往日土县，参观日土石刻岩画。在县委县府领导陪同下，参观了日土宗山（旧县政府）遗址及宗山小寺以及上世纪 60 年代曾建于山下的原日土县政府旧址（日土新县城于 1983 年从此地搬迁到现址）。

日土县在河北省对口援助下，近十年来变化显著，十年前的旧县城几乎不见了踪影，一公里长的新建街道两侧已是商铺相连，十字街口建起了文化广场，文化中心礼堂和文化活动中心相对而建，广场一侧设置了十多种大众健身运动器材，广场中心高耸着“三羊开泰”白色大理石雕塑，作为日土县的标志，日土县是著名的“开司米”（克什米尔的译音）山羊绒原产地又是主产地，山羊绒是日土县特产和龙头产业，这是前任河北援藏干部、县委书记卢瑞卿的创意作品。

稍留心便可注意到，日土县城街道上空不时有三五只红嘴鸥鸟飞过，又不时成群地落在广场上或路边捡食垃圾。从县委宣传部刘部长那了解到，这些红嘴鸥来自班公湖，飞到县城人群生活的地方捡拾食物，与人有一定的亲和性但又有所戒备，是近几年才有的风景。晚餐席间，向县委领导建议：可在县机关、学校和商户中宣传，动员大家拿出适合食品，撒在广场路边，吸引红嘴鸥飞来觅食，留住它们与人类和平相处，养成公民爱护鸟类，呵护自然的文明习惯，为日土县创建一道新的文明风景线，成为宣传日土、树立形象、招商引资、吸引游客、发展旅游的环境优势。

接近天亮时分，日土县飘下鹅毛大雪，约两小时降雪20多厘米，原打算天亮前往班公湖拍摄的计划只得取消，耐心等待天气转晴。

天不负我，上午十时天气转晴，在县委领导的越野车引领下，前往十多公里处的高原跨国（中印边境）湖泊——班公湖，乘游艇前往鸟岛。

目前正是鸟卵孵化生产季节，方圆仅百余米的鸟岛一片繁忙，斑头雁和红嘴鸥叫声不绝于耳。雪后的岛上随处可见正在孵化的鸟卵，一窝三五只七八只，有几窝刚刚破壳，长着黄白色绒毛的幼鸟蹒跚离巢学步，鸟妈妈盘旋于鸟巢上空，鸣叫着警告游人不要伤害它的孩子，红嘴鸥叫声刺耳，在游人头上飞掠鸣叫，不时袭击不戴帽子的人头，或落在你脚前拍打翅膀示威，人们相互提醒，小心踩着鸟卵。善意而小心地拾起刚出生不久的幼鸟拍照留影，更遭到鸟妈妈的抗议和袭击。斑头雁则多飞离鸟巢，浮游在水边，远远看护着刚刚出生和即将破壳的幼小生命，不时成群低飞于人群之上，警惕着游人的不测之举。鸟巢集中孵化区，早已拉上了铁丝网禁止游人进入，并树立警示牌禁止游人捡拾鸟卵，惊扰孵化。

中午，县领导以班公湖鱼招待。据称，湖边一家餐馆为县府指定班公湖鱼捕捞加工定点餐馆，限量捕捞供应，限制外来打鱼者滥捕。班公湖鱼属裂腹裸鲤，肉质鲜嫩无乱刺，口感极好，由于目前尚未推向市场，不宜放开捕捞，待交通条件改善，班公湖鱼作为高原淡水湖名鱼有望作为日土县一种品牌特产推向区内外市场。当然，前提是保持鱼类生态平衡。

下午返回狮泉河，途中拍摄路边石刻岩画。三年前我有机会路经此地全部拍摄了此处岩画，这次再拍，已有近半岩画被新刻的“六字真言”所覆盖和毁坏，已是面目全非，十分惋惜，不知哪天又把残存的岩画改刻为别的什么，叫人担心叫人忧虑。日土岩画曾作为我区史前文明的重要发现和牧业文明的早期载体，已列为重点文物保护点，遗憾的是，日土岩画没有任何保护标志和保护措施，随时有被人为毁坏的可能。

当晚，与阿里地区文联和群艺馆的同行们进行了访谈，更深入了解了阿里地区文化遗址遗迹、文化资源保护、抢救和发掘研究的情况，引发出许多值得关注的问题和话题。比如：札达县古格故城和托林寺以及东嘎、皮央石窟的壁画保护和研究，有待进一步协调整合有关藏学和艺术研究力量，尽早设立国家社科研究课题，扶持有关专家学者尽快拿出研究成果。又比如：札达县土林区申报国家地质公园项目，应尽早成立专门小组，吸收有关文化部门参与，以多种媒体全面反映土林全貌及其作为旅游资源和自然资源的多方面的保护和利用价值，尽快促成国家立项论证，列入保护范围。再比如：阿里地区自然景观札达土林、冈底斯山、圣湖玛旁雍措、班公湖等和人文景观札达县古格王朝遗址、象雄文化发源遗址、托林寺及石窟壁画、日土岩画等都十分奇特壮观，作为旅游名胜具有广阔的开发利用前景，但这些资源并未得到合理整合开发利用，对以旅游业为龙头的文化产业，尚未引起有关决策层和社会的重视等。

6月9日

早上从狮泉河出发，途经革吉、改则等县，走“北线”返回拉萨。

近中午时分，行车在广阔草原，路边不远处有小群野驴。驾车偏离主路干道，沿以往草原旧车辙向野驴靠近，以与野驴赛跑的方式拍摄奔跑中的野驴真是一件快事。当车靠近，它并不逃离，真的有与奔驰的“动”物赛跑的本能，而与汽车保持一定距离，保持相近的速度，在车前面或一侧与汽车比赛，一旦与汽车拉开距离便停下来回头张望，以挑战般的姿态，引逗汽车向它靠近，与之赛跑，对行驶中的汽车并不惊恐。无论野驴野羊，对行驶中的汽车并不戒备，有可能视为奔驰中的同类，但车辆过于靠近或停车下人，便立即引起警觉，迅速逃离。此次为拍野生动物有所准备，配备了防抖长焦镜头，尽可能靠近赛跑追拍，拍得比较满意。

6月10日

改则县住宿一晚，10日起早前往那曲地区尼玛县。离开改则，行车90公里，驶入牧区草场乡级马车便道，路况较差，时而坦途时而沟坎，车速缓慢。行走一段便遇叉道，难以辨别是主路还是支路。向牧民或青海来此打工者打听路程，大多难以准确指引，距离和方向只能说个大概，有很大误差，全凭经验判断和参照地图大方向指引。还算幸运，没有走错路，也没有走冤枉路程。

尼玛县的县乡公路没有固定的路基，随季节变化或随驾驶员的兴趣感觉，在广阔草地上自己选择，多有司机另辟蹊径，开辟新路，以至于凡草原开阔平坦之处，便有几十上百条车印并行，这对草场破坏很大且难恢复。修正式公路，虽然投资巨大，但却十分必要，总体上经济合算，有利于草原生态保护和永续开发利用。

尼玛县一盐湖附近，正在开采的金矿十分繁忙，大型挖掘机把草场深翻几米，大型水罐车从盐湖中运来盐水，经淘金船冲洗淘金，所挖之处土沙严重盐碱化。可以想象，挖沙淘金盐水冲洗对草原生态的影响是深远的，甚至是永久性的。据尼玛县领导介绍，县境内的金矿每年可为县财政带来600多万元财政收入，对于藏北一个纯牧业县，自然是可观的利益，如果从更宏观更长远的利益来权衡，福兮祸兮？

尼玛县途中的风景印象深刻：

藏北野驴、野羊分布更广泛也更分散，很少群集，沿路两边三五成群，对行驶车辆不太介意，车辆缓缓行驶靠近也不惊慌，似乎没有受到太多的惊扰。

沿途可见大批饥渴致死的牛羊，甚至有野驴野羊倒毙路边，多数死羊已剥去皮毛，堆放或散布于草场，除偶尔几只乌鸦食用外，多数风干的牛羊尸体并未有野生食肉动物光顾。

从尼玛县县长那里了解到：今年年初遭了雪灾，春季又遭风害，持续寒冷和长时间干旱，草场返青迟，牛羊经不起严酷的自然环境而成批死亡。向同行的多吉次旦提出一个问题，牧民群众为何不在雪灾到来后及早宰杀瘦弱牲畜以保证强壮牲畜安全？在藏北生活多年的多吉次旦告诉我：牧民群众一是惜杀惜售观念，二是瘦弱牛羊更不忍心宰杀，杀了肉也不好吃，宁愿看着它死。藏北的牛羊永远摆脱不了夏养、秋肥、冬瘦、春死的循环。

下午很早便抵达尼玛县，太阳夕照光线很透亮，我们不直接去县里，而在县城西小山坡上停车，步行爬上另一山坡，趁着天光好拍摄太阳能光电站和县城鸟瞰全景，直到太阳下山。

入住尼玛县最新落成的宾馆。县长在此等候并设晚宴招待我们，席间介绍采访县里有关情况。

尼玛县要比想象的规模大且建设得好。尼玛县所在地曾是藏北无人区文部办事处所在，在此设立县城才十二年时间。尼玛县由中国海洋石油集团公司对口支援，2002 年，中海石油集团支援 6000 多万元，帮助建设尼玛县城，从规划设计到建筑施工两年多时间交钥匙，于 2004 年底基本建成一公里长的主街道。主要建筑沿街而起，中心广场区是县委县府机关办公楼、县礼堂、县宾馆。广场中心修建一座软雕塑，以两个三角形白帆对应支撑，既像起航船帆，又是藏区帐篷的寓意，既有现代风格，又具民族特色，恰到好处。从广场几幢建筑向两侧街道延伸，二十多幢新建楼房把街道连接起来，建筑外观突出民族特色和藏北风格，设计装修十分精致，整体风格和谐统一，体现了设计人员对藏式建筑的深刻理解和把握，有相当高的建筑审美水平。

6月11日

太阳刚升出地平线，便急忙起床，背上相机沿尼玛县新建主要街道拍摄楼房街景建筑，从新建成的中心广场、中心市场、县府礼堂、县中学小学校园等建筑来看，设计思想很人性化，体现了对教育文化的重视和人文关怀精神。

从尼玛县出发约380公里路程，晚上8点到班戈县城。沿途经过五座大的湖泊，一个比一个更大，水也更蓝。最后所见的盐湖外围百米左右皆盐碱结晶，一条数千米长白色盐堤坝从湖边延伸到湖水深处，与广阔的蓝天白云互相辉映，蓝天碧水，盐碱雪白，草原微绿，光照清透，真是难得高天苍穹美景，只有在藏北旷野草原才能得见。

沿途多处见野羊、藏羚羊，却少见野驴，野羊藏羚羊多靠近湖岸食草，野兔、旱獭也多近水而居，自然是生物的本能选择。凡遇三五只以上野羊藏羚羊，都要缓行靠近，摇下车窗抓拍，或快速下车，在野羊迅速逃离起步之后抓拍，每次都能连拍数张动态优美的得意之作。

6月12日

早餐后离开班戈县，半天沙石便道颠簸，近中午到达当雄县纳木错湖，湖边稍事休息，午饭时分到达当雄。

三天半路程，途径四县千余公里，进入当雄，好像到了大城市一般忽见繁荣。当雄火车站广场已见雏形，青藏铁路铺轨已过当雄向前延伸，青藏铁路建设带动沿线县乡城镇建设，当雄镇沿公路及铁路，迅速建成沿街商铺，延绵数里。当雄至纳木错几十公里山路正在改修扩建，路基加宽、弯道取直，黑色油路年内有望铺成，从当雄至纳木错的路程可提速一倍，时间减半，从拉萨去纳木错当天来回不再紧张。

从当雄至拉萨约150公里路程，青藏公路与青藏铁路相近并行。青藏铁路铺轨已近羊八井。在公路与铁路交会处，一座铁路大桥正在架设桥梁，巨大的伸臂式塔吊车，正把最后一架巨型桥梁吊起向前伸送。我们停下车，沿刚铺架的桥梁铁轨拍摄架桥施工的壮观场景。

小雨过后，下午6点驶入拉萨。十多天行程安全圆满，近八千里路程，荒原戈壁干涸枯燥，进入西郊林荫湿地，心情豁然，回到家的感觉如此轻松而亲切。

阿里西行，藏北过往，一路去来，胸怀开阔，留下许多感悟与思考。

2005年6月

关于阿里地区文化扶贫考察情况和工作思考

按照自治区党委“保持共产党员先进性教育”统一部署，开展“下基层、办实事、保稳定、促发展”主题实践活动，受文联党组和保先教育领导小组委派，我等一行四人工作组与扶贫联系兄弟单位自治区民航局扶贫工作组一起，于5月30日至6月12日，前往阿里地区，对扶贫对口县——阿里札达县和阿里地区文联工作进行了考察调研。

扶贫工作组经日喀则、谢通门、拉孜、昂仁、萨嘎、仲巴县进入阿里地区，先后到达札达县、行署所在地狮泉河镇、日土县，返回时经革吉、改则县到那曲地区北部边远县尼玛、班戈县，共穿越13县境，行程约4000公里。先后考察了札达县古格王朝遗址、托林寺、曲龙象雄文化遗址、达巴乡达巴宗遗址、土林峡谷、东嘎乡东嘎、皮央石窟壁画、日土岩画、班公湖鸟岛等十余处古代文化遗址和人文、自然景观，与札达县委县政府和地委宣传部、文化局、文联共同召开了座谈会，就扶贫工作和文联工作进行深入座谈，沟通情况，交换了意见，商讨了扶贫工作和文化工作思路，对有关问题在考察座谈中提出了建议，对文化扶贫工作进行了思考。

一、关于扶贫工作

札达县作为自治区文联和民航局的对口扶贫县，三年多来，两对口扶助单位受各自单位财力所限，虽不能对札达县提供大额资金，扶持大的项目，但都从各自实际出发，尽心尽力地为札达县办好事、办实事。文联扶贫工作组于 2002 年为札达县投资制作了旅游景点宣传折页，制作了专题网页并在“西藏网”上长期发布；协助县里向自治区扶贫办联系落实扶贫开发项目；拍摄古格遗址、托林寺等壁画，制作 DVD 提供县上作资料使用。民航局为县里宣传推介旅游资源，分别在机场和县城制作巨幅广告宣传画，提高札达县旅游资源的知名度，对县里旅游业产生了积极推动。

今年，两家对口单位扶贫各投入 5 万元，为札达县购买了 10 台脱粒机、10 台配套柴油机作为动力，解决农牧民群众收割后脱粒困难的问题。虽然投资不多，但很实用，符合农牧民要求，县上对此表示满意和赞赏。民航局表示继续为宣传札达丰富的旅游资源做些实事；文联作为牵头单位，向自治区扶贫办努力争取扶贫项目和资金。

此次扶贫工作组深入达巴乡和曲龙村，考察两所三年制小学的校舍和教学设施，与县里达成共识，将向教育扶贫倾斜，通过多种形式，对札达县乡村小学给予大力支持，改善乡村小学和学生生活条件，从智力开发上扶贫，以期产生长远效益，文联将积极协助县里向自治区教育厅等有关部门反映困难、沟通情况，切实帮助改善边远乡村学校的教学条件。

参观考察中了解到，每年来札达旅游、考察的国内外游客约四五千人，一旦拉狮公路铺成黑油路，通往札达县道路硬化之后，来此旅游者将大幅增加。札达县虽拥有丰富独特的人文景观资源，至今仍没有编印古格遗址、托林寺、象雄文化遗址的导游手册和 DVD 光碟。座谈中与县里基本达成意向，由文联积极筹划和筹集资金，县里提供资源，共同编印制作旅游手册和光碟提供销售，提高旅游收入，推动札达旅游业尽快发展。

在与县领导座谈中，扶贫工作组建议：札达县应高度重视发展文化旅游业，整合人文景观资源，尽早改善交通路况和旅馆接待设施，加大宣传推介力度，吸引更多游客，以旅游带动第三产业，推动一、二产业；县里应积极申请使用小额农业贷款，把扶贫工作落实到村、到户，把扶贫项目尽可能与农牧民知识专长结合起来，扶持农牧民在推广实用科学技术上成为能人；县里抓农业应有大农业观念，应加快植树造林，改善以县城为中心的生态环境，重点发展适宜当地气候的蔬菜和经济林，发展粮食转化饲养业，提高家畜圈养比例，缩短出栏周期等等。

二、关于文化工作

在与地委宣传部、文化局、文联座谈中，进一步了解了阿里地区文化工作和文联工作情况。阿里地区文联成立于2002年11月，有三个协会，设一名专职文联主席，挂靠在地委宣传部办公，由于驻会人手少，文联主席自身又以文学创作为主，三个协会工作未能正常开展。最近，地委行署研究决定，文联将从挂靠地委宣传部转为挂靠地区文化局。工作组以及地区同志认为：作为文艺界人民团体，归党口还是归政口管理并不重要，关键要明确职责，发挥各方面文艺人才的作用，从阿里实际出发，开展各种有益的文艺活动，团结文艺界力量，促进人才成长，繁荣文艺创作。根据地区宣传、文化部门领导的建议，自治区文联将帮助阿里地区文联适当改善办公条件。

阿里地区是藏族古老象雄文化的发祥地，古老文化遗址内涵丰富，札达县、普兰县和日土县是阿里地区人文景观相对集中的县，拉萨通往狮泉河的公路已完成路基整修，部分路段已铺设黑色路面。狮泉河机场建设选址也于近日确定，在两三年内，通往阿里地区的交通状况有望大的改观。通过举办象雄文化节加强宣传推介，阿里地区将成为西藏旅游热点热线，旅游业将成为阿里最具潜力和前景广阔的支柱性产业。文化艺术工作要认识到这一发展趋势，围绕经济中心，服务发展大局，在文化旅游的结合上下工夫做文章。

扶贫工作组在地区座谈中达成许多共识：阿里地区的经济发展，第三产业地位更加重要和突出，要靠文化产业（含旅游业）的带动，要靠文化艺术的宣传和推动，要通过出版、影视、文艺演出、对外展览等方式，加大文化与自然资源的宣传力度；阿里地区的古老文化遗存，需要协调组织文艺专家深入系统发掘和研究，以研究成果支持文化资源的开发利用，自治区人民政府和有关主管机关，有必要把阿里古代文化遗址、壁画文物等列为专门课题，组织人力资源进行发掘研究；阿里象雄民族艺术团在抢救、发掘和继承民族民间艺术基础上，应不断创作推出优秀民族文艺节目，参与办好象雄文化旅游节，在与旅游结合和推动发展上发挥作用，并精心排演具有地域特色的民族歌舞音乐剧节目，争取走出自治区进行交流展演；地区文联限于人手紧张、经费限制，在进行某些文化艺术活动时，可与自治区文联或区直文艺团体进行合作，发挥各自优势，使资源得到整合，有效利用，加快制作，提高水平。

考察调研中注意到一些问题亟待改进，如：日土县岩画是我区重要文物发现和保护点，却没有任何标志和保护警示，部分岩画已遭人为毁坏；有的县新建成的文化中心（文化馆或精神文明活动中心）房子多有空闲或出租改作他用，卫生状况很差，使用效益很低，管理严重滞后，国家有限的文化设施资源明显浪费。如：某县标有“文化中心广场”的大院已是货运停车大杂院。札达县至今尚无一处公共文化设施，与其文化遗产和旅游热点县地位很不相称，县级文化中心功能及管理有待弄清理顺；电视广播“村村通工程”以及乡村电话工程都存在许多问题，重建轻管造成设备设施不能及时维护、不能充分利用惠及群众等问题都普遍存在。

阿里地区古老文化遗迹和神奇的自然名胜，令所有到达那里的人感叹、感动、敬仰，然而尚未被外界所深刻认识，随着经济发展、交通改善和生态环境改变，阿里将吸引众多中外游客前往观光游览探险，我们期待更多的文化人士关注阿里，关心札达，期待中外各界友好人士到阿里一走，为那里的快速发展建言献策。这也是我们此行感受最深，阿里地区各界与我们所共同的愿望。

2005 年 6 月

新机制催生文艺花园百花争艳

——第二届拉萨市区歌舞娱乐场所优秀文艺节目汇演述评

春风荡漾，春光明媚，拉萨市沐浴在“五一”劳动节欢乐氛围之中。

雄伟的布达拉宫脚下，宗角禄康（龙王潭）文化公园浸润在五月春光里，巨大的白色藏式帐篷下，自治区和拉萨市党政领导及文化行政官员与两千多名市民群众一起欣赏着优美的民族歌舞文艺节目，沉醉在节庆的欢乐之中。

长达两小时的文艺演出，像磁石一般吸引着站立或席地而坐的热情观众。节目主持人在演出进行中和结束谢幕时两次宣布：为欢庆劳动人民的节日，拉萨市歌舞娱乐场所优秀歌舞节目演出，将在5月2日和4日在此加演两场，并在节后送到农牧区演出以满足广大观众，顿时博得观众的热烈掌声。这是由自治区文化厅主办、自治区群众艺术馆和拉萨市文化局共同承办的第二届拉萨市歌舞娱乐场所优秀文艺节目演出现场的一幕实景。

这台由拉萨市各娱乐场所、朗玛歌舞厅和民族娱乐中心共同参加汇演的民族歌舞，犹如文艺百花园中绽放的一簇鲜花，绚丽多彩、光艳夺目，给节日的文艺舞台增添了清新气息和勃勃生机。从演出节目单上看到，有舞蹈《欢腾的草原》、《后藏姑娘》、《吉祥圣地》、《新疆舞》、《印度舞》和传统民族歌舞

《朗玛堆谐》、《弦子》、《贡布民歌》等，便能感受藏族歌舞的欢快与热情。来自尼威民族俱乐部的女子舞蹈《后藏姑娘》，演员们个个靓美俊俏、舞姿婀娜，表演娴热而不拘泥，轻歌曼舞中带有藏北草原牧女的奔放与畅快，生活气息浓郁而酣醇；来自JJ民族娱乐中心的歌伴舞《请到黄河玛曲来》和《贡布民歌》等男子舞蹈，节奏整齐而欢快，民族服饰特色鲜明，把藏族舞蹈的矫健与豪放尽情展现，表达出藏族青年的粗犷与阳刚，还展示出业余文艺表演队伍的雄厚实力与强大阵容。女孩香巴拉组合、格桑花组合、藏北男孩组合等，充满青春的朝气与激情，呈现出创新的时尚和蓬勃活力：香巴拉女子三人组合，热情奔放，青春激荡，夸张的服饰和泼辣的表演，把藏族女孩质朴、豪爽、活泼的性格表现得淋漓尽致；藏北男孩组合，发型奇异、服饰夸张，把牧民的皮坎肩和宽肥牛仔裤搭配得前卫而协调，手臂和腰部的链饰，大胆而自由地表达出青年的张扬与出新，表演更是投入和陶醉，感受真实，深受青年观众的追捧与欢迎，使民族传统歌舞为主体的文艺表演溶入了一股新意与清风。

不同于往年的节日文艺演出的是，演员全部来自于拉萨市民营和个体经营文娱场所的非职业文艺爱好者，他们中有的是在校生，有的是待业青年，也有从事不同职业的工薪白领，有与歌舞厅签约的职业和准专业演职人员作排演教练和领舞，更多的是把爱好作为生存方式和谋生手段的业余文艺新人，他们以自己的喜爱与专长，通过辛勤劳动创造，活跃着城市的文化市场，丰富着市民群众的文娱生活，缓解着社会就业压力，他们是一群最先适应市场经济的觉悟者，是文化产业的拓荒人。相对于专业文艺团体的创作和演出，他们的节目更贴近普通观众的欣赏水平，表演也更生活化而为群众所喜闻乐见，他们的排演成本和制作投入十分经济，讲究投入产出比值与效益回报，把被社会视为高难精深的表演艺术大众化、平民化，丰富并满足着人民群众的文娱需求，推动着文化产品及其服务的市场化，转化着文化产业旧的体制，催生着新的文艺经营机制的生成。

我区的文艺表演舞台尚未从计划经济体制下“供给制”转向市场经济体制下的市场消费模式，各类专业文艺团体的节庆演出和日常经营性活动，还不能以文化商品及有偿性服务的方式面向社会，广大观众也没有形成自掏腰包消费文艺的习惯，尤其是节庆文艺演出，仍然由政府花钱组织或政府购买文艺产品免费提供给社会公众，基本上是公益性文化活动。由于旧的文化体制和管理机制，专业性文艺团体和职业文艺表演人员创作生产文化精神产品，投入高而产出低，重社会效益而轻经济效益，文化作品生产周期长效益低。文艺人才的成长缺乏激励动力和内在活力。经营性文化娱乐场所的介入与发展，打破了国有专业文艺事业体制的僵化与沉寂，使文化活动更贴近社会、贴近生活、贴近群众，因而更广泛地代表了人民群众的文化利益而具有文化的先进性。

但也毋庸讳言，经营性文娱场所是以盈利为目的，文娱活动自然会有迎合低级趣味甚至有低劣粗俗的不健康内容，给消费者以有害的、消极颓废的文化误导和精神污染，需要政府文化管理职能部门经常性的管理、引导和约束，以保障社会文化的健康与文明；另一方面，城市公园作为市民休闲场所，本来是政府为纳税人建设和无偿提供的公益性文化设施，理应向市民免费开放，让市民享有自己的文化利益。由于体制的不顺畅和运营机制的不健全以及局部的和部门的利益驱动使然，在近几年的各种节庆活动中，拉萨市宗角禄康和罗布林卡等主要文化公园，反而提高了门票价格，限制了市民群众公益性文化休闲活动。

一方面是政府组织文艺团体为市民提供免费的公益性文艺活动；一方面是公园以收售门票限制市民的节假日文化消费，不科学、不合理的文化体制增加了文化流通的环节，而整体的社会效益和经济效益并未增值，这种公益性文化消费与局部利益的矛盾亟待调整解决。何时政府不再出钱买票“组织”观众，而由观众自主自愿消费文化活动，由文化主管主办机构按照公益文化事业或市场文化产业来组织和兴办文艺活动，还给广大市民以文化消费的自主自愿和自娱自乐的自然文化生态，还需各有关部门积极推进文化体制改革，尽快建立健全科学有效的文化体制与管理机制。

目前，虽然我区文化市场化程度低，多数文化产品仍需由政府主管机关无偿提供，但在许多文化产品和服务中，已经引入了市场机制，文化行政机关和文艺团体正在把市场经济导向作用引入文化管理之中，逐步纳入到依法管理的健康发展的轨道。把经营性文娱场所的夜文化生活组织起来，有选择地搬上节日舞台，送到农牧区草场田间，把积极健康向上的文化艺术提供给广大群众，文化的多元化形态和艺术门类的丰富多彩，推动文化产业呈现出旺盛活力，党和政府文化体制改革的春风雨露必然催生文艺花园百花齐放，争奇斗艳。

2004 年 5 月

献给交通人的一束奇葩

——西藏交通系统纪念川藏、青藏公路通车50周年职工文艺汇演评述

日前，西藏交通厅川藏、青藏公路通车50周年庆祝活动办公室在自治区政协礼堂举办了交通系统纪念川藏、青藏公路通车50周年职工文艺汇报演出。这是一台近年来难得看到的非职业文艺汇演中最精彩、最具水准的文艺演出，得到了观众热情的掌声，受到了自治区领导的高度评价。

交通厅多年来注重精神文明建设，关心和扶持职工文艺生活，文艺活动搞得有声有色，在自治区多次大的节庆活动中，文艺演出都有不俗表现，多次获得自治区和全国交通系统文艺工作先进名次。纪念川藏、青藏公路通车50周年职工文艺汇报演出，是近年来职工文艺活动的一个展示，也是厅领导长期重视、关心职工文艺工作的结果。

整台文艺汇报演出节目，歌颂了党和政府对交通事业的正确领导，赞颂了解放军进藏筑路部队为修筑两路付出的巨大牺牲和英勇精神，歌唱了交通人为西藏经济社会发展付出的辛勤与贡献。晚会突出了歌颂、纪念、弘扬、奋进的主题，洋溢着积极、向上、鼓舞、热烈的气氛。给人以积极奋进、振奋精神、鼓舞斗志的激励，也给人热情欢快、寓教于乐的愉悦。

从晚会舞蹈节目来看，民族舞蹈得到了充分重视和展示。以民间舞蹈为基础素材的新编歌舞分量很重，多数舞蹈热烈欢

快，热情奔放，给人以鼓舞和力量，突现了欢庆和颂扬的特点。舞蹈演员经过认真挑选和精心排练，表演舒展，节奏整齐，主导着整台晚会热情欢歌的基调，给人以深刻印象和艺术渲染。舞蹈服装设计制作精美，以红色为主调，色彩配置与欢庆主题比较吻合，达到了较好的审美效果。舞蹈《永远跟着共产党》给人印象尤为深刻，十几位身着民族服饰的退休交通女职工，在民族乐器的六弦琴伴奏下边歌边舞，原汁原味的民族歌舞，伴以优美的民族音乐和欢快的节奏，表达了对共产党的歌颂和喜庆的情绪，寓歌颂于歌舞之中，反映了西藏老交通人的精神风貌，反映了交通职工的纯朴与真诚。

晚会中的两个喜剧小品立意很好，剧本创作具有相当好的技巧表现。两个小品均取材于交通战线，反映交通人身边的事，看了十分亲切，能引起交通职工的共鸣和审美趣味，因而受到热烈欢迎，博得观众阵阵掌声。两个小品的剧作者与表演者，较好地把握了小品的艺术特点和表演要求，较为恰当地塑造了剧中人物，达到了喜剧与语言艺术以及戏剧表演的有机统一。

小品《哎呀！头都大了》选材好，立意高。通过藏、汉三个青年在公路勘测设计中因语言不通给测量工作带来的不便和因误会闹出的笑话，让观众在开怀笑声中体会了语言交流的重要和汉族同志学习藏语文的必要性。该小品创作者有西藏生活的深厚基础，也有编剧的基本功力，选取题材独具慧眼，素材源于生活而又十分典型，具有民族团结和民族政策教育的积极意义。三个青年演员以真诚的表演，加强了小品的喜剧性。表演中时而说藏语时而讲汉语，完全依剧中情节需要转换，汉族观众虽多数听不懂藏语，却完全明白意思。藏族观众凡能听懂汉语的，更能领受其中的乐趣。

小品《初识养路工》，通过在养路工老班长的言传身教下青年养路工转变观念，改变了对养路工职业的错误认识，从一个侧面讴歌了养路工人及其前辈的牺牲与奉献精神，为广大观众认识养路工、理解养路工、了解交通人、歌颂交通人编创了一个具有深刻教益的故事。青年养路工瞧不起自己的岗位，总以为作养路工埋没了自己的才能，不理解老班长把岁月奉献给公路养护的意义。经老班长深情回忆讲述，感动了青年人，也打动了广大观众，在小品戏剧冲突的高峰处，使观众与养路工达到感情上相互沟通，达到了审美心理的共鸣。

两个小品以及单口相声表演的几名演员，虽都来自于交通职工队伍，未曾经过表演专业的训练，却都具有一定的艺术表演天赋和素质，表演毫不拘束，自然而大胆，这在非职业演出中是不易做得到、做得好的，说明了演员们对文艺表演的热情参与精神和为此而付出的辛勤劳动。两个小品以及单口相声《相声与相声演员》都具有很好的剧本创作基础，若再经修改加工提炼，演员表演再经辅导提高，是不可多得的可达到省市级文艺汇演水平的优秀节目，进一步修改编排也有可能推荐入选全国性小品汇演。

昌都地区交通局职工格桑德青的女声独唱《九龙，我的故乡》，歌曲旋律优美，节奏舒缓悠扬，演员的音域处在中高区，音质表现达到了最佳状态。演员甜美的形象、窈窕的身材，与自然甘甜的演唱和表演融合得十分妥帖，给观众以享受。该女声独唱是整台文艺演出中的一个亮点，给观众较深印象。笔者原以为该演员是从地区或县文工团借来的专业演员，后经了解，竟是昌都地区交通局职工中的文艺爱好者，且未经过专业文艺训练，更使笔者看重，凭多年文艺职业眼光初步判断，格桑德青具有很好的歌唱演员素质及其艺术发展潜力。如在演唱中融入民族舞蹈，使其优美身段展示出来，丰富表演，则更受观众欢迎。若能培训提高，适当包装，有望成为一名有表演才华的青年歌手。

观看晚会感到欠缺的是，舞蹈虽然占有很大比重，多数舞蹈编排程式显得陈旧，艺术水平不够理想，舞蹈设计模仿劳作太多，动作过于简单直白，缺少用舞蹈语汇表达各种生产生活元素，有的舞蹈甚至就是劳动动作的单纯模仿，虽源于生活却未高于生活，有文艺服务于政治运动时期街头活报剧和“忠字舞”的味道，缺少艺术审美的高度。有的舞蹈命题与内容不妥帖不相符。如现代舞《兴藏风》运用的是现代舞和“迪斯科”舞蹈语言，演员身着白色服装，肢体语言与“兴藏风”（振兴西藏）无什么联系。现代舞本来很抽象很隐晦，而舞蹈命题却过于具实、过于口号而缺少艺术性。又如：舞蹈《黑氆氇》表现一群女子养路工欢快的劳动节奏和对交通事业的歌颂与喜悦，服饰民族特色浓郁而又充满现代青年的热情与朝气，演员个个年轻漂亮，充满青春活力，舞蹈节奏欢快，橘红色小马夹与白色长靴相配，头戴黑色礼帽，服装上印有“天路”公司的标志，树立公司形象的用意明显，命名为《黑氆氇》让人难以理解和联想。如果说以编织黑色氆氇来比喻黑色公路在筑路工人手中铺成，则缺少形式上的类比和内容上的联想，十分牵强。其他节目如舞蹈《公路情》、《雪域交通征稽之歌》等都过于口号式和标签化。

瑕不掩瑜。交通系统纪念川藏、青藏公路通车50周年职工文艺汇演，从自编自演的八十多个节目中精选出二十多个节目搬上舞台并在近期送戏下乡，深入农牧区基层和交通沿线，为农牧民群众和交通沿线职工群众演出，本身就是建设先进文化的义举，定会深受广大观众的喜爱。

愿这台文艺晚会在演出中再经艺术锤炼，作为献给川青藏两路通车50周年大庆的一束奇葩，为西藏交通人绽放，为西藏交通事业增芬芳！

2004 年 8 月

"40大庆"感言

西藏自治区成立40周年庆祝活动圆满结束了，自治区党政主要领导在大庆活动总结表彰和庆功酒会上作了重要讲话，对大庆活动圆满成功作了全面总结，做出很高评价，对大庆活动中有突出贡献和成就的有关单位和个人给予了表彰。为自治区成立40周年大庆而建设的"大庆工程项目"也在大庆前夕建成使用，发挥效益。近几个月来，全区上下社会各界沉浸在大庆热烈而欢庆的氛围之中，全区人民享受了改革开放和十年援藏的巨大成果，深切地体验和感受了党中央的深切关怀和全国人民的无私支援，大庆活动也加快了西藏跨越式发展的进程。

作为一名老西藏，我亲历了自治区成立4个10年的庆祝活动，每次大庆的10年间，西藏经济社会都以日新月异的变化和巨大成就而迈上一个大台阶，呈现一个大跨越、大发展。每次大庆，党中央、中央政府都要批准和安排西藏上一批公共设施基建项目，作为给西藏各族人民和自治区成立的庆贺礼物，尤其是自治区成立20周年前上建的43项工程，30周年的布达拉宫改造等62项工程和为40周年大庆安排的几十个亿投资的一批大庆项目，使西藏近年城乡建设面貌焕然一新，人民生活水平明显提高，全区上下呈现出经济快速发展、社会局势稳定、人民群众安居乐业、社会文明进步的大好局面。

早在去年初，中央就批准了西藏自治区关于举办自治区成立40周年庆祝活动的安排请示意见，并提出了"热烈简朴、规模适度、确保安全”的大庆活动原则。自治区党委也于去年4月间发出了“振奋精神、努力工作、创造业绩，以实际行动庆祝自治区成立40周年”的工作号召。一年多来，全区各族人民以饱满的热情和争创优异业绩的精神，期待自治区成立40周年庆祝活动的到来，分享着社会经济发展变化的成果和喜悦。

作为曾参加自治区成立10年、20年、30年和40年大庆活动办公室的一名工作人员，对大庆活动有深切感受。今年的40大庆活动与以往的大庆活动相比，真是不可同日而语，无论是经济社会文化条件，还是大庆活动的规模和水平，都发生了巨大变化，以往的经历和经验，在今年的大庆活动中似乎找不到参照和借鉴，似乎是第一次参加到一种全新的工作经历之中。仅仅从大庆办工作来看，也令人深切感受到了西藏从快速发展到跨越式发展的历史进程和深刻变化。

大庆活动中，文艺活动处于重要地位，大庆活动往往是通过开展一系文艺活动而体现的。去年初以来的一年半时间中，自治区各文化艺术团体，围绕40年大庆来安排计划开展工作，策划和设计编排了系列文艺活动。经过策划论证、设计编排，以西藏歌舞团为主，创编了大型音乐史诗歌舞晚会《向着太阳》，作为大庆活动的献礼演出，以史无前例的演员阵容和华美的服装道具、灯光音响以及运用影视资料回放合成等多种现代化手段，在为大庆而新改建的人民会堂礼堂隆重登台，受到好评和关注。西藏藏剧团与中国京剧院联袂，用一年多时间改编排练了京剧·藏戏《文成公主》，实现了国粹京剧与少数民族戏曲的首次合作，与时俱进，大胆创新，使两种不同的剧种达到了比较完美的结合，演出喜获成功受到广泛好评。西藏电视台与中央电视台联合编排了大型电视歌舞晚会《放歌西藏》，在央视黄金时段播出，把西藏的歌舞音乐文艺成就播放到国内外，是西藏历史上首次最广大范围的传播与宣传。9月1日庆祝大会，七地市和自治区各大系统单位组成的六千人文艺方阵表演和彩车游行，以富有民族和地域特色的歌舞服饰展示了民族优秀传统文化和全区人民的精神风貌，各行业发展成就彩车展示了西藏各条战线40年来的巨大成就，令人鼓舞。中央代表团带来的中央艺术团，在拉萨作了两场慰问演出后又分赴六个地区进行了专场慰问演出，通过中央民族歌舞团为主体的著名演员的精湛演出，传达了党中央、国务院以及全国人民对西藏人民的庆贺和慰问。由自治区文化厅和拉萨市文化局组织举办的全区民间文艺汇演晚会、少儿歌舞表演等文艺节目在大庆期间搬上舞台，增添了大庆的节日气氛，丰富了拉萨市民的文艺生活。由区党委宣传部与内地影视机构联合摄制的电视连续剧《茶马古道》、《西藏辉煌40年》、《格达活佛》等一批优秀影视节目陆续搬上银屏，更广泛更集中地宣传了西藏，歌颂了党和人民在西藏的辉煌业绩。西藏文联举办了“中国书法精品展”、“新西藏摄影展”、“庆祝自治区40周年美书、书法、摄影精品展”、“西藏自治区成立40周年成就展”并出版大型画册《辉煌40年》。所有这些活动吸引了社会各界文艺爱好者参与文化活动的热情，使更多观众受到文化艺术的熏陶浸染，营造了大庆活动的热烈氛围。

以上述一系列文化艺术活动为主题的大庆活动，从各个方面总结和展示了自治区成立40年来西藏社会发生的翻天覆地的变化，鼓舞了全区各族人民，振奋了精神，增强了凝聚力，增添了各民族团结奋斗、建设平安西藏、建设和谐社会的信心和决心，发挥了文艺工作鼓舞、激励、团结、奋斗的作用，是文艺工作者为自治区成立40周年献上的一份厚礼，也检阅了西藏文艺工作者近年来的成就与进步，锻炼了文艺工作者队伍和文艺工作的组织管理水平。

作为参与大庆活动的工作人员，直接体验了大庆活动的成功喜悦，也总结了大庆活动的一些缺憾，有必要回顾总结，为今后的庆祝活动以及组织管理工作提供有益借鉴。

庆祝自治区成立40周年，是全区人民社会生活中的一件大事、喜事，党中央和自治区党委、政府为此作出的一系列安排部署，都着眼于广大人民群众的利益，本着让广大群众参与、共享、团结、鼓舞的原则，应尽可能让广大群众知情、广泛参与、共同庆贺，各项文艺活动应尽最大可能宣传和组织群众观看。但由于有关部门对观众参与庆祝活动在观念上的认识偏颇，对布达拉宫广场的文艺活动和中央艺术团的广场演出控制过严，发票太少，未达到广场可能的容量，远没有满足观众的需要。区内各台文艺节目和展览，投资很大而受众明显不足，没有充分发挥各种文艺活动的应有效益，政府投资数百万（间接投资应在千万以上）编排制作的文艺产品，不应仅仅在大庆节日期间展演而后收藏入库或拆台封演。对此，不仅仅是文化部门需要思考的问题，更应是有关决策层转变观念、以科学发展观构建和谐社会、建立科学社会管理机制的问题。

鉴于西藏社会的特殊敏感性和反分裂斗争形势的复杂性，大庆活动应确保平安吉祥不发生意外事故，这是中央和自治区党委一再的关照，大庆安全保卫工作任务繁重，责任重大，为确保大庆平安圆满所进行的交通管制、安全戒严等工作，会在一定程度给民众带来不便，广大群众对此是理解、支持与配合的。安全保卫工作历来坚持“内紧外松”的原则，把工作做到事前防备，做在内部和隐蔽环节，做到严谨周密而尽可能减少对正常社会生活的影响。这次大庆活动万无一失，圆满成功，得益于广大公安干警、武警、交警等各方面警务人员的辛勤劳动和尽职尽责。但毋庸讳言，对广场活动戒严范围过大，交通管制过多过长，给广大市民和商户造成诸多不便，不少群众对此有所报怨。尤其是对文艺演出的控制，投入警力过多，岗哨过密，检票通道由公安和武警几十人把守，气氛紧张，许多观众报以微词，与大庆欢庆气氛不够和谐，按照构建和谐社会，建设平安西藏和以人为本的科学发展观要求，在今后多种庆祝活动安全保卫工作中，是可以有所改进的。

布达拉宫广场改扩建，是40年大庆项目之一，是党中央和全国人民献给西藏自治区40周年的礼物。经过一年多改扩建，广场以新的面貌呈现给市民群众，尤其是广场的音乐喷泉、华灯、地灯、花卉、草地等装扮了拉萨城美丽的夜景，照亮了拉萨人的夜生活。每当夕阳西下，拉萨市民上万人到广场散步拍照，享受现代文明成果和文化娱乐休闲，感受和谐社会的平安吉祥。作为拉萨市民的文化广场，带动了广场周围的商业消费，将成为拉萨市民生活的有益内容。根据大庆前后开灯试照试水情况和以往的经验，布达拉宫广场的管理还有待改进。比如：布达拉宫主体照明灯光，早在10年前已花巨资购置安装，然而，十年间的节假日从不开灯，造成公共资源和设备的浪费；改建后的音乐喷泉不应仅在大庆期间开放而大庆过后又长期关闭；广场的水池花草应有专人维护，尽到职责，保持洁净；对广场开灯放水以及布达拉宫主体照亮等管理制度、开放时间应加以确定，公布于众，让广大市民了解并遵守，并在周末和重要节日让市民享受到广场流光溢彩的美丽。

大庆活动办公室作为自治区党委和政府直设的实施大庆活动的组织、协调和管理机构，承担着庆祝活动各个方面的策划、设计、组织和实施工作，自治区党委、政府抽调了大批富有经验、年富力强的同志组成大庆办及其各个专职小组的工作机构，自治区召开三次专题动员大会，对大庆活动进行动员部署和检查落实，确保了大庆活动各项工作的顺利实施和圆满成功，大庆办的工作人员集中办公，几个月中没有假日，日夜加班，付出辛劳。40大庆活动规模和组织协调工作是以往几个十年大庆活动所不能比拟的，其复杂程度和对管理水平的要求也更难更高，从这次大庆办组织机构及其工作过程看，也有不完善和漏洞的地方，一方面机构设置和人员配备过多过细，另一方面又有责任不清、职责交叉、层次过多、存在空缺的问题，使一些机构之间的协调、衔接上存在空档、运转不灵、效率不高的问题，出现一些不应有的失误和差错。有待建立更加科学合理的组织机制，有待提高科学管理方法和水平。

四十而不惑。在欢庆自治区成立40周年并取得庆祝活动圆满成功的时候，回顾走过的路程，总结经验是明智的。我们期待下次大庆活动更加圆满，更加辉煌！

2005年9月

尼泊尔访问见闻随想

尼泊尔著名诗人德库塔的长篇叙事诗《木纳玛丹》在尼泊尔非常受人民的喜爱。《木纳玛丹》描写的是尼泊尔青年旅行西藏的经历和青年男女的爱情及母子亲情，因而也深受西藏读者的重视和喜爱。西藏文联西藏作家协会组织译者把《木纳玛丹》译为藏文和汉文并拟出版藏汉文本。尼泊尔驻中国西藏拉萨领事馆于一年前在其院内落成著名诗人德库塔的塑像。尼泊尔皇家学院、教育学会和西藏文联、西藏作协的负责人及文学艺术家和专家学者参加了诗人塑像的落成仪式。由此，尼泊尔皇家学院和教育学会与西藏文联、西藏作协进一步建立了联系，双方达成了文化交流和互访考察的意向。

今年四月初，应尼泊尔皇家学院、教育学会的邀请，西藏作家协会代表团一行七人前往尼泊尔进行为期十天的文化交流访问。笔者作为访问代表团成员，对尼泊尔文化访问所见所闻印象深刻，随思随想感受颇多，根据访问期间日记稍加整理，与各位关注尼泊尔文化、旅游、风情以及有意出游尼泊尔王国的朋友们共享。

一、古城王宫与神庙祭坛

尼泊尔最辉煌的建筑应算是王宫，最精致的建筑是神庙和祭坛。这是我对尼泊尔加德满都建筑及其风格的总体印象。有一种说法：加德满都老城中每隔一个建筑便有一座神庙。这话并不算是太夸张。行走在加德满都大街小巷，神庙和祭坛处处都是，大与小，华美与简陋共存，风格各不相同，所供奉的神灵大致有三五种，以毁灭之神及其化身的神佛为最多，表现生殖崇拜和性力器具为多，以红色粉末涂抹者为主要崇拜神像。

尼泊尔人多信奉印度教，印度教神庙和神坛遍布大小街道、路边，每天早晨，众多信徒来到神庙和神坛做着各自的祭祀和祈祷活动。许多神庙不允许信徒以外的人入内和拍照，充满了神秘气氛。一般的神庙、神坛都建造得十分精美，雕像从金、银、铜、铁到石、砖、木刻等，虽质地不同，都一样精致。在老城区，一些重要和著名的神庙与旧王宫毗邻，得到悉心保护，有的与旧王宫建筑一起列入世界文化遗产，成为人文名胜和旅游景观。据说，尼泊尔人所信仰之神有上千之多，因而才有那么多的神庙和神坛。

加德满都市由历史上三个老城扩展相连而成，每个老城的中心都有王宫王室的豪华建筑群，尤以加德满都市中心区的王宫广场最为壮观。王宫广场以历史上不同时期不同风格的新旧王宫及其王室建筑群为中心，与神庙、神坛、神像和特色突出的尼泊尔塔式阁楼建筑群，构成城市中心广场。可以看出，历史上，王室和广大市民的社会生活中，崇拜神灵祭祀偶像是社会生活的中心内容，在城市建设和人们的精神文化生活中占据中心地位。

尼泊尔旧王宫建筑以精美绝伦的木雕、石雕为突出标志，柱廊、屋檐全部由各种神像和吉祥图案雕刻架构而成，历经千百年仍然保持原貌。历史上，王宫王室建筑之豪华精致，当数巴特冈王宫建筑群及其代表作品王宫大门——金门，以镀金铜雕显尽精致与华美，王宫中心建筑的房檐木雕和出土于历史早期的石雕门楣，以及青铜巨雕蟒蛇盘绕的皇家浴池，尽显尼泊尔古代建筑艺术的高超技艺和最高水平，令人赞叹不已、感慨良多。不难想象，历史上的尼泊尔国民财富和民众智慧，是如何高度集中于王宫建筑，并通过王宫建筑进一步发展了尼泊尔建筑艺术。尼泊尔的现代化建筑在旧王宫王室建筑面前黯然失去光彩。我们所见到的两处旧王宫建筑群均于上世纪70年代列入联合国教科文组织人类文化遗产名录，足见其历史文化价值。

尼泊尔现在的国会大厦、最高法院和几处国家政府首脑机关办公地点，据说均是近代王室建筑或皇家高官私人别墅。与我代表团下榻的一家五星级酒店一体相连的欧式大楼，现为世界银行租用，其建造之豪华、材料之昂贵丝毫不亚于欧美发达国家传统欧式建筑之气派。据说，这是百年前旧王室一元首的私家别墅，三层通高的大客厅及其回廊两侧，至今还挂着旧王室某元首及其亲属的巨幅画像，挂着数十幅别墅主人及其随从官员狩猎胜利时的合影黑白照片，把皇家气派与历史陈迹融为一体，令今人浮想联翩。

我们下榻的酒店在皇家大道上。皇家大道的尽头是尼泊尔国王现在的王宫所在，从戒备森严武警巡守的王宫栅墙看得出，现在的王宫是一片偌大的皇家花园，与旧王宫相比，新王宫的白色现代建筑装饰，少了几分神秘莫测的气息，显得更亲近自然、亲近民众，更接近当代国家政治权力中心的格调。据说，两年前，王宫对游人开放，自打2001年尼泊尔王室惨案后，不再对外开放参观。前任国王比兰德拉及王后、王储、王子和公主在惨案中无一幸免，成为当代王室事变的一大奇案。

二、生与死的启迪

去尼泊尔访问参观或旅游观光，不能不去位于加德满都市东的巴坦格马蒂河以及河西岸的火葬场和“性力”石雕神坛。

因为语言的障碍和翻译水平所限，对这里的丧葬式和性崇拜，我尚不能深入了解，只能浮光掠影感受表层及其特殊的形式和浓郁的氛围。

河东岸离火葬场300米开外，便有一股浓烈的炙燎皮肉的气味，远远望去，两堆柴火烧得正旺，导游告诉我们，有两具尸体正在火化。我等加快步伐前往，边走边准备好相机，征询导游，知道这里的火葬可以观看也可以走近拍摄。对于我们代表团多数人，这是第一次奇特的经历和最刺激的感官体验，大家走近火堆看个仔细拍个够。两具尸体已火化近半，肢体缩短，头部开裂，火葬师用竹竿拨弄着燃烧正旺的木柴，敲打已近烧透的四肢，骨肉同木柴已难以区分。死者的亲属在旁边的廊房里坐等火化进行。我等一行中的多数已经不愿再接近这个场景，拍完照片便离开，站在桥头远处观望。在另一侧，河岸石阶上站着死者的众多亲友，死者身裹红色布单，头部搭着花环，几个亲属从河中捧来清水浇在死者的脸上和鼻口中，好像是一位职业丧葬师沾水洗净死者的面孔，亲属们在死者身上撒着米粒和红色粉末，为死者进行最后的安魂仪式，抬向已架好的木柴垛，覆上稻草，由其长子从柴垛下点着火，浓烟中即刻燃起旺火，亲友们并不显得很悲伤，也没有失声落泪，向死者行最后的注目哀礼，目送死者在火光中升入另一世界。

我们目睹了火葬的全过程，过桥来到河对岸，那里是另一番胜景。河东岸是一排雕刻建造极其精美的神坛，一样的规格和几近相同的雕饰，其中供奉着相同的石雕生殖崇拜"性力"器具。虽然在尼泊尔到处可见神坛可见生殖崇拜，唯有此处的最雄伟、最规模、最精致。几十座神坛，每座神坛四面开着一样大小的拱形门，从一端望到另一端，门一个比一个小，抛光磨亮的石雕生殖器也一个比一个小，这种透视本身就是一幅立体几何图形，是一幅不错的摄影构图。几十座神坛呈"一"字和"丁"字规则设立，成为壮丽景观。在神坛的另一尽头，不规则地摆放着十多具石雕刻"性力"生殖崇拜物，造型各异，惹人注意。

据导游介绍，这一排几十座神坛已有千年历史，从选取石材到相同规格和图案的雕像石刻，可以想象建造时的恢弘场景。我想建造时一定发生过重大历史事件，或有重要人物的非凡壮举。是谁有如此天才创意？是谁来为此工程作主？投入巨大财力和劳力，留下这不朽之杰作供后人敬仰千年？

我等好奇地向导游提出各种有关问题，导游以不够流畅的汉语向我们作了讲述：这里是加德满都一处著名景观，也是全城唯一的火葬场地。沿河西岸设置了约十个火化石台，岸边建有停尸房和待葬房（在死者奄奄一息时便要送入此房中等待生命的终结），死者火化前，亲友要到岸边一所著名的印度神庙帕苏帕提寺里为死者进行一系列祈祷和安魂仪式。导游告诉我们，那神庙是印度教徒心目中的圣地，非印度教徒是禁止涉足的。金色建筑群落和香烟缭绕中的古刹充满了神秘，全不像死者火化的过程当着众人进行，然后把死者的衣物投入河中，火化后的骨灰也推入河中随水流漂。据说，这种丧葬方式是印度教徒的极其古老的安葬方式，只有在尼泊尔还保留着原来形态，印度已经不实行这种方式了。

据导游介绍，前国王比兰德拉遇难后也是在此火葬的，只是仪式十分隆重，规格更高，连火葬的石台也是为皇家专建专用的，一般人火葬都在其下边的石台上进行。

一河之隔，西岸是死者的归宿，东岸是生命的所在。一河两岸，一生一死；生的永恒，死的短暂；生殖如力，死亡如灰；生命雕石，死骨漂流，两者坦坦荡荡，毫不遮拦地于光天化日下进行，没有神秘也没有隐晦，印证了人类生死短暂，赤裸裸而来，赤条条而走，给人以无穷遐思感想。宗教一向被归入唯心主义和形而上学体系，而在这里，却采取了唯物主义和形而下的形式，耐人寻味，顿生觉悟。

三、佛祖降生地的寂寞与繁荣

佛教鼻祖释迦牟尼的诞生地在尼泊尔西南部白热瓦市（县）境内兰毗尼的地方。到尼泊尔去，理当去兰毗尼拜觐这位凡非的觉悟者。

从加德满都乘坐小型飞机，四十分钟飞行到达白热瓦市。这里海拔 200 米左右，四月的气温已近摄氏 30 度。在涅槃饭店稍事休息后便驱车前往兰毗尼，几十公里路程到达一片人造林区，一条土路通往林间，即通往释迦牟尼诞生地“圣园”。树林稀疏，多为近年来栽植，靠路一侧在修建简易的铁栅栏，以确定佛祖诞生地遗址外围的保护区范围。路边没有明显指示牌，入林处没有醒目的“圣园”设施，若不是导游提醒，我还不知已经到了景区。导游标志和基础设施简陋得与佛祖诞生地——世界佛教信徒心中的圣地很不相称，大大出乎我的想象。

进入“圣园”，路侧一座三层楼喇嘛寺庙倒很耀眼醒目，寺庙院中绿草如茵，繁花似锦，一派繁荣，管理得当，据说这座小寺由藏区私人援助修建。路对面与之相对的是一座类似神庙的建筑，不很起眼，是尼泊尔建的纪念佛祖的寺庙，其中有职业僧人守护。

圣园尚未建设正式的围墙，以铁丝和木板临时围起了院墙，以便控制游人和便于收费。入口处是两间小型寺庙式建筑，这里原来供奉着释迦牟尼降生图石雕画像，是佛祖降生于此地的重要纪念和历史文物，现已移至室内，与佛祖降生地安置地一起。

据史记载：释迦牟尼的母亲马亚德维王后按照当时习俗，是在临产前去娘家的途中路经此地，在一池塘中沐浴后突然临产，在池塘边一棵菩提树下生下释迦牟尼。尼泊尔的民间绘画、雕塑都广泛地表现了这一场景：释迦牟尼的母亲马亚德维王后一手攀拉菩提树枝，一手叉腰，体态优美地生下了释迦牟尼。这当然是后人的想象和美化。推想当时的情景，佛祖临盆，其母手援树枝有利于降生也有利于减轻痛苦应是情理之中。在藏传佛教的传说和壁画中，普遍的说法是释迦牟尼在菩提树下，从其母腋下降生。这当然是后人的大胆幻想和创造。但其共同点在于释迦牟尼的确是在菩提树下降生的。

佛祖降生地原本有争议。印度早就提出释迦牟尼作为印度一个邦国王子理应在印度境内降生，更有印度国王阿育王来此朝圣，于公元前249年，立下石柱作为纪念证物。尼泊尔则坚持佛祖降生地就在兰毗尼，有水塘、菩提树等为证。后经日本、欧洲国家考古学家考古发掘，以确凿的证据证明此地就是释迦牟尼佛祖诞生之地，从此争议平息，尼泊尔人才开始重视并采取措施对圣地加以保护。

以阿育王柱为坐标中心，在其东面约三十米处，考古发掘证明了佛祖诞生的确切地点，四周以烧制的红陶泥砖垒砌成室，后来又不断扩建为建筑群落。从发掘出的断壁残垣，看得出两千五百多年前的原始村落和佛祖诞生后生活的居室所在。去年新落成的南亚风格白色庙宇式建筑已把它保护起来，成为人类早期文化遗址博物馆。外围四周，散布着四五处集中的十字形、方形和圆形砖砌平台，应是释迦牟尼成佛得道和讲经场所，或是佛教象征性建筑群落的残基，有多处人为复原加固的痕迹，但并不影响佛教圣地的风格原貌。

佛祖母亲沐浴的池塘现已开挖成四方形水池，四周以水泥砌成台阶，失去了原有风貌。池塘南边巨大的菩提树，树干已空，成了佛教徒燃烧香烟油灯的地方，远行的佛教徒和僧人，纷纷打坐于树下，满怀崇拜和虔诚默诵经文祈祷。菩提树巨大的树寇形成近千平方米的荫蔽，为信徒们提供了打坐修习的理想场所和环境，树上挂满五彩经幡旗帜，向外辐射又与周围的菩提树相互牵挂，不仅很壮观，更增加了气氛，这大概是藏传佛教信徒所为，与西藏境内神山神树圣湖等制高点处张挂的经幡风马旗完全相同，而在印度教神庙、神坛处却未曾见到有如此张挂。只是菩提树根部用混凝土打制了约百平方米的平台，从形式上看，与尼泊尔各地古老树木的保护方式相同。

在尼泊尔各地路边看到很多巨型古树，根部都打制一个土质平台，外围以砖垒砌，估计有两个作用：一是为保护树根，二是便于夏季乘凉甚或在树下夜宿，我想这后种功用应该是主要的。若以土夯制，除了加固树根之外，并不影响树根呼吸和吸收水分。若以混凝土制成，则几乎隔绝了根部吸收空气和水分，造成根部缺氧，反倒于树木保护不利。这棵巨大的菩提树现在正处在这种不良境况，树叶稀疏发黄，远不如周边的树那样繁茂，皆因混凝土封闭了它根部的呼吸。再加之在树干空洞里点燃香烟油灯，我敢断言，要不了十年二十年光景，这千年菩提树将寿终正寝，对于如此盛名的景观来说，实在是不可弥补的损失。

“圣园”的开发与保护显然处于初期。由于佛教在尼泊尔并不占有重要地位，政府和民众对其重视程度远不像印度教那样，再加上尼泊尔政府经济贫弱，财力不允，对“圣园”的保护与开发必然受到多方制约。

令人欣慰的是，“圣园”的其他部分开发正在加紧进行中。根据中国人大原副委员长、藏传佛教第十世班禅大师额尔德尼·确吉坚赞生前的提议，世界信仰佛教的各国政府和佛教协会，都要在佛祖诞生地“圣园”内修建一座具有本国佛教建筑风格的寺院，以纪念佛祖，使“圣园”形成规模，成为世界旅游名胜景观，已得到有关国家政府和佛教协会的响应，大规模开发修建已经开始。

离开佛祖诞生地，导游带我们乘车来到“中华寺”，这是由中国政府支持、中国佛教协会捐助修建的典型中国式佛教寺院，挂有由赵朴初先生题写“大雄宝殿”横匾的建筑气势雄伟，巨大鎏金释迦牟尼佛塑像熠熠金光，左右两配殿已建成专题陈列馆，前殿兼大门过厅十分宽敞，供奉着笑态可掬大肚弥勒佛和观世音诸佛，尊尊佛像塑造精细，再现出中国佛教寺院建筑和雕塑艺术水准。

经向主持了解，中华寺于两年前建成，现有来自中国北京、江西、河南、浙江等地的方丈和尚七人住寺，其中来自中国佛教协会外联处的工作人员告诉我们：师傅们不习惯这里的气候和生活条件，夏季高温可达四十多度，闷热难耐，加快了人体新陈代谢，几位师傅头发白得很快。虽然寺院里打了水井建了水塔，但水质很差，一直饮用矿泉水。目前，周围其他寺院尚未建成，未形成旅游气候，人气不旺。

我们看到，中华寺南侧，由韩国政府在建的寺院主体工程已经封顶，规模比中华寺更大；中华寺东侧，由越南政府、泰国政府修建的寺院正在建设之中，还有别的国家修建的佛教寺院也正在规划建设中。看到四周平阔草地和片片幼林，道路已纵横开辟，知道尼泊尔政府已对“圣园”旅游开发作出了整体规划。用不了十年，这里将建成佛教特色浓郁、个性鲜明突显的“万国寺园”，佛祖释迦牟尼将不再寂寞。

四、工艺品之城，手工艺之国

位于加德满都市中区的巴坦老城以历史悠久、制作工艺品技艺精湛而著称，有工艺之城的美誉。它是加德满都市的重要组成部分，云集了尼泊尔各种工匠艺人和各种工艺品作坊与商铺。去巴坦老城参观需要充裕些的时间，先看古老的王宫建筑群和神庙神坛以及民居老街，再仔细欣赏沿街林立的工艺品商铺和手工作坊。

巴坦老城有些类似于中国江苏的周庄水乡和浙江的乌镇那样的古老建筑群落，是沉积着一个国家、地区地域文化、民俗风尚的相对独立的小城镇，国家历史文化和民族民间工艺都在这里得到浓缩，既有渊源性也有标志性。王宫广场老王宫金门，是代表尼泊尔雕刻雕塑最高水平的作品，王宫广场国王镀金塑像柱装饰成为王宫广场建筑的标志。旧王宫、王室宫院的木构雕刻更是精美绝伦，宫室的廊柱均用当地最上等木材雕刻出上千个神、佛雕像，神形各异，栩栩如生，没有雷同。王宫后院的皇家浴室更是极尽豪华精美，池中间巨大蛇形喷水柱以黄铜铸成，四周以铜雕巨蟒（蛇）盘绕，铸成精致喷水头，称得上金属雕塑之极品。蛇及其多种变形在尼泊尔各处神庙神坛木石金属雕刻中占有重要位置，似应与印度教信仰有关。巴坦老城及巴特冈王宫建筑雕塑已于1979年列入联合国世界文化遗产名录。

在尼泊尔参观别处景观，看一次可以满足，唯有巴坦仅仅一次参观购物是不够的。在离开尼泊尔前一天，我等挤出时间，再到巴坦老城参观工艺品作坊并购买手工艺品。巴坦老城沿街两侧都是民族手工艺品店，多是店坊一体或前店后坊，木雕、金雕、制陶、造纸、金银珠宝首饰以及民族手工织品、民间绘画，林林总总，叫人眼花缭乱，其繁荣、其精美令人赞叹，印象深刻。

在一条工艺品街区，走入一间毫不起眼的纸品店，店后设有造纸作坊，简陋的房舍和设备竟能生产出近百种纸制工艺品，全凭勤劳、智慧和诚信经营。尼泊尔造纸作坊遍布巴坦老城，应该有十几间吧。尼泊尔民间造纸同西藏的藏纸制作，从原料到生产工艺几乎是一样的，造纸技术仍是十分古老和传统的，所改进的是在纸中加入天然的花瓣、草叶，或染成彩色纸张，品种丰富，有的纸本身就是一幅现代美术作品，不需要绘画或者书写，直接装框上墙，就很有艺术感。

在低矮狭窄的作坊里，几名工人把成品纸再度裁剪加工，制成贺卡、信封、灯罩、台历、相框、名片等等后，立刻就摆到前店的货架上，用这种土纸制成的系列产品，风格纯朴，特色浓郁，充满着民间手工艺的自然、古拙的气息，深受游客青睐。以尼纸制作的贺卡、画片、纸灯罩有几十个品种，除了颜色各异、式样不同，绘画内容十分丰富，八吉祥图案、印度教诸神佛、各种宗教器具图案、乡村民居小景等均成系列，工艺品开发已有相当深度。

尼泊尔工艺品固守民族特色，固守本土工艺，以自然淳朴之风取胜，独树一帜，反而很有生命力和市场前景。以民间文化和手工艺资源为根基，与旅游市场相结合，走出了一条成功的文化旅游工艺品产业的路子，很值得我国尤其是西藏学习、借鉴。

导游带我们去两家规模较大的金属佛像制作作坊和木雕工艺品店，产品十分丰富，可谓琳琅满目。工场的工人不算多，生产工具和机械设备都十分简单，翻砂制模铸铜工艺仍然十分原始，多以牛粪粉末黏合后做成模范，生产成本低，产品也较粗糙，需要辅助以电动工具精心打磨、焊接、抛光、烤旧等多道工艺，加工成品的各种铜质或金银佛像十分精美。但就制作工艺而论，大概还不及中国两千多年前的商周时期“失蜡法”铸造青铜器的工艺水平。换个说法，或许在铸造铜佛像之类的工艺品生产工艺上，这种传统的古老工艺技法更能适应家庭作坊式的生产力水平。

尼泊尔的木雕技术精湛，集中表现在王宫、神庙和民居建筑上，尤以各种神佛雕像、门窗梁柱装饰图案最具有代表性。尼泊尔树林生长一种热带阔叶乔木，十分高大，木质坚硬，质地暗红，像是中国南方的红木，雕成器物，纹路和色泽都十分古朴，建筑雕饰和工艺品多以这种木材雕成，不加黏合，不涂油漆，任其自然暴露于室外，经风吹日照，裂纹清晰，便呈现出一种年代沉积。许多建筑的门窗柱梁，均为古色古香的原质木雕，与红泥砖墙结合，给人以简朴亲和的感觉，使环境有一种历史感。

尼泊尔民间制陶工艺十分普及，工艺水平却十分原始。巴坦老城里的一部分工艺作坊是制陶场，大量的是红陶和灰陶制成的日常生活器皿，制作工艺粗糙，式样简单，主要市场应该是面向本国农民和城镇居民。也有几家陶制工艺品店铺，做得很专业，品种开发程度很高，制作工艺却很低劣。在一家陶艺店选购了几尊佛像“擦擦”（藏语模印泥佛），题材与在西藏见到的宗教人物内容大同小异，只是大小规格齐全品种较多，工艺水平相近，把泥佛烧成陶质，便于保存和携带供奉。仅这一点来看，尼泊尔民间工艺艺人要比西藏更具有市场经济意识，更会经营，更讲效益。

多年以来，在西藏收藏“擦擦”，都是到玛尼堆或寺庙供奉坛上去捡，说白了是窃取，因为在藏传佛教习俗里，“擦擦”由宗教信徒或职业者制作，供奉到寺庙玛尼供坛后是不再移到别处的，作为供佛的圣品，不得随意索取，买卖“擦擦”更有亵渎神灵之嫌。故而西藏地区的泥佛“擦擦”仅仅作为供品而未加以开发进入市场，泥佛也就长期不会烧制成陶佛，在市场中始终是一块空白。尼泊尔的陶制“擦擦”倒成了工艺品中的稀有品种，我倒觉得西藏不妨借鉴尼泊尔的做法，不仅要面向信奉者，更要面向旅游者。

在尼泊尔购买工艺品也是可以砍价的。尼泊尔各地工艺品摊点的商品价格差别不大，除加德满都一些街区商店专门做古旧工艺品的价格较高外（也是可以大砍价的），其他工艺品摊点多是新制仿旧工艺品，价格便宜，一般按标价或喊价的半价便可成交。即便是买方砍价砍得血淋淋，卖主也不会介意，仍然会热情耐心地讨价还价，以诚感人，想方设法努力成交。

参观巴坦老城工艺品街区受到启发：西藏旅游品市场开发潜力巨大，市场广阔，前景乐观。西藏拉萨市场目前的工艺品，真正出自西藏工匠艺人之手或西藏当地自己开发的产品，说起来十分有限，多为尼泊尔产品或近邻西藏的其他省区产品，但是国内外游客来西藏购物，是以西藏产品为购买对象的。随着西部大开发、青藏铁路通车，来藏旅游者将成倍增加，藏族手工艺品以及藏传佛教工艺品等有着广大市场需求，关键是要深入发掘，研究开发新品，降低制作成本，提高市场竞争力，学习借鉴尼泊尔固守民族特色风格，提高制作精工技艺水平，提高管理和经营水平，用不了几年，目前市场上尼泊尔工艺品几乎独占的状况应有大的改观。

五、旅游硬件不硬，软件不软

尼泊尔的旅游开发比较早，政府对旅游业的管理已比较完善，比较规范。旅游业作为尼泊尔政府的支柱产业比其他产业更发展更成熟，旅游业的带动作用很明显，成为尼泊尔的龙头产业。尼泊尔旅游设施相对于国家其他公用设施算是较好的，但总体讲还不发达。饭店设施管理和导游、餐饮、购物等服务方面弥补了硬件方面的不足，有许多值得我们学习借鉴的方面。

到尼泊尔第一感受是机场设施简陋，道路太差，乘机抵达加德满都国际机场，走下舷梯一眼看到的空港候机大厅是红砖建成的一座普通二层建筑，出港过道栅栏就是一般的钢管焊制，顶灯是日常吊挂式日光灯，走道是普通水泥混凝土地坪，没有高新建筑材料和现代化装饰，十分简朴。就设施设备硬件讲，不及中国一般中小城市的航空港，行李传输带、手推行李车、安检设施等都极为简易，制作粗陋。

从加德满都去白热瓦乘机须在国内航空港上机，与国际航空港一华里之隔，即在同一个机场一条跑道边设了两个进出港。国内空港的设施就更加简陋，从一个土质停车场徒步走300米土路才到候机厅，候机厅又矮又暗又小，安检手续极其简便和宽松，也可能对外国人尤其是中国人比较友好的缘故。托运行李过磅称重，是那种不多见的简易笨重的圆盘指针地磅，没有行李机械传送设备。候机厅商场仅仅相当于中国机场一个小卖部，商品却很齐全。整个候机厅的建造装饰水平与中国一个县级汽车站相当。白热瓦和博卡拉两个主要旅游城市的机场比加德满都机场还要差一个等级，飞机起降明显感到因跑道不平造成的颠簸，航空港公用设施不及中国上世纪80年代水平。然而尼泊尔机场服务却是很不错的，许多方面比中国一些机场还要周到热情。机场各方面工作人员尽职敬业，人员不多，职责到位，没有闲人，很有秩序，工作繁忙不乱，哪里客人多了，很快会有工作人员过来帮助，效率很高。不像中国许多机场过分追求现代化，选用设备、材料追求高档豪华，过分装饰，大而不当，很炫耀而不实用，与国人收入和生活水平相比，悬殊很大，显得过分奢侈和铺张，而服务却远远跟不上，有的岗位忙不过来，有的岗位却扎堆闲聊，不知所为。一些设施使用率不高，而一些设施因缺少及时维护而闲置或毁坏。从根本上讲这是体制差别造成的。我国所谓的国有、全民所有不能落实到具体人，一些单位慷国家之慨，高投入低效率与经营者利益不相干，浪费不心疼，进而造成高成本而低回报，制约了进一步发展或转嫁经营成本到旅客头上，所以，中国民航不得不改革，不得不打破旧体制，以提高效益为中心重新调整结构。尼泊尔经济尚欠发达，经济基础以私有制为主，不得不精打细算，以最少投入获取最大收益。从尼泊尔航空设施和服务受到启发，改革是发展动力，好的体制和机制可以最大限度地解放和发展生产力。

尼泊尔的旅游饭店与机场设施有相同的地方，就是工夫花在服务上，即设施“硬件”并不“硬”，而服务“软件”并不“软”，给人有益启发。我代表团抵尼后下榻皇家狮子饭店，是一座相当于二星级的中低档饭店，外墙用红砖砌成，显得很简朴实用，去尽奢华，与尼泊尔经济水平和建筑风格是相当的。酒店大堂不大的空间里合理地摆放着沙发以方便客人，几个大型花瓶也是红陶烧成，既古朴又实用，与建筑主体风格一致，显得很淳朴又很艺术化。客房内所有设施、用具、家具、电器、卫生间设备、卫生用品等，都以保证适用够用为原则，不奢华更不浪费，做到了设备利用最大化和经济合理，并得到及时妥善地维护。住进饭店当晚，通过翻译告诉总台，请在第二天早上送一瓶开水（尼泊尔通常饮用自来水冷水，而中国人不习惯），并请修理不够畅通的浴池下水口。不过十分钟时间，服务生便送来了开水，水暖工带上工具来很快修通了下水管，擦洗收拾得十分干净，告诉我没有问题了才离开房间。这使我深受启发：如此周到热情必然能吸引旅客再来此饭店，简洁适用的设施设备可降低经营和维护成本，有利于在竞争中立于不败之地。

在白热瓦、博卡拉以及回到加德满都又住进五星级酒店，都有同样的感受，就是他们把工夫花在提高管理和经营水平上，而在硬件建设、家具用具上追求简洁、适用、节约、效益的精神。博卡拉的鱼尾饭店，是费哇湖心小岛上一家不很起眼的饭店，客房是一层平房或两层楼房，简单而普通，而四周环境尽量利用当地的自然植物来衬托和美化，青石板铺就的小路环绕小岛，依山傍水，小岛与湖岸交通以木筏和软绳索引渡往返，昼夜随时通行。据说，这家饭店是国王亲属的私人别墅，至今仍有国王亲属的一处住所，大量自己用不着的房子出租办旅游酒店，既经济又明智，名利双收，促进旅游发展。鱼尾饭店以其简朴的设施、休闲的风格和热情周到的服务赢得了国外游客的赞誉。

博卡拉作为尼泊尔西部的著名旅游城市，算得上尼泊尔旅游业标志和典范。博卡拉以自然观光见长，以登山探险、徒步观光和休闲度假为其特色。各种旅游项目、线路、时间组合都给游客以极大自由。博卡拉大街上多半是外国旅客，好像这个城市是专为旅游者而建设的。博卡拉沿费哇湖建有旅游观光、购物、餐饮一条街，称得上是尼泊尔旅游业的一个缩影。沿湖一条街道路很狭窄，临街建筑不高但很有个性，人行道很窄，店铺很小，但各家店铺特色鲜明，经营的旅游用品和工艺品，分工细，做得很专业、很精致，且品种齐全。凡与旅游食、宿、行、游、购、娱有关的产品与服务，这里都有，所有商店的空间利用达到最大化。商品价格与加德满都相当，有的还要便宜些，没有因为是旅游胜地而漫天要价或胡乱标价。沿街有几多：书店多，综合经营旅游文化用品；私家银行多，方便旅游者兑换货币，价格公开，详列明示；野外用品店多，系列用品十分齐备，用后不想带走还可由卖主回购作为二手商品打折出售，利人利己；餐饮酒吧多，各主要品种菜肴都很地道，餐馆与酒吧一体方便旅客。逛了这条街，你会了解到尼泊尔旅游业发展的综合水平，明白尼泊尔为何旅游业发展最快，可以想象今后的发展前景和潜力。

旅游业带动最明显的是旅游工艺品市场。在加德满都巴坦老城，巴德岗以及市中心商业区，都能买到价格合理、工艺精美的纪念品和工艺品。巴坦老城以工艺品城、工匠之城著称，绝大多数居民均以旅游纪念品制作、销售为主业，使尼泊尔工艺品、旅游用品业十分普遍和发达，带动许多相关产业迅速发展。

我们接触的尼泊尔导游十分敬业，尽守职责，为客人想得周到，主动为游客提出好的建议，为购物出主意，能站在旅客一方维护客人利益，客观不偏袒，不在游客购物上打主意吃回扣，诚信待人，恭敬服务，遵守职业道德和职业规范。尼泊尔旅游业近年来发展得很快，有许多方面值得我们学习借鉴。

六、旅游尼泊尔经验提示

尼泊尔公共设施少而差，尤其是小型机场十分简易，设施简陋。道路很窄，路况也差，交通车辆多，但车况很差，公共交通十分拥挤但价格便宜，租车方便，搭乘公共交通车辆去往各地还算方便。公共文化设施少，凡是应由政府财政投资建设的公用设施都比较落后，而历史上王宫和王室亲属私人建筑都十分辉煌，而今留给后人和旅游者的正是这些建筑艺术和雕塑艺术品。

尼泊尔人文资源丰富而古老，文化（宗教）历史辉煌，集中在皇家王宫建筑中的历史遗存很多。近代在建筑中吸收引进欧式风格，已列入联合国世界文化遗产名录的王宫及其相关建筑基本保持着原貌，保护完好，许多精美雕塑和可称之为历史文物的工艺品并未严加守护，游者尽可以近距离参观或拍照，能体验浓郁的印度教、佛教的文化氛围。

尼泊尔旅游开发比较早，旅游饭店设施、服务、导游、购物、餐饮等旅游基本方面均能令人满意。旅游饭店讲究外围自然环境的利用与协调，设施设备简洁实用，维护得好，利用率高，较经济、合理，充分发挥效益，不像中国（尤其是西藏）的一些饭店，把工夫花在追求星级上，大而不当，浮华而不适用，过分追求新材料，追求高档次而不计投入回报，设备保护和维修不及时、不妥当，浪费以及不科学之处比比皆是。与尼泊尔旅游业相比，中国旅游业硬件硬、软件软，重建设、轻管理；尼泊尔旅游业硬件软、软件硬，轻建设，重管理。以服务取胜，以人为根本，是尼泊尔旅游明显优于中国（西藏）之处。

尼泊尔餐饮品种多，西餐以及日本料理、泰国菜、韩国菜、中国菜、尼泊尔菜等都有，中、日、韩菜做得地道，尼餐已西化很多。尼泊尔餐香料重，一些香料味道很冲，不好接受。相对于西餐，中国菜和日、韩菜要好些，价格也相对便宜。尼泊尔白酒度数太高，烧灼食道，不宜多饮，尝尝即可。尼泊尔饮冷水，与中国人习惯不同，但尼泊尔矿泉水要卫生得多。尼泊尔各种蔬菜远不如中国品种多质量好，一部分水果（芒果、木瓜、橘柑等热带水果）价格较低。

尼泊尔商场、超市商品价格平均水平与中国相当，服装、鞋类价格高一些。从欧美日等发达国家进口商品（电器、五金、洋酒）价格不高，商品货真价实，没有假冒，物价相符。在尼泊尔买照相器材、洋酒、国际名牌服装鞋类及日常用具等，比较便宜。相对于尼泊尔人均收入（城镇人均收入约4000千卢比/月，约合450元人民币。另有一说，全国人均收入约2000卢比/月，若以城乡平均计大致相符），物价水平不低，以中国人均收入在尼泊尔购物，好像外国人在中国花美元那种感觉。

尼泊尔民间手工艺品丰富而精美，在巴坦老城各街道都是工艺品店铺和作坊，制作精良，材料地道，价格合理，可按要价的半价砍价，一般六七成价可成交。有几种工艺品可买：木雕门窗小样、木雕仿旧面具、木雕（核桃木和硬木）首饰盒等；铜佛像工艺精细，材质纯正，比西藏价格低30%—40%；金银首饰及小饰件（民族风格图案造型）；印度及中东地区产的棉布单、工艺布；克什米尔地区产的羊绒披肩、艺术挂毯等；陶制小工艺品；绘制工艺画等。尤其应买尼纸制品贺卡（带封成套）、纸灯罩、卡片和工艺尼纸等，有原始古朴之风格，很艺术化。

一定要看老王宫广场的木、石、金雕和各种工艺品，美轮美奂，精致至极，可多拍些照片或录像，带回去与亲友分享。如爱好摄影，在这一带可拍到古老建筑及其精美门窗雕刻、石雕狮像和金雕神佛，还可付10卢比拍到印度瑜伽和苦行僧特写人像。

从王宫广场向四周辐射出多条商业街，向西北方向一条很长的购物街上可买到西藏佛教用品及西藏风格工艺品，也可买到丰富的南亚和中东地区国家的产品。

去博卡拉市，可住在费哇湖边旅馆或湖心岛饭店（鱼尾饭店，价格高，原皇家私人别墅），享受那里清新空气和阳光山色。若看雪山拍雪峰，应在10月至次年2—3月间，空气干冷季节，4—9月的夏季、雨季估计能见到雪山的日子不多。

可在沿湖购物街上买或租野外装备，参加徒步旅行、登山、滑翔或登山拍照片或在户外读书休闲享受阳光、细雨、清风，晚上到沿湖购物旅游街购物，价格与加德满都一样或稍便宜，尤其是野外用品，名牌质量，价格不贵。买东西“砍”累了，就近很多酒吧兼营西餐或东方菜，价格不高（相当于中国一般城市）。

去白热瓦可住涅槃饭店，食、宿都是当地最好的，涅槃饭店不大，星级不高，却很随意，很温馨，很安全，有家一样的感觉，水池和鱼儿就在窗外，投目可见。自助式西餐和尼泊尔菜混合，任凭选用。饭店的命名喻为佛祖圆寂之地，吉祥而圆满的地方。从白热瓦去兰毗尼“圣园”很近。

去尼泊尔一定要去兰毗尼“圣园”，朝拜佛祖释迦牟尼的出生地，巨型菩提树，阿育王柱，是佛祖诞生地标志性名胜，务必请守门人打开佛祖诞生地博物馆的门（白色印度风格建筑，平日不开），一睹佛祖住过的房舍残垣并与著名的佛祖降生图石刻雕像合影纪念。不要忘记在圣池和菩提树下拍张照片，还可以采摘两片菩提树叶带给亲友。也可以到附近的旅游纪念品摊位上挑选一件产自当地的工艺品，因为工艺品多为当地农民制作，价格相对加德满都要便宜些。买贵重工艺品或仿旧佛像，一定要卖主开张收据以备出关检查时减少麻烦，否则，海关或边检人员扣留，你须拿出购物收据和适量小费打点方可通关放行。

尼泊尔有给付小费的习惯，住饭店、提行李别忘了给服务人员小费。早上起床外出，把小费10—50卢比放在床头即可。进店离店给总台打个招呼，即刻就有行李员帮你运送行李，热情而殷勤，只是要付给适当小费以示感谢。服务人员的工资待遇很低，要靠他的热情与勤快额外获得小费来补贴收入。中国人不习惯付小费，以为住酒店付房费就心安理得。想想看，付几元人民币的小费就能享受到周到服务和体面待遇，多么划算！

尼泊尔导游非常尽职，诚实殷勤，温和谦恭，维护游客利益。陪同导游和司机将与你一同度过你的旅行日程，食、宿、行、游、购、娱都在一起，别忘及时奖励他们的工作，早点付小费，将得到更周到热情的服务，旅程会更安全顺利，导游会维护你的利益，尤其在购物时。

爱好摄影或有意装备器材的朋友，去尼泊尔不必带许多胶卷和相机镜头。尼泊尔照相器材比较便宜，胶卷多为日、美原产，品种规格齐全，价格与中国相当或略显便宜。照相器材也多为原厂产品，质量可靠，价格仅相当于中国市场的批发价。影友如果添置贵重器材，不妨借机去尼泊尔旅游一趟，节约的花费用于旅行开支，相比之下，等于买照相器材赠送旅游花销，很划算的。从空港和陆地出关，检查不严格，海关对摄影者携带自用摄录器材很宽容。

尼泊尔人对拍照比较开放和随意，一般不忌讳为他（她）拍照或与之合影，但应征求允许再拍，要守诺寄给他照片。街头乞丐和印度瑜伽人员、苦行僧为了生活，会向拍照者索要卢比，一般10—30元不等，应慷慨付给后再拍照以免不快。在一些景点，有少年儿童乞讨钱物者，一般不要施舍。在尼泊尔有种说法：你微薄的施舍改变不了他的状况，还可能助长他的懒惰。

尼泊尔通行英语文，英语是第二语言，不懂英文的朋友，行前最好在国内买中文尼泊尔概况及旅游手册、地图，以便出行。尼泊尔书店很多，但无中文书籍。

尼泊尔人对中国人十分友善，对来自或路经西藏的游客更加友好。中国在经济上长期援助尼泊尔，中国产品物美价廉，在尼泊尔深受欢迎。中国西藏与尼泊尔毗邻，历史文化和宗教信仰有相同之处，遇到困难或不顺利，只要讲 china 便能得到友善援助。

2003 年 4 月

访尼泊尔文化观感

应尼泊尔王国皇家学会、教育理事会的邀请和尼泊尔驻拉萨总领事馆和西藏自治区外事办公室的支持和安排，在2001年西藏文联代表团成功访问尼泊尔之后，西藏作家协会代表团于2003年4月5日至14日对尼泊尔王国进行了为期十天的文化交流访问活动。西藏作协代表团一行七人先后参观访问了尼泊尔加德满都市的几处世界文化遗产、宗教名胜以及民间工艺品街区作坊等。所到之处观感丰富，印象深刻，颇受启发。整理几点，与各位文化界朋友分享并切磋。

一、参观诗人纪念馆的启发

按照尼泊尔教育理事会的邀请安排，西藏作协代表团抵达尼泊尔当天下午便参观访问了教育理事会的驻地，亦是该会兴办的当代诗人纪念馆（文学馆）。理事会会长、八十三岁高龄的当代著名诗人玛哈德·普拉萨德·国凯果瑞先生出席并主持了访问交流座谈会。我代表团到达该会纪念馆后，尼方安排我等一行首先为教育理事会的创办人和当代著名诗人的雕像献了花环，随后与该理事会理事和会员30多人交流座谈，相互介绍了文学创作情况等。

尼泊尔教育理事会是诗人和文学爱好者的民间协会团体，自发组织，自主活动，自我发展，不享受政府财政补助。教育理事会办公、集会、活动地点同时也是一处诗人、文学纪念馆兼小型文学馆，一幢简易二层小楼，共约十几间房子得到了充分利用，二楼两间稍大的房子分别设置为诗人纪念馆和文学作品资料馆，规模小，很简陋，沿墙却规整地挂满了近代尼泊尔著名诗人、作家的照片、用具、奖品证书等纪念物。文学作品资料馆虽然仅有一大间房子，却收藏陈列着近代各位著名诗人、作家的诗作油印本和手写本等图书和报刊资料，还把著名诗人、国王的诗句摘录张挂在四壁，给人以浓厚的文化氛围和文化历史感，给人以重视文学艺术、尊重文学家的深刻印象。尼泊尔基本上由作家本人自费印制出版物，多数文学作品印刷很粗糙简陋，但作家诗人的创作热情并未受到挫伤，许多作家诗人仍终生致力于文学写作，几任国王均是文学爱好者或诗人。教育理事会把各个时期作家诗人的生平简介及其作品收藏陈列展示，显示出文学诗人、专家、学者对国家文学历史的敬重和对前人及其成果的尊敬与纪念。

由此受到启发，我西藏文联和作协可以借鉴尼泊尔教育理事会的做法，在本会开设小型纪念陈列馆，收集整理在西藏近代文学艺术发展中作出突出贡献的文学艺术家的有关资料，在建立文艺家档案的基础上展示他（她）们对文学艺术事业做出的成果和贡献，体现党和政府对文艺工作者的关爱。重视文艺人才，重视文艺历史，对文艺事业发展和文艺人才成长无疑具有示范和导向作用。

二、民间传统工艺的固守与开发

都说尼泊尔民间手工艺精致发达，参观了加德满都巴坦老城及巴特冈等工艺品街区市场，方知名不虚传。尼泊尔民间工艺以民族特色浓郁、手工技艺精细、品种丰富繁多，给人留下深刻印象，尤以金银铜制品和木雕工艺品为代表。

巴坦老城号称工艺之城，民间工艺匠人云集，手工艺作坊和工艺品店铺林立。在历史上巴坦老城是相对独立的一个城镇，以传统民间手工艺著称，如今成为加德满都市三大城区之一，仍是尼泊尔首都最主要的老城街区，仍以民间工艺品制作销售为特色，已成为尼泊尔最负盛名的民族民间工艺品城，也是著名的旅游街区，是尼泊尔独具特色的旅游资源。

巴坦城老街仍保留着传统的街道分布和民居风格，与遍布全城街区的神坛、雕像、木刻等浑然一体，显示出十分浓郁的工艺之城、工匠之乡的特色与格局。沿大街小巷两侧，前店后坊，店铺不大，商品琳琅，许多工艺品张挂在街道墙上，更显得丰富繁杂，叫人目不暇接，不忍不顾。富有民族特色的铜佛制作、木门窗模型雕刻、金银首饰挂件、神佛面具、土陶工艺、造纸作坊等遍布全城。

我等一行人走进一家纸制品工艺店，用尼泊尔纸加工制作的各式卡片、信片、纸灯罩、相册等摆挂满店，品种繁多，全部出自手工剪裁粘贴，风格古朴，特色浓郁。店后是简易的造纸作坊，用当地野生的一种树皮做原料，经过浸泡、粉碎、制浆、过筛、上网、晾晒等工序制成粗纸，有的在纸浆中加入植物花瓣茎叶，或染成色纸经剪裁粘贴制成各种工艺纸品，虽然设备简易，工艺简单，但制作却十分精细，成品工整精致。

参观一家铜佛制作工场，从制模具、做模范（以牛粪末和以黏合剂）到浇铸成型、焊接打磨抛光做旧等工艺流程，完全保持传统手工艺操作，制作精心细致，成品因工艺精细而提升了身价。

尼泊尔经济尚欠发达，发展现代工业是它的弱势，而发展劳动密集型的手工业却是它的强势：一则解决了更多人口的就业，二则延续了民间传统手工艺。在世界经济快速进入现代工业化社会的当今时代，尼泊尔仍然保留和固守自己传统手工艺制作产业，保留着民族民间古老的手工艺品制作传统，因而在现代化进程中留守着传统工艺品一席之地和一方市场，并与发展现代化旅游业结合在一起，成为著名的旅游纪念品开发地，支撑着尼泊尔国民经济的重要结构，不失为一种经济发展策略。

三、旅游文化的简朴风格

尼泊尔国土小人口多，发展经济受制因素多，社会历史包袱很重。相对来讲，旅游业已成为它的龙头产业和支柱产业。尼泊尔已成为世界上著名的旅游目的地，并不全在于它的自然和人文资源，而在很大程度上在于它的旅游文化、管理理念和运作机制上。

就尼泊尔的公共设施、交通状况来讲，是比较落后的，不及我国上世纪70年代水平，旅游硬件建设和与之配套的机场、公路、车辆等，都比较简陋。但在旅游饭店管理、餐饮、购物、导游管理等软件方面，却是很规范很便利。就旅游业管理整体水平看，应该说是经济小国、旅游大国，硬件不硬，软件不软，显示出一种简朴、务实的旅游文化风格。

尼泊尔的机场空港建设，受经济发展水平所限，十分简易，设施设备都很简单。没有现代的装修装饰，没有现代化的豪华气派，但却简便快捷，服务周到而热情，设施设备的使用率高，经济效益达到了较高水平，大概是穷国家发展旅游的一条无奈之路，却逼出了一条简朴务实和经济效益的路子。

尼泊尔的旅游饭店建设也透出一种简朴的风格，外观不追求气派，内装修也不讲究豪华，客厅、客房及其各种设备家具等，配备得经济合理，不奢华不浪费，以实用、便利、经济为原则。西藏作协代表团一行下榻的皇家狮子饭店名气不小，饭店主楼却是红砖墙垒砌的五层小楼，十分淳朴。大堂总台所有设施都很简洁适用，大堂摆设的大花瓶是尼泊尔民间红土陶罐，整体风格简朴而和谐。客房不大，家具简单，卫生间设备不奢华，样样用具维护得干净而适用，看得出饭店的管理做到了精细、合理、经济，效益达到了最大化。

尼泊尔首都加德满都据说有一千多家旅行社，基本属于民营和私营体制，在政策规范和管理上却是与国际惯例接轨的，政府重视对导游人员的培训和管理，管理很规范。导游一般都很敬业，遵守职业道德，尽守行业职责，维护游客利益，尤其在导游安排餐饮、购物中，比较忠实诚信，看不出有欺诈行为。出行途中和参观日程安排上，导游都十分恪尽职守，待客文明礼貌热情，尽职尽力。去西部小城博卡拉旅行，对尼泊尔的旅游业管理水平会有深刻印象，那里的食宿行、游购娱都十分经济和便利。小镇虽小，却十分自然亲和，十分方便舒适，凡涉及游客各种需要，都考虑的周全细致，给人的印象具体而深刻，代表了尼泊尔旅游业的整体水平，好像这座小城专为游客而建设、而存在，又因旅游而发展、而闻名。

四、西藏与尼泊尔文化交流的必要和意义

西藏与尼泊尔毗邻，两地人民分居于喜马拉雅山脉北侧南坡，地理的相邻和历史悠久的友好交往，形成了民族文化、生活、习俗的相近，更由于藏传佛教和佛祖释迦牟尼及其诞生地等的关联，两地人民在宗教信仰和宗教文化艺术上有相同相通之处。尼泊尔边境居住着数万藏族群众，西藏边境的夏尔巴人更有着尼泊尔民族与藏族祖先相通的血脉，文化与信仰、心理与习俗都有着历史的渊源，两地文化艺术界都有文化交流与互访的愿望。

尼泊尔的文化艺术、宗教信仰、民间工艺深受西藏人民的重视。西藏的宗教艺术、建筑名胜和人文风俗也深受尼泊尔人民的关注和向往。在历史上尼泊尔的民间工艺品和宗教艺术品广泛流通到西藏，成为西藏社会生活中的必需，至今仍占有西藏工艺品和旅游纪念品的很大市场，内地甚至国外游客通过西藏市场购买产自尼泊尔的手工艺品。在西藏，当地工艺品与尼泊尔工艺品已融为一体，难分彼此，成为藏族人民生活中的一

部分。在尼泊尔，中国的各种工业产品深受民众喜爱，其中一部分是经西藏运输，经双方边民贸易而流通到尼泊尔各地的，两地市场有很大的互补性和互需性，商品贸易将长久地维系着两地的经济和友好往来。近年来，中国对尼泊尔的经济援助和尼泊尔对西藏土畜产品进口依赖，更加强了两国两地的联系与友谊，尼泊尔人民对中国、对西藏怀有友好的情谊和美好向往，西藏与尼泊尔的经贸往来和文化交流必然加强两地人民的友谊，对于巩固边境、安定边民，具有长远的利益和深远的意义。

文化艺术界是国际交流的使者，文化交流是维系不同国家地区和人民之间友谊的桥梁和纽带，文化艺术也是传送民族友情维持国际和平的信使。西藏与尼泊尔的文化艺术交流才刚刚开始迈出了成功的一步，开创了良好的局面，双方有必要而且有可能建立定期文化艺术交流互访关系，并且有可能进一步拓展交流领域，逐步达到对等互利。西藏与尼泊尔的文化交流也可以扩大范围，从文学到歌舞、音乐、艺术、图书音像制品、美书摄影展览、民间工艺展示、旅游资源推介、服饰与餐饮文化等。随着中国西部大开发战略的实施与发展，青藏铁路的修通，中尼公路的改修扩建，航空交通的进一步发展和完善，西藏与尼泊尔的空中与陆路通道将更加畅通，两地经济贸易往来和文化艺术交流将更加频繁，经贸、旅游、文化将相互促进，增进两地人民互利互惠，友谊长存。

2003 年 5 月

尊重信仰　和谐宽容

——异国采风感受伊斯兰文明

马来西亚是个以信仰伊斯兰教为主的国度。马来西亚主要的民族和种族是马来人、华人、印度人，虽然不知道各个种族的构成比例，但该国政府在对待不同种族、不同民族在宗教信仰上采取宽容、和谐的政策是有效且成功的。这可以从多年来马来西亚未发生大的种族冲突、宗教迫害、信仰歧视等社会问题来作出评判，也可从该国不同民族和不同信仰的各色人群相互间的认同、宽容与和谐相处之中得到体察。

在马来西亚城市各街区随处可以看到风格浓郁的伊斯兰教建筑与装饰，随处可见身着彩色长裙、头裹各色纱巾的妇女，你会处处感受到置身于伊斯兰文明的国度里。

从建筑风格上看，马来西亚伊斯兰风格建筑遍布城乡各地。乘车穿越贯穿南北的高速公路，城乡各式建筑中，最漂亮、最醒目、最讲究的都是伊斯兰教风格的，不时看到路边高耸的塔状清真礼拜寺。在马来西亚首都，可以看到国王王宫的大门和宫内建筑同样有着鲜明突出的伊斯兰风格。首都吉隆坡主要街区的高楼大厦，都精心设计建造出伊斯兰教堂般式样。马来西亚国家最高法院和国家总工会办公楼，就是典型而浓郁的伊斯兰建筑装饰特色。在吉隆坡市中心区，离著名的“双子星”座大厦（据说，9·11事件美国世贸大厦被炸后，马来西亚‘双子星’座大厦为世界之最）广场不远处，建有规模宏大的伊斯兰国家大清真寺，四周有绿地广场和水池喷泉环绕，绿树鲜花簇拥，设计和外部装饰十分现代化，清真寺的塔式尖顶高耸云端，塔楼高处装置的一组广播喇叭朝向四方，播放着清真寺里诵经和领唱的声音，十分庄严，令人肃敬。据称这是全世界最大的伊斯兰清真寺之一，也是马来西亚国家清真寺。与清真寺一路之隔，是国家伊斯兰研究中心，也是建筑规模宏伟，特色浓郁，十分圣洁，出入中心的都是来自不同国家的伊斯兰教职业学者和研究人员。

从人的装束和举止看，宗教信仰受到尊重，但不封闭。就笔者所见所闻，有些信仰伊斯兰教的国家和地区，妇女是不可以“抛头露面”的，头戴纱巾如同穿衣戴帽一样重要。在我国西北地区，信仰伊斯兰教的穆斯林妇女，多以黑色头巾裹头罩面，成为区别于其他民族不同信仰的标志性装束，便于识别也便于不同民族之间的交往和礼遇。在马来西亚吉隆坡，随处可见不同年龄的妇女身着鲜艳长裙，头戴各色纱巾，而且颜色搭配得十分精心和协调。

我在吉隆坡市中心公园采风拍摄，遇到几十名青年女性均是头戴彩色纱巾，身着长短彩色衣裙，迎面相视，总是投回善意而友好的目光和微笑，带有几分羞涩和腼腆，匆匆而过。遇到一群青年男女，像是在校大学生，在公园凉亭下聚会，见我摄影人模样，几名男女青年用英语向我招呼问好，姑娘们穿着十分现代，但都头戴纱巾，言笑举止开放热情，让我为他（她）们拍照，每当按下快门，姑娘们报以欢笑，挥手致谢，热情友好，顿时让我觉得马来西亚青年人挺开放、挺现代、挺文明。

在马来西亚伊斯兰中心广场，同行的摄影家街头采风，看到马来人或印度人，头带纱巾的妇女或头戴小帽的男童，都会靠近打个招呼，毫不客气地拍照。开始，我很不习惯，心里总有一种障碍，不忍把镜头对准这些陌生的男女，但见同行们不失时机地抓拍，也就加入其中。

在马来西亚，可以明显区分出华人、马来人和印度人，从他们的目光和行为中，能感觉到一种平等、宽容和相互之间的尊重和谦让。去马来西亚之前，领队曾几次告诫：马来西亚是伊斯兰教国家，注意穿着和举止庄重，尤其女性穿着不可袒胸露背，避免非礼之嫌。到了马来西亚，尤其是首都吉隆坡，这种谨慎小心似乎有些多余。大街上广场间，穿着裸露的青年男女很多，多是外国游客，当地的华人穿着也很随意。

马来西亚王宫称得上是最神圣、最庄严郑重的地方，白色的大理石和汉白玉建筑，黑色的铁栅门和装饰沉重的大门，让人有一种敬畏，不敢靠近。经陪同介绍，原来王宫大门是随便参观的，不但可以拍照，还可以凑近大门，透过栅栏仔细观望王宫内各式建筑。出乎想象的是，王宫大门两侧警卫亭内，威严站立的值勤卫兵也可以同游人合影，打不打招呼都可以，你站到他旁边尽管拍照就是，卫兵目不斜视，旁若无人，是马来西亚给我印象最深的一大景观。正因为如此，王宫大门及其内外景观便成为旅游名胜，外来游客必到此一游，拍照留影，兴致浓厚，给游人留下美好印象。

虽然拍摄匆忙，参观仓促，停留短暂，但马来西亚留给我最深的印象是尊重不同种族信仰，人情和谐，社会宽容，开放文明。

2003 年 4 月

关于收藏、收藏家和西藏收藏家协会

西藏收藏家协会筹备编印首期《雪域收藏》，约我写篇文章，我对收藏虽然很感兴趣，却仅仅是浅知皮毛。西藏收藏家协会是挂靠西藏文联的民间文艺团体，我作为西藏收藏家协会筹备成立时的参与人和支持者，在收藏家协会举办首届收藏展编印画册时，有责任和义务写篇短文表示支持和祝贺。

"乱世黄金、盛世收藏"虽是老话俗语，却真的道出了收藏的真谛。乱世黄金也是收藏，那是被迫的被动的收藏，是为了财产的保值增值而不得不把资产变现黄金，那是乱世的投机，是冒险家的营生。盛世收藏却是自发自愿的，是主动的收藏，是把富裕的资金投资一部分到文物古董、民族工艺和各类艺术品上，把流散在社会上的民间和海外的文物艺术工艺品等经过市场流通，集中在藏友藏家手中，妥加保护，深入研究，发掘它的价值，挖掘它的历史文化内涵，从而更好地保护和传承祖国的历史文化、民族的血脉根源。

在社会经济发展到一定阶段，民众有富余资金更多地用于文化娱乐、爱好兴趣方面的投资时，收藏之风必然迅速兴起，成为社会文化风潮。在社会经济振兴阶段，在我们这样一个历史文化源远流长、艺术工艺博大精深的国家，物质生活稍有富裕之后，民众生活消费必然会逐步转向文化消费上，收藏之风盛起也就势在必然。文物不是个人的，是民族的、国家的，是全人类的共同文化遗存。收藏，其实是民众建设先进文化的一种自发行为，是社会文明的发展与进步。

说到收藏，有一组数据称，目前我国民众中爱好收藏和各级收藏协会会员，是当今文化艺术活动中最为宏大的一支队伍，在各种与文化艺术有关的大众文化活动中，收藏队伍迅速壮大，收藏与鉴赏鉴活动异常活跃，人气极盛。为收藏活动提供信息、提高鉴赏能力的收藏杂志如雨后春笋破土而出，短时间内便拥有广大读者，销售一路走好，我仅随手阅过的就有《收藏》、《收藏家》、《中国收藏》、《收藏界》以及《收藏与鉴赏》、《艺术品投资》等杂志，报纸尚未计入，我估计收藏鉴赏的报刊应在几十个种类。各出版社、大小书店书摊，有关收藏与鉴赏的图书在书架上占有明显的位置，销售连年攀升。各大中城市艺术品市场、古玩市场、旧货市场迅速兴起，北京、广东、上海、郑州、西安、成都等大城市在短短几年间迅速培育出宏大的古玩城和旧货交易市场，摊位之多、品种之繁令人咋舌，连许多年长者一生中从未见过的工艺品古玩都在市场上露脸。我曾逛过北京潘家园旧货市场、北京古玩城，成都、郑州、西安艺术品市场，人气之好交易之火出乎所料，不仅国人云集，也成了外国游客的观光去处，在外国游客中，逛潘家园已成为北京游居前位的选择，甚至有一说：不去北京不算到中国，不去潘家园不算到北京。收藏之风之盛由此可见一斑。

收藏活动促进艺术品拍卖市场，过去只有欧美等发达国家久负盛名的艺术品拍卖公司从事的国际拍卖会，近年来居然在国内也有了拍卖机构和活动。中国嘉德国际拍卖有限公司、北京翰海艺术品拍卖有限公司、东方国际拍卖有限公司、上海敬华艺术品拍卖公司等几十家艺术品拍卖公司竞相挂牌，人气指数居高，拍卖竞价月有创新。央视《鉴宝》栏目应运而生，虽有争议，但居高不下的收视率使它成为知名品牌栏目，对文物艺术品收藏活动推波助澜。通过拍卖活动，我国流失到海外的珍贵文物和艺术品重新回到了祖国，保利博物馆在香港佳士得春季拍卖会上拍得我国圆明园流失到美国的铜虎、猴、牛头，更使收藏活动提升到保护国家民族文化的高度。

收藏家和广大藏友是收藏的主题。市场经济规律，对当今社会的各种行为都会直接或间接地发生作用，经济规律这只“看不见的手”指挥着人们寻找适合自己的投资门路。一般的藏友藏家，在很大程度上是把收藏作为一种文化艺术投资来对待的。既然是投资，当然讲回报。藏友藏家虽然在主观上为了满足个人的爱好兴趣和投资期待，但客观上却集中保护和着力研究了民族的文化遗存，丰富了国家的收藏，壮大了国家的文化实力，推动了社会文化活动，丰富了人们的精神世界，促进了社会文明。收藏家是把收藏活动作为一种文化娱乐、一种业余生活爱好和兴趣雅志来看待的。更有一些收藏大家，是把收藏、鉴赏活动，把金钱与时间的投入，作为对民族传统文化的研究传承，对国家的文化艺术遗产抢救保护，是丰富国家文物藏品展品的一种爱国主义和民族精神。资料介绍：美国大都会博物馆的藏品是由私人收藏而后捐给国家的；北京故宫博物院四分之一的文物来自于民间的保存；上海博物馆的文物百分之八十以上来自于民间收藏，收藏是文物保护的基础。著名收藏界前辈、文物鉴赏大家史树青先生为国家鉴定文物上万件，收藏捐献和促成国家文物部门收藏珍贵文物价值连城，其“书皮”学问和眼力功夫称之为绝学，对国家和民族文化的贡献无法以数字统计。近年来，国内一批民营企业家、实业界有识之士纷纷介入收藏行列和艺术品拍卖活动中，投入巨资收藏和拍回散在民间和流失海外的大批珍贵文物和艺术品，实在是保护民族文化的义举。收藏家队伍是国家文物保护的“民兵”预备役，他们以个人的投入聚集着国家的文化财富，他们是保护传承民族文化遗产的觉悟者。

西藏的收藏活动起步不算晚，但多年以来局限于少数文人之中。以叶星生先生为代表的一批文人收藏家和爱好者，多年以来游兵散将，在缺少组织联系和信息交流的状态下难免有些盲目和艰难。叶星生先生算最早的觉悟者之一，他以执著的精神和慷慨的投入，多年来倾心收藏着西藏的民族工艺、宗教艺术和民俗器物，终成大器，在西藏和北京等地举办个人收藏展引起社会、党和国家领导、自治区领导以及学界的注意。叶先生的藏品补充了西藏文物部门藏品的不足与缺失，丰富了博物馆的藏品和展品，使本来可能遗失或绝迹的藏民族民俗用品器具得以保存。叶先生把其中一部分藏品捐献给西藏博物馆作为永久性专题陈列，是一个收藏家的文化自觉，表现了一个艺术家的奉献精神，因而受到了党和国家领导人的接见与鼓励，受到自治区的嘉奖和褒扬。

受叶星生的影响与带动，西藏收藏家和藏友爱好者的队伍在近十年间快速成长扩大，从多个艺术门类品种入手聚集着散藏于民间和流失于市场上的民族工艺、宗教艺术品，有的藏品已成系列、成专题，西藏本土的收藏者和外来收藏西藏的人日益见多，八廓街古董旧货摊位逐年增多，价格与几年前比成倍增长，一些本地的旧货摊主纷纷转向店铺经营，旧货进了屋，价格也高一倍以上，但生意仍然红火。到八廓街转上一圈，不难发现，西藏的民俗器物、宗教工艺品等正在加速被收藏家类分到各自手中，价格也逐日抬高，这是好事，西藏的文物遗存被更多的人重视，西藏的收藏队伍正在壮大中。

西藏收藏家协会的筹备成立早在20世纪90年代末就在酝酿中，并列入了西藏文联第三次全区文代会的工作报告中。由于种种原因，筹备工作进展缓慢。在叶星生、陈保前先生等人的热心筹划和自治区有关领导的热情支持下，于2002年加快了筹备进程，西藏文联给予了应有的重视和支持，终于2003年10月在拉萨召开了会员代表大会，宣告成立。首届西藏协会藏品展也被提上议程，在社会各界的热情支持与理事会各位的协力合作下，展品征集顺利，西藏自治区民政厅、自治区文物局、新闻出版局、西藏博物馆等单位给予了许多支持与便利，为配合首届藏品展而编辑的这本《雪域收藏》更是得到自治区领导同志的关心帮助和指导，也得到了实业家和收藏家的资助，收藏家协会负责展品征集，画册编辑人为此慷慨解囊。

首届收藏展和藏品图册的出版，证明藏品丰富而珍贵，凝聚了自上而下、社会各界、众多藏友的关爱与呵护，笔者在此向有关领导、专家藏友表示深挚敬意。

祝西藏收藏家协会沿着建设先进文化的方向成长壮大，事业发展！

祝各位藏友藏品丰收！

2005 年 12 月

青藏铁路文艺创作采风记事

9月17日

遵循全国人大热地副委员长的电报指示、区党委郭金龙书记等自治区领导的批示和区党委专题会议研究关于青藏铁路建设文艺创作的决议精神，由自治区党委宣传部、自治区文化厅、自治区文联等单位组成的“青藏铁路建设文艺创作采风团”一行36人于9月17日出发，沿青藏公路、铁路（两路基本并行）采访采风，今天抵达当雄县，部分成员因高原缺氧，已感到不适，有的因高原反应而失眠，这是正常的。当雄这个地方海拔虽然不算最高，但气候已明显不同于拉萨，气温也要低于拉萨十度八度，睡不着吃不香是缺氧反应的普遍表现。

昨天上午在堆龙德庆县采访，县委副书记、常务副县长王俊山和县支铁办主任中群培（与县里的大群培、小群培相区别），他俩详细介绍了县里支援铁路建设情况和铁路经过该县占用土地、农民搬迁、征地补偿以及由此而产生的各种矛盾。堆龙德庆县是青藏铁路最后一站，铁路终点站拉萨火车站和货运站都建在该县境内。青藏铁路途经堆龙德庆县62公里，征用耕地4800亩，搬迁农户138户；柳吾乡被征土地最多，柳吾乡村民将大部分失去土地而转入城镇，对于农民的长远利益来讲无疑是一件好事，但仍有为数不少的农民宁愿种地而不愿接受失去土地转入城镇从事第三产业的现实。青藏铁路建设将有力带动堆龙德庆县经济社会发展，拉动县域经济结构调整，解放大批农牧民脱离土地而进入城镇从事工商业、运输业。未来的拉萨火车货运站就建在堆龙德庆县城附近，将提供几千上万个从事客货运输、餐饮服务、车辆维修、装卸搬运等直接就业岗位。青藏铁路自 2001 年 6 月 29 日开工建设以来，堆龙德庆县经济发展速度以翻番的速度增长，一些中小型现代企业迅速兴建，铁路建设使堆龙德庆县占尽天时地利、占尽发展先机。

王俊山书记在介绍县支铁办开展工作情况时，心情沉重而又敬重地介绍了抓支铁办工作的原县人大副主任普琼同志，他曾任县土地管理局长，适合作为县里负责支铁办工作的领导出面协调铁地关系。他熟练运用藏汉双语，又懂政策，曾获全国先进执法者个人表彰奖励，群众基础好，开展工作很顺利。可惜他身患肝癌，不幸英年早逝，县里从此缺少了一位协调铁路建设的有力的领导者，失去了一位得力助手，王书记为此而惋惜不已，同时也感到县领导的工作更加繁重、繁忙。

采风团成员也都为此深受感动。我建议请《西藏日报》、西藏电台将普琼作为新闻人物，以通讯形式先发表宣传，随后再作深入发掘报道。有人也提出可把普琼的形象事迹写进适当的文艺作品里。

青藏铁路建设两年来，新闻宣传中报道铁路建设者的消息多，而宣传各地、县地方政府和群众支援铁路建设的消息少。在文艺创作中，对此应予以重视和弥补。

今天中午到达当雄县，是采风活动第二站。县里安排县委宣传部赵部长和县支铁办陈主任接待我们，向采风团介绍了当雄县政府协调和支援铁路建设有关情况。青藏铁路穿越当雄县 180 公里，占用草场 11260 亩，搬迁牧民 30 户，各乡村干部和牧民群众对修建铁路是理解和支持的，尽管农牧民对铁路、火车能带来多少利益还缺少认识，但都知道是国家在西藏做的一件大事。

在当雄县境内施工的有中铁二局、五局、十局、十三局。县里为铁路施工局指挥部无偿提供125个住宿床位和办公用房等条件，铁路局为县、乡抗救水灾和开发旅游提供捐款帮助，县委宣传部、县文工队创作编排反映铁路建设的文艺节目赞颂铁路建设者，铁路施工单位在取用沙石、占用草地和保护生态方面，充分照顾到县里和牧民群众的利益，铁路与地方关系相处融洽。

当雄县是全区的重点牧业县，有藏北牧区最丰盛的草场，沿青藏公路可见广袤草原，草原河谷草肥水美、牛羊散布，要比其他地方草原载畜量大。距离当雄县城以东十公里处，是当雄县最广阔、最肥美的草原河谷湿地，青藏铁路正在这里施工。据现场参观和介绍，为了保护草原湿地，为了不惊扰黑颈鹤来此栖息，也为了牧民群众放牧通行便利，铁路途经这一带，将以桥代路，修建约3公里长的特大桥把铁路架设空中。如此一来，铁路建设将大大增加成本和施工难度，但却解决了永久生态保护、路基维护等问题，体现了青藏铁路总的设计思想和施工要求，也正是青藏铁路高标准、严要求、高投入、重科技，建设世界一流高原生态铁路的思想体现。

当雄县城横跨青藏公路而建。青藏公路来往车辆行人，当雄是食宿必停之地。青藏铁路沿县城南侧通过，当雄火车站在县城南依山而建，可以推想，当雄将随铁路的修通而成为仅次于那曲镇的藏北又一个重镇。又因为它是藏北著名旅游胜地纳木错的必经之地，中外游客在当雄站下车中转者众多，当雄镇在不太长时间内，必定发展成为西藏著名的小城镇。当雄镇过去二十多年间无大变化，铁路建设唤醒了这块土地，去年以来，县城街道拓宽，沿街拆旧建新，沿青藏公路向东西扩展延伸，地下管网重新开挖铺设，一片迅速开发扩建的景象。县里投资千万余元，补助并动员附近的牧民搬迁县城镇从事第三产业，划给沿街商业铺面地皮，一家一户临街建起幢幢小楼，对外出租，坐享租金，或自主经营旅店餐饮，前景看好。有眼界的农牧民群众和甘、青一带的商户，此时投资迁徙来当雄，时逢正当，赶上机遇，将成为与青藏铁路相伴而生的藏北第一批淘金者，当雄镇的首批居民。

9月20日

昨天早上从当雄出发，中午到达那曲镇（原黑河镇）。作为藏北最大城镇，地区行署所在地，那曲近年来城镇建设变化很大，也不免有些杂乱。昨天下午，听取了地区支铁办和地区有关部门负责人围绕铁路建设的情况介绍，随后驱车前往中铁19局施工工地，由王总工程师陪同参观和介绍情况。这里正在铺建铁路路基，沙石从远处一座荒坡处运来，运输车通行的永久性便道两侧，以彩旗绳线牵拉，划定区域，任何车辆行人都不得逾越界限，对路外的草场实行严格保护。路基经过的草场，草皮已切成方块移植两侧，待路基修筑竣工，再把切割的草皮易地移植路基两坡。如此一来铁路路基基本上不占压草地，整个铁路如同从草原上生出一般。这是青藏铁路不同于以往的铁路修建特点，是铁道部对保护青藏高原生态环境作出的特别规定。沿路基正在埋设一批垃圾箱，据青藏铁路建设总指挥部制定的环境保护条例规定：沿线各施工工地，不允许乱丢一只塑料袋一个矿泉水瓶，违者将处以重罚。青藏铁路首次实行生态环境监理制，对生态环境保护实行“一票否决制”，达不到要求的，不得通过质检验收，不得参加创优评奖等活动，奖惩同直接责任人和工程负责人经济利益挂钩。

今天上午，由地区支铁办负责人陪同前往那曲镇二十二村和二十五村采访。二十二村村委会主任扎西罗布是自治区人大代表，他所在的行政村是全区精神文明建设先进示范点，铁路从这里通过，那曲火车站正在附近修建。扎西罗布对铁路从家乡通过所带来的利益并没有深远的想象和憧憬，交谈中十分坦然和平淡，对铁路经过征用草场尚无明确的补偿标准表现出理解和平静。他们相信国家政府和铁路方面会维护群众的利益，完全信赖党和政府会考虑对牧民群众的合理补偿，扎西罗布纯朴而真诚地说："修铁路是国家的大计划，不是哪些个人的事，是政府的事，牧民群众都相信政府，听从政府的安排"。

采风活动四天以来，沿途见闻印象深刻：

铁路建设把保护生态放在首位，提到了前所未有的重视程度。青藏铁路基本与青藏公路平行修建，完全不同于修公路的施工方法——推土机从路两侧推拱成路基，而路两侧则留下几十米宽的沟壑，取土之处沙石裸露，草木不生，从高远处看去，像是草原上缝起的一道伤疤，对草原造成永久性伤害，汽车飞驰，沙尘卷扬，路旁雨雪积存，路基冬胀夏沉，很快形成搓板路，即便铺设了柏油，也是常坏常修。而今的铁路路基，把对草场的占用降到最低，路基两坡草皮覆盖或方格片石加固，铁路如同一条绿色堤坝在草原上生长；凡遇草原湿地，连续冻土层和野生动物出没的地段，都建桥代路；凡铁路穿越草原，每隔500米左右便修建一处人畜通道，方便牧民牛羊通行。通车后的景象可以想见：铁路大桥蜿蜒凌驾草原河谷，牧民赶着牛羊从桥下通行，野生动物在近处食草游弋却并不惊慌，蓝天白云大草原在车外飘移疾驶……那将是何等壮美和惬意。

铁路施工已全线铺开，路基、桥涵、隧道已经多处首尾连接。施工工地车多人少，机械化代替人力，再不同于以往的人海战术。各铁路施工局从各自的工程标段开始，制作树立本局的标语口号，宣传青藏铁路精神，树立企业形象，都把"保护高原生态环境，造福青藏各族人民"作为主题标语口号，修路沿线弥漫着民族团结、保护生态、以人为本、建设世界一流铁路的热烈气氛。

9 月 21 日

早上从那曲出发，130 公里路程，中午到安多县。

安多县海拔 4886 米，县域面积 10 万余平方公里，全县人口 3.4 万，平均每平方公里仅 0.3 人，是藏北的牧业大县，海拔高，地域广，广大地区属于无人区或半无人区。青藏铁路在安多县境内有 351 公里，设 11 个车站，有中铁十个工程局在此施工。安多县是青藏公路上重要的食宿站，铁路通车后也将是唐古拉山以南的大站，在交通上有着重要地位。当下的安多县城如同一个建筑施工工地，供下水工程在县城全面开挖，沟挖得又宽又深却未见有人施工，车辆行人互不相让，泥浆四溅，喇叭长鸣，一派繁忙与嘈杂。

县政府副县长、县支铁办主任仁增杰布和县委宣传部徐部长接待了采风团，全面介绍了青藏铁路在本县境内的建设情况。

安多县政府领导很有经济头脑。铁路修建之初，县里考虑到自身利益，与铁路局协商和争取，揽下了为铁路开采供应砂石的工程，县里投入近百万，招商引资 80 万，购买了工程车辆，在县城附近的安多河河床上建成开采沙石场，招聘四川籍包工头负责经营，一年多时间，已为铁路方供销 18 万立方沙石料，收入 600 多万元，取得了可观的经济效益。

县里还组建了 80 人的保安公司，由有过部队生活经历的年轻人组成，实行独立核算、自负盈亏的经营机制，在冬季到来，施工停工期间，工程技术人员返回内地，保安公司派出人员值守工地，确保工地财产安全。开工后，保安人员又兼做民工参加施工建设，对铁地两方都有利。去年，保安公司收入除去开支保安人员工资以外，累积收入近 20 万元，使当地民工从修铁路中直接获得利益。

仁增杰布副县长也介绍了安多县在支援铁路建设中的另一

面。安多县牧民习惯上固守牧业传统，满足于缓慢悠闲的游牧生活，生活小有富足便不思进取，比较懒散。县里借修建铁路机遇，组织部分民工参加铁路建设，改善牧民收入和生活状况。习惯于牧业的牧民群众不愿意从事挖土等重体力劳动，尽管每人每天有 50 元工资，另加 10 元生活补助，仍然不愿干。到了工地，铁锹翻着用，挖土修筑之类的活统统不会，常常借口“方便”逃离工地躲在山坡上睡觉晒太阳。工地统一做的饭菜吃不习惯，要单独打酥油茶抓糌粑。工长用汉语分工派活，都以听不懂汉语为由软磨硬抗，但一听“开饭了”便争先恐后。为此，也产生了一些矛盾。尽管如此，县里仍然坚持组织民工参加铁路建设施工，让他们在干中学，学中干，学习新的劳动技能和生活方式，转变旧的观念和生活习俗。经过两年时间，一部分民工有了转变，适应了铁路局的劳作方式和生活习惯。去年，安多县为铁路局组织了 1700 名民工，今年达两千多，其中大多是四川、青海、甘肃和西藏日喀则地区的农民工，当地人占很小比例。外来民工勤快、会干活，比当地民工好管理。尤其是日喀则农民，会干活会经营，有的春天背着简单行囊来安多打工，有了钱便买些牛羊雇佣当地牧民代为放养，秋冬可赶着一群牛羊回家乡，对当地牧民不能说没有影响示范，但是，要改变多年来形成的陈旧观念落后习俗不是短期内可奏效的。

仁增杰布县长私下里还介绍了另类的消息：安多县境内共有十个铁路局的施工队伍，生活服务、后勤保障、文化娱乐虽然铁路局内部已经有专人保证，仍有洗发、洗衣等生活服务不便的地方，四川等地的打工妹立即追随而来，不顾高寒缺氧打工挣钱，支起个帐篷就办一个发廊洗脚屋，搭间窝棚就开一间饭馆、茶馆，小小安多镇上约有四百多外来打工妹，打破了安多县的荒凉和枯燥，给藏北荒原增添了生机与色彩。仁增杰布感慨地说：“川军（川妹子）真厉害，整个一个中铁二十一局（中铁仅有二十局编制）！我们当地人要有她们一半的经营意识，安多早发展起来了。”

从那曲开始，采风团两名藏族老同志不适应缺氧气候，睡不着吃不下，消化功能紊乱，到了安多病情加重，经安多县急救中心诊治为严重缺氧性高原反应，采风团决定抽出一台车，连夜送回。

9 月 23 日

从安多到格尔木约 730 公里路程，是采风团最辛苦的一天行程。早上 5 点起床（相当于北京凌晨 3 点）出发，除去途中因修路堵车耽误，估计到晚上八、九点钟可到达格尔木。

从安多出发约 30 公里便遭遇堵车。在一处山口转弯处足有 500 多台车排队等候，而前方到底发生了什么不得而知。大家耐心等待，不时打开车门呼吸外面清冷的空气，减轻一下缺氧造成的憋闷。客车司机张师傅常跑格尔木一线，对堵车早已司空见惯，一点不急。他倒是分析了堵车的一种可能：会车处的领头车驾驶员有可能在车上睡觉过夜，随后车辆便跟着停下来，以为前面堵车，待驾驶员睡醒了，开车前行，所有车辆跟随其后，一段堵车也就疏通了。青藏公路线路长，食宿不很方便，跑长途开夜车的驾驶员为节约食宿节省时间，经常停靠路边打盹睡觉，偶尔巧遇两台相向车辆对头睡觉，一场堵车就不可避免。大家分析了张师傅所言，部分同志下车，步行前往堵车源头打听消息。几小时后，一辆武警车牌号的越野车迎头过来，车上坐着我们的成员，告知因前面武警部队修路而不能通行，当我们告知是自治区文艺创作采风团已经约好了在下一站的重要采访活动时，修路的武警指挥车破例让我们先行通过，他们前面鸣笛开道，我们的大客车紧随其后，近两个小时才从堵车几公里的夹道中“杀出血路”，通过了近千台车的长阵。

通过一关又遇一关，前行不远又遇武警修路，铺设柏油车占满路面，压路车并排碾压，来往车辆禁止通行，以显示武警修路任务的紧急和重要。虽经我们多人好言求助仍无济于事，一堵又是两个多小时，几百台车，装载着青藏铁路建设施工机具和物资，无可奈何地等待武警交通修路部队收拾好车辆机具才可通行。我们还算幸运。而有的驾驶员是前天下午就被堵在那里，在车上睡了一夜仍不放行，曾有驾驶员前去理论，有的还发生争执，据说在最近几年青藏公路维修期间，类似堵车经常发生，多半是因修路铺路人为堵车，驾驶员怨声载道，也盼着青藏铁路尽快修通不再受这份窝囊气。

昨天在路上堵车 6 个小时，大半天时间在焦急和愤懑中度过，下午 6 点才赶到沱沱河吃午饭，接待我们的中铁三局的同志一天都在急切等待中。夜里零时才到达格尔木，自治区政府驻格尔木办事处协助接待安排的同志在饭店一直等候，安顿下来已是深夜两点。

与青藏铁路建设者以人为本、尊重群众、文明施工比起来，青藏公路的维修者们可太不文明、太霸道了。

上午让大家睡觉休息。

下午听取青海省格尔木市支铁办主任全面介绍青藏铁路建设青海方面的情况。青海省格尔木市，多年以来为青藏铁路建设做了大量艰苦的科研、勘测及前期准备工作。格尔木市这座新兴的西北小城镇，因青藏铁路一期工程早已开通而带动经济快速发展，经济增长速度连续三年都在 22％以上，格尔木市如今再不是一片荒凉，市区街道杨柳成行，纵横宽阔，新建街道未及绿化的，种上人造仙人球，许多商铺门前摆着塑料盆景和人造植物，点缀着西北的干枯，满足着人们对绿色的觉醒和对生态的关注。

铁道部党组副书记、副部长孙永福同志视察青藏铁路建设抵达格尔木，明天一早出发沿铁路线去拉萨。孙部长听说西藏自治区派出的青藏铁路建设文艺采风团已到格尔木，十分高兴，在繁忙的日程中于晚饭前一个小时会见采风团一行。孙部长十分热情地欢迎采风团下到青藏铁路沿线采访，用近一小时时间全面而详细地介绍了青藏铁路建设情况。从孙部长介绍中得知：青藏铁路建设中须克服三大世界性难题，一是铁路穿越高原冻土的施工技术；二是克服高原缺氧确保施工队伍身体健康安全；三是保护好高原生态环境。三大难题目前均已取得突破性成果。

第一是多年冻土。从昆仑山至安多有550多公里连续多年冻土地段，冻土层受太阳辐射和压力等，容易形成冬季受冻胀起，夏季融化沉降，使路基变成高低不平的“搓板路”和“橡皮路”，影响铁路质量和运行安全，铁道部投入数千万元，依靠科研攻关取得一系列技术上的重大突破，填补了多项国内、国际空白。冻土路基主要采用片石通风路基、通风管路基、铺设隔热板、散热棒、以桥代路等技术，在多年冻土隧道开挖、支护、衬砌、桥梁桩基以及高寒冻土地带耐久混凝土应用等方面取得了一系列重大成果，有的达到了较高水平。国外少数国家在冻土地带修建铁路，行驶时速仅达60公里左右，我国对青藏铁路通过冻土地带，要求达到时速100公里以上。为此，加大资金投入，加强科技投入，在清水河特大桥11公里以桥代路工程中，桥梁桩基深入地下20至30多米，确保桥基坚固牢靠，确保铁路运营安全可靠。

第二是生态脆弱。青藏高原复杂的地形地貌和特殊的生态系统类型，为生物多样性营造了天然乐园。青藏高原有藏羚羊、藏野驴、野牦牛、雪豹等珍稀野生动物，而植被稀少，一旦被破坏很难恢复，环境保护责任重大。青藏铁路建设中确定了“预防为主，保护优先”的原则，把环境保护作为一项重要政治任务，全线环保资金投入达12亿元，实行了环保监理制度，这在中国铁路建设史上都是第一次。全体铁路建设者树立环保理念，强化环保意识，爱护高原一草一木成为广大职工的自觉行动。2003年3月，国务院新闻办公室发表的《西藏的生态发展与环境保护》白皮书，对青藏铁路建设环保工作给予很高评价。今年8月，国家环保总局等六部委联合检查认为：

青藏铁路环境保护工作在国内重点建设项目中处于领先地位，具有示范作用。

第三是高寒缺氧。青藏铁路沿线平均海拔 4500 米以上，最高处唐古拉山顶 5072 米，空气中氧气含量只有内地的一半，自然环境十分严酷。过去这里流传着“到了西大滩，气短腿发软；过了五道梁，哭爹又喊娘；六月雪七月风，一年四季分不清”的打油诗。在极其艰苦的条件下，铁道部倡导：要奋斗，不要无谓牺牲；要拼搏，不要盲目蛮干；坚持“以人为本”的方针，做到“兵马未动保障先行”。首先，上青藏铁路的建设者，必须是经过严格体检合格的人员，在海拔相对低一些的格尔木适应几天后，再到 4000 米以上高海拔地区工作，对不适应高原的人员及时送回内地。对在高海拔地区的工作人员，限定工作时间和劳动强度，每天坚持吸氧和服用抗缺氧药物，研制出高原制氧站配置到各项目部，向高海拔隧道内进行弥漫式供氧，把氧气供到职工宿舍确保能随时吸氧。全线设立了 115 个卫生所，23 个工地医院，6 个三级医疗救治站，配置了 26 台高压氧舱，上场医务人员达 680 名，构建起了坚强有力的三级医疗保障体系，一线施工人员的伤痛可以得到及时有效的救治。开工以来，各类高原病抢救成功率达 100%，参建人员无一例高原病死亡。同时，有效地预防了鼠疫、非典等各种疫病，这既是高原工程施工的奇迹，也是劳动者人权受到尊重的巨大进步，充分体现了党和政府的人文关怀。

广大铁路建设者大力弘扬新时期“火车头精神”和“开路先锋精神”，努力培育以“吃苦奉献、立功高原、遵循科学、创造一流”为基本内涵的青藏铁路精神，依靠科技、开拓创新、顽强拼搏，到今年 9 月底，全线累计完成投资 110 多亿元，铺轨穿越昆仑山，过可可西里无人区，即将通过世界海拔最高的隧道——风火山隧道，建设工程质量良好，已完工程优良率达 90%以上，广大建设者正在用智慧和汗水谱写壮丽的人生篇章，人类建设史上的伟大壮举即将由梦想变成现实！

孙部长还介绍了铁道部对青藏铁路建设文艺创作的计划安排和设想，他热情希望西藏自治区文化艺术工作者深入铁路建设沿线，深入建设者生活之中，通过文艺创作，反映党中央决策的正确英明，反映铁路建设者的英雄业绩，反映人民群众给予的大力支持，反映我们国家的经济实力和巨大变化。他对文艺创作采风团寄予很大的期望。

9 月 24 日

今天上午采访青藏铁路建设总指挥部，由副总指挥、工委副书记才凡同志向采风团介绍情况。

接待采风采访是青藏铁路建设总指挥部工作的一个方面，已形成了制度和规范。为采风团安排播放了 15 分钟的电视音乐片《青藏铁路》，片子虽短，制作很精心，画面拍摄得好，解说词写得精练而简明，是总指挥宣传部制作的。同时还赠送了刚刚编印的青藏铁路画册以及在北京举办的青藏铁路文艺作品演出晚会录像带。

总指挥部二楼会议室里，一侧墙上挂着巨幅卫星照片（青藏高原局部），以红线标示出青藏铁路的走向、地貌和海拔高度等数据。三楼会议室陈列着大型“青藏铁路沙盘模型”，工作人员按下开关，录制好的解说与沙盘灯光同步显示，直观而清楚地了解了青藏铁路全貌和概况。之后，才凡副总指挥又详细向我们介绍了有关情况。

青藏铁路是党中央三代领导集体多年来一直关心重视的伟大工程。新中国成立不久，党和政府就考虑建设青藏铁路。在毛泽东、周恩来、邓小平等老一辈领导人的关心过问下，1958 年就开始了青藏铁路建设，完成了全线初测任务，部分区段已经开工。1960 因国民经济调整压缩基本建设而停工。1973 年，毛泽东主席在北京会见尼泊尔国王比兰德拉时，毛主席提出要建设青藏铁路，加强两国贸易。1974 年，中央再次将修建青藏铁路提上议事日程，铁道部第一勘测研究院进行了勘测，铁道兵挥师昆仑山，经过5年艰苦施工，青藏铁路已跨越格尔木盐湖。1979年铺轨至格尔木，全长814公里，这是青藏铁路的一期工程。

党中央第二代领导核心十分关心进藏铁路建设。1983年，时任西藏自治区党委书记的阴法唐同志在北戴河向邓小平同志汇报工作时，邓小平主动问到进藏铁路走哪边好，阴法唐回答说："走青藏路"。邓小平问及盐湖和冻土层问题，阴法唐说，盐湖通了，冻土问题也有解决办法。邓小平同志询问了青藏铁路的里程与预算，思考后说："看来还是修青藏铁路好！"

1994年7月15日，中央召开第三次西藏工作座谈会前，自治区主要领导在向江泽民、胡锦涛等中央领导汇报工作时，又一次提出修建青藏铁路问题，建议把勘察设计青藏铁路列入2000年前的工作计划中。7月19日，江泽民同志亲自主持召开中央第三次西藏工作座谈会，提出要做好进藏铁路建设的前期准备工作。1996年八届人大四次会议通过《国民经济和社会发展"九五"计划和2001年远景目标纲要》，对进藏铁路方案研究提出明确要求。

2000年11月10日深夜，江泽民同志看完铁道部关于修建青藏铁路的报告后，作了长达3页的批示，指出：修建青藏铁路是十分必要的，对发展交通、旅游，促进西藏地区与内地的经济文化交流是非常有利的，我们应该下决心尽快开工修建。

2001年2月7日，朱镕基同志主持召开了国务院总理办公会议，研究认为：经过20多年改革开放，我国综合国力显著增强，已具有修建青藏铁路的经济实力。通过多年不间断的科学研究和工程试验，对高原冻土地区筑路技术问题提出了比较可行的解决方案，修建青藏铁路时机已经成熟，条件基本具备，可以立项。朱镕基指出：青藏铁路的修建，对于加快西藏经济社会发展，加强西藏与内地的联系，增强民族团结，实施国家西部大开发战略，具有重要的意义。

2001 年 6 月 25 日至 27 日，党中央召开了第四次西藏工作座谈会。朱镕基在讲话中指出，基础设施薄弱是西藏经济发展的主要制约因素，必须加快铁路、公路、机场、电力、通信、水利等设施建设。为了帮助西藏更好地加快发展，中央决定进一步加大投入和支持力度。这次会议确定国家直接投资西藏的建设项目 117 个，总投资约 312 亿元，其中青藏铁路西藏段投资 120 亿元。

2001 年 6 月 29 日，即第四次西藏工作座谈会后两天，青藏铁路开工典礼在青海省格尔木市和西藏自治区首府拉萨市同时举行。中共中央总书记、国家主席江泽民为青藏铁路开工发来贺信，国务院总理朱镕基亲临格尔木市出席开工典礼并发表重要讲话，国务院副总理吴邦国出席在拉萨的开工典礼。

2002 年 5 月 27 日，胡锦涛同志专程来到格尔木，看望青藏铁路的建设者，代表党中央、国务院向铁路建设者表示亲切慰问。胡锦涛说，青藏铁路自 2001 年开工以来，在铁道部的精心组织和青藏两省区党委、政府的大力支持下，广大铁路建设者团结协作、艰苦奋战，工程开局良好，进展顺利。随着工程的推进，青藏铁路建设将要进入攻坚阶段，摆在我们面前的任务是艰巨的，希望同志们进一步增强光荣感、使命感和责任感，大力发扬铁路建设大军“吃苦耐劳，能打硬仗”的优良传统，优质高效地建成青藏铁路。在建设过程中，要严格按照科学规律办事，积极探索，勇于创新，努力攻克在冻土层上施工的技术难关；要牢固树立“百年大计，质量第一”的观念，精心设计，精心组织，精心施工，加强管理，严格监督，确保这项举世瞩目的工程经得起历史的检验；要把保护生态环境放在突出位置，爱护这里的一草一木，和当地各族人民一起为美丽的青藏高原增光添彩；要继续认真研究和解决好在高寒缺氧条件下进行施工的医疗保健问题，使广大的建设者始终保持强健的体魄和旺盛的战斗力。

党的三代领导集体和以胡锦涛为总书记的党中央对青藏铁路建设和铁路建设者给予了深情的关怀和巨大的鼓舞，将成为青藏铁路建设者的强大精神动力，有力推动青藏铁路高质量保进度按期建成，同时，也将作为我国铁路建设史上的光辉一页，与青藏铁路一起载入史册。

才凡副总指挥还介绍说，青藏铁路建设总指挥部提出：实践"三个代表"，增强"三感意识"（光荣感、责任感、使命感），攻克"三大难题"（冻土施工、生态脆弱、高原保健），实现"三大目标"（速度最快，设备最优，用人最少），已成为全线各施工局职工的自觉行动。去年5月27日胡锦涛同志视察青藏铁路以后，全线逐步提出"吃苦奉献、立功高原、遵循科学、争创一流"的精神，有可能成为新时期的"青藏铁路精神"。

才凡副总指挥向采风团介绍了有关青藏铁路建设文艺创作情况：铁道部对青藏铁路文艺创作十分重视，把文艺创作视为同铁路建设工程一样的另一宏伟工程，与铁路建设同步进行，同时收获成果。青藏铁路总指挥部计划抓出文艺创作的"五个一工程"，计划编一本书，拍摄一部电视剧，编一本摄影画册，创作一首唱得响的歌曲，建一个纪念馆（在拉萨和格尔木市各建成一座铁路纪念馆）。中国铁路文工团已着手创作排演一系列反映青藏铁路建设的文艺节目。但仅靠铁路系统自身的文艺创作是不够的，希望与青海、西藏地方文艺创作力量合作，互通信息，整合资源，分工合作，发挥优势，尽快推出一批反映青藏铁路建设的优秀文艺作品。目前的文艺创作，不仅要满足人民群众对快餐式文化产品的需求，还要创作出经典作品；不仅要红一时，还要红一世的文艺作品，西藏文艺界定能创作出唱得响、传得开、经得起时间检验的精品佳作。

9月26日

早上出发乘车30公里到南山口，这里是中铁一局指挥部所在地，是青藏铁路最大的铺轨基地，也是桥梁生产和铁轨组装基地。

在青藏铁路总指挥部的热情安排下，采风团从南山口乘坐青藏铁路公司001号高级公务专列前往昆仑山，参观铁路及洞桥工程，感受世界一流铁路和专为青藏铁路制造的列车。

公务列车仅有一般列车一节车厢的长度，自带动力和驾驶室，一半的长度是一间会议室，另一半的长度是三四间豪华软卧间和一间洁净的洗手间，比机舱上洗手间更宽敞舒适，会议室、卧室均设有供氧接口，会议室两头各设有大屏幕显示器，通过机车前安装的摄像头可对火车前行的速度、景物作全景观览，感觉如同在驾驶室一样。驾驶室宽敞明亮而简洁，驾驶台仪表盘和操纵杆都很简明，液晶显示器上显示各种行车数据，如车的方位和海拔高度等，据说这是列车的黑匣子。驾驶员一手握操纵杆、一手持对讲机，与通过站随时联系。列车行驶十分平稳，采风团成员都很激动，大家生平第一次乘坐现代化水平如此高的列车，奔驰在世界屋脊的青藏高原，以从未有过的视角和速度观光和体验在雪山峻岭中、在莽莽草原上疾驰的感觉。

在列车行驶的两个小时里，大家或与指挥长采访交谈，或在驾驶舱拍照合影。行车到昆仑山站，驾驶员离开驾驶座位与我们告辞，有的采风团员留恋不舍，坐上驾驶座位与驾驶员拍摄留念。

据陪同的中铁一局指挥长介绍，这列公务车目前仅供有关领导视察已通铁路工作之用，是我国自行制造专供青藏铁路使用的，列车有供氧空调系统和舒适的坐卧铺位，确保以最短的时间、最快的速度和最舒服的感觉通过高海拔地区。由于青藏高原平均海拔高，草原辽阔，沿线以桥代路约120公里，经过昆仑山、唐古拉山和藏北羌塘大草原以及可可西里自然（野生动物）保护区，火车从格尔木盐湖和那曲错那淡水湖边穿行，沿途湖光山色、蓝天白云、雪山草原广阔悠远，有飞奔在“天路”上的感觉，更有“一路经四季，十里不同天”的季节和气候变换，乘坐青藏铁路列车进藏旅游观光，将不会沉寂和枯燥。列车上除了有行驶中的实时摄像和影视文艺节目之外，更会有我采风团创作的唱响于铁路列车和流行于全国的“青藏铁路之歌”。

列车送我们到昆仑山站，换乘汽车。大家在皑皑白雪中挥手向青藏001号告别，向列车工作人员致意，依依目送列车返回。

经过可可西里自然保护区时，几十只野羊在离公路边不远处食草，对过往行驶中的汽车并不在意，但当我们的车停下时，便机警地逃跑，远离公路，显得很有组织性和对人的警惕与戒备。可可西里一号、二号特大桥首尾相连，长达十余公里，蜿蜒于草原，极为壮观。这里没有河流湿地，完全是为了藏羚羊等野生动物生存迁徙而专门设计修建的。

午饭时分，抵达五道梁附近的中铁二十局指挥部。指挥部地处荒原，简易的平房小院十分整洁，国旗在大风中冽冽飘展，院落一侧设立的垃圾箱醒目地分为可降解与不可降解两种。在会议室里，部分采风团成员一边吸着氧气一边听中铁二十局党总支书记陈益发介绍施工情况。这里海拔4700多米，有明显的高寒缺氧气候特征，部分采风团成员有缺氧反应。陈书记带医生来给有明显反应的成员查体配药，招呼大家在座位上就近吸氧。这里设有一间制氧站，氧气可供到职工宿舍和会议室。

中铁二十局承担着世界海拔最高隧道——风火山隧道建设任务。风火山隧道地处海拔4700米以上的冻土地带，长1338米，用一年时间开凿打通。施工中须解决好两大技术难题：一是建立三个制氧站对施工面弥漫性供氧以解决施工面严冬缺氧的问题；二是冻土保温，建立热冷风控温机站，确保施工面温度不过高而使冻土消融，施工要求高，气候条件苛刻，二十局啃下的是一块硬骨头。

午饭后乘车前往风火山特大桥参观，那里正在架设桥梁。陈益发书记送给我们几本他刚出版的诗集《青藏颂歌》，我浏览了一下目录，看到扉页上写着："谨以此书献给青藏铁路的建设者"。在这严重缺氧的荒凉高原，昼夜不停息的铁路建设工地上，担负着繁重建设任务和重大责任的一个局党总支书记，在两年间几百个不眠夜写成的青藏铁路建设的第一本诗集，令人顿生敬意。

晚饭前到达沱沱河。沱沱河上正在修建特大铁路桥，桥墩全部建成，正待架设桥梁。铁路桥头，矗立着中铁三局修建的"长江源生态环境碑"和江泽民总书记题写的"长江源"纪念石碑，碑文刻写着长江源特大桥简介，铁路桥将打破沱沱河千万年的寂静，构成一道新的风景线，成为沱沱河大桥新成的人文景观。大家在"长江源"纪念碑前合影留念，更加体会到党和国家对青藏铁路生态环保的高度重视。

沱沱河边巨幅公益广告牌上写着：家住长江尾，来到长江源，保护长江源，就是保护家乡水。据说，这是一位普通铁路职工的诗作，是铁路建设者高度重视青藏高原生态保护的心声写照，大家为这诗一般的真情流露所感动。如果作曲家把它谱上曲，有可能成为传唱于青藏铁路建设者中的优秀歌曲。

9 月 27 日

昨夜宿沱沱河中铁三局招待所。

青藏公路唐古拉山至昆仑山之间几个站气候恶劣，高寒缺氧，沱沱河站是其中一个，一般行人和车辆宁可翻过唐古拉住安多也不住沱沱河。这里海拔 4550 米，多数人都会有些缺氧反应。夜里缺氧反应睡不着，打开电视，竟收到法国“巴黎时装”栏目，且收视效果同在大都市里没有什么差别。三局为了改善铁路职工文娱生活，专门自建了电视卫星接收站，接入职工宿舍和招待所客房，可收视七八套节目，职工的文化生活赶不上内地城市那么丰富，也不算枯燥。

中午抵达唐古拉兵站，原兵站许多房子现提供给中铁十七局使用。采风团下了车就进入会议室听取十七局指挥长和党工委书记介绍情况。我同几位同志一样明显感觉到缺氧反应，一边听取情况介绍，一边吸着氧气。十七局指挥部这里设有医院，配置有制氧车间、高压舱和齐全的常规医疗设备，为了确保施工者身体健康，仅一个局就配备了500多万元的各种设备仪器，显示了当代企业管理“以人为本”的精神。

中铁十七局曾经被朱德元帅称赞为“移山填海”的铁军。铁道部部长刘志军在考察青藏铁路时称赞十七局指挥部是“一支特别有战斗力的队伍”。西藏自治区曾授予他们“环境保护先进单位”。十七局指挥部制定了“精心组织、科学施工、努力拼搏、保障健康、爱护环境、争创一流”的目标。提出了“在工程质量上出精品，在项目管理上出成果，在医疗保障方面出经验，在环保防疫方面出新路，在全线竞争中出名次，在成本管理上出效益，在高原施工中出信誉”的具体要求。局党工委坚持以人为本，注重科学生存，坚持先生存后生产的原则，确保每一名参建职工的身体健康和生命安全。在深入开展建功立业劳动竞赛中，培育塑造“挑战雪域之巅、甘于吃苦奉献、崇尚科学求是、打造闪光亮点”的唐古拉精神。

午饭后，在十七局指挥部领导的带领和陪同下，到远离唐古拉兵站30公里外的唐古拉山顶、青藏铁路经过的最高点、海拔5072米的施工工地参观。工地项目部办公生活区设在唐古拉山海拔5070米的地方，项目部的小型会议室张挂着施工进展图表和各项管理规章制度。刚刚下过一场雪，大风吹得简易工房吱吱作响。会议室里放置了十多只氧气瓶随时可供吸用。每间宿舍也都配备了足够的氧气瓶，工人下工回来随时可吸氧。氧气在这里已不再是奢侈品而是生活必需的，吸氧比吃饭睡觉更重要。

在海拔 5072 米处，矗立着巨幅广告牌，这里是中铁十七局与十八局施工段的交接处，是青藏铁路途径的最高海拔点。这里是高含冰冻土、冻土沼泽化湿地等混合的冻土带，地质复杂、气候异常，“一天有四季，十里不同天”描述的就是这里的景象。这一带铁路施工难度很大，多处以桥代路，以确保火车在尽可能短的时间内通过。

中铁十七、十八局塑造着青藏铁路“唐古拉山精神”。

9 月 29 日

采风团在那曲用半天时间采访了中铁十九局，参观了那曲火车站施工工地和站前特大桥工地。那曲火车站占地 21 万平方米，是青藏铁路途中最大的车站。火车经过山坳特大桥驶入那曲站，桥站相连构成那曲最壮观的建筑景观。

早上从那曲出发，途经当雄县未作停留，直抵羊八井参观青藏铁路最长隧道——羊八井一、二号隧道。一号隧道长 3345 米，再有十天时间便可打通。二号隧道长 1600 多米，已经建成，两隧道洞口仅隔一条沟壑，等于两洞相连为一条 5 公里长的隧道，在海拔 4300 米的山间穿越，开凿施工难度之大，任务之艰巨，在中铁二局历史上都是值得书写的辉煌。不愧为人类在青藏高原上的伟大创举！

昨天，在那曲用半天时间进行了采风总结。多数团员都结合采风感受和体会谈了心得和创作设想。大家普遍的感受是：党中央、国务院在新世纪之初作出修建青藏铁路的重大决策，是高瞻远瞩的英明之举，是我国建设中国特色的现代化、全面建设小康社会的宏伟大业，是人类建设史上的伟大壮举，是西部大开发的标志性工程，是祖国人民献给青藏高原的一条五彩哈达，是伟大祖国修筑在世界屋脊的钢铁长城，对于促进青藏两省区经济社会发展，加强边疆与内地的联系，促进对外开放，增进民族团结，增强文化交流，维护民族地区的社会稳定和长久治安，具有重要而深远的意义。青藏铁路是造福青藏两省区人民群众的团结之路、富裕之路、文明之路。对此，大家都有了更深刻认识。

大家还普遍认为：青藏铁路建设施工中把保护生态环境放在首位，铁路走向与桥梁路基建设把对草原生态和野生动物的影响降到最低程度，重视保护农牧民群众的长远利益、根本利益；高度重视参建职工的身体保健和生产安全，加大科技投入，为减轻体力劳动强度，不惜增加建设成本；培育青藏铁路精神，塑造铁路人新的形象，表现出铁道部和青藏铁路建设总指挥的人文关怀和人本主义精神，也反映出我国综合国力的强大和科技水平的提高。大家从中深受教育、深受鼓舞、深受启发。

同时，大家还普遍认为：此次文艺采风活动的收获是多方面的，见闻感受是深刻的。采风团肩负着人民的重托、领导的期望和铁路建设者的企盼，一路采风，一路思考，一路感想，一路收获，既有感动也有激情，既有责任感也有紧迫感。将围绕青藏铁路建设，发挥各方优势力量，整合文艺创作资源，加强联系与合作，使文艺创作与铁路建设同步进行，同出成果，创作出唱得响、传得开、经得起时间检验的文艺精品佳作。

总结会上，大家交流了各自的创作选题设想。有的打算创作几首歌曲，有的准备写报告文学，有的建议创作音乐史诗，有的构思美术长卷，大家对青藏铁路文艺创作充满了激情和热情，充满了责任感和信心。

下午返回拉萨途中，参观了在建的拉萨铁路大桥工程，世界海拔最高、跨度最长的特大桥正在加紧建设中，像一条吉祥彩虹，飞架在奔腾的拉萨河上，与布达拉宫遥相呼应，吟唱着青藏高原的幸福颂歌。

自治区领导和文艺界领导到青藏、川藏两路纪念碑迎接采风团归来，为大家献了哈达，祝贺采风圆满，欢迎平安归来。

至此，青藏铁路建设文艺创作采风团一行 36 人，历时 13 天，行程约 3000 公里，进行了 15 次座谈交流和听取情况介绍，参观铁路建设施工工地 18 处。多年以来自治区组织的规模最大、艺术门类最多的文艺创作采风团，圆满结束采风活动，顺利返回拉萨。每个采风团成员都心怀激情，整理并思考着各自的创作计划，把采撷的花粉酝酿成蜜糖，把丰盛的精神食粮奉献给青藏铁路的建设者，奉献给西藏和青海人民。

2003 年 9 月

青藏铁路建设文艺创作采风总结

一、基本情况

为贯彻落实热地副委员长关于青藏铁路文艺创作的指示精神和自治区党委郭金龙书记等自治区领导同志关于文艺创作的批示，根据区党委第46次专题会议上关于研究青藏铁路建设文艺创作专题会议纪要决定，由区党委宣传部、自治区文化厅、自治区文联共同组成的“青藏铁路建设文艺创作采风团”一行共36人（含3名驾驶员），在自治区文化厅厅长江央（团长）和自治区文联副主席杨世君、区党委宣传部文艺处副处长吴亚松、文化厅文艺处副处长张治中（三人为副团长）的率领下，于9月17日出发，沿青藏铁路建设沿线，从拉萨市至青海格尔木市往返3000余公里，途经堆龙德庆县、当雄县、那曲地区、安多县、沱沱河及羊八井镇，于9月29日返回拉萨，历时13天。在地、市、县支铁办，地、县委宣传部和青藏铁路建设指挥部的积极支持和协助安排下，对地方支援青藏铁路建设和铁路建设总指挥部及有关施工单位进行了采风采访，共与地、市、县支铁办和铁路建设指挥部进行了15次座谈交流和听取情况介绍，参观了铁路施工现场18处，先后与自治区支援青藏铁路建设领导小组办公室、自治区青藏铁路建设指挥部，拉萨市、那曲地区、格尔木市、沿途各县支铁办负责人，青藏铁路建设总指挥部以及中铁一局、二局、五局、十七局、十八局、十九局、二十局等指挥部及其所属的施工项目进行了广泛接触。采风团到达格尔木后，受到铁道部孙永福副部长的接见。采风团离开格尔木时，由青藏铁路建设总指挥部热情安排，从南山口乘坐青藏铁路公司001号高级公务专用列车行驶120公里至昆仑山站，亲身体验了青藏铁路的现代化列车和一流铁路。在十分紧张的日程里，对青藏铁路建设以及地方支援青藏铁路建设文艺创作有了总体把握和初步计划。这次“青藏铁路建设文艺创作采风”活动，是多年来自治区组织的规模最大、艺术门类最多的文艺创作采风团，以自治区文化厅所属各专业文艺团体和文联各文艺家协会的主要创作人员为主，西藏军区政治部创作室、武警西藏总队宣传处、拉萨市民族歌舞团、拉萨市文联、那曲文工团以及西藏电视台和西藏人民广播电台都派出了文艺创作（编辑）人员。采风团出发前和归来时，区党委常委、宣传部长苟天林同志，常务副部长格桑朗杰同志以及文化厅、文联主要领导同志代表自治区领导欢送和迎接，并对采风活动提出明确要求，寄予殷切期望。采风团成员肩负着重要使命和责任，牢记自治区领导的指示精神，以高昂的热情和创作激情，不顾旅途紧张劳累，不怕高原缺氧反应，紧密团结，认真采风采访，积极发掘题材体裁，思考各自的创作计划。除4人因身体不能适应，于中途从安多返回以外，其他采风团成员顺利圆满完成任务。采风团于9月20日和28日在那曲分别进行了小结和总结。

二、收获体会

采风团从拉萨出发至格尔木，沿途重点对各级地方政府支铁办进行采风采访，从格尔木出发返回拉萨途中，重点对铁路各施工局（项目部）进行采风采访。沿途所见所闻，感受深刻。

1. 对党中央作出西部大开发战略决策和修建青藏铁路的

伟大壮举和深远意义有了更深认识和亲身感受。沿途采访，大家的共同感受是：青藏铁路将创造人类奇迹；青藏铁路建设将创造出许多世界之最；青藏铁路建设将对青海、西藏以至内地相关省市经济和社会发展产生有力的拉动，加快西藏、青海的开发，实现跨越式发展；青藏铁路建设将直接带动西藏对外开放、旅游开发和文化交流，增强民族团结，巩固边疆建设。沿途各级支铁办、各铁路建设施工单位负责人以及广大农牧民群众对此已形成共识。沿途各级地方政府和铁路建设单位，对青藏铁路建设中采用最新科技、保护生态环境、建设世界一流铁路的意识都十分明确。“修筑青藏高原钢铁长城，建树藏汉民族团结丰碑”一类的广告标语沿途各站可见，有利于启发文艺创作激情。由于采用先进机械设备和严格的科学管理，减轻了施工劳动强度，加快了速度，确保了质量，不同于过去修铁路人海战的情景，从一个侧面反映了我国综合国力的强大和坚实。青藏铁路是名符其实的团结路、富裕路、文明路。

2. 保护青藏高原生态环境，建设世界一流铁路，已成为各级政府和铁路职工的自觉行动。青藏铁路是文明之路，沿路形成文明之风。坚持以人为本精神，保护草原生态环境，保护野生动物，保护农牧民群众切身利益，是青藏铁路建设的突出特点和前提条件。在当雄县草原和可可西里自然保护区等多处铁路施工段看到，为了把对草原生态的破坏降到最低限度和方便野生动物迁徙繁衍，凡是草场湿地和野生动物生存的地方，铁路基本采用以桥代路的施工设计，沿线大桥、特大桥接连不断，从几公里到十几公里长，凡是穿越草原的铁路路基，每隔500米左右就修建一座人畜通道，方便牧民放牧通行，虽然增加了建设成本，却有利于人民群众的长远利益，有利于自然资源的永续利用和可持续发展。在中铁五局、十九局和多处施工现场，看到路基铺建中对草场的严格保护：开挖路基前，先把草皮一块块切割移到路基两侧，待路桥修好后再把草皮移植过来。路基桥基几乎不占用草场，不影响草场生态，路基两侧采用播撒草种、草皮移植、垒砌方格石片等措施绿化、美化和坚固路基。在几处施工现场看到，施工工地均设有两种垃圾箱，分为可降解与不可降解两类垃圾。指挥部作出规定：对沿路乱丢塑料袋、矿泉水瓶，施工车碾压草场等不文明施工现象，都处以严厉的处罚。青藏铁路首次采用环境监督管理制度，严格考核标准，凡环境保护措施不落实，草原生态遭破坏的，都不能通过工程检查验收并处以重罚，确保生态环境不受破坏。在中铁十九局了解到，该局职工在错那湖施工中救护三只小野鸭并养大放归湖中的故事；了解到一些施工单位遇到藏羚羊产仔迁徙而停工让路的动人故事；了解到铁路职工捐助农牧民子弟上学，捐款建设希望学校，帮助农牧民民工学习劳动技能，转变落后观念习俗等感人事迹，激发了采风团艺术家的创作激情，成为文艺创作丰富而生动的素材。

3. 青藏铁路文艺创作受到各方面关注和重视，采风团每到一处，都受到各级支铁办和铁路建设者的热情接待，尽量把铁路建设有关情况和先进事迹、典型人物等介绍给采风团，同时也把铁路建设者希望反映青藏铁路的文艺作品早日问世的愿望转达给采风团。铁道部副部长孙永福经由格尔木视察铁路建设，听说西藏自治区青藏铁路文艺创作采风团一行抵达格尔木，孙部长在十分繁忙的日程中安排接见采风团一行。在向采风团介绍了青藏铁路建设进展情况后，对青藏铁路文艺创作提出了希望和要求。他说，铁道部对青藏铁路文艺创作很重视，已经作出安排，组织创作一批文艺作品，但仅靠铁路系统自身的力量还很不够，希望西藏文艺界能创作出更多、更丰富的文艺节目，奉献给全国人民。青藏铁路建设总指挥部指挥长拉有玉陪同孙部长检查铁路沿线返回格尔木后，马上安排宴请采风团部分成员，席间与采风团成员、区歌舞团作曲家美朗多吉共同演唱由美朗多吉创作的几首藏族歌曲，并真情表露：他和青藏铁路建设总指挥部以及广大铁路建设职工，热切希望创作出富有藏族音乐特色的青藏铁路歌曲，可为青藏铁路工人传唱，可为全国人民传唱。并充满信心地表示：能唱响青藏铁路的歌曲一定会出自西藏艺术家之手。为了表达铁路建设者对文艺工作者的厚望，拉有玉指挥长当即决定破例为采风团安排乘坐青藏铁路公司001号高级公务列车参观已铺轨的120公里青藏铁路，从南山口至昆仑山。采风团成员心怀激动和感谢的同时，也感受到了铁路建设者们对文艺家们的期望。青藏铁路建设总指挥部副指挥长、工委副书记才凡同志在铁道部多年从事宣传工作，对文艺工作和文艺创作十分内行，专门安排半天时间向采风团介绍青藏铁路文艺创作情况和设想建议，为采风团播放了总指挥部宣传部新近制作的青藏铁路建设电视音乐专题片，赠送了在北京举办的青藏铁路文艺作品专场晚会的录像带和画册。才凡同志介绍，铁道部计划在完成青藏铁路建设的同时，完成反映青藏铁路建设的文艺创作“几个一工程”，拟创编一本书、一本画册、一首歌曲、一部电视剧、一个纪念馆、一台专场文艺晚会等，他认为：青藏铁路文艺创作除了快餐式作品，还要有经典性文艺作品，不仅要红一时，还要争取红一世，围绕青藏铁路建设，一定能创作出唱得响、传得开、经得起时间检验的文艺精品。才凡同志还介绍了文艺作品创作设想，并建议青藏铁路建设方面的文艺创作力量加强联系与合作，发挥各方面优势力量，整合文艺创作资源，使文艺创作与青藏铁路建设同步进行，同步出成果，把青藏铁路文艺创作视同为青藏铁路建设的另一个大工程，抓出佳品、精品。

4. 采风团成员在进行总结时普遍表示，此次文艺创作采风的收获是多方面的，见闻感受是深刻的，对青藏铁路建设文艺创作既有激动也有激情，既有责任感也有紧迫感。采风团肩负着领导的重托，铁路建设者的期望，带着明确的任务目标，认真听取情况介绍，积极采访提问，捕捉文艺创作素材，讨论文艺创作有关问题，大家满怀热情和激情，一路采风，一路思考，一路感想，一路收获。于9月22日在那曲进行小结时，采风团领导对采风活动及时作出评价并以自身所见所闻和心得体会同大家交流讨论，把采风途中的感受与采风团的使命结合起来谈设想谈建议。大家自觉动脑动心，多看多听多学多问，一边采风一边思考各自的创作选题计划，使大家的情绪和心思紧扣青藏铁路建设文艺创作而进行活动。

在那曲采风活动总结会上，多数采风团成员都认真准备了发言，结合自身感受与收获，谈心得体会，谈创作计划，谈设想和建议。采风团团长江央在归纳总结时提出要求和希望。他说，此次采风活动是贯彻“三个代表”重要思想，落实文艺工作“三贴近”原则，繁荣文艺创作、建设先进文化的具体措施。区党委召开专题会议，研究落实热地副委员长电报指示精神和区党委郭金龙书记、李立国副书记、荀天林常委等领导同志批示，组织这次多门类、高规格的采风团，充分体现了区党委贯彻“三个代表”重要思想和十六大精神的决心和行动，充分体现了对繁荣我区文学艺术的高度重视和关切，充分体现了对文艺工作者的关心重视和激励。通过对青藏铁路建设文艺创作采风，使我们深切体会到了党中央对西部大开发战略决策的英明和我国综合国力以及科技水平的提高，使我们对青藏铁路这条团结路、富裕路、文明路的内涵有了深刻的认识和体会，使我们文艺工作者思考工作上的差距，增强了使命感、责任感和紧迫感，同时也看到了我们的优势，增强了信心，极大地激发了创作热情。我们要在文艺作品的质量上下工夫，要树立精品意识，在出精品上打好翻身仗，要有信心有雄心，确立创作目标，乘势而上，“趁热打铁”，通过这次采风活动，拿出几个在国内有影响的，唱得响、演得开的文艺作品。

三、创作设想

在采风活动结束前的总结会上，采风团多数成员畅谈了初步创作设想。

采风团年纪最大的成员、退休老艺术家巴桑先生，谈到有幸参加这次采风活动和沿途见闻时十分激动，感受深刻，他建议组织强有力的创作班子，以青藏铁路建设全过程创作一台类似《长征组歌》体裁的音乐史诗或组歌，配以舞蹈、朗诵，以组歌乐舞形式歌颂这一伟大工程，要把朗诵词和音乐写得激荡人心，有较高的文学水准，以恢宏气势赞歌青藏铁路。他本人愿意参加集体创作并打算创作部分歌词。

采风团副团长、文化厅艺术处副处长张治中，在谈了对青藏铁路建设的深刻感受后认为，这次采风拉开了文艺创作大手笔、大制作的序幕，大事件造就大作品，西藏文艺界重振雄风的会战已经开始，希望各文艺团体创作人员提出各自的创作计划，经过艺术处论证后组织实施。他本人打算创作一个小品，写两首歌词。

西藏歌舞团团长丹增贡布认为，文艺创作源于生活，没有这次沿铁路一线的采风采访，就没有对中央英明决策的深刻认识和对铁路建设者的理解，青藏铁路让我们看到了综合国力强大和科技水平提高，国家对铁路建设高投入，重视科技人员和科技投入，重视保护生态环境，重视对铁路职工的医疗保健，铁路职工实践“三个代表”，战胜高原缺氧，攻克“三大难题”，是新时期最可敬可爱的人，文艺作品理应反映他们，文艺创作采风定能把热情转化为动力。西藏歌舞团以铁路建设为主题创作大型歌舞《雪域惊涛》计划已报文化厅，经过这次采风，团里将召开创作人员专题会，向他们介绍采风体会，研究创作规划，拿出新的方案。

西藏军区创作室主任、西藏作协副主席许明扬谈到，青藏铁路是中华民族献给青藏高原的一条巨型哈达，文艺创作面对这样一件大事应走在前面。青藏铁路建设创造出新的文明，保护生态环境是铁路修建的特点也是文艺创作的亮点，可以发掘出闪光的东西，文艺反映青藏铁路建设已不同于60年代《洗衣歌》、《逛新城》的时代背景了，要反映青藏铁路敢叫雪山低头、江河让路的气势。不仅要写修路者的艰苦，更要反映发展和国力。许明扬建议可以写一部交响诗，写出几首富有民族特色的歌曲，画一幅长画卷表现铁路建设，许明扬本人准备以散文形式写青藏铁路。

西藏歌舞团二级美术设计、西藏美协会员洛桑表示，受西藏美协的委托带着创作任务参加这次采风，以青藏铁路建设为题材创作一幅美术作品，一路动脑，已有所构思，计划用半年左右时间完成。

西藏歌舞团二级作曲美郎多吉表示，这次采风活动为大家提供了创作和选择的空间，经过认真思考，争取创作出流传全区、全铁路乃至全国的歌曲。要出精品尚须深入研究，青藏铁路的歌曲理应由青藏人来创作来演唱，应突出青藏高原特点。赞成创作大型音乐史诗的设想。

西藏话剧团一级导演普布次仁说，青藏铁路建设创造了世界奇迹、意义深远，保护生态环境的做法和铁路精神给我印象很深，有让我激动的素材，打算以保护生态环境和青藏铁路精神为题材创作两个话剧小品。2005 年是西藏话剧团成立 50 周年，要与青藏铁路结合安排创作计划。创作人员之间应该交流信息，资源共享，形成合力，不搞单枪匹马，愿意与西藏歌舞团合作，把戏剧与舞蹈融合起来创作新的艺术形式。

采风团副团长杨世君、吴亚松，藏剧团编剧普琼、贡布，自治区文联《西藏文学》编辑张世文、西藏武警总队宣传处彭宗毓、西藏人民广播电台编辑张科、西藏电视台文艺编导拉珍等也在总结会上谈了各自的采风感受和创作计划的设想。

四、几点建议

1. 区党委第 46 次专题会决定成立“青藏铁路文艺创作领导小组”及其办公室，统一领导、规划协调和组织有关青藏铁路文艺创作，建议尽快组成稳定务实而又有权威性的办公室，在此次文艺采风的基础上尽快制定青藏铁路文艺创作近期计划和中长期规划目标，统一协调人力和财力，组织实施青藏铁路文艺创作。

2. 加强与青藏铁路总指挥部及其宣传部的联系与合作，及时沟通青藏铁路文艺创作的成果与进展情况，协调并合理安排创作力量，发挥铁路与地方（青海、西藏）各自优势，共享资源与信息，适当合作与分工，减少重复劳动和人力财力浪费，有利于整合资源，多出快出精品佳作。

3. 改进现行文艺创作组织管理机制，积极借鉴和尝试兄弟省市鼓励创作激励机制，在一切可能的环节大胆引入市场机制，对部分艺术体裁和艺术形式可采取招标或课题资助等灵活办法，项目要组织论证，前期投入要及时，制作资金要保证，力争达到文艺作品两个效益相统一。

4. 今后文艺创作采风团不宜太大，便于安排食宿和采访。青藏铁路文艺创作采风，还可根据不同艺术门类和选题计划再行组织不同规模和类型的采风团组，把采风活动同创作任务统一起来，带着任务和明确目标，进一步深入采风和体验生活，提高文艺采风活动和目的性和针对性。

自治区青藏铁路建设文艺创作采风团

2003 年 10 月 5 日

青藏铁路建设呼唤文艺创作精品佳作

青藏铁路是党中央几代中央领导集体多年来一直关心重视的伟大工程。新中国成立不久，中央人民政府就考虑建设青藏铁路。在毛泽东、周恩来、邓小平等老一辈领导人的关心过问下，1958年就开始了青藏铁路建设，完成了全线初测任务，部分区段已经开工。1960年因国民经济调整压缩基本建设而停工。党中央领导同志江泽民、胡锦涛、朱镕基等都曾对青藏铁路建设作过重要批示。

党中央、国务院在新世纪之初做出修建青藏铁路重大决策，是高瞻远瞩英明之举，也是实施西部大开发战略的壮举。青藏铁路修建在地球第三极，横跨青藏高原，跨越昆仑山、唐古拉山两大山脉，穿行于长江、黄河两大母亲河源头地区。它的修通，对于促进青藏两省区经济社会发展，加强边疆与内地的联系，促进对外开放，增进民族团结，增强文化交流，维护少数民族地区的社会稳定和长治久安，都具有重大而深远的意义。

藏族人民称赞青藏铁路是连接西藏高原与首都北京的“金桥”；是铺架在世界屋脊的钢铁长城；是升起在雪山草原的吉祥彩虹；是通往理想天堂的“天路”；是团结路、幸福路、富裕路。西藏人民把最美好的愿望都寄托于青藏铁路的开通。文艺创作要贴近实际、贴近群众、贴近生活，青藏铁路建设过程，就是当前西藏文艺的最大实际，最火热的生活，最深入地贴近群众。

西藏自治区党委宣传部、文化厅和西藏文联组织青藏铁路文艺创作采风团，从拉萨至青海格尔木，沿青藏铁路建设沿线，深入建设工地采风采访，所到之处，亲眼目睹，亲身感受青藏铁路建设者们的感人事迹，令文艺家们热血沸腾、激情涌动，大家为青藏铁路建设者们"挑战极限，勇创一流"为基本内涵的青藏铁路精神所感动，为建设者们攻克高原铁路建设"三大世界性难题"的创业奉献精神所振奋。

青藏铁路面临的三大世界性难题是：高原冻土带路基的稳定；脆弱的高原生态环境的保护；高寒缺氧环境下筑路工人的生命安全。我们看到，这三大难题都有了科学的解决方法。为解决冻土因气温变化而影响列车平稳，早在上个世纪60年代初，铁道部勘测设计院就在昆仑山设立了冻土研究站，近四十年的科研成果中已有多种应用到青藏铁路建设中，使铁路通过冻土地带时速高达百公里左右，处于世界领先水平；铁路穿越青藏高原牧区草场，开挖路基前把草皮切块搬移，从远处开挖运来沙石铺设路基，再把草皮一块块覆盖其上并浇灌养护，使路基绿草不枯、沙石不露，像是草原生出的草坝。为了保护藏羚羊等野生动物正常迁徙通行和牧民牛羊通过铁路，每隔五百米就修建一处涵洞通道。遇到野生动物穿越铁路，施工队停工让路，机械车辆关停。在藏羚羊集体迁徙通过地段，修建铁路高架桥为其让路。为此，铁路建设要付出高昂的代价；为保证在高寒缺氧条件下铁路工人身体健康、生命安全，全线开设了115个卫生所、23座医院，配置20多台高压氧舱和多个制氧站，保证施工工人随时可以吸氧气，定期为工人做体检，确保不因缺氧死亡一人，体现了人文关怀和以人为本精神。

青藏铁路建设中有许多闪光亮点，夺人耳目，文艺创作可发掘出丰富题材和体裁，既有典型艺术形象又独具生动魅力，值得文艺家们为之振臂高歌，深情吟唱，创作出唱得响、经得起时间检验的精品佳作。

铁道部领导对青藏铁路建设文艺创作高度重视，把它视为与修建铁路一样重要的“工程”。由铁道部和青藏铁路建设总指挥部主办的“青藏铁路歌曲创作征稿大赛”评选出的几十首优秀歌曲陆续制作推出；中国铁路文工团正在创作一系列文艺节目；青藏铁路建设总指挥部计划抓好青藏铁路文艺创作“五个一工程”，即编一本书，拍一部电视剧，出一本画册，创作一首唱得响的歌曲，排演一台精彩文艺节目。

伟大的时代呼唤伟大的作品，伟大事件孕育着文艺作品的鸿篇巨制，西藏文艺界希望与全国同行协力合作，在青藏铁路建设总指挥部的支持配合下，深入建设工地采风采访，编创一批各种题材不同门类的文艺作品，迎接铁路铺轨到拉萨，迎庆青藏铁路全线建成通车，为西藏历史写下新的光辉篇章。

2004 年 11 月

青藏铁路全线开通对西藏文化的影响与思考

举世瞩目的青藏铁路格尔木至拉萨段，经过铁路建设者几年辛勤奋斗，于7月1日提前一年全线开通运营。党中央总书记胡锦涛亲临格尔木出席开通庆祝大会暨通车剪彩仪式并发表重要讲话，对青藏铁路建设工程给予全面高度评价，对“挑战极限、勇创一流”的青藏铁路精神做出科学评价和高度赞扬，要求铁道部和青藏铁路运营主管部门管好、用好这条铁路，对铁路开通后可能产生的各种经济社会和安全管理等问题及早提出战略性预测和对策性措施。党和国家如此重视一条铁路的建设和开通运行，在共和国的铁路建设史上是前所未有的。

青藏铁路全线开通运营，引起全世界的瞩目和关注，西方以及亚洲各主要国家和媒体都给予了高度关注和充分报道，几乎所有媒体对中国政府这一战略决策，都给予了肯定性和赞誉性的宣传介绍和评述，尤其对中国铁路部门在世界屋脊地球第三极上的伟大创举表示惊讶和称赞，对中国政府在青藏高原上修筑铁路中注重生态保护、注意保护藏族传统文化和民族生活信仰习俗，给予充分的关注和客观评价，有不少西方媒体也同时提出善意的忠告和警醒。世人、媒体的关注，在很大程度上都集中在一个关键问题上：青藏铁路全线开通后，青藏高原将会受到何种影响？西藏的自然和文化生态将会受到何种影响？藏民族文化传统和文化特色还能否保持？中国政府尤其是青海、西藏两省区政府将以哪些措施来确保藏族优秀传统文化得到妥善保护、继承和发展？

西藏自治区党委、政府及其主管部门对此给予了高度重视，从青藏铁路二期工程建设之初，就把此事作为铁路建设中的一个大问题提上议事日程。铁道部领导在多次视察、指导铁路建设工作中，都把保护好藏族传统文化生态提到很高的地位。笔者有机会在格尔木青藏铁路建设总指挥部，听取铁道部孙永福副部长对保护藏族优秀文化传统和创作藏族特色铁路文艺作品问题发表高见作重要指示。2004 年孙永福副部长在拉萨召开专题座谈会，约请文化艺术界和社会科学界专家学者，就“青藏铁路建设对藏族文化可能带来的影响”，专题听取各位专家学者的意见和建议。通车前夕，区党委宣传部约请文艺界人士就“青藏铁路开通后的西藏先进文化建设”进行调研和课题研究。党和政府及其职能部门，就开通一条铁路将可能产生的对一个民族一个地域的民族传统文化影响组织专题研究，给予如此重视，这在共和国的历史上也是前所未有的。

笔者作为一名从事西藏文化工作三十多年的老同志，曾两次沿青藏铁路采风采访，对青藏铁路开通后对西藏文化的影响有自己的思索与见解。

青藏铁路全线开通对西藏经济和社会发展的巨大推动是不言而喻的，对西藏文化的影响也是十分积极和具有深远意义的。

首先，青藏铁路全线开通，最直接地影响是推动文化旅游业的快速发展。西藏神奇的自然风光和独特的人文景观具有持续而久远的吸引力，她不仅成为国内旅游热点，也是世界旅游胜地。其中，历史人文景观和民族传统文化是重要的旅游资源，是旅游业的核心和内涵。多数旅游者是奔着西藏悠久的文化和神秘宗教艺术而来的，文化艺术是旅游的基础性资源，西藏旅游业既是文化旅游也是旅游文化，是文化产业的重要方面。旅游业的发展，对文化艺术的交流展示、继承发展无疑具有最直接最广泛的影响与推动。铁路开通，大批旅游者涌入，看什么？除了雪山草原、江河湖泊以外，还要参观历史文化博物馆，观看民族歌舞戏剧，购买民族民间工艺美术制品，领略民族风情，体验异域文化艺术，从而促进我区对民族传统文化和宗教艺术更加珍视，重视保护，继承开发。由旅游业的带动作用，促进文化事业文化产业向更高水平的发展。

其次，青藏铁路全线开通，将有力促进我区文化产业的发展。文化产业是未来知识和信息社会的支柱性产业，是一个庞大的产业体系。广播影视、音像出版、信息传媒、表演艺术、工艺美术、文娱休闲等文艺精神生活以及与之相关的文化艺术服务领域都是文化产业的广大领域。在市场经济条件下，文化艺术产品及其服务多以商品流通的渠道走向市场、走向消费而成为社会的重要产业。文化产业的形成与发展有赖于人们物质生活富裕起来转而对精神生活的需求和对生活质量的追求，文化产业的发展又推动相关产业的发展从而形成产业结构的良性互动。我区的文化产业起步晚，基础薄弱，文化产业长期寄生于文化事业的母体而不能分离，既影响文化产业的成长壮大也拖累了文化事业的发展。铁路开通了，旅游人口增加了，往来交通便利了，区内区外和国外四海宾朋，对西藏文化艺术产品和服务的需求迅速增长，刺激和促进我区的文化市场更加开放、更加繁荣，一切与文化产业有关联的文化产品和服务业，都将在市场的驱动下而快速发展起来，不仅对民族文化艺术的发展与创新产生有力推动，也对民族文化艺术的珍视和保护、抢救与发掘、继承与开发起到积极有益的促进。

第三，青藏铁路全线开通，更有利于西藏扩大对外开放，增进民族文化的交流往来，有利于世界认识西藏，西藏融入世界。在全球经济一体化的时代，任何一个地区一个民族都不可能孤立封闭地自我发展，只有自觉地开放，融入世界经济体系，才有可能生存发展。西藏需要加快对外开放，需要世界的认识与支持，需要各兄弟民族的支援帮助，青藏铁路开通运营，为西藏走向世界开通了绿色通道。西藏人民走出去宣传展示自己的风采，让世人全面了解正确认识西藏，揭开神秘面纱，显露出山河壮美、资源丰富、文化灿烂、生态和谐的本真面容，缩短了西藏与各兄弟民族和省区市的距离，融入新世纪新发展的时代潮流之中。民族之间的交往和不同文化的交流是发展进步的重要条件。过去由于地域封闭和交通闭塞，使西藏的发展进步落后于其他兄弟民族多年，交通的发展增加了各民族之间交往的机会，降低了往来的成本，使西藏的文化艺术走出去展示，区外国外各民族优秀文化艺术走进来交流，成为很容易做到的事情，使西藏在对外开放和交流之中学习借鉴国内外一切优秀的先进文化，加快实现西藏跨越式发展的历史进程。

青藏铁路开通，进藏人口增加，会不会对西藏文化带来负面影响？对此，我们不必讳言，要客观分析，正确对待，积极采取妥善对策。

首先，人口流动交往增加，文化的交流和相互学习借鉴是伴随而来的，外来文化的进入和本土文化的走出都是自然的也是必然的过程。任何民族的文化都是在与其他邻近民族的文化交往中不断发展从而得以传承和保持的，藏民族文化与祖国中原汉民族文化的交流，与邻近省区兄弟民族文化的交流，更是历史悠久，相互吸收融合，你中有我，我中有你，甚至在许多方面已然没有了界限和差别。

不同地域不同民族间在文化交往与流动过程中，总是不断地学习、吸收和借鉴异域文化的优秀部分。先进文化虽然是近年来提出的文化发展概念，但就文化内涵本身来讲，是确有先进与落后之分的。凡是先进文化，必然是符合人类社会生产生活发展进步，符合社会历史发展规律，符合一定地域和民族生产生活要求，符合人群心理和精神需求，有益身心健康的知识、娱乐与价值判断体系。各民族在自然交往文化交流过程中，都会对外来文化做出鉴别、选择和取舍，这是一个积极而又谨慎、自然而又必然的过程，是社会发展、人类进步的规律和大势。只要不是强制性的文化侵略，不是以腐朽没落文化取代科学进步文化的“强制同化”，不同民族和不同文化之间的交流交往就是积极的、有益的、有生命力的。

其次，我们对于少数民族地区及其传统文化的保护是自觉的，对于外来文化对本土文化的影响保持着慎重与清醒的态度。青藏铁路建设从上个世纪50年代提出论证到一期工程建设，特别是二期工程建设将会遇到的冻土层和高原生态保护问题，经过半个世纪的科学考察和论证，党和国家几代领导集体慎重决策，不仅考虑国家的财力和科学技术问题，更重要的是青藏高原的生态环境和藏族地区的经济社会长远发展、藏族人民的根本利益问题。青藏铁路格尔木至拉萨段的修建过程，更体现出党和国家对青藏两省区人民的关心爱护，把保护好高原的生态环境作为修建铁路的前提条件，如果高原生态遭到破坏，铁路宁可不修。在党中央建设和谐社会、平安西藏和以人为本的精神指导下，青藏铁路的建设者们，从草原生态保护，野生动物繁殖到铁路沿线文化遗产和生态保护，都作了精心设计，在自然与文化生态方面不惜投入巨资，不仅赢得了青藏两省人民的拥护与信任，也博得了世界各国的赞扬与好评。党和政府把青藏铁路定位于两省经济社会发展的经济线、团结线、生命线、幸福线，体现出党和政府对保护藏族传统文化的责任与自觉。

再次，在对待藏族优秀传统文化的保护、传承上，始终坚持贯彻各民族之间平等、团结、进步和发展。党和政府的民族区域自治政策以及宗教信仰自由政策为主要内容的民族政策体系，经过半个多世纪的实践证明之后，越来越得到了全国少数民族的拥戴和全国人民的共识，世界很多国家也承认中国民族政策的成功。各个民族的历史文化构筑了中华民族大家庭的团结和睦与发展繁荣，各个民族的文化艺术构成了中华文明的多彩多姿，尤其是少数民族的原生态文化，在现代化的背景下，在多元文化纷呈中，保持着一种纯朴、真诚、自然与和谐，受到当今社会的普遍关注和重视。青海和西藏近年来以民族特色文化为主题的文化旅游节受到国内外好评。青藏铁路全线通车以来，一直保持着很高的进出藏旅客流量，民族传统优秀文化艺术成为旅游者的关注焦点和观看热点。云南在十多年间从少数民族聚居大省发展成为民族文化旅游强省的历程，更有力说明了各族人民对民族传统文化的认知、渴望交流与平等、团结、发展的共同愿望。越是民族的越可能是世界的，越来越成为普遍性的真理。当今的中国与世界文明主流观念是：我们不要以所谓的现代文明去取代古老文明，而是要保护、发掘和传承好各个民族的优秀传统文明。

各种文化在相互交流碰撞和吸收借鉴过程中，部分地被淡化、被融合以至于消失，是一个自然和必然的过程。对此，我们要有一种胸怀和理智，更要有一份清醒与自觉。任何事物都要一分为二，都要对立统一去对待。青藏铁路开通后对西藏经济社会和文化艺术的深刻影响是多方面的，对于藏族地区的文化生态保护，我们要有更加积极而谨慎的态度，要有开阔的胸襟和长远的眼光，保护好、传承好、发展好藏族传统优秀文化，是各民族的共同福祉，是党和政府的重要责任，我们不仅不给民族分裂势力和国际敌对势力留下借口和把柄，我们还要以建设社会主义先进文化的成就为世人做出示范和榜样。

2006 年 7 月

青藏铁路很好看

——沿青藏铁路采风见闻

青藏铁路全线开通运营后，我有机会乘坐青藏火车前往青海西宁参加文化考察活动。返藏乘汽车沿青藏公路与青藏铁路并行摄影采风，比较全貌地了解青藏铁路运营情况和沿线景观，留下美好印象和切身感受：青藏铁路很好看。

从拉萨火车站出发，就切身体验到火车站现代化的建筑设施和一流的装修：车站大厅的设计充分吸收了藏式建筑元素，民族特色浓郁，中央大厅顶部采用大跨度大空间原木栋梁架构，候车大厅坐椅全部精选高原松柏和冷杉、云杉原木做成，风格古朴、典雅高贵，充满了与自然相融合、相亲近的气息，其建造质量和成本在国内外都属于高档一流。车站站台是大跨度无柱支撑设计，顶棚为大面积大空间透光设计，确保了站台自然采光良好，防风雨、防日晒，给人视觉通透与心理畅快的感受，据说在国内火车站中处于先进水平。

青藏列车是全新型设计、封闭性良好的列车，比传统车厢减少了座位铺位，更显宽敞、明亮和舒适。卧铺车厢采用半封闭式厢间结构，增加了厢间的密闭性，减少了相互干扰。行李架设计为顶部隐藏式，增加了过道空间和行李的安全性。与传统车厢相比，硬卧车厢要优于旧式软卧车厢。车窗封闭，空调系统十分良好，温度适宜，车厢里除有弥漫性供氧外，各个座位铺位上方都设有供氧开关，可随意使用。车厢盥洗室空间加大，设备更为人性化，厕所采用真空吸抽式便器，没有一点怪味，大大增加了乘坐的舒适和安全性。

列车广播用汉语、英语、藏语三种语言提前播报沿途景观介绍，车厢内电子屏滚动播出车外气温、运行时间、各站景点特色等。广播文艺节目丰富精彩，滚动播放最流行的藏族歌曲音乐，使旅客置身于青藏高原的神圣气氛之中。每节列车电锅炉随时保证足量开水，列车员服务周到热情。餐车洁净明亮，饭菜可口，餐车及时供应丰富餐饮，可口饭菜送到各车厢。列车运行平稳，开动和停站都十分缓慢，没有启动或刹车时的惯性。因为封闭性良好，运行中没有明显声响。睡眠休息不受噪声影响，多年乘坐火车，从没有如此平稳安静舒适的感受。

拉萨至西宁近两千公里，运行 27 小时，只有那曲、格尔木大站才上下旅客，其他各站停车时间短，不开车门，主要是为旅客考虑，以免客人走出车厢活动，在高寒和缺氧环境中不适应甚至感冒生病。旅客大都靠近车窗拍摄和欣赏车外风光。在错那湖车站，因会车停车时间较长，给旅客提供了欣赏高原湖光山色的绝好机会。车站位于湖畔半山坡上，可俯视湖光景色，天空湛蓝，湖水碧透，白云如锦，风光如画，旅客们心情荡漾，激情涌动，纷纷摄录和尽情观赏高原美景。列车经过可可西里野生动物自然保护区时，旅客都靠近车窗，手持相机摄像机，搜寻着藏羚羊藏野驴的踪影，每当发现一群羚羊或野驴，便是兴奋欢呼，抢着拍摄。

青藏铁路沿线两旁，长距离以石块摆放成网状方格矩阵，或设置板式隔离墙，防止风沙在路基两旁堆积，起到了良好的防风固沙、培养植被的效果，某些路段的防风固沙工程丝毫不亚于铁路工程本身的施工和投入。车窗外不时掠过一排排管柱样式的导热棒，埋入路基两边，深入地下冻土，靠金属管内的液氮制冷导热，保护冻土不因气候变化而影响路基稳定。为了保护高原冻土不受气温影响，铁路设计者建设者们采用了埋设通风管、石块铺底通风、深层打桩高架路基等几种不同的防晒、通风、导热方法，个别路段还为路基搭建防晒棚。沿途无人值守车站，设有计算机控制中心，建有太阳能采光蓄能电站供电。铁路沿线每隔十公里左右设有中国移动公司的通讯发射塔，小型太阳能光电确保供电，途中电信讯号基本保证畅通。

青藏铁路在保护自然生态、保护野生动物和以人为本方面下足了功夫，做足了文章。凡铁路穿越草原地段，把挖掘的草皮都原样铺上了路基，加以精心养护，多数路段已是绿草茵茵；每隔500米左右，设一处人畜通道，便于牧民放牧和牛羊通行，做到了不因铁路而影响牧民和牛羊的过往；在可可西里自然保护区一带，建有清水河、秀水河两座铁路特大桥，蜿蜒几公里至十几公里相连接，为藏羚羊等野生动物过往迁徙敞开通道。火车在这一带行驶中，不时可看到野羊野驴在铁道两侧几十米处结群食草，对行进中的火车已经适应，不再警觉。途经可可西里时，只见近百只藏羚羊结队从铁路、公路桥下通行，母羚羊带着出生不久的小羚羊从容通过，对行驶中的火车、汽车似乎并不介意，没有受惊逃避的样子。

沿途所见，青藏铁路在保护自然生态方面的建设和投入是成功的，也是值得的，生态效应与社会效益正在持续发挥。青藏铁路在五百多公里冻土层和大面积草原牧场地带，建设多处高架桥梁，车驶桥上，人行空中，俯视桥下，草肥水美，牛羊遍地，赏心悦目。青藏铁路不像想象中的那样干涸与荒凉，也没有寂寞与枯燥，沿途满目是蓝天白云，草原雪山，江河纵横，湖泊清秀。青藏铁路很好看，很诱人，人们不禁感叹壮美高原，大美西藏！

2006 年 8 月

后 记

编这本文集的想法源于 2006 年西藏文联成立 25 周年前夕，时逢党的十六届六中全会召开，中央作出《关于构建社会主义和谐社会若干重大问题的决定》，提出了建设和谐文化的号召。此前两个月，中央制定印发了《国家“十一五”时期文化发展规划纲要》，这两份重要文件都与文化建设有关，作为一名文化工作者深受鼓舞与感召。回顾工作经历，对文化建设与文艺管理颇有感慨，随即撰写了一篇纪念文联成立 25 周年的文章，对文联工作进行回顾和展望。随后参加自治区党校第八期地厅级领导干部进修班学习两个月，有时间静下心来学习中央两个文件和《江泽民文选》，在学习心得的基础上，整理了几篇思考文化建设的文章，连同近年来撰写发表的此类文章，打算作为全区第四次文代会的献礼结集出版。

部分文章是我在自治区文明办工作时所写，时间已有十年左右。现在看来，当时的文章观点鲜明，都是围绕文化建设为主题来写的，内容并不过时、观点亦不陈旧，也选录了几篇入集。在文联工作的几年间，有时间对文艺创作、文艺管理以及全区文化建设进行调研和思考，了解越深，思考越多，困惑和忧虑也越多。围绕文艺工作体制机制的思考，促使我每年就此写一两篇文章，入集的文章里这类内容多一些，有点牢骚和啰嗦，也有些着急上火的味道，请文艺界同行宽恕谅解。

时隔八年的全区第四次文代会召开在即，我由衷期待借助建设和谐文化、建设先进文化之强劲东风，推进文化体制改革加快步伐，促进西藏文艺界人气活跃、创作繁荣，使文代会后的文艺界气象更新。

承蒙西藏文联党组、主席团诸位的关心支持和中国藏学出版社总编马丽华女士的热情支持，仓促间汇集这些文章出版，定有疏漏和不妥，请各方帮助指正。

感谢中国藏学出版社编辑同志费心编排设计，为其增色。西藏文联何见远、曾云、秀梅、张清洪、陈伟拉、杨燕等诸位同事帮我整理打印文稿费心耗时，在此一并深致谢意。

杨世君

2007 年 5 月

责任编辑:图亚　南加才让

图书在版编目(CIP)数据

西藏文化建设与文艺管理文集/杨世君著;《西藏文学丛书》编委会编.
—北京:中国藏学出版社,2007.6
(西藏文学丛书)
ISBN 978—7—80057—902—8

Ⅰ.西... Ⅱ.①杨...②西... Ⅲ.①文化事业—建设—西藏—文集
②文艺—工作—概况—西藏—文集 Ⅳ.G127.75-53

中国版本图书馆CIP数据核字(2007)第074966号

西藏文化建设与文艺管理文集

杨世君著　《西藏文学丛书》编委会编

出　版　中国藏学出版社
发　行　中国藏学出版社
电　话　(010)64892902
印　刷　北京牛山世兴印刷厂
开　本　880×1230毫米　1/32
印　张　14.5
印　数　3000册
字　数　375千
印　次　2007年6月第1版第1次
书　号　ISBN 978—7—80057—902—8/G·41
定　价　26.00元